LE

CODE PÉNAL MODIFIÉ

PAR LA LOI DU 18 AVRIL (13 MAI) 1863,

OUVRAGE CONTENANT

1° LE TEXTE ENTIER DU CODE PÉNAL,
Avec les modifications qu'y a apportées la loi de 1863;

2° L'EXPLICATION, EN FORME DE COMMENTAIRE, DES DISPOSITIONS NOUVELLES,
D'après l'Exposé des motifs, le Rapport de la commission, la discussion au Corps législatif,
et la Circulaire de M. le Garde des sceaux, du 30 mai 1863;

3° LE TEXTE DE CETTE CIRCULAIRE;

Suivi

DU TEXTE DE LA LOI DU 20 MAI 1863

sur

L'INSTRUCTION DES FLAGRANTS DÉLITS DEVANT LES TRIBUNAUX CORRECTIONNELS,

et de l'explication de cette loi, aussi en forme de commentaire.

PAR GUSTAVE DUTRUC,
JUGE D'INSTRUCTION,
Ancien Avocat près la Cour impériale de Paris,
Auteur des Traités de la *Séparation de biens judiciaire* et du *Partage de succession*,
Rédacteur en chef du *Journal du Ministère public*, etc.

PARIS
IMPRIMERIE ET LIBRAIRIE GÉNÉRALE DE JURISPRUDENCE
COSSE ET MARCHAL, IMPRIMEURS-ÉDITEURS,
LIBRAIRES DE LA COUR DE CASSATION,
Place Dauphine, 27.

1863

AF250085

LE

CODE PÉNAL MODIFIÉ

PAR LA LOI DU 18 AVRIL (13 MAI) 1863.

PARIS. — Imprimerie de COSSE et J. DUMAINE, rue Christine, 2.

LE

CODE PÉNAL MODIFIÉ

PAR LA LOI DU 18 AVRIL (13 MAI) 1863,

OUVRAGE CONTENANT

1° LE TEXTE ENTIER DU CODE PÉNAL,

Avec les modifications qu'y a apportées la loi de 1863 ;

2° L'EXPLICATION, EN FORME DE COMMENTAIRE, DES DISPOSITIONS NOUVELLES,

D'après l'Exposé des motifs, le Rapport de la commission, la discussion au Corps législatif,
et la Circulaire de M. le Garde des sceaux du 30 mai 1863 ;

3° LE TEXTE DE CETTE CIRCULAIRE ;

Suivi

DU TEXTE DE LA LOI DU 20 MAI 1863,

sur

L'INSTRUCTION DES FLAGRANTS DÉLITS DEVANT LES TRIBUNAUX CORRECTIONNELS,

Et de l'Explication de cette loi, aussi en forme de commentaire ;

PAR GUSTAVE DUTRUC,

JUGE D'INSTRUCTION,

Ancien Avocat près la Cour impériale de Paris,

Auteur des Traités *de la Séparation de biens judiciaire* et *du Partage de succession*,
Rédacteur en chef du *Journal du Ministère public*, etc.

———❦———

PARIS

IMPRIMERIE ET LIBRAIRIE GÉNÉRALE DE JURISPRUDENCE.

COSSE ET MARCHAL, IMPRIMEURS-ÉDITEURS,

LIBRAIRES DE LA COUR DE CASSATION,

Place Dauphine, 27.

1863

BIBLIOTHÈQUE IMPÉRIALE

[illegible]

[illegible]

[illegible]

[illegible]

[illegible]

[illegible]

[illegible]

AVERTISSEMENT.

La révision partielle dont le Code pénal vient d'être l'objet a rendu nécessaire une nouvelle édition de ce Code. J'offre au public cette nouvelle édition, dans laquelle j'ai cru devoir conserver, comme moyen souvent fort utile de comparaison, le texte des articles abrogés soit par la loi du 28 avril 1832, soit par la loi nouvelle du 18 avril (13 mai) 1863 [1], en le rejetant dans des notes placées au-dessous du texte actuel. J'ai eu soin de mentionner, en outre, dans ces mêmes notes les lois et décrets spéciaux qui ont apporté quelques dérogations ou quelques modifications à certaines dispositions du Code pénal. Le Code que je publie présente ainsi un tableau complet de la législation pénale au jour de la promulgation de la loi nouvelle.

Tel est l'objet de la première partie de cet ouvrage.

La deuxième partie comprend l'Explication, en forme de commentaire, des nouvelles dispositions introduites

---

[1] A l'exemple de la circulaire de M. le Garde des sceaux du 30 mai 1863 (V. *infrà*, p. 205), j'ai désigné la nouvelle loi modificative du Code pénal par la date du 18 avril 1863, qui est celle du vote du Corps législatif; mais la date de la sanction impériale est du 13 mai.

dans le Code pénal par la loi de 1863, et un Résumé succinct des principes proclamés par la jurisprudence et par la doctrine au sujet des dispositions aujourd'hui modifiées, ainsi qu'un Appendice contenant la circulaire de M. le Garde des sceaux du 30 mai 1863, relative à ces mêmes dispositions.

Dans la troisième partie, je donne le texte de la loi du 20 mai 1863, sur l'Instruction des flagrants délits devant les tribunaux correctionnels.

Enfin, la quatrième partie renferme l'Explication de cette loi, aussi en forme de commentaire et d'après les documents officiels.

Je ne crois pas m'abuser en considérant comme réellement utile un travail convenablement exécuté sur ce plan. Puisse l'exécution de celui qu'on va lire n'être point trop imparfaite !

ERRATA.

La rapidité avec laquelle a été imprimé cet ouvrage, dont la prompte publication était instamment réclamée par un grand nombre de souscripteurs, a laissé échapper quelques fautes typographiques qui sont indiquées ci-après, et que le lecteur pourra aisément corriger lui-même.

Page 11, 1re col., ligne 2, après les mots *à perpétuité*, ajoutez : *ou*.
— 16, 1re — — 11, au lieu de *on y aura*, mettez : *ou y aura*.
— 17, 2e — — 9, au lieu de *Charte constitutionnelle*, mettez : *Constitution*.
— 44, 1re — — 13, et page 45, 2e col., ligne 19, au lieu de *meurtres*, mettez : *meurtre*.
— 48, 1re — — 15 et 18, et page 49, ligne 7, au lieu de *homicides*, mettez : *homicide*.
— 52, 2e — — 6, au lieu de *accompli*, mettez : *accomplis*.
— 60, 1re — — 10, et page 160, ligne 22, supprimez la virgule qui suit le mot *verbale* (1).
— 61, 2e — — 4, au lieu de *eu*, mettez : *un*.
— 94, ligne 4, au lieu de *n° 34*, mettez : *n° 134*.
— 96, note 2, au lieu de *n° 9*, mettez : *n° 10*.
— 98, ligne 3, au lieu de *l'art. 42*, mettez : *l'art. 142*.
— 98, ligne 30, au lieu de *l'art. 542*, mettez : *l'art. 142*.
— 106, à la note, ligne 5, au lieu de *l'art. 61*, mettez : *l'art. 161*.
— 111, note 2, ligne 2, au lieu de *note 1*, mettez : *note 2*.
— 123, ligne 16, au lieu de *18 avril*, mettez : *28 avril*.
— 130, ligne 10, au lieu de *punis*, mettez : *punies*.
— 133, à la note, au lieu de *notre note 3*, mettez : *notre note de la page précédente*.
— 155, à la note, ligne 1re, au lieu de *l'art. 466*, mettez : *l'art. 366*.

---

(1) Cette virgule se trouve dans le texte du *Bulletin des Lois ;* mais on doit croire que c'est par erreur, car elle pourrait donner lieu à une grave confusion.

Iʳᵉ PARTIE.

CODE PÉNAL

D'APRÈS LE TEXTE OFFICIEL
Promulgué par l'Ordonnance du 28 avril 1832,

AVEC LES MODIFICATIONS
Qu'y a introduites la loi du 18 avril 1863.

DISPOSITIONS PRÉLIMINAIRES.

(Loi décrétée le 2 février 1840, promulguée le 22 du même mois.)

ART. **1**ᵉʳ. L'infraction que les lois punissent des peines de police est une *contravention* [P. 464, s.; I. cr. 137, s.]. — L'infraction que les lois punissent de peines correctionnelles est un *délit* [P. 9, 40, s.; I. cr. 179, s.]. — L'infraction que les lois punissent d'une peine afflictive ou infamante est un *crime* [P. 2, 6, s.].

2. (*L.* 28 *avr.* 1832.) Toute tentative de *crime* qui aura été manifestée par un commencement d'exécution, si elle n'a été suspendue ou si elle n'a manqué son effet que par des circonstances indépendantes de la volonté de son auteur, est consi-dérée comme le *crime* même (1) [P. 76, 331].

3. Les tentatives de *délits* ne sont considérées comme *délits* que dans les cas déterminés par une disposition spéciale de la loi [P. 179, 241, 245, 388, 401, 405, 414, 415].

4. Nulle contravention, nul délit, nul crime, ne peuvent être punis de peines qui n'étaient pas prononcées par la loi avant qu'ils fussent commis (2) [C. N. 2].

5. Les dispositions du présent Code ne s'appliquent pas aux contraventions, délits et crimes militaires [P. 56].

---

(1) ANCIEN ART. 2. Toute tentative de *crime* qui aura été manifestée par des actes extérieurs, et suivie d'un commencement d'exécution, si elle n'a été suspendue ou n'a manqué son effet que par des circonstances fortuites ou indépendantes de la volonté de l'auteur, est considérée comme le *crime* même.

L. 22 *prair. an IV.* Toute tentative de crime, manifestée par des actes extérieurs et suivie d'un commencement d'exécution, sera punie comme le crime même, si elle n'a été suspendue que par des circonstances fortuites, indépendantes de la volonté du prévenu.

(2) C. 3 *brum. an IV.* — ART. 3. Nul délit ne peut être puni de peines qui n'étaient pas prononcées par la loi avant qu'il fût commis.

LIVRE PREMIER.

DES PEINES EN MATIÈRE CRIMINELLE ET CORRECTIONNELLE

ET DE LEURS EFFETS.

(Suite de la loi du 12 février 1810.)

6. Les peines en matière criminelle sont ou afflictives et infamantes, ou seulement infamantes (1) [P. 7, 8, 11].

7. (*L. 28 avr. 1832.*) Les peines afflictives et infamantes sont : — 1° La mort ; — 2° Les travaux forcés à perpétuité ; — 3° La déportation ; — 4° Les travaux forcés à temps ; — 5° La détention ; — 6° La réclusion (2) [P. 21 s., 28-31, 34, 36, 47, 56, 70, s.; C. N. 232; Const. 4 nov. 1848; L. 8 juin 1850].

8. Les peines infamantes sont : — 1° Le bannissement ; — 2° La dégradation civique (3) [P. 48 , 56].

9. Les peines en matière correctionnelle sont : — 1° L'emprisonnement à temps dans un lieu de correction ; — 2° L'interdiction à temps de certains droits civiques, civils ou de famille ; — 3° L'amende (4) [P. 40, 42, 50].

10. La condamnation aux peines établies par la loi est toujours prononcée sans préjudice des restitutions et dommages-intérêts qui peu-vent être dus aux parties [P. 51, s.; I. cr. 1, s., 66, 358, 366].

11. Le renvoi sous la surveillance spéciale de la haute police, l'amende et la confiscation spéciale, soit du corps du délit, quand la propriété en appartient au condamné, soit des choses produites par le délit, soit de celles qui ont servi ou qui ont été destinées à le commettre, sont des peines communes aux matières criminelles et correctionnelles [P. 44 s., 176, s., 464].

CHAPITRE PREMIER.

DES PEINES EN MATIÈRE CRIMINELLE.

12. Tout condamné à mort aura la tête tranchée [P. 13, s., 36].

13. (*L. 28 avr. 1832.*) Le coupable condamné à mort pour parricide sera conduit sur le lieu de l'exécution, en chemise, nu-pieds, et la tête couverte d'un voile noir. — Il sera exposé sur l'échafaud pendant qu'un huissier fera au peuple lecture de l'arrêt de condamnation, et il sera

---

(1) C. 3 *brum. an IV.* — Art. 599. Les peines sont. — Ou de simple police, — Ou correctionnelles, — Ou infamantes, — Ou afflictives.

(2) Ancien Art. 7. Les peines afflictives et infamantes sont : — 1° La mort ; — 2° Les travaux forcés à perpétuité ; — 3° La déportation ; — 4° Les travaux forcés à temps ; — 5° La réclusion. — La marque et la confiscation générale peuvent être prononcées concurremment avec une peine afflictive, dans les cas déterminés par la loi.

C. 3 *brum. an IV.* — Art. 603. Les peines afflictives sont : la mort, la déportation, les fers, la réclusion dans les maisons de force, la gêne, la détention. — Elles ne peuvent être prononcées que par les tribunaux criminels. — 604. Toute peine afflictive est en même temps infamante.

(3) Ancien Art. 8. Les peines infamantes sont : 1° Le carcan ; — 2° Le bannissement ; — 3° La dégradation civique.

C. 3 *brum. an IV.* — Art. 602. Les peines infamantes sont la dégradation civique et le carcan.

(4) C. 3 *brum. an IV.* — Art. 604. Les peines correctionnelles sont celles qui consistent, ou dans une amende au-dessus de la valeur de trois journées de travail, ou dans un emprisonnement de plus de trois jours. — Elles se prononcent par les tribunaux correctionnels.

immédiatement exécuté à mort (1) [P. 86, 299, 302 ; T. cr. 71, 90].

14. Les corps des suppliciés seront délivrés à leurs familles, si elles les réclament, à la charge par elles de les faire inhumer sans aucun appareil [Décr. 21 janv. 1790, art. 4].

15. Les hommes condamnés aux travaux forcés seront employés aux travaux les plus pénibles ; ils traîneront à leurs pieds un boulet, ou seront attachés deux à deux avec une chaîne, lorsque la nature du travail auquel ils seront soumis le permettra (2) [P. 56, 70].

16. Les femmes et les filles condamnées aux travaux forcés n'y seront employées que dans l'intérieur d'une maison de force (2) [P. 15].

17. (*L.* 9 *sept.* 1835.) La peine de la déportation (3) consistera à être transporté et à demeurer à perpétuité dans un lieu déterminé par la loi, hors du territoire continental de l'Empire. — Si le déporté rentre sur le territoire de l'Empire, il sera, sur la seule preuve de son identité, condamné aux travaux forcés à perpétuité. — Le déporté qui ne sera pas rentré sur le territoire de l'Empire, mais qui sera saisi dans les pays occupés par les armées françaises, sera conduit dans le lieu de sa déportation. — Tant qu'il n'aura pas été établi un lieu de déportation, le condamné subira à perpétuité la peine de la détention, soit dans une prison de l'Empire, soit dans une prison située hors du territoire continental, dans l'une des possessions françaises, qui sera déterminée par la loi, selon que les juges l'auront expressément décidé par l'arrêt de condamnation. — Lorsque les communications seront interrompues entre la métropole et le lieu de l'exécution de la peine, l'exécution aura lieu provisoirement en France (4) [P. 7, 70].

18. (*L.* 28 *avr.* 1832.) Les condamnations aux travaux forcés à perpétuité et à la déportation emporteront la mort civile (5). — Néanmoins le gouvernement pourra accorder au condamné à la déportation l'exercice des droits civils ou de quelques-uns de ces droits (6) [P. 17 ; C. N. 9, 22].

---

(1) ANCIEN ART. 13. Le coupable condamné à mort pour parricide sera conduit sur le lieu de l'exécution en chemise, nu-pieds, et la tête couverte d'un voile noir. — Il sera exposé sur l'échafaud pendant qu'un huissier fera au peuple lecture de l'arrêt de condamnation ; il aura ensuite le poing droit coupé, et sera immédiatement exécuté à mort.

(2) V. la loi du 30 mai 1854, sur l'exécution de la peine des travaux forcés, qui a modifié les art. 15 et 16 du Code pénal.

(3) V. la loi du 8 juin 1850, sur la déportation.

(4) ANCIEN ART. 17 (*d'après le Code pénal de* 1810). La peine de la déportation consistera à être transporté et à demeurer à perpétuité dans un lieu déterminé par le gouvernement, hors du territoire continental de la France. — Si le déporté rentre sur le territoire du Royaume il sera, sur la seule preuve de son identité, condamné aux travaux forcés à perpétuité. — Le déporté qui ne sera pas rentré sur le territoire du Royaume, mais qui sera saisi dans des pays occupés par les armées françaises, sera reconduit dans le lieu de sa déportation.

ANCIEN ART. 17 (*d'après la loi du* 28 *avr.* 1832). La peine de la déportation consistera à être transporté et à demeurer à perpétuité dans un lieu déterminé par la loi, hors du territoire continental du Royaume. — Si le déporté rentre sur le territoire du Royaume, il sera, sur la seule preuve de son identité, condamné aux travaux forcés à perpétuité. — Le déporté qui ne sera pas rentré sur le territoire du Royaume, mais qui sera saisi dans les pays occupés par les armées françaises, sera conduit dans le lieu de sa déportation. — Tant qu'il n'aura pas été établi un lieu de déportation, ou lorsque les communications seront interrompues entre le lieu de la déportation et la métropole, le condamné subira à perpétuité la peine de la détention.

(5) V. la loi du 31 mai 1854 portant abolition de la mort civile.

(6) ANCIEN ART. 18. Les condamnations aux travaux forcés à perpétuité et à la déportation emporteront mort civile. — Néanmoins le gouvernement pourra accorder au déporté, dans le lieu de la déportation, l'exercice des droits civils ou de quelques uns de ces droits.

19. La condamnation à la peine des travaux forcés à temps sera prononcée pour cinq ans au moins, et vingt ans au plus (1) [P. 7, 47, 56, 70].

20. (*L. 28 avr.* 1832.) Quiconque aura été condamné à la détention sera renfermé dans l'une des forteresses situées sur le territoire continental de l'Empire, qui auront été déterminées par un décret rendu dans la forme des règlements d'administration publique. — Il communiquera avec les personnes placées dans l'intérieur du lieu de la détention ou avec celles du dehors, conformément aux règlements de police établis par un décret. — La détention ne peut être prononcée pour moins de cinq ans, ni pour plus de vingt ans, sauf le cas prévu par l'art. 33 (2) [P. 7, 17, 23, 47, 56, 71].

21. Tout individu de l'un ou de l'autre sexe, condamné à la peine de la réclusion, sera renfermé dans une maison de force, et employé à des travaux dont le produit pourra être en partie appliqué à son profit, ainsi qu'il sera réglé par le gouvernement. — La durée de cette peine sera au moins de cinq années, et de dix ans au plus [P. 7, 22, s., 47, 71, s.].

22. (*L. 28 avr.* 1832.) Quiconque aura été condamné à l'une des peines des travaux forcés à perpétuité, des travaux forcés à temps ou de la réclusion, avant de subir sa peine, demeurera durant une heure exposé aux regards du peuple sur la place publique (3). Au-dessus de sa tête, sera placé un écriteau portant, en caractères gros et lisibles, ses noms, sa profession, son domicile, sa peine et la cause de sa condamnation. — En cas de condamnation aux travaux forcés à temps ou à la réclusion, la Cour d'assises pourra ordonner par son arrêt que le condamné, s'il n'est pas en état de récidive, ne subira pas l'exposition publique. — Néanmoins, l'exposition publique ne sera jamais prononcée à l'égard des mineurs de dix-huit ans et des septuagénaires (4) [P. 7, 70, s., 165].

23. (*L. 28 avr.* 1832.) La durée des peines temporaires comptera du jour où la condamnation sera devenue irrévocable (5) [P. 24, 226].

24. (*L. 28 avr.* 1832.) Néanmoins, à l'égard des condamnations à l'emprisonnement prononcées contre les individus en état de détention préalable, la durée de la peine, si le condamné ne s'est pas pourvu, comptera du jour du jugement ou de l'arrêt, nonobstant l'appel ou le pourvoi du ministère public, et quel que soit le résultat de cet appel ou de ce pourvoi. — Il en sera de même dans les cas où la peine aura été réduite, sur l'appel ou le pourvoi du condamné (6) [P. 23].

25. Aucune condamnation ne pourra être exécutée les jours de fêtes nationales ou religieuses, ni

---

(1) *V.* la loi du 30 mai 1854, sur l'exécution de la peine des travaux forcés.

(2) Ancien art. 20. Quiconque aura été condamné à la peine des travaux forcés à perpétuité sera flétri, sur la place publique, par l'application d'une empreinte avec un fer brûlant sur l'épaule droite. — Les condamnés à d'autres peines ne subiront la flétrissure que dans les cas où la loi l'aurait attachée à la peine qui leur est infligée. — Cette empreinte sera des lettres T. P. pour les coupables condamnés aux travaux forcés à perpétuité ; de la lettre T. pour les coupables condamnés aux travaux forcés à temps, lorsqu'ils devront être flétris. — La lettre F. sera ajoutée dans l'empreinte, si le coupable est un faussaire.

(3) *V.* le décret du 12 avril 1848, qui abolit la peine de l'exposition publique.

(4) Ancien art. 22. Quiconque aura été condamné à l'une des peines des travaux forcés à perpétuité, des travaux forcés à temps, ou de la réclusion, avant de subir sa peine, sera attaché au carcan sur la place publique ; il y demeurera exposé aux regards du peuple durant une heure : au-dessus de sa tête sera placé un écriteau portant, en caractères gros et lisibles, ses noms, sa profession, son domicile, sa peine, et la cause de sa condamnation.

(5) Ancien art. 23. La durée de la peine des travaux forcés à temps et de la peine de la réclusion se comptera du jour de l'exposition.

(6) Ancien art. 24. La condamnation à la peine du carcan sera exécutée de la manière prescrite par l'art. 22.

les dimanches [P. 260 ; Pr. 63, 781, 828, 1037].

26. L'exécution se fera sur l'une des places publiques du lieu qui sera indiqué par l'arrêt de condamnation (1) [P. 22 ; I. cr. 376].

27. Si une femme condamnée à mort se déclare et s'il est vérifié qu'elle est enceinte, elle ne subira la peine qu'après sa délivrance.

28. (*L.* 28 *avr.* 1832.) La condamnation à la peine des travaux forcés à temps, de la détention, de la réclusion, ou du bannissement, emportera la dégradation civique. La dégradation civique sera encourue du jour où la condamnation sera devenue irrévocable, et, en cas de condamnation par contumace, du jour de l'exécution par effigie (2) [P. 7 ; I. cr., 472].

29. (*L.* 28 *avr.* 1832.) Quiconque aura été condamné à la peine des travaux forcés à temps, de la détention ou de la réclusion, sera, de plus, pendant la durée de sa peine, en état d'interdiction légale ; il lui sera nommé un tuteur et un subrogé tuteur pour gérer et administrer ses biens, dans les formes prescrites pour les nominations des tuteurs et des subrogés tuteurs aux interdits (3) [P. 30, 31 ; C. N. 405, s., 420, s., 505].

30. Les biens du condamné lui seront remis après qu'il aura subi sa peine, et le tuteur lui rendra compte de son administration (4) [C. N. 469 ; Pr. 527, s.].

31. Pendant la durée de la peine, il ne pourra lui être remis aucune somme, aucune provision, aucune portion de ses revenus [P. 29].

32. Quiconque aura été condamné au bannissement, sera transporté, par ordre du gouvernement, hors du territoire de l'Empire. La durée du bannissement sera au moins de cinq années, et de dix ans au plus [P. 8, 28, 33, 36, 48].

33. (*L.* 28 *avr.* 1832.) Si le banni, avant l'expiration de sa peine, rentre sur le territoire de l'Empire, il sera, sur la seule preuve de son identité, condamné à la détention pour un temps au moins égal à celui qui restait à courir jusqu'à l'expiration du bannissement, et qui ne pourra excéder le double de ce temps (5) [P. 8 ; I. cr., 518].

34. (*L.* 28 *avr.* 1832.) La dégradation civique consiste : — 1° Dans la destitution et l'exclusion des condamnés de toutes fonctions, emplois ou offices publics ; — 2° Dans la privation du droit de vote, d'élection, d'éligibilité, et, en général, de tous les droits civiques et politiques, et du droit de porter aucune décoration ; — 3° Dans l'incapacité d'être juré-expert, d'être employé comme témoin dans des actes, et déposer en justice autrement que pour y donner de simples renseignements ; — 4° Dans l'incapacité de faire partie d'aucun conseil de famille, et d'être tuteur, curateur, subrogé tuteur ou conseil judiciaire, si ce n'est de ses

---

(1) C. 3 *brum. an IV.* — Art. 445. Elle (*l'exécution*) se fait sur une des places publiques de la commune où le tribunal criminel tient ses séances.

(2) Ancien art. 28. Quiconque aura été condamné à la peine des travaux forcés à temps, du bannissement, de la réclusion ou du carcan, ne pourra jamais être juré, ni expert, ni être employé comme témoin dans les actes, ni déposer en justice autrement que pour y donner de simples renseignements. — Il sera incapable de tutelle et de curatelle, si ce n'est de ses enfants, et sur l'avis seulement de sa famille. — Il sera déchu du droit de port d'armes, et du droit de servir dans les armées du Roi.

(3) Ancien art. 29. Quiconque aura été condamné à la peine des travaux forcés à temps ou de la réclusion, sera, de plus, pendant la durée de sa peine, en état d'interdiction légale ; il lui sera nommé un curateur pour gérer et administrer ses biens, dans les formes prescrites pour la nomination des tuteurs aux interdits.

(4) Ancien art. 30. Les biens du condamné lui seront remis après qu'il aura subi sa peine, et le curateur lui rendra compte de son administration.

(5) Ancien art. 33. Si le banni, durant le temps de son bannissement, rentre sur le territoire du Royaume, il sera, sur la seule preuve de son identité, condamné à la peine de la déportation.

propres enfants, et sur l'avis conforme de la famille ; — 5° Dans la privation du droit de port d'armes, du droit
de faire partie de la garde nationale,
de servir dans les armées françaises,
de tenir école, ou d'enseigner et
d'être employé dans aucun établissement d'instruction, à titre de pro-
fesseur, maître ou surveillant (1)
[P. 8, 28, 35, s., 42 ; I. cr., 633].

35. (*L. 28 avr. 1832.*) Toutes les
fois que la dégradation civique sera
prononcée comme peine principale,
elle pourra être accompagnée d'un
emprisonnement dont la durée, fixée
par l'arrêt de condamnation, n'excédera pas cinq ans. — Si le coupable
est un étranger ou un Français ayant
perdu la qualité de citoyen, la peine
de l'emprisonnement devra toujours être prononcée (2) [P. 40, s.].

36. (*L. 28 avr. 1832.*) Tous arrêts
qui porteront la peine de mort, des
travaux forcés à perpétuité et à temps,
la déportation, la détention, la réclusion, la dégradation civique et le
bannissement, seront imprimés par
extrait. — Ils seront affichés dans la
ville centrale du département, dans
celle où l'arrêt aura été rendu, dans
la commune du lieu où le délit aura
été commis, dans celle où se fera l'exécution, et dans celle du domicile du
condamné (3) [P. 7 ; T. cr. 44, 104].

37, 38, 39. (*Abrogés par la loi
du 28 avr. 1832.*) (4).

CHAPITRE II.

DES PEINES EN MATIÈRE CORRECTIONNELLE.

40. Quiconque aura été condamné
à la peine d'emprisonnement sera
renfermé dans une maison de correction ; il y sera employé à l'un des
travaux établis dans cette maison,
selon son choix. — La durée de
cette peine sera au moins de six
jours, et de cinq années au plus ;
sauf les cas de récidive ou autres où
la loi aura déterminé d'autres limites. — La peine à un jour d'emprisonnement est de vingt-quatre heures ; — celle à un mois est de trente
jours [P. 9, 57, s., 463].

41. Les produits du travail de
chaque détenu pour délit correctionnel seront appliqués, partie aux dé-
penses communes de la maison,
partie à lui procurer quelques adou-
cissements, s'il les mérite, partie à
former pour lui, au temps de sa
sortie, un fonds de réserve ; le tout
ainsi qu'il sera ordonné par des règlements d'administration publique.

42. Les tribunaux jugeant correctionnellement pourront, dans certains cas, interdire, en tout ou en
partie, l'exercice des droits civiques,
civils et de famille suivants : — 1° De
vote et d'élection ; — 2° D'éligibilité ; — 3° D'être appelé ou nommé
aux fonctions de juré ou autres fonc-

---

(1) ANCIEN ART. 34. La dégradation civique consiste dans la destitution et l'exclusion du condamné de toutes fonctions ou
emplois publics, et dans la privation de
tous les droits énoncés en l'art. 28.

(2) ANCIEN ART. 35. La durée du bannissement se comptera du jour où l'arrêt sera
devenu irrévocable.

(3) ANCIEN ART. 36. Tous arrêts qui
porteront la peine de mort, des travaux forcés à perpétuité ou à temps, la déportation, la réclusion, la peine du carcan, le
bannissement et la dégradation civique, seront imprimés par extrait. — Ils seront
affichés dans la ville centrale du département, dans celle où l'arrêt aura été rendu,
dans la commune où le délit aura été commis, dans celle où se fera l'exécution, et
dans celle du domicile du condamné.

(4) ANCIENS ART. 37. La confiscation générale est l'attribution des biens d'un condamné au domaine de l'État. — Elle ne
sera la suite nécessaire d'aucune condamnation : elle n'aura lieu que dans les cas
où la loi la prononce expressément.

38. La confiscation générale demeure
grevée de toutes les dettes légitimes jusqu'à concurrence de la valeur des biens
confisqués, de l'obligation de fournir aux
enfants ou autres descendants une moitié de
la portion dont le père n'aurait pu les
priver. — De plus, la confiscation générale
demeure grevée de la prestation des aliments à qui il en est dû de droit.

39. Le Roi pourra disposer des biens
confisqués, en faveur, soit des père, mère
ou autres ascendants, soit de la veuve, soit
des enfants ou autres descendants légitimes, naturels ou adoptifs, soit des autres
parents du condamné.

tions publiques, ou aux emplois de l'administration, ou d'exercer ces fonctions ou emplois ; — 4° Du port d'armes ; — 5° De vote et de suffrage dans les délibérations de famille ; — 6° D'être tuteur, curateur, si ce n'est de ses enfants et sur l'avis seulement de la famille ; — 7° D'être expert ou employé comme témoin dans les actes ; — 8° De témoignage en justice, autrement que pour y faire de simples déclarations [P. 9, 34 ; I. cr., 381].

43. Les tribunaux ne prononceront l'interdiction mentionnée dans l'article précédent, que lorsqu'elle aura été autorisée ou ordonnée par une disposition particulière de la loi [P. 4].

CHAPITRE III.

DES PEINES ET DES AUTRES CONDAMNATIONS QUI PEUVENT ÊTRE PRONONCÉES POUR CRIMES OU DÉLITS.

44. (*L. 28 avr. 1832.*) L'effet du renvoi sous la surveillance de la haute police (1) sera de donner au gouvernement le droit de déterminer certains lieux dans lesquels il sera interdit au condamné de paraître après qu'il aura subi sa peine. En outre, le condamné devra déclarer, avant sa mise en liberté, le lieu où il veut fixer sa résidence : il recevra une feuille de route réglant l'itinéraire dont il ne pourra s'écarter, et la durée de son séjour dans chaque lieu de passage. Il sera tenu de se présenter, dans les vingt-quatre heures de son arrivée, devant le maire de la commune ; il ne pourra changer de résidence sans avoir indiqué, trois jours à l'avance, à ce fonctionnaire, le lieu où il se propose d'aller habiter, et sans avoir reçu de lui une nouvelle feuille de route (2).

45. (*L. 28 avr. 1832.*) En cas de désobéissance aux dispositions prescrites par l'article précédent, l'individu mis sous la surveillance de la haute police sera condamné, par les tribunaux correctionnels, à un emprisonnement qui ne pourra excéder cinq ans (3) [P. 40, s.].

46. (4) (*Abrogé par la loi du 28 avr. 1832.*)

47. (*L. 28 avr. 1832.*) Les coupables condamnés aux travaux forcés à temps, à la détention et à la réclusion, seront, de plein droit, après qu'ils auront subi leur peine, et pendant toute leur vie, sous la surveillance de la haute police (5) [P. 7, 41, s.].

---

(1) *V.* le décret du 8 déc. 1851, concernant les individus placés sous la surveillance de la haute police, qui modifie l'art. 44.

(2) Ancien art. 44. L'effet du renvoi sous la surveillance de la haute police de l'Etat sera de donner au gouvernement, ainsi qu'à la partie intéressée, le droit d'exiger, soit de l'individu placé dans cet état, après qu'il aura subi sa peine, soit de ses père et mère, tuteur ou curateur, s'il est en âge de minorité, une caution solvable de bonne conduite, jusqu'à la somme qui sera fixée par l'arrêt ou le jugement : toute personne pourra être admise à fournir cette caution. — Faute de fournir ce cautionnement, le condamné demeure à la disposition du gouvernement, qui a le droit d'ordonner, soit l'éloignement de l'individu d'un certain lieu, soit sa résidence continue dans un lieu déterminé de l'un des départements du Royaume.

(3) Ancien art. 45. En cas de désobéissance à cet ordre, le gouvernement aura le droit de faire arrêter et détenir le condamné, durant un intervalle de temps qui pourra s'étendre jusqu'à l'expiration du temps fixé pour l'état de la surveillance spéciale.

(4) Ancien art. 46. Lorsque la personne mise sous la surveillance spéciale du gouvernement, et ayant obtenu sa liberté sous caution, aura été condamnée par un arrêt ou jugement devenu irrévocable, pour un ou plusieurs crimes ou pour un ou plusieurs délits commis dans l'intervalle déterminé par l'acte de cautionnement, les cautions seront contraintes, même par corps, au paiement des sommes portées dans cet acte. — Les sommes recouvrées seront affectées de préférence aux restitutions, aux dommages-intérêts et frais adjugés aux parties lésées par ces crimes ou ces délits.

(5) Ancien art. 47. Les coupables condamnés aux travaux forcés à temps et à la réclusion seront de plein droit, après qu'ils auront subi leurs peines, et pendant toute la vie, sous la surveillance de la haute police de l'Etat.

48. Les coupables condamnés au bannissement seront, de plein droit, sous la même surveillance pendant un temps égal à la durée de la peine qu'ils auront subie [P. 8, 32, 44, s.].

49. Devront être renvoyés sous la même surveillance ceux qui auront été condamnés pour crimes ou délits qui intéressent la sûreté intérieure ou extérieure de l'Etat [P. 11, 75, s.].

50. Hors les cas déterminés par les articles précédents, les condamnés ne seront placés sous la surveillance de la haute police de l'Etat que dans le cas où une disposition particulière de la loi l'aura permis [P. 4, 47, s., 58, 67, 107, s., 138, 144, 220, s., 246, 271, 282, 308, s., 315, 317, 326, 335, 343, 388, 400, 415, s., 419, s., 444, 452, 463].

51. (*L. 28 avr.* 1832.) Quand il y aura lieu à restitution, le coupable pourra être condamné, en outre, envers la partie lésée, si elle le requiert, à des indemnités dont la détermination est laissée à la justice de la Cour ou du tribunal, lorsque la loi ne les aura pas réglées, sans que la Cour ou le tribunal puisse, du consentement même de ladite partie, en prononcer l'application à une œuvre quelconque (1) [P. 10, 73, 429; C. N. 1382, s.; I. cr., 358, s., 366].

52. L'exécution des condamnations à l'amende, aux restitutions, aux dommages-intérêts et aux frais, pourra être poursuivie par la voie de la contrainte par corps [P. 73, 469; I. cr., 71].

53. Lorsque des amendes et des frais seront prononcés au profit de l'Etat, si, après l'expiration de la peine afflictive ou infamante, l'emprisonnement du condamné, pour l'acquit de ces condamnations pécu-

niaires, a duré une année complète, il pourra, sur la preuve acquise par les voies de droit, de son absolue insolvabilité, obtenir sa liberté provisoire.—La durée de l'emprisonnement sera réduite à six mois s'il s'agit d'un délit ; sauf, dans tous les cas, à reprendre la contrainte par corps, s'il survient au condamné quelque moyen de solvabilité (2).

54. En cas de concurrence de l'amende (3) avec les restitutions et les dommages-intérêts, sur les biens insuffisants du condamné, ces dernières condamnations obtiendront la préférence [P. 468 ; I. cr. 121].

55. Tous les individus condamnés pour un même crime ou pour un même délit seront tenus solidairement des amendes, des restitutions, des dommages-intérêts et des frais [C. N. 1200, s.].

CHAPITRE IV.

DES PEINES DE LA RÉCIDIVE POUR CRIMES ET DÉLITS.

56. (*L. 28 avr.* 1832.) Quiconque, ayant été condamné à une peine afflictive ou infamante, aura commis un second crime emportant, comme peine principale, la dégradation civique, sera condamné à la peine du bannissement.—Si le second crime emporte la peine du bannissement, il sera condamné à la peine de la détention.—Si le second crime emporte la peine de la réclusion, il sera condamné à la peine des travaux forcés à temps.—Si le second crime emporte la peine de la détention, il sera condamné au maximum de la même peine, laquelle pourra être élevée jusqu'au double. — Si le second crime emporte la peine des travaux forcés à temps, il sera condamné

---

(1) Ancien art. 54. Quand il y aura lieu à restitution, le coupable sera condamné en outre, envers la partie, à des indemnités, dont la détermination est laissée à la justice de la Cour ou du tribunal, lorsque la loi ne les aura pas réglées ; sans qu'elles puissent jamais être au-dessous du quart des restitutions, et sans que la Cour ou le tribunal puisse, du consentement

même de la partie, en prononcer l'application à une œuvre quelconque.

(2) Cet article a été modifié par la loi du 17 avril 1832, sur la contrainte par corps. V. aussi décr. 13 déc. 1848.

(3) Ancien art... ou de la confiscation (*disposition abrogée par la Charte de* 1830, art. 57).

au maximum de la peine, laquelle pourra être élevée jusqu'au double. — Si le second crime emporte la peine de la déportation, il sera condamné aux travaux forcés à perpétuité.—Quiconque, ayant été condamné aux travaux forcés à perpétuité, aura commis un second crime emportant la même peine, sera condamné à la peine de mort.—Toutefois l'individu condamné par un tribunal militaire ou maritime, ne sera, en cas de crime ou délit postérieur, passible des peines de la récidive, qu'autant que la première condamnation aurait été prononcée pour des crimes ou délits punissables d'après les lois pénales ordinaires (1) [P. 7, s., 15, 19, s., 28, 32, 47].

57. (*L.* 18 *avr.* 1863.) Quiconque ayant été condamné pour crime à une peine supérieure à une année d'emprisonnement, aura commis un délit ou un crime qui devra n'être puni que de peines correctionnelles, sera condamné au maximum de la peine portée par la loi, et cette peine pourra être élevée jusqu'au double. — Le condamné sera de plus mis sous la surveillance spéciale de la haute police pendant cinq ans au moins et dix ans au plus (2) [P. 40, s.].

58. (*L.* 18 *avr.* 1863.) Les coupables condamnés correctionnellement à un emprisonnement de plus d'une année seront aussi, en cas de nouveau délit ou de crime qui devra n'être puni que de peines correctionnelles, condamnés au maximum de la peine portée par la loi, et cette peine pourra être élevée jusqu'au double : ils seront de plus mis sous la surveillance spéciale du gouvernement pendant au moins cinq années et dix ans au plus (3) [P. 40, s.].

LIVRE DEUXIÈME.

DES PERSONNES PUNISSABLES, EXCUSABLES

OU RESPONSABLES, POUR CRIMES OU POUR DÉLITS.

(Loi décrétée le 13 février 1810, promulguée le 23 du même mois.)

CHAPITRE UNIQUE.

59. Les complices d'un crime ou d'un délit seront punis de la même peine que les auteurs mêmes de ce crime ou de ce délit, sauf les cas où la loi en aurait disposé autrement [P. 338, 380, s., 403, 441 ; I. cr. 501 ; C. co. 597, s. ; T. cr. 156, s.].

60. Seront punis comme complices d'une action qualifiée crime ou délit, ceux qui, par dons, pro-

---

(1) Anc. art. 56. Quiconque, ayant été condamné pour crime, aura commis un second crime emportant la dégradation civique, sera condamné à la peine du carcan. — Si le second crime entraîne la peine du carcan ou le bannissement, il sera condamné à la peine de la réclusion. — Si le second crime entraîne la peine de la réclusion, il sera condamné à la peine des travaux forcés à temps et à la marque. — Si le second crime entraîne la peine des travaux forcés à temps ou la déportation, il sera condamné à la peine des travaux forcés à perpétuité. — Si le second crime entraîne la peine des travaux forcés à perpétuité, il sera condamné à la peine de mort.

(2) Ancien art. 57. Quiconque ayant été condamné pour un crime, aura commis un délit de nature à être puni correctionnellement, sera condamné au maximum de la peine portée par la loi, et cette peine pourra être élevée jusqu'au double.

(3) Ancien art. 58. Les coupables condamnés correctionnellement à un emprisonnement de plus d'une année seront aussi, en cas de nouveau délit, condamnés au maximum de la peine portée par la loi, et cette peine pourra être élevée jusqu'au double : ils seront de plus mis sous la surveillance spéciale du gouvernement pendant au moins cinq années et dix ans au plus.

messes, menaces, abus d'autorité ou de pouvoir, machinations ou artifices coupables, auront provoqué à cette action, ou donné des instructions pour la commettre ; — Ceux qui auront procuré des armes, des instruments, ou tout autre moyen qui aura servi à l'action, sachant qu'ils devaient y servir ; — Ceux qui auront, avec connaissance, aidé ou assisté l'auteur ou les auteurs de l'action, dans les faits qui l'auront préparée ou facilitée, ou dans ceux qui l'auront consommée ; sans préjudice des peines qui seront spécialement portées par le présent Code contre les auteurs de complots ou de provocations attentatoires à la sûreté intérieure ou extérieure de l'Etat, même dans le cas où le crime qui était l'objet des conspirateurs ou des provocateurs n'aurait pas été commis [P. 75, s., 86, s.].

61. Ceux qui, connaissant la conduite criminelle des malfaiteurs exerçant des brigandages ou des violences contre la sûreté de l'Etat, la paix publique, les personnes ou les propriétés, leur fournissent habituellement logement, lieu de retraite ou de réunion, seront punis comme leurs complices [P. 59, 62, 73, 99, 268].

62. Ceux qui sciemment auront recélé, en tout ou en partie, des choses enlevées, détournées ou obtenues à l'aide d'un crime ou d'un délit, seront aussi punis comme complices de ce crime ou délit (1) [P. 59, 63, 83, 248, 259, 380, 400].

63. (*L. 28 avr.* 1832.) Néanmoins la peine de mort, lorsqu'elle sera applicable aux auteurs des crimes, sera remplacée, à l'égard des recéleurs, par celle des travaux forcés à

perpétuité.—Dans tous les cas, les peines des travaux forcés à perpétuité ou de la déportation, lorsqu'il y aura lieu, ne pourront être prononcées contre les recéleurs qu'autant qu'ils seront convaincus d'avoir eu, au temps du recélé, connaissance des circonstances auxquelles la loi attache les peines de mort, des travaux forcés à perpétuité et de la déportation ; sinon ils ne subiront que la peine des travaux forcés à temps (2) [P. 15, 17, s., 304, 381, s.].

64. Il n'y a ni crime ni délit, lorsque le prévenu était en état de démence au temps de l'action, ou lorsqu'il aura été contraint par une force à laquelle il n'a pu résister [P. 65 ; C. N. 489].

65. Nul crime ou délit ne peut être excusé, ni la peine mitigée, que dans les cas et dans les circonstances où la loi déclare le fait excusable, ou permet de lui appliquer une peine moins rigoureuse [P. 64, 66, s., 100, 108, 114, 116, 135, 138, 144, 163, 184, 190, 253, 247, s., 284, 288, 321, s., 347, s., 357, 380, 444, 463].

66. Lorsque l'accusé aura moins de seize ans, s'il est décidé qu'il a agi *sans discernement*, il sera acquitté ; mais il sera, selon les circonstances, remis à ses parents, ou conduit dans une maison de correction, pour y être élevé et détenu pendant tel nombre d'années que le jugement déterminera, et qui toutefois ne pourra excéder l'époque où il aura accompli sa vingtième année (3) [P. 67, s., 271, 463 ; 1. cr. 340].

67. (*L. 28 avr.* 1832.) S'il est décidé qu'il a agi *avec discernement*, les peines seront prononcées ainsi qu'il suit : — S'il a encouru la peine de

---

(1) *Av. C. d'Et.*, 10 *déc.* 1813 (*approuvé le* 18). Le conseil d'Etat est d'avis que, lorsqu'un vol a été commis à l'aide ou par suite d'un meurtre, les personnes qui ont recélé les effets volés, ayant connaissance que le vol a été précédé du crime de meurtre, doivent, aux termes de l'art. 62 du Code pénal, être considérées comme complices de ce dernier crime.

(2) ANCIEN ART. 63. Néanmoins, à l'égard des recéleurs désignés dans l'article

précédent, la peine de mort, des travaux forcés à perpétuité, ou de la déportation, lorsqu'il y a lieu, ne leur sera appliquée qu'autant qu'ils seront convaincus d'avoir eu, au temps du recélé, connaissance des circonstances auxquelles la loi attache les peines de ces trois genres : sinon, ils ne subiront que la peine des travaux forcés à temps.

(3) V. la loi du 5 août 1850, sur l'éducation des jeunes détenus.

mort, des travaux forcés à perpétuité, de la déportation, il sera condamné à la peine de dix à vingt ans d'emprisonnement dans une maison de corrrection.—S'il a encouru la peine des travaux forcés à temps, de la détention ou de la réclusion, il sera condamné à être renfermé dans une maison de correction, pour un temps égal au tiers au moins et à la moitié au plus de celui pour lequel il aurait pu être condamné à l'une de ces peines. — Dans tous les cas, il pourra être mis, par l'arrêt ou le jugement, sous la surveillance de la haute police pendant cinq ans au moins et dix au plus. — S'il a encouru la peine de la dégradation civique ou du bannissement, il sera condamné à être enfermé, d'un an à cinq ans, dans une maison de correction (1) [P. 40, 44, 59, 68, s.].

68. (*L. 28 avr. 1832.*) L'individu, âgé de moins de seize ans, qui n'aura pas de complices présents au-dessus de cet âge, et qui sera prévenu de crimes autres que ceux que la loi punit de la peine de mort, de celle des travaux forcés à perpétuité, de la peine de la déportation ou de celle de la détention, sera jugé par les tribunaux correctionnels, qui se conformeront aux deux articles ci-dessus (2) [I. cr. 179, s.].

69. (*L. 28 avr. 1832.*) Dans tous les cas où le mineur de seize ans n'aura commis qu'un simple délit, la peine qui sera prononcée contre lui ne pourra s'élever au-dessus de la moitié de celle à laquelle il aurait pu être condamné s'il avait eu seize ans (3).

70. Les peines des travaux forcés à perpétuité, de la déportation et des travaux forcés à temps, ne seront prononcées contre aucun individu âgé de soixante-dix ans accomplis au moment du jugement [P. 7, 15, 71, s.].

71. (*L. 28 avr. 1832.*) Ces peines seront remplacées, à leur égard, savoir : celle de la déportation, par la détention à perpétuité ; et les autres, par celle de la réclusion, soit à perpétuité, soit à temps, selon la durée de la peine qu'elle remplacera (4) [P. 20, 21].

72. Tout condamné à la peine des travaux forcés à perpétuité ou à temps, dès qu'il aura atteint l'âge de soixante-dix ans accomplis, en sera relevé, et sera renfermé dans la maison de force pour tout le temps à expirer de sa peine, comme s'il n'eût été condamné qu'à la réclusion (*Abrogé par la loi du 30 mai 1854*).

73. Les aubergistes et hôteliers convaincus d'avoir logé, plus de vingt-quatre heures, quelqu'un qui, pendant son séjour, aurait commis un crime ou un délit, seront civilement responsables des restitutions, des indemnités et des frais adjugés à ceux à qui ce crime ou ce délit aurait causé quelque dommage, faute par eux d'avoir inscrit sur leur registre le nom, la profession et le do-

---

(1) ANCIEN ART. 67. S'il est décidé qu'il a agi *avec discernement*, les peines seront prononcées ainsi qu'il suit : — S'il a encouru la peine de mort, des travaux forcés à perpétuité, ou de la déportation, il sera condamné à la peine de dix à vingt ans d'emprisonnement dans une maison de correction ; — S'il a encouru la peine des travaux forcés à temps, ou de la réclusion, il sera condamné à être renfermé dans une maison de correction pour un temps égal au tiers au moins et à la moitié au plus de celui auquel il aurait pu être condamné à l'une de ces peines. — Dans tous ces cas, il pourra être mis, par l'arrêt ou le jugement, sous la surveillance de la haute police pendant cinq ans au moins et dix ans au plus. — S'il a encouru la peine du car-

can ou du bannissement, il sera condamné à être enfermé, d'un an à cinq ans, dans une maison de correction.

(2) ANCIEN ART. 68. Dans aucun des cas prévus par l'article précédent, le condamné ne subira l'exposition publique.

(3) ANCIEN ART. 69. Si le coupable n'a encouru qu'une peine correctionnelle, il pourra être condamné à telle peine correctionnelle qui sera jugée convenable, pourvu qu'elle soit au-dessous de la moitié de celle qu'il aurait subie s'il avait eu seize ans.

(4) ANCIEN ART. 74. Ces peines seront remplacées, à leur égard, par celle de la réclusion, soit à perpétuité, soit à temps, et selon la durée de la peine qu'elle remplacera.

micile du coupable ; sans préjudice de leur responsabilité dans le cas des art. 1952 et 1953 du Code Napoléon [P. 61, 99, 154, 268, 475 ; T. cr. 156, s.].

74. Dans les autres cas de responsabilité civile qui pourront se présenter dans les affaires criminelles, correctionnelles ou de police, les Cours et tribunaux devant qui ces affaires seront portées se conformeront aux dispositions du Code Napoléon, livre III, titre IV, chapitre II [I. cr. 194 ; C. N. 1382, s.].

LIVRE TROISIÈME.

DES CRIMES, DES DÉLITS ET DE LEUR PUNITION.

TITRE PREMIER.

CRIMES ET DÉLITS CONTRE LA CHOSE PUBLIQUE.

(Chap. I-II. Loi décrétée le 15 février 1810, promulguée le 25 du même mois.)
(Chap. III. Loi décrétée le 16, promulguée le 26.)

CHAPITRE PREMIER.

CRIMES ET DÉLITS CONTRE LA SURETÉ DE L'ÉTAT.

SECTION PREMIÈRE.

Des crimes et délits contre la sûreté extérieure de l'État.

75. Tout Français qui aura porté les armes contre la France sera puni de mort (1) [P. 7, 12, 64, 66, s.].

76. Quiconque aura pratiqué des machinations ou entretenu des intelligences avec les puissances étrangères ou leurs agents, pour les engager à commettre des hostilités ou à entreprendre la guerre contre la France, ou pour leur en procurer les moyens, sera puni de mort (2). — Cette disposition aura lieu dans le cas même où lesdites machinations ou intelligences n'auraient pas été suivies d'hostilités (3)[P.7,12,64,66,s.].

77. Sera également puni de mort (4), quiconque aura pratiqué des manœuvres ou entretenu des intelligences avec les ennemis de l'État, à l'effet de faciliter leur entrée sur le territoire et dépendances de l'Empire, ou de leur livrer des villes, forteresses, places, postes, ports, magasins, arsenaux, vaisseaux ou bâtiments appartenant à la France, ou de fournir aux ennemis des secours en soldats, hommes, argent, vivres, armes ou munitions, ou de seconder les progrès de leurs armes sur les possessions ou contre les forces françaises de terre ou de mer, soit en ébranlant la fidélité des officiers, soldats, matelots ou autres, envers l'Empereur et l'État, soit de toute autre manière (5) [P. 12, 64, 66, s.].

78. (*L. 28 avr. 1832.*) Si la correspondance avec les sujets d'une puissance ennemie, sans avoir pour objet l'un des crimes énoncés en l'article précédent, a néanmoins eu

---

(1) ANCIEN ART. 75, 2ᵉ alinéa. Ses biens seront confisqués (*Abrogé par la Charte de 1830, art. 57*).

(2) ANCIEN ART... et ses biens seront confisqués (*Disposition abrogée par la Charte de 1830, art. 57*).

(3) V. la loi du 27 fév. 1858, relative à des mesures de sûreté générale.

(4) ANCIEN ART... et de la confiscation de ses biens (*Disposition abrogée par la Charte de 1830, art. 57*).

(5) V. la loi du 27 fév. 1858, relative à des mesures de sûreté générale.

pour résultat de fournir aux ennemis des instructions nuisibles à la situation militaire ou politique de la France ou de ses alliés, ceux qui auront entretenu cette correspondance seront punis de la détention, sans préjudice de plus forte peine, dans le cas où ces instructions auraient été la suite d'un concert constituant un fait d'espionnage (1) [P. 32, s. 49, 64, 66, s.].

79. Les peines exprimées aux articles 76 et 77 seront les mêmes, soit que les machinations ou manœuvres énoncées en ces articles aient été commises envers la France, soit qu'elles l'aient été envers les alliés de la France, agissant contre l'ennemi commun.

80. Sera puni des peines exprimées en l'article 76, tout fonctionnaire public, tout agent du gouvernement, ou toute autre personne qui, chargée ou instruite officiellement, ou à raison de son état, du secret d'une négociation ou d'une expédition, l'aura livré aux agents d'une puissance étrangère ou de l'ennemi.

81. (*L.* 28 *avr.* 1832.) Tout fonctionnaire public, tout agent, tout préposé du gouvernement, chargé, à raison de ses fonctions, du dépôt des plans de fortifications, arsenaux, ports ou rades, qui aura livré ces plans ou l'un de ces plans à l'ennemi ou aux agents de l'ennemi, sera puni de mort. — Il sera puni de la détention, s'il a livré ces plans aux agents d'une puissance étrangère neutre ou alliée (2) [P. 32, 49].

82. Toute autre personne qui, étant parvenue, par corruption, fraude ou violence, à soustraire lesdits plans, les aura livrés ou à l'ennemi ou aux agents d'une puissance étrangère, sera punie comme le fonctionnaire, ou agent mentionné dans l'article précédent, et selon les distinctions qui y sont établies. — Si lesdits plans se trouvaient, sans le préalable emploi de mauvaises voies, entre les mains de la personne qui les a livrés, la peine sera, au premier cas mentionné dans l'article 81, la déportation; — Et au second cas du même article, un emprisonnement de deux à cinq ans [P. 17, 40, s.].

83. Quiconque aura recélé ou aura fait recéler les espions ou les soldats ennemis envoyés à la découverte et qu'il aura connus pour tels, sera condamné à la peine de mort [P. 12, 62, s.].

84. Quiconque aura, par des actions hostiles, non approuvées par le gouvernement, exposé l'Etat à une déclaration de guerre, sera puni du bannissement; et si la guerre s'en est suivie, de la déportation [P. 17, 28, 32, 48].

85. Quiconque aura, par des actes non approuvés par le gouvernement, exposé des Français à éprouver des représailles, sera puni du bannissement [P. 28, 32, s., 48, s.].

SECTION II.

Des crimes contre la sûreté intérieure de l'Etat.

§ 1er. — *Des attentats et complots dirigés contre l'Empereur et sa famille.*

86. (*L.* 10 *juin* 1853.) L'attentat contre la vie ou contre la personne de l'Empereur est puni de la peine

---

(1) A\ncien art. 78. Si la correspondance avec les sujets d'une puissance ennemie, sans avoir pour objet l'un des crimes énoncés en l'article précédent, a néanmoins eu pour résultat de fournir aux ennemis des instructions nuisibles à la situation militaire ou politique de la France ou de ses alliés, ceux qui auront entretenu cette correspondance seront punis du bannissement, sans préjudice de plus fortes peines dans le cas où ces instructions auraient été la suite d'un concert constituant un fait d'espionnage.

(2) A\ncien art. 84. Tout fonctionnaire, tout agent, tout préposé du gouvernement, chargé, à raison de ses fonctions, du dépôt des plans de fortifications, arsenaux, ports ou rades, qui aura livré ces plans ou l'un de ces plans à l'ennemi ou aux agents de l'ennemi, sera puni de mort; et ses biens seront confisqués. — Il sera puni du bannissement, s'il a livré ces plans aux

du parricide. — L'attentat contre la vie des membres de la famille impériale est puni de la peine de mort. — L'attentat contre la personne des membres de la famille impériale est puni de la peine de la déportation dans une enceinte fortifiée. — Toute offense commise publiquement envers la personne de l'Empereur est punie d'un emprisonnement de six mois à cinq ans et d'une amende de cinq cents francs à dix mille francs. Le coupable peut, en outre, être interdit de tout ou partie des droits mentionnés en l'article 42 pendant un temps égal à celui de l'emprisonnement auquel il a été condamné. Ce temps court à compter du jour où il a subi sa peine. — Toute offense commise publiquement envers les membres de la famille impériale est punie d'un emprisonnement d'un mois à trois ans et d'une amende de cent francs à cinq mille francs (1).

87. (*L.* 10 *juin* 1853.) L'attentat dont le but est, soit de détruire ou de changer le gouvernement ou l'ordre de successibilité au trône, soit d'exciter les citoyens ou habitants à s'armer contre l'autorité impériale, est puni de la peine de la déportation dans une enceinte fortifiée (1).

88. (*L.* 28 *avr.* 1832.) L'exécution ou la tentative constitueront seules l'attentat (2) [P. 2, 86, s.].

89. (*L.* 28 *avr.* 1832.) Le complot ayant pour but les crimes mentionnés aux articles 86 et 87, s'il a été suivi d'un acte commis ou commencé pour en préparer l'exécution, sera puni de la déportation. — S'il n'a été suivi d'aucun acte commis ou commencé pour en préparer l'exécution, la peine sera celle de la détention. — Il y a complot dès que la résolution d'agir est concertée et arrêtée entre deux ou plusieurs personnes. — S'il y a eu proposition

---

agents d'une puissance étrangère neutre ou alliée.

(1) Anciens art. 86 et 87 (*d'après le Code pénal de* 1810). — 86. L'attentat ou le complot contre la vie ou contre la personne du roi, est crime de lèse-majesté : ce crime est puni comme parricide, et emporte de plus la confiscation des biens.

87. L'attentat ou le complot contre la vie ou la personne des membres de la famille royale : — L'attentat ou le complot dont le but sera, — soit de détruire ou de changer le gouvernement, ou l'ordre de successibilité au trône, — soit d'exciter les citoyens ou habitants à s'armer contre l'autorité royale, — Seront punis de la peine de mort et de la confiscation des biens.

Anciens art. 86 et 87 (*d'après la loi du* 28 *avril* 1832). — 86. L'attentat contre la vie ou contre la personne du roi, est puni de la peine du parricide. — L'attentat contre la vie ou contre la personne des membres de la famille royale est puni de la peine de mort. — Toute offense commise publiquement envers la personne du roi, sera punie d'un emprisonnement de six mois à cinq ans et d'une amende de cinq cents francs à dix mille francs. Le coupable pourra en outre être interdit de tout ou partie des droits mentionnés en l'article 42, pendant un temps égal à celui de l'emprisonnement auquel il aura été con-

damné. Ce temps courra à compter du jour où le coupable aura subi sa peine.

87. L'attentat dont le but sera, soit de détruire, soit de changer le gouvernement ou l'ordre de successibilité au trône, soit d'exciter les citoyens ou habitants à s'armer contre l'autorité royale, sera puni de mort.

Nota. La peine de mort en matière politique a été abolie par l'art. 5 de la Constitution du 4 novembre 1848, et la loi du 8 juin 1850 l'a remplacée par la déportation dans une enceinte fortifiée hors du territoire de l'Empire. — V., en outre, la loi du 27 févr. 1858, relative à des mesures de sûreté générale.

(2) Anciens art. 88. Il y a attentat dès qu'un acte est commis ou commencé pour parvenir à l'exécution de ces crimes, quoiqu'ils n'aient pas été consommés.

89. Il y a complot dès que la résolution d'agir est concertée et arrêtée entre deux conspirateurs ou un plus grand nombre, quoiqu'il n'y ait pas eu d'attentat.

90. S'il n'y a pas eu de complot arrêté, mais une proposition faite et non agréée d'en former un pour arriver au crime mentionné dans l'art. 86, celui qui aura fait une telle proposition sera puni de la réclusion. — L'auteur de toute proposition non agréée tendant à l'un des crimes énoncés dans l'art. 87, sera puni du bannissement.

faite et non agréée de former un complot pour arriver aux crimes mentionnés dans les articles 86 et 87, celui qui aura fait une telle proposition sera puni d'un emprisonnement d'un an à cinq ans. Le coupable pourra de plus être interdit, en tout ou en partie, des droits mentionnés en l'article 42 (1) [P. 17, 14, 66, s.; 1. cr. 179].

90. (*L. 28 avr. 1832.*) Lorsqu'un individu aura formé seul la résolution de commettre l'un des crimes prévus par l'article 86, et qu'un acte pour en préparer l'exécution aura été commis ou commencé par lui seul et sans assistance, la peine sera celle de la détention (1) [P. 24, 32, 49].

§ 2. — *Des crimes tendant à troubler l'Etat par la guerre civile, l'illégal emploi de la force armée, la dévastation et le pillage publics.*

91. (*L. 28 avr. 1832.*) L'attentat dont le but sera, soit d'exciter la guerre civile en armant ou en portant les citoyens ou habitants à s'armer les uns contre les autres, soit de porter la dévastation, le massacre et le pillage dans une ou plusieurs communes, sera puni de mort (2). — Le complot ayant pour but l'un des crimes prévus au présent article, et la proposition de former ce complot, seront punis des peines portées en l'article 89, suivant les distinctions qui y sont établies (3) [P. 97].

92. Seront punis de mort (4), ceux qui auront levé ou fait lever des troupes armées, engagé ou enrôlé, fait engager ou enrôler des soldats, ou leur auront fourni ou procuré des armes ou munitions, sans ordre ou autorisation du pouvoir légitime.

93. Ceux qui, sans droit ou motif légitime, auront pris le commandement d'un corps d'armée, d'une troupe, d'une flotte, d'une escadre, d'un bâtiment de guerre, d'une place forte, d'un poste, d'un port, d'une ville ; — Ceux qui auront retenu, contre l'ordre du gouvernement, un commandement militaire quelconque ; — Les commandants qui auront tenu leur armée ou troupe rassemblée, après que le licenciement ou la séparation en auront été ordonnés, seront punis de la peine de mort (5) [P. 7, 12, 94].

94. Toute personne qui, pouvant disposer de la force publique, en aura requis ou ordonné, fait requérir ou ordonner l'action ou l'emploi contre la levée des gens de guerre légalement établie, sera punie de la déportation. — Si cette réquisition ou cet ordre ont été suivis de leur effet, le coupable sera puni de mort (6) [P. 4, 64, 66].

95. Tout individu qui aura incendié ou détruit, par l'explosion d'une mine, des édifices, magasins, arsenaux, vaisseaux ou autres propriétés appartenant à l'Etat sera puni de mort (7) [P. 7, 12, 434, s.].

96. Quiconque, soit pour envahir des domaines, propriétés ou deniers

---

(1) V. la note 2 de la page précédente.

(2) La peine de mort en matière politique a été abolie par l'art. 5 de la Constitution du 4 novembre 1848, et la loi du 8 juin 1850 l'a remplacée par la déportation dans une enceinte fortifiée hors du territoire de l'Empire. — V., en outre, la loi du 27 février 1858, relative à des mesures de sûreté générale.

(3) Ancien art. 94. L'attentat ou le complot dont le but sera, soit d'exciter la guerre civile en armant ou en portant les citoyens ou habitants à s'armer les uns contre les autres. — Soit de porter la dévastation et le pillage dans une ou plusieurs communes, — Seront punis de la peine de mort, et les biens des coupables seront confisqués.

(4) Ancien art... et de la confiscation de leurs biens (*Disposition abrogée par la Charte de* 1830, art. 57). V. la note 2 ci-dessus.

(5) Ancien art... et leurs biens seront confisqués (*Disposition abrogée par la Charte de* 1830, art. 57). V. la note 2 ci-dessus.

(6) Ancien art... et ses biens seront confisqués (*Abrog. Ch.* 1830, art. 57). V. la note 2 ci-dessus.

(7) Ancien art... et ses biens seront confisqués (*Abrog. Ch.* 1830, art. 57). V. la note 2 ci-dessus.

publics, places, villes, forteresses, postes, magasins, arsenaux, ports, vaisseaux ou bâtiments appartenant à l'Etat, soit pour piller ou partager des propriétés publiques ou nationales, ou celles d'une généralité de citoyens, soit enfin pour faire attaque ou résistance envers la force publique agissant contre les auteurs de ces crimes, se sera mis à la tête de bandes armées, on y aura exercé une fonction ou commandement quelconque, sera puni de mort (1). — Les mêmes peines seront appliquées à ceux qui auront dirigé l'association, levé ou fait lever, organisé ou fait organiser les bandes, ou leur auront, sciemment et volontairement, fourni ou procuré des armes, munitions et instruments de crime, ou envoyé des convois de subsistances, ou qui auront de toute autre manière pratiqué des intelligences avec les directeurs ou commandants des bandes [P. 100].

97. Dans le cas où l'un ou plusieurs des crimes mentionnés aux articles 86, 87 et 91 auront été exécutés ou simplement tentés par une bande, la peine de mort (2) sera appliquée, sans distinction de grades, à tous les individus faisant partie de la bande, et qui auront été saisis sur le lieu de la réunion séditieuse. — Sera puni des mêmes peines, quoique non saisi sur le lieu, quiconque aura dirigé la sédition, ou aura exercé dans la bande un emploi ou commandement quelconque.

98. Hors le cas où la réunion séditieuse aurait eu pour objet ou résultat l'un ou plusieurs des crimes énoncés aux articles 86, 87 et 91, les individus faisant partie des bandes dont il est parlé ci-dessus, sans

y exercer aucun commandement ni emploi, et qui auront été saisis sur les lieux, seront punis de la déportation (3) [P. 17].

99. Ceux qui, connaissant le but et le caractère desdites bandes, leur auront, sans contrainte, fourni des logements, lieux de retraite ou de réunion, seront condamnés à la peine des travaux forcés à temps (3) [P. 7, 15, 16, 19, 23, 28, s., 36, 47].

100. Il ne sera prononcé aucune peine, pour le fait de sédition, contre ceux qui, ayant fait partie de ces bandes sans y exercer aucun commandement et sans y remplir aucun emploi ni fonctions, se seront retirés au premier avertissement des autorités civiles ou militaires, ou même depuis, lorsqu'ils n'auront été saisis que hors des lieux de la réunion séditieuse, sans opposer de résistance et sans armes. — Ils ne seront punis, dans ces cas, que des crimes particuliers qu'ils auraient personnellement commis ; et néanmoins ils pourront être renvoyés, pour cinq ans ou au plus jusqu'à dix, sous la surveillance spéciale de la haute police (3) [P. 11, 44, 45, 49].

101. Sont compris dans le mot *armes*, toutes machines, tous instruments ou ustensiles tranchants, perçants ou contondants. — Les couteaux et ciseaux de poche, les cannes simples, ne seront réputés armes qu'autant qu'il en aura été fait usage pour tuer, blesser ou frapper [P. 314, 315].

Disposition commune aux deux paragraphes de la présente section.

102. (*Abrogé par la loi du 17 mai 1819, art. 26.*) (4)

---

(1) ANCIEN ART.... avec confiscation des biens (*Abrogé par la Charte de 1830, art. 57*). V. la note 2 sous l'art. 94.

(2) ANCIEN ART.... avec confiscation des biens (*Abrogé par la Charte de 1830, art. 57*). V. la note 2 sous l'art. 94.

(3) V. la note 2 sous l'art. 94, *in fine.*

(4) ANCIEN ART. 102. Seront punis comme coupables des crimes et complots mentionnés

dans la présente section, tous ceux qui, soit par discours tenus dans des lieux ou réunions publics, soit par placards affichés, soit par des écrits imprimés, auront excité directement les citoyens ou habitants à les commettre. — Néanmoins, dans le cas où lesdites provocations n'auraient été suivies d'aucun effet, leurs auteurs seront simplement punis du bannissement.

SECTION III.

De la révélation et de la non-révélation des crimes qui compromettent la sûreté intérieure ou extérieure de l'Etat.

103, 104, 105, 106, 107. (*Abrogés par la loi du 28 avril 1832, art. 12.*) (1)

108. (*L. 28 avr. 1832.*) Seront exemptés des peines prononcées contre les auteurs de complots ou d'autres crimes attentatoires à la sûreté intérieure ou extérieure de l'Etat, ceux des coupables qui, avant toute exécution ou tentative de ces complots ou de ces crimes, et avant toutes poursuites commencées, auront les premiers donné au gouvernement ou aux autorités administratives ou de police judiciaire, connaissance de ces complots ou crimes, et de leurs auteurs ou complices, ou qui, même depuis le commencement des poursuites, auront procuré l'arrestation desdits auteurs ou compli-

ces. — Les coupables qui auront donné ces connaissances ou procuré ces arrestations, pourront néanmoins être condamnés à rester pour la vie ou à temps sous la surveillance de la haute police (2) [P. 11, 44, 49].

CHAPITRE II.

CRIMES ET DÉLITS CONTRE LA CHARTE CONSTITUTIONNELLE.

SECTION PREMIÈRE.

Des crimes et délits relatifs à l'exercice des droits civiques.

109. Lorsque, par attroupement, voies de fait ou menaces, on aura empêché un ou plusieurs citoyens d'exercer leurs droits civiques, chacun des coupables sera puni d'un emprisonnement de six mois au moins et de deux ans plus, et de l'interdiction du droit de voter et d'être éligible pendant cinq ans au moins et dix ans au plus [P. 9, 40, s.; I. cr. 179].

---

(1) ANCIENS ART. 103. Toutes personnes qui, ayant eu connaissance de complots formés ou de crimes projetés contre la sûreté intérieure ou extérieure de l'Etat, n'auront pas fait la déclaration de ces complots ou crimes, et n'auront pas révélé au gouvernement ou aux autorités administratives ou de police judiciaire, les circonstances qui en seront venues à leur connaissance, le tout dans les vingt-quatre heures qui auront suivi ladite connaissance, seront, lors même qu'elles seront reconnues exemptes de toute complicité, punies, pour le seul fait de non-révélation, de la manière et selon les distinctions qui suivent.

104. S'il s'agit du crime de lèse-majesté, tout individu qui, au cas de l'article précédent, n'aura point fait les déclarations qui y sont prescrites, sera puni de la réclusion.

105. A l'égard des autres crimes ou complots mentionnés au présent chapitre, toute personne qui, en étant instruite, n'aura pas fait les déclarations prescrites par l'art. 103, sera punie d'un emprisonnement de deux à cinq ans et d'une amende de cinq cents francs à deux mille francs.

106. Celui qui aura eu connaissance desdits crimes ou complots non révélés ne sera point admis à excuse sur le fondement qu'il ne les aurait point approuvés ou même

qu'il s'y serait opposé, et aurait cherché à en dissuader les auteurs.

107. Néanmoins, si l'auteur du crime ou complot est époux, même divorcé, ascendant ou descendant, frère ou sœur, ou allié aux mêmes degrés, de la personne prévenue de réticence, celle-ci ne sera point sujette aux peines portées par les articles précédents; mais elle pourra être mise, par l'arrêt ou le jugement, sous la surveillance spéciale de la haute police pendant un temps qui n'excédera pas dix ans.

(2) ANCIEN ART. 108. Seront exemptés des peines prononcées contre les auteurs des complots ou d'autres crimes attentatoires à la sûreté intérieure ou extérieure de l'Etat, ceux des coupables qui, avant toute exécution ou tentative de ces complots ou de ces crimes, et avant toutes poursuites commencées, auront les premiers donné, aux autorités mentionnées en l'art. 103, connaissance de ces complots ou crimes et de leurs auteurs ou complices, ou qui, même depuis le commencement des poursuites, auront procuré l'arrestation desdits auteurs ou complices. — Les coupables qui auront donné ces connaissances ou procuré ces arrestations pourront néanmoins être condamnés à rester pour la vie ou à temps sous la surveillance spéciale de la haute police.

110. Si ce crime a été commis par suite d'un plan concerté pour être exécuté soit dans tout l'Empire, soit dans un ou plusieurs départements, soit dans un ou plusieurs arrondissements communaux , la peine sera le bannissement [P. 8, 28, 32, 48].

111. (*L. 28 avr.* 1832.) Tout citoyen qui, étant chargé, dans un scrutin, du dépouillement des billets contenant les suffrages des citoyens, sera surpris falsifiant ces billets, ou en soustrayant de la masse, ou en y ajoutant, ou inscrivant sur les billets des votants non lettrés des noms autres que ceux qui lui auraient été déclarés, sera puni de la peine de la dégradation civique (1) [P. 8, 34].

112. Toutes autres personnes coupables des faits énoncés dans l'article précédent seront punies d'un emprisonnement de six mois au moins et de deux ans au plus, et de l'interdiction du droit de voter et d'être éligibles pendant cinq ans au moins et dix ans au plus.

113. Tout citoyen qui aura, dans les élections, acheté ou vendu un suffrage à un prix quelconque, sera puni d'interdiction des droits de citoyen et de toute fonction ou emploi public pendant cinq ans au moins et dix ans au plus.—Seront en outre, le vendeur et l'acheteur du suffrage , condamnés chacun à une amende double de la valeur des choses reçues ou promises [P. 34, 42].

SECTION II.

Attentat à la Liberté.

114. Lorsqu'un fonctionnaire public, un agent ou un préposé du gouvernement , aura ordonné ou fait quelque acte arbitraire, ou attentatoire soit à la liberté individuelle, soit aux droits civiques d'un ou de plusieurs citoyens, soit à la Constitution, il sera condamné à la peine de la dégradation civique. — Si néanmoins il justifie qu'il a agi par ordre de ses supérieurs pour des objets du ressort de ceux-ci, sur lesquels il leur était dû obéissance hiérarchique, il sera exempt de la peine, laquelle sera, dans ce cas, appliquée seulement aux supérieurs qui auront donné l'ordre [P. 64, 115, 190, 321, s.].

115. Si c'est un ministre qui a ordonné ou fait les actes ou l'un des actes mentionnés en l'article précédent, et si, après les invitations mentionnées dans les art. 63 et 67 du sénatus-consulte du 28 floréal an XII (2), il a refusé ou négligé de faire réparer ces actes dans les délais fixés par ledit acte, il sera puni du bannissement [P. 32, 36, 48].

116. Si les ministres prévenus d'avoir ordonné ou autorisé l'acte contraire à la Constitution prétendent que la signature à eux imputée leur a été surprise, ils seront tenus, en faisant cesser l'acte, de dénoncer celui qu'ils déclareront auteur de la surprise; sinon, ils seront poursuivis personnellement.

117. Les dommages-intérêts qui pourraient être prononcés à raison des attentats exprimés dans l'article 114 seront demandés, soit sur la poursuite criminelle, soit par la voie civile, et seront réglés, eu égard aux personnes, aux circonstances et au préjudice souffert, sans qu'en aucun cas, et quel que soit l'individu lésé, lesdits dommages-intérêts puissent être au-dessous de vingt-cinq francs pour chaque jour de détention illégale et arbitraire et pour chaque individu [P. 10, 51 s.; C. N. 1382; I. cr. 1, s., 66].

118. Si l'acte contraire à la Constitution a été fait d'après une

---

(1) Aɴᴄɪᴇɴ ᴀʀᴛ. 111. Tout citoyen qui étant chargé, dans un scrutin, du dépouillement des billets contenant les suffrages des citoyens, sera surpris falsifiant ces billets ou en soustrayant de la masse, ou y en ajoutant, ou inscrivant sur les billets des votants non lettrés des noms autres que ceux qui auraient été déclarés, sera puni de la peine du carcan.

(2) Les art. 63 et 67 du sénatus-consulte du 28 floréal an XII se rattachaient à l'institution, aujourd'hui abolie, d'une *Com-*

fausse signature du nom d'un ministre ou d'un fonctionnaire public, les auteurs du faux et ceux qui en auront sciemment fait usage, seront punis des travaux forcés à temps, dont le maximum sera toujours appliqué dans ce cas [P. 7, 19, 145, s.].

119. Les fonctionnaires publics chargés de la police administrative ou judiciaire, qui auront refusé ou négligé de déférer à une réclamation légale tendant à constater les détentions illégales et arbitraires, soit dans les maisons destinées à la garde des détenus, soit partout ailleurs, et qui ne justifieront pas les avoir dénoncées à l'autorité supérieure, seront punis de la dégradation civique, et tenus des dommages-intérêts, lesquels seront réglés comme il est dit dans l'article 117 [P. 8, 34-36, 120; I. cr. 9].

120. Les gardiens et concierges des maisons de dépôt, d'arrêt, de justice ou de peine, qui auront reçu un prisonnier sans mandat ou jugement, ou sans ordre provisoire du gouvernement ; ceux qui l'auront retenu, ou auront refusé de le représenter à l'officier de police ou au porteur de ses ordres, sans justifier de la défense du procureur impérial ou du juge ; ceux qui auront refusé d'exhiber leurs registres à l'officier de police, seront, comme coupables de détention arbitraire, punis de six mois à deux ans d'emprisonnement et d'une amende de seize francs à deux cents francs [P. 9, 40, s. ; I. cr. 609, 618].

121. Seront, comme coupables de forfaiture, punis de la dégradation civique, tout officier de police judiciaire, tous procureurs généraux ou impériaux, tous substituts, tous juges, qui auront provoqué, donné ou signé un jugement, une ordonnance ou un mandat tendant à la poursuite personnelle ou accusation, soit d'un ministre, soit d'un membre du Sénat, du Corps législatif ou du Conseil d'Etat, sans les autorisations prescrites par les lois de l'Etat ; ou qui, hors les cas de flagrant délit ou de clameur publique, auront, sans les mêmes autorisations, donné ou signé l'ordre ou le mandat de saisir ou arrêter un ou plusieurs ministres, ou membres du Sénat, du Corps législatif ou du Conseil d'Etat [P. 8, 34, 36, 127, 166, 167; I. cr. 9, 484, s.].

122. Seront aussi punis de la dégradation civique les procureurs généraux ou impériaux, les substituts, les juges ou les officiers publics qui auront retenu ou fait retenir un individu hors des lieux déterminés par le gouvernement ou par l'administration publique, ou qui auront traduit un citoyen devant une Cour d'assises (1), sans qu'il ait été préalablement mis légalement en accusation [P. 8, 34, 127; I. cr. 271].

SECTION III.

Coalition des Fonctionnaires.

123. Tout concert de mesures contraires aux lois, pratiqué soit par la réunion d'individus ou de corps dépositaires de quelque partie de l'autorité publique, soit par députation ou correspondance entre eux, sera puni d'un emprisonnement de deux mois au moins et de six mois au plus, contre chaque coupable, qui pourra de plus être condamné à l'interdiction des droits civiques, et de tout emploi public, pendant dix ans au plus [P. 9, 40, s.].

124. Si, par l'un des moyens exprimés ci-dessus, il a été concerté des mesures contre l'exécution des lois ou contre les ordres du gouvernement, la peine sera le bannissement. — Si ce concert a eu lieu entre les autorités civiles et les corps militaires ou leurs chefs, ceux qui en seront les auteurs ou provocateurs seront punis de la déportation ; les

---

mission sénatoriale de la liberté indivi- *duelle et d'une Commission sénatoriale de* *la liberté de la presse.*

(1) ANCIEN ART... ou une Cour spéciale. —(*Disposition abrogée par la Charte de* 1830, art. 54.)

2.

autres coupables seront bannis [P. 7, 8, 17, 18, 28, 32, s., 48].

125. Dans le cas où ce concert aurait eu pour objet ou résultat un complot attentatoire à la sûreté intérieure de l'Etat, les coupables seront punis de mort (1) [P. 7, 12, 36, 86, s.].

126. Seront coupables de forfaiture, et punis de la dégradation civique, les fonctionnaires publics qui auront, par délibération, arrêté de donner des démissions dont l'objet ou l'effet serait d'empêcher ou de suspendre soit l'administration de la justice, soit l'accomplissement d'un service quelconque [P. 8, 34, s., 127].

SECTION IV.

Empiétement des autorités administratives et judiciaires.

127. Seront coupables de forfaiture, et punis de la dégradation civique, — 1° Les juges, les procureurs généraux ou impériaux, ou leurs substituts, les officiers de police, qui se seront immiscés dans l'exercice du pouvoir législatif, soit par des règlements contenant des dispositions législatives, soit en arrêtant ou en suspendant l'exécution d'une ou de plusieurs lois, soit en délibérant sur le point de savoir si les lois seront publiées ou exécutées ; — 2° Les juges, les procureurs généraux ou impériaux, ou leurs substituts, les officiers de police judiciaire, qui auraient excédé leur pouvoir, en s'immisçant dans les matières attribuées aux autorités administratives, soit en faisant des règlements sur ces matières, soit en défendant d'exécuter les ordres émanés de l'administration, ou qui, ayant permis ou ordonné de citer des administrateurs pour raison de l'exercice de leurs fonctions, auraient persisté dans l'exécution de leurs jugements ou ordonnances, nonobstant l'annulation qui en aurait été prononcée

ou le conflit qui leur aurait été notifié [P. 8, 34-36, 128, s. ; I. cr. 9, 483, s.].

128. Les juges qui, sur la revendication formellement faite par l'autorité administrative d'une affaire portée devant eux, auront néanmoins procédé au jugement avant la décision de l'autorité supérieure, seront punis chacun d'une amende de seize francs au moins et de cent cinquante francs au plus. — Les officiers du ministère public qui auront fait des réquisitions ou donné des conclusions pour ledit jugement seront punis de la même peine [P. 9, 52 s. ; I. cr. 483 ; Ord. 1ᵉʳ juin 1828].

129. La peine sera d'une amende de cent francs au moins et de cinq cents francs au plus contre chacun des juges qui, après une réclamation légale des parties intéressées ou de l'autorité administrative, auront, sans autorisation du gouvernement, rendu des ordonnances ou décerné des mandats contre ses agents ou préposés, prévenus de crimes ou délits commis dans l'exercice de leurs fonctions. — La même peine sera appliquée aux officiers du ministère public ou de police qui auront requis lesdites ordonnances ou mandats [P. 9, 52, s.; I. cr. 483].

130. Les préfets, sous-préfets, maires et autres administrateurs qui se seront immiscés dans l'exercice du pouvoir législatif, comme il est dit au n° 1ᵉʳ de l'art. 127, ou qui se seront ingérés de prendre des arrêtés généraux tendant à intimer des ordres ou des défenses quelconques à des Cours ou tribunaux, seront punis de la dégradation civique [P. 8, 34-36].

131. Lorsque ces administrateurs entreprendront sur les fonctions judiciaires en s'ingérant de connaître de droits et intérêts privés du ressort des tribunaux, et qu'après la réclamation des parties ou de l'une d'elles, ils auront néanmoins décidé

---

(1) ANCIEN ART..... et leurs biens seront confisqués (*Disposition abrogée par la* *Charte de* 1830, art. 57.) *V.* la note 2 sous l'art. 94.

l'affaire avant que l'autorité supérieure ait prononcé, ils seront punis d'une amende de seize francs au moins et de cent cinquante francs au plus [P. 9, 52, s.].

CHAPITRE III.

CRIMES ET DÉLITS CONTRE LA PAIX PUBLIQUE.

SECTION PREMIÈRE.

Du Faux.

§ 1er. — *Fausse monnaie.*

132. (*L.* 18 *avr.* 1863.) Quiconque aura contrefait ou altéré les monnaies d'or ou d'argent ayant cours légal en France, ou participé à l'émission ou exposition desdites monnaies contrefaites ou altérées, ou à leur introduction sur le territoire français, sera puni des travaux forcés à perpétuité. — Celui qui aura contrefait ou altéré des monnaies de billon ou de cuivre ayant cours légal en France, ou participé à l'émission ou exposition desdites monnaies contrefaites ou altérées, ou à leur introduction sur le territoire français, sera puni des travaux forcés à temps (1) [P. 7, 15, 16, 34, 36, 47, 163, s.].

133. (*L.* 18 *avr.* 1863.) Tout individu qui aura, en France, contrefait ou altéré des monnaies étrangères, ou participé à l'émission, exposition ou introduction en France de monnaies étrangères contrefaites ou altérées, sera puni des travaux forcés à temps (2) [P. 7, 15, 16, 34, 36, 47, 163].

134. (*L.* 18 *avr.* 1863.) Sera puni d'un emprisonnement de six mois à trois ans, quiconque aura coloré les monnaies ayant cours légal en France ou les monnaies étrangères dans le but de tromper sur la nature du métal, ou les aura émises ou introduites sur le territoire français. — Seront punis de la même peine ceux qui auront participé à l'émission ou à l'introduction des monnaies ainsi colorées (3) [P. 9, 24, 40].

135. (*L.* 18 *avr.* 1863.) La participation énoncée aux précédents articles ne s'applique point à ceux qui, ayant reçu pour bonnes des pièces de monnaie contrefaites, altérées ou colorées, les ont remises en circulation. — Toutefois celui qui aura fait usage desdites pièces après en avoir vérifié ou fait vérifier les vices, sera puni d'une amende triple au moins et sextuple au plus de la somme représentée par les pièces qu'il aura rendues à la circulation, sans que cette amende puisse en aucun cas être inférieure à seize francs (4) [P. 9, 52, s.; 163].

136, 137. (*Abrogés par la loi du* 28 *avril* 1832.) (5).

---

(1) Ce texte est celui des art. 132 et 133, tels que les avait modifiés la loi du 28 avril 1832, et que la loi du 18 avril 1863 s'est bornée à réunir en un seul article. *V.* nos Explications sur cet article, *infrà,* 2e part.

ANCIENS ART. 132 et 133 (*d'après le Code pénal de* 1810). — 132. Quiconque aura contrefait ou altéré les monnaies d'or ou d'argent ayant cours légal en France, ou participé à l'émission ou exposition desdites monnaies contrefaites ou altérées, ou à leur introduction sur le territoire français, sera puni de mort, et ses biens seront confisqués.

133. Celui qui aura contrefait ou altéré des monnaies de billon ou de cuivre ayant cours légal en France, ou participé à l'émission ou exposition desdites monnaies contrefaites ou altérées, ou à leur introduction sur le territoire français, sera puni des travaux forcés à perpétuité.

(2) Ce texte est celui de l'ancien art. 134, dont la loi du 18 avril 1863 s'est bornée à changer le numéro. *V.* nos Explicat. sur l'art. 133, *infr.,* 2e part.

(3) Ce texte est entièrement nouveau : l'ancien art. 134 forme aujourd'hui l'art. 133. *V.* la note précédente, et nos Explic. sur l'art. 134, *infr.,* 2e part.

(4) Ce texte est celui de l'ancien art. 135, sauf l'addition du mot *colorées. V.* nos Explicat. sur l'art. 135, *infr.,* 2e part.

(5) ANCIENS ART. 136. Ceux qui auront eu connaissance d'une fabrique ou d'un dépôt de monnaies d'or, d'argent, de billon ou de cuivre ayant cours légal en France, contrefaites ou altérées, et qui n'auront pas, dans les vingt-quatre heures, révélé ce qu'ils savent aux autorités administratives ou de police judiciaire, seront, pour le seul fait de non-révélation, et lors même qu'ils

138. (*L.* 18 *avr.* 1863.) Les personnes coupables des crimes mentionnés en l'art. 132 seront exemptes de peine, si, avant la consommation de ces crimes et avant toutes poursuites, elles en ont donné connaissance et révélé les auteurs aux autorités constituées, ou si, même après les poursuites commencées, elles ont procuré l'arrestation des autres coupables. — Elles pourront néanmoins être mises, pour la vie ou à temps, sous la surveillance spéciale de la haute police (1) [P. 11, 44, 45, 108].

§ 2. — *Contrefaçon des sceaux de l'Etat, des billets de banque, des effets publics, et des poinçons, timbres et marques.*

139. (*L.* 28 *avr.* 1832.) Ceux qui auront contrefait le sceau de l'Etat ou fait usage du sceau contrefait ; — Ceux qui auront contrefait ou falsifié, soit des effets émis par le Trésor public avec son timbre, soit des billets de banques autorisées par la loi, ou qui auront fait usage de ces effets et billets contrefaits ou falsifiés, ou qui les auront introduits dans l'enceinte du territoire français ; — Seront punis des travaux forcés à perpétuité (2) [P. 7, 15, s., 36, 144, 163].

140. Ceux qui auront contrefait ou falsifié, soit un ou plusieurs timbres nationaux, soit les marteaux de l'Etat servant aux marques forestières, soit le poinçon ou les poinçons servant à marquer les matières d'or ou d'argent, ou qui auront fait usage des papiers, effets, timbres, marteaux ou poinçons falsifiés ou contrefaits, seront punis des travaux forcés à temps, dont le maximum sera toujours appliqué dans ce cas [P. 7, 15, s., 36, 141, 163, s.].

141. Sera puni de la réclusion, quiconque s'étant indûment procuré les vrais timbres, marteaux ou poinçons ayant l'une des destinations exprimées en l'art. 140, en aura fait une application ou usage préjudiciable aux droits ou intérêts de l'Etat [P. 7, 21, s., 36, 47, 163, s.].

142. (*L.* 18 *avr.* 1863.) Ceux qui auront contrefait les marques destinées à être apposées, au nom du gouvernement, sur les diverses espèces de denrées ou de marchandises, ou qui auront fait usage de ces fausses marques ; — Ceux qui auront contrefait le sceau, timbre ou marque d'une autorité quelconque, ou qui auront fait usage des sceaux, timbres ou marques contrefaits ; — Ceux qui auront contrefait les timbres-poste ou fait usage sciemment de timbres-poste contrefaits, seront punis d'un emprisonnement de deux ans au moins et de cinq ans au plus. — Les coupables pourront en outre être privés des droits mentionnés en l'art. 42 du présent Code pendant cinq ans au moins et dix ans au plus, à compter du jour où ils auront subi leur peine. — Ils pourront aussi être mis, par l'arrêt ou le jugement, sous la surveillance de la haute police pendant le même nombre d'années. — Les dispositions qui précèdent seront applicables aux tentatives de ces mêmes délits (3) [P. 9, 24, 40, 42, 44, 45].

---

seraient reconnus exempts de toute complicité, punis d'un emprisonnement d'un mois à deux ans.

137. Sont néanmoins exceptés de la disposition précédente les ascendants et descendants, époux, même divorcés, les frères et sœurs des coupables, ou les alliés de ceux-ci aux mêmes degrés.

(1) Ce texte est celui de l'ancien art. 138, sauf qu'il ne renvoie qu'à l'art. 132, au lieu de renvoyer aux art. 132 et 133. V. Explic. sur l'art. 138, *infr.*, 2ᵉ part.

(2) ANCIEN ART. 139. Ceux qui auront contrefait le sceau de l'Etat ou fait usage du sceau contrefait ; — Ceux qui auront contrefait ou falsifié, soit des effets émis par le Trésor royal avec son timbre, soit des billets de banques autorisées par la loi, et qui auront fait usage de ces effets ou billets contrefaits ou falsifiés, ou qui les auront introduits dans l'enceinte du territoire français, — Seront punis de mort et leurs biens seront confisqués.

(3) ANC EN ART. 142. Ceux qui auront contrefait les marques destinées à être apposées, au nom du gouvernement, sur les

143. (*L.* 18 *avr.* 1863.) Quiconque, s'étant indûment procuré les vrais sceaux, timbres ou marques ayant l'une des destinations exprimées en l'art. 142, en aura fait ou tenté de faire une application ou un usage préjudiciable aux droits ou intérêts de l'Etat, ou d'une autorité quelconque, sera puni d'un emprisonnement de six mois à trois ans. — Les coupables pourront, en outre, être privés des droits mentionnés en l'art. 42 du présent Code pendant cinq ans au moins et dix ans au plus, à compter du jour où ils auront subi leur peine. — Ils pourront aussi être mis, par l'arrêt ou le jugement, sous la surveillance de la haute police pendant le même nombre d'années (1) [P. 9, 24, 40, 42, 44, 45].

144. (*L.* 28 *avr.* 1832). Les dispositions de l'art. 138 sont applicables aux crimes mentionnés dans l'art. 139 (2).

§ 3. — *Des faux en écritures publiques ou authentiques, et de commerce ou de banque.*

145. Tout fonctionnaire ou officier public qui, dans l'exercice de ses fonctions, aura commis un faux, — Soit par fausses signatures, — Soit par altération des actes, écritures ou signatures, — Soit par supposition de personnes, — Soit par des écritures faites ou intercalées sur des registres ou d'autres actes publics, depuis leur confection ou clôture, — Sera puni des travaux forcés à perpétuité [P. 7, 15, 36].

146. Sera aussi puni des travaux forcés à perpétuité, tout fonctionnaire ou officier public qui, en rédigeant des actes de son ministère, en aura frauduleusement dénaturé la substance ou les circonstances, soit en écrivant des conventions autres que celles qui auraient été tracées ou dictées par les parties, soit en constatant comme vrais des faits faux, ou comme avoués des faits qui ne l'étaient pas [P. 7, 15, 36, s.].

147. Seront punies des travaux forcés à temps toutes autres personnes qui auront commis un faux en écriture authentique et publique, ou en écriture de commerce ou de banque, — Soit par contrefaçon ou altération d'écritures ou de signatures, — Soit par fabrication de conventions, dispositions, obligations ou décharges, ou par leur insertion après coup dans ces actes, — Soit par addition ou altération de clauses, de déclarations ou de faits que ces actes avaient pour objet de recevoir et de constater [P. 7, 15, 19, 28, 36, 47].

148. Dans tous les cas exprimés au présent paragraphe, celui qui aura fait usage des actes faux sera puni des travaux forcés à temps [P. 7, 15, 19, 28, 36, 47.]

149. (*L.* 18 *avr.* 1863.) Sont exceptés des dispositions ci-dessus les faux commis dans les passeports, feuilles de route et permis de chasse, sur lesquels il sera particulièrement statué ci-après (3) [P. 153, s.].

---

diverses espèces de denrées ou de marchandises, ou qui auront fait usage de ces fausses marques; — Ceux qui auront contrefait le sceau, timbre ou marque d'une autorité quelconque, ou d'un établissement particulier de banque ou de commerce, ou qui auront fait usage des sceaux, timbres ou marques contrefaits; — Seront punis de la réclusion.

(1) Ancien art. 143 (*d'après la loi du 28 avril 1832*). Sera puni de la dégradation civique, quiconque, s'étant indûment procuré les vrais sceaux, timbres ou marques ayant l'une des destinations exprimées en l'art. 142, en aura fait une application ou usage préjudiciable aux droits ou intérêts de l'Etat, d'une autorité quelconque, ou même d'un établissement particulier.

Nota. L'ancien art. 143, d'après le Code de 1810, commençait ainsi : Sera puni du carcan quiconque... (le reste comme d'après la loi de 1832).

(2) Ancien art. 144. Les dispositions des art. 136, 137 et 138 sont applicables aux crimes mentionnés dans l'art. 139.

(3) Ce texte est celui de l'ancien art. 149, sauf l'addition des mots, *et permis de chasse.* V. nos Explicat. sur l'art 149, *infr.*, 2e part.

§ 4. — *Du faux en écriture privée.*

150. Tout individu qui aura, de l'une des manières exprimées en l'art. 147, commis un faux en écriture privée, sera puni de la réclusion [P. 7, 21, 28, 36, 47].

151. Sera puni de la même peine celui qui aura fait usage de la pièce fausse [P. 7, 21, 28, 36, 47, 163].

152. Sont exceptés des dispositions ci-dessus, les faux certificats, dont il sera ci-après parlé [P. 159, s.].

§ 5. — *Des faux commis dans les passeports, permis de chasse, feuilles de route et certificats.*

153. (*L. 18 avr. 1863.*) Quiconque fabriquera un faux passe-port ou un faux permis de chasse, ou falsifiera un passe-port ou un permis de chasse originairement véritable, ou fera usage d'un passe-port ou d'un permis de chasse fabriqué ou falsifié, sera puni d'un emprisonnement de six mois au moins et de trois ans au plus (1) [P. 9, 24, 40].

154. (*L. 18 avr. 1863.*) Quiconque prendra, dans un passe-port ou dans un permis de chasse, un nom supposé, ou aura concouru comme témoin à faire délivrer le passe-port sous le nom supposé, sera puni d'un emprisonnement de trois mois à un an.—La même peine sera applicable à tout individu qui aura fait usage d'un passe-port ou d'un permis de chasse délivré sous un autre nom que le sien.—Les logeurs et aubergistes qui, sciemment, inscriront sur leurs registres, sous des noms faux ou supposés, les personnes logées chez eux, ou qui, de connivence avec elles, auront omis de les inscrire, seront punis d'un emprisonnement de six jours au moins et de trois mois au plus (2) [P. 9, 24, 40, 475].

155. (*L. 18 avr. 1863.*) Les officiers publics qui délivreront ou feront délivrer un passe-port à une personne qu'ils ne connaîtront pas personnellement, sans avoir fait attester ses noms et qualités par deux citoyens à eux connus, seront punis d'un emprisonnement d'un mois à six mois.—Si l'officier public, instruit de la supposition du nom, a néanmoins délivré ou fait délivrer le passe-port sous le nom supposé, il sera puni d'un emprisonnement d'une année au moins et de quatre ans au plus.—Le coupable pourra, en outre, être privé des droits mentionnés en l'art. 42 du présent Code pendant cinq ans au moins et dix ans au plus, à compter du jour où il aura subi sa peine (3) [P. 9, 24, 40, 42].

156. (*L. 18 avr. 1863.*) Quiconque fabriquera une fausse feuille de route, ou falsifiera une feuille de route originairement véritable, ou fera usage d'une feuille de route fabriquée ou falsifiée, sera puni, savoir : — D'un emprisonnement de six mois au moins et de trois ans au plus, si la fausse feuille de route n'a eu pour objet que de tromper la surveillance de l'autorité publique ; — D'un emprisonnement d'un année au moins et de quatre ans au plus, si le Trésor public a payé au porteur

---

(1) Ancien art. 453. Quiconque fabriquera un faux passe-port ou falsifiera un passe-port originairement véritable, ou fera usage d'un passe-port fabriqué ou falsifié, sera puni d'un emprisonnement d'une année au moins et de cinq ans au plus.—V. la loi du 27 fév. 1858 (Sûreté générale).

(2) Ancien art. 154. Quiconque prendra, dans un passe-port, un nom supposé, ou aura concouru comme témoin à faire délivrer le passe-port sous le nom supposé, sera puni d'un emprisonnement de trois mois à un an.—Les logeurs et aubergistes qui sciemment inscriront sur leurs registres, sous des noms faux ou supposés, les personnes logées chez eux, seront punis d'un emprisonnement de six jours au moins et d'un an au plus. — V. la loi du 27 fév. 1858 (Sûreté générale), art. 6.

(3) Ancien art. 155. Les officiers publics qui délivreront un passe-port à une personne qu'ils ne connaîtront pas personnellement, sans avoir fait attester ses noms et qualités par deux citoyens à eux connus, seront punis d'un emprisonnement d'un mois à six mois. — Si l'officier public, instruit de la supposition du nom, a néanmoins délivré le passe-port sous le nom supposé, il sera puni du bannissement.

de la fausse feuille des frais de route qui ne lui étaient pas dus ou qui excédaient ceux auxquels il pouvait avoir droit, le tout néanmoins au-dessous de cent francs ; — Et d'un emprisonnement de deux ans au moins et de cinq ans au plus, si les sommes indûment perçues par le porteur de la feuille s'élèvent à cent francs et au delà. — Dans ces deux derniers cas, les coupables pourront, en outre, être privés des droits mentionnés en l'art. 42 du présent Code pendant cinq ans au moins et dix ans au plus, à compter du jour où ils auront subi leur peine. — Ils pourront aussi être mis, par l'arrêt ou le jugement, sous la surveillance de la haute police pendant le même nombre d'années (1) [P. 9, 11, 24, 40, 42, 44].

157. (*L. 18 avr.* 1863.) Les peines portées en l'article précédent seront appliquées, selon les distinctions qui y sont établies, à toute personne qui se sera fait délivrer par l'officier public une feuille de route sous un nom supposé, ou qui aura fait usage d'une feuille de route délivrée sous un autre nom que le sien (2).

158. (*L. 18 avr.* 1863.) Si l'officier public était instruit de la supposition de nom lorsqu'il a délivré la feuille de route, il sera puni, savoir : — Dans le premier cas posé par l'art. 156, d'un emprisonnement d'une année au moins et de quatre ans au plus ; — Dans le second cas du même article, d'un emprisonnement de deux ans au moins et de cinq ans au plus ; — Dans le troisième cas, de la réclusion. — Dans les deux premiers cas, il pourra, en outre, être privé des droits mentionnés en l'art. 42 du présent Code pendant cinq ans au moins et dix ans au plus, à compter du jour où il aura subi sa peine (3) [P. 7, 9, 21, 24, 42].

159. (*L. 18 avr.* 1863.) Toute personne qui, pour se rédimer elle-même ou en affranchir une autre d'un service public quelconque, fabriquera, sous le nom d'un médecin, chirurgien ou autre officier de santé, un certificat de maladie ou d'infirmité, sera punie d'un emprisonnement d'une année au moins et de trois ans au plus (4) [P. 9, 24].

160. (*L. 18 avr.* 1863.) Tout médecin, chirurgien ou autre officier de santé qui, pour favoriser quelqu'un, certifiera faussement des maladies ou infirmités propres à dispenser d'un service public, sera puni d'un emprisonnement d'une année au moins et de trois ans au plus. — S'il y a été mû par dons ou promesses, la peine de l'emprisonnement sera d'une année au moins et de quatre ans au plus. — Dans les deux cas, le coupable pourra, en outre, être

---

(1) ANCIEN ART. 156. Quiconque fabriquera une fausse feuille de route, ou falsifiera une feuille de route originairement véritable, ou fera usage d'une feuille de route fabriquée ou falsifiée, sera puni, savoir : — D'un emprisonnement d'une année au moins, et de cinq ans au plus, si la fausse feuille de route n'a eu pour objet que de tromper la surveillance de l'autorité publique ; — Du bannissement, si le Trésor royal a payé au porteur de la fausse feuille des frais de route qui ne lui étaient pas dus ou qui excédaient ceux auxquels il pouvait avoir droit, le tout néanmoins au-dessous de cent francs ; — Et de la réclusion, si les sommes indûment reçues par le porteur de la feuille s'élèvent à cent francs ou au delà.

(2) ANCIEN ART. 157. Les peines portées en l'article précédent seront appliquées, selon les distinctions qui y sont posées, à toute personne qui se sera fait délivrer, par l'officier public, une feuille de route sous un nom supposé.

(3) ANCIEN ART. 158. Si l'officier public était instruit de la supposition de nom lorsqu'il a délivré la feuille, il sera puni, savoir : — Dans le premier cas posé par l'art. 156, du bannissement ; — Dans le second cas du même article, de la réclusion ; — Et dans le troisième cas, des travaux forcés à temps.

(4) ANCIEN ART. 159. Toute personne qui, pour se rédimer elle-même, ou en affranchir une autre d'un service public quelconque, fabriquera, sous le nom d'un médecin, chirurgien ou autre officier de santé, un certificat de maladie ou d'infirmité, sera punie d'un emprisonnement de deux à cinq ans.

privé des droits mentionnés en l'art. 42 du présent Code pendant cinq ans au moins et dix au plus, à compter du jour où il aura subi sa peine. — Dans le deuxième cas, les corrupteurs seront punis des mêmes peines que le médecin, chirurgien ou officier de santé qui aura délivré le faux certificat (1) [P. 9, 24, 40, 42].

161. (*L. 18 avr. 1863.*) Quiconque fabriquera, sous le nom d'un fonctionnaire ou officier public, un certificat de bonne conduite, indigence ou autres circonstances propres à appeler la bienveillance du gouvernement ou des particuliers sur la personne y désignée, et à lui procurer places, crédit ou secours, sera puni d'un emprisonnement de six mois à deux ans. — La même peine sera appliquée : 1° à celui qui falsifiera un certificat de cette espèce, originairement véritable, pour l'approprier à une personne autre que celle à laquelle il a été primitivement délivré ; 2° à tout individu qui se sera servi du certificat ainsi fabriqué ou falsifié. — Si ce certificat est fabriqué sous le nom d'un simple particulier, la fabrication et l'usage seront punis de quinze jours à six mois d'emprisonnement (2) [P. 9, 24, 40].

162. Les faux certificats de toute autre nature et d'où il pourrait résulter, soit lésion envers des tiers, soit préjudice envers le Trésor public, seront punis, selon qu'il y aura lieu, d'après les dispositions des paragraphes 3 et 4 de la présente section.

Dispositions communes.

163. L'application des peines portées contre ceux qui ont fait usage de monnaies, billets, sceaux, timbres, marteaux, poinçons, marques et écrits faux, contrefaits, fabriqués ou falsifiés, cessera toutes les fois que le faux n'aura pas été connu de la personne qui aura fait usage de la chose fausse [P. 132, 148, 151, 153, 156, 161, s.].

164. (*L. 18 avr. 1863.*) Il sera prononcé contre les coupables une amende dont le minimum sera de cent francs et le maximum de trois mille francs ; l'amende pourra cependant être portée jusqu'au quart du bénéfice illégitime que le faux aura procuré ou était destiné à procurer aux auteurs du crime ou du délit, à leurs complices ou à ceux qui ont fait usage de la pièce fausse (3) [P. 9, 52, s.].

165. (*L. 28 avr. 1832.*) Tout faussaire condamné, soit aux travaux forcés, soit à la réclusion, subira l'exposition publique (4) [P. 22]. (*Abrogé par le décret du 12 avr. 1848.*)

---

(1) Aɴᴄɪᴇɴ ᴀʀᴛ. 160. Tout médecin, chirurgien ou autre officier de santé qui, pour favoriser quelqu'un, certifiera faussement des maladies ou infirmités propres à dispenser d'un service public, sera puni d'un emprisonnement de deux à cinq ans. — S'il y a été mû par dons ou promesses, il sera puni du bannissement : les corrupteurs seront, en ce cas, punis de la même peine.

(2) Aɴᴄɪᴇɴ ᴀʀᴛ. 161. Quiconque fabriquera, sous le nom d'un fonctionnaire ou officier public, un certificat de bonne conduite, indigence ou autres circonstances propres à appeler la bienveillance du Gouvernement ou des particuliers sur la personne y désignée, et à lui procurer places, crédit ou secours, sera puni d'un emprisonnement de six mois à deux ans. — La même peine sera appliquée : 1° à celui qui falsifiera un certificat de cette espèce, originairement véritable, pour l'approprier à une personne autre que celle à laquelle il a été primitivement délivré ; 2° à tout individu qui se sera servi du certificat ainsi fabriqué ou falsifié.

(3) Aɴᴄɪᴇɴ ᴀʀᴛ. 164 (*d'après le Code de 1810*). Dans tous les cas où la peine du faux n'est point accompagnée de la confiscation des biens, il sera prononcé... (*Abrogé par la Charte de 1830, art. 57*).

Aɴᴄɪᴇɴ ᴀʀᴛ. 164 (*d'après la loi du 28 avr. 1832*). Il sera prononcé contre les coupables une amende dont le maximum pourra être porté jusqu'au quart du bénéfice illégitime que le faux aura procuré ou était destiné à procurer aux auteurs du crime, à leurs complices ou à ceux qui ont fait usage de la pièce fausse. Le minimum de cette amende ne pourra être inférieur à cent francs.

(4) Aɴᴄɪᴇɴ ᴀʀᴛ. 165. La marque sera infligée à tout faussaire condamné soit aux travaux forcés à temps, soit même à la réclusion.

SECTION II.

De la forfaiture, des crimes et délits des fonctionnaires publics dans l'exercice de leurs fonctions.

166. Tout crime commis par un fonctionnaire public dans l'exercice de ses fonctions est une forfaiture [P. 121, 126, 127, 167, s., 183; I. cr., 484, s.].

167. Toute forfaiture pour laquelle la loi ne prononce pas de peines plus graves, est punie de la dégradation civique [P. 8, 34, 36].

168. Les simples délits ne constituent pas les fonctionnaires en forfaiture [P. 1; I. cr., 179].

§ 1er. — *Des soustractions commises par les dépositaires publics.*

169. Tout percepteur, tout commis à une perception, dépositaire ou comptable public, qui aura détourné ou soustrait des deniers publics ou privés, ou effets publics en tenant lieu, ou des pièces, titres, actes, effets mobiliers qui étaient entre ses mains en vertu de ses fonctions, sera puni des travaux forcés à temps, si les choses détournées ou soustraites sont d'une valeur au-dessus de trois mille francs [P. 7, 15, 19, 22, 28, s. 36, 47, 172, 408; T. cr., 176].

170. La peine des travaux forcés à temps aura lieu également, quelle que soit la valeur des deniers ou des effets détournés ou soustraits, si cette valeur égale ou excède soit le tiers de la recette ou du dépôt, s'il s'agit de deniers ou effets une fois reçus ou déposés, soit le cautionnement, s'il s'agit d'une recette ou d'un dépôt attaché à une place sujette à cautionnement, soit, enfin, le tiers du produit commun de la recette pendant un mois, s'il s'agit d'une recette composée de rentrées successives et non sujette à cautionnement [P. 7, 15, 19, 22, 28, s., 36, 47, 172, 408].

171. Si les valeurs détournées ou soustraites sont au-dessous de trois mille francs, et, en outre, inférieures aux mesures exprimées en l'article précédent, la peine sera un emprison-nement de deux ans au moins et de cinq ans au plus, et le condamné sera de plus déclaré à jamais incapable d'exercer aucune fonction publique [P. 9, 24, 40, 42, 172; I. cr., 179; T. cr., 176].

172. Dans les cas exprimés aux trois articles précédents, il sera toujours prononcé contre le condamné une amende dont le maximum sera le quart des restitutions et indemnités, et le minimum le douzième [P. 9, 10, 52, s.; T. cr., 176].

173. Tout juge, administrateur, fonctionnaire ou officier public qui aura détruit, supprimé, soustrait ou détourné les actes et titres dont il était dépositaire en cette qualité, ou qui lui auront été remis ou communiqués à raison de ses fonctions, sera puni des travaux forcés à temps. — Tous agents, préposés ou commis, soit du gouvernement, soit des dépositaires publics, qui se seront rendus coupables des mêmes soustractions, seront soumis à la même peine [P. 7, 15, 19, 22, 28, s., 36, 47; I. cr. 484, s.].

§ 2. — *Des concussions commises par les fonctionnaires publics.*

174. (*L.* 18 *avr.* 1863.) Tous fonctionnaires, tous officiers publics, leurs commis ou préposés, tous percepteurs des droits, taxes, contributions, deniers, revenus publics ou communaux, et leurs commis ou préposés, qui se seront rendus coupables du crime de concussion, en ordonnant de percevoir ou en exigeant ou en recevant ce qu'ils savaient n'être pas dû ou excéder ce qui était dû pour droits, taxes, contributions, deniers ou revenus, ou pour salaires ou traitements, seront punis, savoir : les fonctionnaires ou les officiers publics, de la réclusion, et leurs commis ou préposés, d'un emprisonnnement de deux ans au moins et de cinq ans au plus, lorsque la totalité des sommes indûment exigées ou reçues, ou dont la perception a été ordonnée, a été supérieure à trois cents francs. —Toutes les fois que la totalité de ces sommes n'excédera pas trois cents francs, les fonctionnaires ou les officiers publics ci-dessus désignés seront punis d'un emprisonnement de deux à cinq ans, et leurs commis ou préposés d'un emprisonnement d'une année au moins et de quatre ans au plus. — La tentative de ce délit sera punie comme le délit lui-même. — Dans tous les cas où la peine d'emprisonnement sera prononcée, les coupables pourront, en outre, être privés des droits mentionnés en l'art. 42 du présent Code pendant cinq ans au moins et dix ans au plus, à compter du jour où ils auront subi leur peine ; ils pourront aussi être mis, par l'arrêt ou le jugement, sous la surveillance de la haute police pendant le même nombre d'années. — Dans tous les cas prévus par le présent article, les coupables seront condamnés à une amende dont le maximum sera le quart des restitutions et des dommages-intérêts, et le minimum le douzième. — Les dispositions du présent article sont applicables aux greffiers et officiers ministériels, lorsque le fait a été commis à l'occasion des recettes dont ils sont chargés par la loi (1) [P. 2, 3, 7, 9, 11, 21, 24, 36, 40, 42, 44].

§ 3. — *Des délits de fonctionnaires qui se seront ingérés dans les affaires ou commerces incompatibles avec leur qualité.*

175. Tout fonctionnaire, tout officier public, tout agent du gouvernement, qui, soit ouvertement, soit par actes simulés, soit par interposition de personnes, aura pris ou reçu quelque intérêt que ce soit dans les actes, adjudications, entreprises ou régies dont il a ou avait, au temps de l'acte, en tout ou en partie, l'administration ou la surveillance, sera puni d'un emprisonnement de six mois au moins et de deux ans au plus, et sera condamné à une amende qui ne pourra excéder le quart des restitutions et des indemnités, ni être au-dessous du douzième. — Il sera, de plus, déclaré à jamais incapable d'exercer aucune fonction publique. — La présente disposition est applicable à tout fonctionnaire ou agent du gouvernement qui aura pris un intérêt quelconque dans une affaire dont il était chargé d'ordonnancer le paiement ou de faire la liquidation [P. 9, 40, 42, 52, s. ; C. N. 1596].

176. Tout commandant des divisions militaires, des départements ou des places et villes, tout préfet ou sous-préfet, qui aura, dans l'étendue des lieux où il a le droit d'exercer son autorité, fait ouvertement ou par des actes simulés, ou par interposition de personnes, le commerce de grains, grenailles, farines, substances farineuses, vins ou boissons, autres que ceux provenant de ses propriétés, sera puni d'une amende de cinq cents francs au moins, de dix mille francs au plus, et de la confiscation des denrées appartenant à ce commerce [P. 9, 11, 52, s. ; I. cr. 179].

§ 4. — *De la corruption des fonctionnaires publics.*

177. (*L.* 18 *avr.* 1863.) Tout fonctionnaire public de l'ordre administratif ou judiciaire, tout agent ou préposé d'une administration publique, qui aura agréé des offres ou promesses, ou reçu des dons ou pré-

---

Ancien art. 174. Tous fonctionnaires, tous officiers publics, leurs commis ou préposés, tous percepteurs des droits, taxes, contributions, deniers, revenus publics ou communaux, et leurs commis ou préposés qui se seront rendus coupables du crime de concussion, en ordonnant de percevoir ou en exigeant ou en recevant ce qu'ils savaient n'être pas dû, ou excéder ce qui était dû pour droits, taxes, contributions, deniers ou revenus, ou pour salaires ou traitements, seront punis, savoir : les fonctionnaires ou les officiers publics, de la peine de la réclusion ; et leurs commis ou préposés, d'un emprisonnement de deux ans au moins et de cinq ans au plus. — —Les coupables seront de plus condamnés à une amende dont le maximum sera le quart des restitutions et des dommages-intérêts, et le minimum le douzième.

sents, pour faire un acte de sa fonction ou de son emploi, même juste, mais non sujet à salaire, sera puni de la dégradation civique, et condamné à une amende double de la valeur des promesses agréées ou des choses reçues, sans que ladite amende puisse être inférieure à deux cents francs. — La présente disposition est applicable à tout fonctionnaire, agent ou préposé de la qualité ci-dessus exprimée, qui, par offres ou promesses agréées, dons ou présents reçus, se sera abstenu de faire un acte qui entrait dans l'ordre de ses devoirs. — Sera puni de la même peine tout arbitre ou expert nommé, soit par le tribunal, soit par les parties, qui aura agréé des offres ou promesses, ou reçu des dons ou présents pour rendre une décision ou donner une opinion favorable à l'une des parties (1) [P. 8, 11, 34, 36, 52, s. — I. cr., 484, s.].

178. (*L. 28 avr. 1832.*) Dans le cas où la corruption aurait pour objet un fait criminel emportant une peine plus forte que celle de la dégradation civique, cette peine plus forte sera appliquée aux coupables (2).

179. (*L. 18 avr. 1863.*) Quiconque aura contraint ou tenté de contraindre par voies de fait ou menaces, corrompu ou tenté de corrompre par promesses, offres, dons ou présents, l'une des personnes de la qualité exprimée en l'art. 477, pour obtenir soit une opinion favorable, soit des procès-verbaux, états, certificats ou estimations contraires à la vérité, soit des places, emplois, adjudications, entreprises ou autres bénéfices quelconques, soit tout autre acte du ministère du fonctionnaire, agent ou préposé, soit enfin l'abstention d'un acte qui rentrait dans l'exercice de ses devoirs, sera puni des mêmes peines que la personne corrompue. — Toutefois, si les tentatives de contrainte ou corruption n'ont eu aucun effet, les auteurs de ces tentatives seront simplement punis d'un emprisonnement de trois mois au moins et de six mois au plus, et d'une amende de cent francs à trois cents francs (3) [P. 2, s., 9, 24, 40, 52, s., 177, s.].

180. Il ne sera jamais fait au corrupteur restitution des choses par lui livrées, ni de leur valeur : elles seront confisquées au profit des hospices des lieux où la corruption aura été commise (P. 11, 177, s.].

---

(1) ANCIEN ART. 477 (*d'après la loi du 28 avr. 1832*). Tout fonctionnaire public de l'ordre administratif ou judiciaire, tout agent ou préposé d'une administration publique, qui aura agréé des offres ou promesses, ou reçu des dons ou présents pour faire un acte de sa fonction ou de son emploi, même juste, mais non sujet à salaire, sera puni de la dégradation civique, et condamné à une amende double de la valeur des promesses agréées ou des choses reçues, sans que ladite amende puisse être inférieure à deux cents francs. — La présente disposition est applicable à tout fonctionnaire, agent ou préposé de la qualité ci-dessus exprimée, qui, par offres ou promesses agréées, dons ou présents reçus, se sera abstenu de faire un acte qui entrait dans l'ordre de ses devoirs.

Nota. Le texte de l'art. 477, d'après le Code de 1810, était conforme à celui qui précède, sauf qu'à la place des mots, *puni de la dégradation civique*, il portait les mots *puni du carcan*.

(2) L'ancien art. 478 était conforme, sauf qu'à la place des mots *de la dégradation civique*, il portait *du carcan*.

(3) ANCIEN ART. 479. Quiconque aura contraint ou tenté de contraindre par voies de fait ou menaces, corrompu ou tenté de corrompre, par promesses, offres, dons ou présents, un fonctionnaire, agent ou préposé, de la qualité exprimée en l'art. 477, pour obtenir, soit une opinion favorable, soit des procès-verbaux, états, certificats ou estimations contraires à la vérité, soit des places, emplois, adjudications, entreprises ou autres bénéfices quelconques, soit enfin tout autre acte du ministère du fonctionnaire, agent ou préposé, sera puni des mêmes peines que le fonctionnaire, agent ou préposé corrompu. — Toutefois, si les tentatives de contrainte ou corruption n'ont eu aucun effet, les auteurs de ces tentatives seront simplement punis d'un emprisonnement de trois mois au moins et de six mois au plus, et d'une amende de cent francs à trois cents francs.

181. Si c'est un juge prononçant en matière criminelle, ou un juré qui s'est laissé corrompre, soit en faveur, soit au préjudice de l'accusé, il sera puni de la réclusion, outre l'amende ordonnée par l'art. 177 [P. 7, 9, 21, s., 28, s., 36, 47, 52, s.].

182. Si, par l'effet de la corruption, il y a eu condamnation à une peine supérieure à celle de la réclusion, cette peine, quelle qu'elle soit, sera appliquée au juge ou juré coupable de corruption [P. 181].

183. Tout juge ou administrateur qui se sera décidé par faveur pour une partie ou par inimitié contre elle, sera coupable de forfaiture et puni de la dégradation civique [P. 8, 34, 166, s.].

§ 5. — *Des abus d'autorité.*

PREMIÈRE CLASSE.

Des abus d'autorité contre les particuliers.

184. (*L. 28 avr.* 1832.) Tout fonctionnaire de l'ordre administratif ou judiciaire, tout officier de justice ou de police, tout commandant ou agent de la force publique, qui, agissant en sadite qualité, se sera introduit dans le domicile d'un citoyen contre le gré de celui-ci, hors les cas prévus par la loi, et sans les formalités qu'elle a prescrites, sera puni d'un emprisonnement de six jours à un an, et d'une amende de seize francs à cinq cents francs, sans préjudice de l'application du second paragraphe de l'art. 114. — Tout individu qui se sera introduit à l'aide de menaces ou de violences dans le domicile d'un citoyen, sera puni d'un emprisonnement de six jours à trois mois, et d'une amende de seize francs à deux cents francs (1) [P. 9, 24, 40, s., 52, s.].

185. Tout juge ou tribunal, tout administrateur ou autorité administrative, qui, sous quelque prétexte que ce soit, même du silence ou de l'obscurité de la loi, aura dénié de rendre la justice qu'il doit aux parties, après en avoir été requis, et qui aura persévéré dans son déni, après avertissement ou injonction de ses supérieurs, pourra être poursuivi, et sera puni d'une amende de deux cents francs au moins et de cinq cents francs au plus, et de l'interdiction de l'exercice des fonctions publiques depuis cinq ans jusqu'à vingt [P. 9, 42, 52, s., 127.; C. N. 4; Pr., 505, s.].

186. Lorsqu'un fonctionnaire ou un officier public, un administrateur, un agent ou un préposé du gouvernement ou de la police, un exécuteur des mandats de justice ou jugements, un commandant en chef ou en sous-ordre de la force publique, aura, sans motif légitime, usé ou fait user de violences envers les personnes, dans l'exercice ou à l'occasion de l'exercice de ses fonctions, il sera puni selon la nature et la gravité de ces violences, et en élevant la peine suivant la règle posée par l'art. 198 ci-après. [P. 309., s].

187. (*L. 28 avr.* 1832.) Toute suppression, toute ouverture de lettres confiées à la poste, commise ou facilitée par un fonctionnaire ou un agent du gouvernement ou de l'administration des postes, sera punie d'une amende de seize francs à cinq cents francs, et d'un emprisonnement de trois mois à cinq ans. Le coupable sera, de plus, interdit de toute fonction ou emploi public pendant cinq ans au moins et dix ans au plus (2) [P. 9, 24, 40, s., 52, s.; I. cr., 179].

---

(1) ANCIEN ART. 184. Tout juge, tout procureur général ou du Roi, tout substitut, tout administrateur, ou tout autre officier de justice ou de police, qui se sera introduit dans le domicile d'un citoyen hors les cas prévus par la loi et sans les formalités qu'elle a prescrites, sera puni d'une amende de seize francs au moins et de deux cents francs au plus.

(2) ANCIEN ART. 187. Toute suppression, toute ouverture de lettres confiées à la poste, commise ou facilitée par un fonctionnaire ou un agent du gouvernement ou de l'administration des postes, sera pu-

DEUXIÈME CLASSE.

Des abus d'autorité contre la chose publique.

188. Tout fonctionnaire public, agent ou préposé du gouvernement, de quelque état et grade qu'il soit, qui aura requis ou ordonné, fait requérir ou ordonner l'action ou l'emploi de la force publique contre l'exécution d'une loi ou contre la perception d'une contribution légale, ou contre l'exécution soit d'une ordonnance ou mandat de justice, soit de tout autre ordre émané de l'autorité légitime, sera puni de la réclusion [P. 7, 21, s., 28, s., 34, 36, 47, 189, s.].

189. (*L.* 28 *avr.* 1832.) Si cette réquisition ou cet ordre ont été suivis de leur effet, la peine sera le maximum de la réclusion (1).

190. Les peines énoncées aux art. 188 et 189 ne cesseront d'être applicables aux fonctionnaires ou préposés qui auraient agi par ordre de leurs supérieurs, qu'autant que cet ordre aura été donné par ceux-ci pour des objets de leur ressort, et sur lesquels il leur était dû obéissance hiérarchique; dans ce cas, les peines portées ci-dessus ne seront appliquées qu'aux supérieurs qui les premiers auront donné cet ordre [P. 64, 114].

191. Si, par suite desdits ordres ou réquisitions, il survient d'autres crimes punissables de peines plus fortes que celles exprimées aux articles 188 et 189, ces peines plus fortes seront appliquées aux fonctionnaires, agents ou préposés coupables d'avoir donné lesdits ordres ou fait lesdites réquisitions.

§ 6. — *De quelques délits relatifs à la tenue des actes de l'état civil.*

192. Les officiers de l'état civil qui auront inscrit leurs actes sur de simples feuilles volantes, seront punis d'un emprisonnement d'un mois au moins et de trois mois au plus, et d'une amende de seize francs à deux cents francs [P. 9, 24, 40, s., 52, s., 195; C. N. 40, 52].

193. Lorsque, pour la validité d'un mariage, la loi prescrit le consentement des père, mère ou autres personnes, et que l'officier de l'état civil ne se sera point assuré de l'existence de ce consentement, il sera puni d'une amende de seize francs à trois cents francs, et d'un emprisonnement de six mois au moins et d'un an au plus [P. 9, 24, 40, s., 52, s., 195; C. N. 156].

194. L'officier de l'état civil sera aussi puni de seize francs à trois cents francs d'amende, lorsqu'il aura reçu, avant le temps prescrit par l'art. 228 du Code Napoléon, l'acte de mariage d'une femme ayant déjà été mariée [P. 9, 52, s., 195].

195. Les peines portées aux articles précédents contre les officiers de l'état civil leur seront appliquées, lors même que la nullité de leurs actes n'aurait pas été demandée ou aurait été couverte; le tout sans préjudice des peines plus fortes prononcées en cas de collusion, et sans préjudice aussi des autres dispositions pénales du titre V du livre Ier du Code Napoléon [C. N. 156, s., 192, s.].

§ 7. — *De l'exercice de l'autorité publique illégalement anticipé ou prolongé.*

196. Tout fonctionnaire public qui sera entré en exercice de ses fonctions sans avoir prêté le serment, pourra être poursuivi, et sera puni, d'une amende de seize francs à cent cinquante francs (2) [P. 9, 52, s.].

197. Tout fonctionnaire public révoqué, destitué, suspendu ou interdit légalement, qui, après en avoir eu la connaissance officielle, aura

---

nie d'une amende de seize francs à trois cents francs. Le coupable sera, de plus, interdit de toute fonction ou emploi public pendant cinq ans au moins et dix ans au plus.

(1) ANCIEN ART. 189. Si cette réquisition ou cet ordre ont été suivis de leur effet, la peine sera la déportation.

(2) V. le décret du 8 mars 1852, relatif au serment des divers fonctionnaires.

continué l'exercice de ses fonctions, ou qui, étant électif ou temporaire, les aura exercées après avoir été remplacé, sera puni d'un emprisonnement de six mois au moins et de deux ans au plus, et d'une amende de cent francs à cinq cents francs. Il sera interdit de l'exercice de toute fonction publique pour cinq ans au moins et dix ans au plus, à compter du jour où il aura subi sa peine : le tout sans préjudice des plus fortes peines portées contre les officiers ou les commandants militaires par l'article 93 du présent Code [P. 9, 24, 40, 43, 52, s., 258, s.].

Dispositions particulières.

198. (*L. 28 avr. 1832.*) Hors les cas où la loi règle spécialement les peines encourues pour crimes ou délits commis par les fonctionnaires ou officiers publics, ceux d'entre eux qui auront participé à d'autres crimes ou délits qu'ils étaient chargés de surveiller ou de réprimer, seront punis comme il suit : — S'il s'agit d'un délit de police correctionnelle, ils subiront toujours le maximum de la peine attachée à cette espèce de délit ; — Et s'il s'agit de crime, ils seront condamnés, savoir : à la réclusion, si le crime emporte contre tout autre coupable la peine du bannissement ou de la dégradation civique ;—Aux travaux forcés à temps, si le crime emporte contre tout autre coupable la peine de la réclusion ou de la détention ; — Et aux travaux forcés à perpétuité, lorsque le crime emportera contre tout autre coupable la peine de la déportation ou celle des travaux forcés à temps. — Au delà des cas qui viennent d'être exprimés, la peine commune sera appliquée sans aggravation (1) [P. 7, 15, 19, 21, 28, 333, 462].

SECTION III.

Des troubles apportés à l'ordre public par les ministres des cultes dans l'exercice de leur ministère.

§ 1er. — *Des contraventions propres à compromettre l'état civil des personnes.*

199. Tout ministre d'un culte qui procédera aux cérémonies religieuses d'un mariage, sans qu'il lui ait été justifié d'un acte de mariage préalablement reçu par les officiers de l'état civil, sera, pour la première fois, puni d'une amende de seize francs à cent francs [P. 9, 52, s., 200 ; C. N. 76, 165].

200. (*L. 28 avr. 1832.*) En cas de nouvelles contraventions de l'espèce exprimée en l'article précédent, le ministre du culte qui les aura commises sera puni, savoir : — Pour la première récidive, d'un emprisonnement de deux à cinq ans ;—Et pour la seconde, de la détention (2) [P. 7, 20, 28, s., 34, 36, 47, 56, s.].

§ 2. — *Des critiques, censures ou provocations dirigées contre l'autorité publique dans un discours pastoral prononcé publiquement.*

201. Les ministres des cultes qui prononceront, dans l'exercice de leur ministère, et en assemblée publique, un discours contenant la critique ou censure du gouvernement, d'une loi, d'un décret impérial ou de tout autre acte de l'autorité publique, seront punis d'un emprisonnement de trois mois à deux ans [P. 9, 24, 40, s., 202, s.].

202. Si le discours contient une provocation directe à la désobéissance aux lois ou autres actes de l'autorité publique, ou s'il tend à soulever ou armer une partie des citoyens contre les autres, le ministre

---

(1) L'ancien art. 198 ne différait du texte actuel que par les alinéa 3 et 4, ainsi conçus : — « Et s'il s'agit de crimes emportant peine afflictive, ils seront condamnés, savoir : à la réclusion, si le crime emporte contre tout autre coupable la peine du bannissement ou du carcan ; — Aux travaux forcés à temps, si le crime emporte contre tout autre coupable la peine de la réclusion. »

(2) L'ancien art. 200 ne différait du texte actuel que par son dernier alinéa, ainsi conçu : « Et pour la seconde, de la déportation. »

du culte qui l'aura prononcé sera puni d'un emprisonnement de deux à cinq ans, si la provocation n'a été suivie d'aucun effet ; et du bannissement, si elle a donné lieu à la désobéissance, autre toutefois que celle qui aurait dégénéré en sédition ou révolte [P. 8, 9, 28, 32, 36, 40, s., 48, 203].

203. Lorsque la provocation aura été suivie d'une sédition ou révolte dont la nature donnera lieu contre l'un ou plusieurs des coupables à une peine plus forte que celle du bannissement, cette peine, quelle qu'elle soit, sera appliquée au ministre coupable de la provocation [P. 206].

§ 3. — *Des critiques, censures ou provocations dirigées contre l'autorité publique dans un écrit pastoral.*

204. Tout écrit contenant des instructions pastorales, en quelque forme que ce soit, et dans lequel un ministre du culte se sera ingéré de critiquer ou censurer, soit le gouvernement, soit tout acte de l'autorité publique, emportera la peine du bannissement contre le ministre qui l'aura publié [P. 8, 28, 32, s., 36, 48, 201].

205. (*L.* 28 *avr.* 1832.) Si l'écrit mentionné en l'article précédent contient une provocation directe à la désobéissance aux lois ou autres actes de l'autorité publique, ou s'il tend à soulever ou armer une partie des citoyens contre les autres, le ministre qui l'aura publié sera puni de la détention (1) [P. 7, 20, 28, s., 36, 47, 201].

206. Lorsque la provocation contenue dans l'écrit pastoral aura été suivie d'une sédition ou révolte dont la nature donnera lieu contre l'un ou plusieurs des coupables à une peine plus forte que celle de la déportation, cette peine, quelle qu'elle soit, sera appliquée au ministre coupable de la provocation [P. 203].

§ 4. — *De la correspondance des ministres des cultes avec des cours ou puissances étrangères sur des matières de religion.*

207. Tout ministre d'un culte qui aura, sur des questions ou matières religieuses, entretenu une correspondance avec une cour ou puissance étrangère, sans en avoir préalablement informé le ministre de l'Empereur chargé de la surveillance des cultes, et sans avoir obtenu son autorisation, sera, pour ce seul fait, puni d'une amende de cent francs à cinq cents francs, et d'un emprisonnement d'un mois à deux ans [P. 9, 24, 40, s., 52, s., 201].

208. Si la correspondance mentionnée en l'article précédent a été accompagnée ou suivie d'autres faits contraires aux dispositions formelles d'une loi ou d'un décret impérial, le coupable sera puni du bannissement, à moins que la peine résultant de la nature de ces faits ne soit plus forte, auquel cas cette peine plus forte sera seule appliquée [P. 8, 28, 32, s., 36, 48].

SECTION IV.

Résistance, désobéissance, et autres manquements envers l'autorité publique.

§ 1er. — *Rébellion* (2).

209. Toute attaque, toute résistance avec violence et voies de fait envers les officiers ministériels, les gardes champêtres ou forestiers, la force publique, les préposés à la perception des taxes et des contributions, les porteurs de contraintes, les préposés des douanes, les séquestres, les officiers ou agents de la police administrative ou judiciaire, agissant pour l'exécution des lois, des

---

(1) Ancien art. 205. Si l'écrit mentionné en l'article précédent contient une provocation directe à la désobéissance aux lois ou autres actes de l'autorité publique, ou s'il tend à soulever ou armer une partie des citoyens contre les autres, le ministre qui l'aura publié sera puni de la déportation.

(2) V. la loi du 9 sept. 1835, sur les Cours d'assises, et la loi du 27 févr. 1858, relative à des mesures de sûreté générale, art. 6.

3

ordres ou ordonnances de l'autorité publique, des mandats de justice ou jugements, est qualifiée, selon les circonstances, crime ou délit de rébellion.

210. Si elle a été commise par plus de vingt personnes armées, les coupables seront punis des travaux forcés à temps; et s'il n'y a pas eu port d'armes, ils seront punis de la réclusion [P. 7, 15, 16, 21, s., 28, s., 36, 47, 101].

211. Si la rébellion a été commise par une réunion armée de trois personnes ou plus jusqu'à vingt inclusivement, la peine sera la réclusion; s'il n'y a pas eu port d'armes, la peine sera un emprisonnement de six mois au moins et de deux ans au plus [P. 7, 9, 24, s., 28, s., 36, 40, s., 47, 218].

212. Si la rébellion n'a été commise que par une ou deux personnes, avec armes, elle sera punie d'un emprisonnement de six mois à deux ans, et si elle a eu lieu sans armes, d'un emprisonnement de six jours à six mois [P. 9, 24, 40, s., 218].

213. En cas de rébellion avec bande ou attroupement, l'art. 100 du présent Code sera applicable aux rebelles sans fonctions ni emplois dans la bande, qui se seront retirés au premier avertissement de l'autorité publique, ou même depuis, s'ils n'ont été saisis que hors du lieu de la rébellion, et sans nouvelle résistance et sans armes.

214. Toute réunion d'individus pour un crime ou un délit est réputée réunion armée, lorsque plus de deux personnes portent des armes ostensibles [P. 101, 215, s.].

215. Les personnes qui se trouveraient munies d'armes cachées, et qui auraient fait partie d'une troupe ou réunion non réputée armée, seront individuellement punies comme si elles avaient fait partie d'une troupe ou réunion armée [P. 101, 210, s.].

216. Les auteurs des crimes et délits commis pendant le cours et à l'occasion d'une rébellion seront punis des peines prononcées contre chacun de ces crimes, si elles sont plus fortes que celles de la rébellion [P. 210, s.].

217. (*Abrogé par la loi du 17 mai 1819, art. 26*) (1).

218. Dans tous les cas où il sera prononcé, pour fait de rébellion, une simple peine d'emprisonnement, les coupables pourront être condamnés en outre à une amende de seize francs à deux cents francs [P. 9, 24, 40, s., 52, s., 211, 212].

219. Seront punies comme réunion de rebelles celles qui auront été formées avec ou sans armes, et accompagnées de violences ou de menaces contre l'autorité administrative, les officiers et les agents de police, ou contre la force publique, — 1° Par les ouvriers ou journaliers dans les ateliers publics ou manufactures;—2° Par les individus admis dans les hospices;—3° Par les prisonniers prévenus, accusés ou condamnés [P. 210, s., 220, s., 415, s.; I. cr. 614].

220. La peine appliquée pour rébellion à des prisonniers prévenus, accusés ou condamnés relativement à d'autres crimes ou délits, sera par eux subie, savoir :—Par ceux qui, à raison des crimes ou délits qui ont causé leur détention, sont ou seraient condamnés à une peine non capitale ni perpétuelle, immédiatement après l'expiration de cette peine;— Et par les autres, immédiatement après l'arrêt ou jugement en dernier ressort qui les aura acquittés ou renvoyés absous du fait pour lequel ils étaient détenus [P. 219; I. cr. 358, 361, 364, 365, 614].

221. Les chefs d'une rébellion, et ceux qui l'auront provoquée, pour-

---

(1) Aɴᴄɪᴇɴ ᴀʀᴛ. 247. Sera puni comme coupable de la rébellion quiconque y aura provoqué, soit par des discours tenus dans des lieux ou réunions publics, soit par des placards affichés, soit par des écrits imprimés. — Dans le cas où la rébellion n'aurait pas eu lieu, le provocateur sera puni d'un emprisonnement de six jours au moins et d'un an au plus.

ront être condamnés à rester, après l'expiration de leur peine, sous la surveillance spéciale de la haute police pendant cinq ans au moins et dix ans au plus [P. 11, 44, s.].

§ 2. — *Outrages et violences envers les dépositaires de l'autorité et de la force publique.*

222. (*L.* 18 *avr.* 1863.) Lorsqu'un ou plusieurs magistrats de l'ordre administratif ou judiciaire, lorsqu'un ou plusieurs jurés auront reçu, dans l'exercice de leurs fonctions ou à l'occasion de cet exercice, quelque outrage par paroles, par écrit ou dessin non rendus publics, tendant, dans ces divers cas, à inculper leur honneur ou leur délicatesse, celui qui leur aura adressé cet outrage sera puni d'un emprisonnement de quinze jours à deux ans.— Si l'outrage par paroles a eu lieu à l'audience d'une Cour ou d'un tribunal, l'emprisonnement sera de deux à cinq ans (1) [P. 9, 40, 226; Pr. 10, 91 ; I. cr. 504, s.].

223. (*L.* 18 *avr.* 1863.) L'outrage fait par gestes ou menaces à un magistrat ou à un juré, dans l'exercice ou à l'occasion de l'exercice de ses fonctions, sera puni d'un mois à six mois d'emprisonnement ; et si l'outrage a eu lieu à l'audience d'une Cour ou d'un tribunal, il sera puni d'un emprisonnement d'un mois à deux ans (2) [P. 9, 40, 226].

224. (*L.* 18 *avr.* 1863.) L'outrage fait par paroles, gestes ou menaces à tout officier ministériel ou agent dépositaire de la force publique, et à tout citoyen chargé d'un ministère de service public, dans l'exercice ou à l'occasion de l'exercice de ses fonctions, sera puni d'un emprisonnement de six jours à un mois, et d'une amende de seize francs à deux cents francs, ou de l'une de ces deux peines seulement (3) [P. 9, 52, s., 227].

225. (*L.* 18 *avr.* 1863.) L'outrage mentionné en l'article précédent, lorsqu'il aura été dirigé contre un commandant de la force publique, sera puni d'un emprisonnement de quinze jours à trois mois, et pourra l'être aussi d'une amende de seize francs à cinq cents francs (4) [P. 9, 40, 52, 226].

226. Dans le cas des art. 222, 223 et 225, l'offenseur pourra être, outre l'emprisonnement, condamné à faire réparation, soit à la première audience, soit par écrit; et le temps de l'emprisonnement prononcé contre lui ne sera compté qu'à dater du jour où la réparation aura eu lieu.

227. Dans le cas de l'art. 224, l'offenseur pourra de même, outre l'amende, être condamné à faire réparation à l'offensé ; et s'il retarde ou refuse, il sera contraint par corps.

228. (*L.* 18 *avr.* 1863.) Tout individu qui, même sans armes et sans qu'il en soit résulté de blessures, aura frappé un magistrat dans l'exercice de ses fonctions, ou à l'occasion de cet exercice, ou commis toute

---

(1) Ancien art. 222. Lorsqu'un ou plusieurs magistrats de l'ordre administratif ou judiciaire auront reçu, dans l'exercice de leurs fonctions, ou à l'occasion de cet exercice, quelque outrage par paroles tendant à inculper leur honneur ou leur délicatesse, celui qui les aura ainsi outragés sera puni d'un emprisonnement d'un mois à deux ans. — Si l'outrage a eu lieu à l'audience d'une Cour ou d'un tribunal, l'emprisonnement sera de deux à cinq ans.

(2) Ancien art. 223. L'outrage fait par gestes ou menaces à un magistrat, dans l'exercice ou à l'occasion de l'exercice de ses fonctions, sera puni d'un mois à six mois d'emprisonnement ; et si l'outrage a eu lieu à l'audience d'une Cour ou d'un tribunal, il sera puni d'un emprisonnement d'un mois à deux ans.

(3) Ancien art. 224. L'outrage fait par paroles, gestes ou menaces, à tout officier ministériel, ou agent dépositaire de la force publique dans l'exercice, ou à l'occasion de l'exercice de ses fonctions, sera puni d'une amende de seize francs à deux cents francs.

(4) Ancien art. 225. La peine sera de six jours à un mois d'emprisonnement, si l'outrage mentionné en l'article précédent a été dirigé contre un commandant de la force publique.

autre violence ou voie de fait envers lui dans les mêmes circonstances, sera puni d'un emprisonnement de deux à cinq ans. — Le maximum de cette peine sera toujours prononcé, si la voie de fait a eu lieu à l'audience d'une Cour ou d'un tribunal. — Le coupable pourra, en outre, dans les deux cas, être privé des droits mentionnés en l'art. 42 du présent Code pendant cinq ans au moins et dix ans au plus, à compter du jour où il aura subi sa peine, et être placé sous la surveillance de la haute police pendant le même nombre d'années (1) [P. 9, 40, 42, 44, 229].

229. Dans l'un et l'autre des cas exprimés en l'article précédent, le coupable pourra de plus être condamné à s'éloigner, pendant cinq à dix ans, du lieu où siége le magistrat, et d'un rayon de deux myriamètres. — Cette disposition aura son exécution à dater du jour où le condamné aura subi sa peine. — Si le condamné enfreint cet ordre avant l'expiration du temps fixé, il sera puni du bannissement [P. 8, 28, 32, 36, 44, s., 48].

230. (*L.* 18 *avr.* 1863.) Les violences ou voies de fait de l'espèce exprimée en l'art. 228, dirigées contre un officier ministériel, un agent de la force publique, ou un citoyen chargé d'un ministère de service public, si elles ont eu lieu pendant qu'ils exerçaient leur ministère ou à cette occasion, seront punies d'un emprisonnement d'un mois au moins et de trois ans au plus, et d'une amende de seize francs à cinq cents francs (2).

231. (*L.* 28 *avr.* 1832.) Si les violences exercées contre les fonctionnaires et agents désignés aux art. 228 et 230 ont été la cause d'effusion de sang, blessures ou maladie, la peine sera la réclusion ; si la mort s'en est suivie dans les quarante jours, le coupable sera puni des travaux forcés à perpétuité (3) [P. 7, 15, 16, 21, s., 36, 47, 232, s.].

232. Dans le cas même où ces violences n'auraient pas causé d'effusion de sang, blessures ou maladie, les coups seront punis de la réclusion, s'ils ont été portés avec préméditation ou de guet-apens [P. 7, 21, s., 28, s., 36, 47, 297, 298].

233. (*L.* 28 *avr.* 1832.) Si les coups ont été portés ou les blessures faites à un des fonctionnaires ou agents désignés aux art. 228 et 230, dans l'exercice ou à l'occasion de l'exercice de leurs fonctions, avec intention de donner la mort, le coupable sera puni de mort (4) [P. 7, 21, 36].

§ 3. — *Refus d'un service dû légalement.*

234. Tout commandant, tout officier ou sous-officier de la force publique qui, après en avoir été légalement requis par l'autorité civile, aura refusé de faire agir la force à ses ordres, sera puni d'un emprison-

---

(1) Ancien art. 228 (*d'après la loi du 28 avril* 1832). Tout individu qui, même sans armes, et sans qu'il en soit résulté de blessures, aura frappé un magistrat dans l'exercice de ses fonctions, ou à l'occasion de cet exercice, sera puni d'un emprisonnement de deux à cinq ans. — Si cette voie de fait a lieu à l'audience d'une Cour ou d'un tribunal, le coupable sera en outre puni de la dégradation civique.

Nota. Dans le Code de 1810, le deuxième paragraphe de cet article se terminait ainsi : ... « le coupable sera puni du carcan. »

(2) Ancien art. 230. Les violences de l'espèce exprimée en l'art. 228, dirigées contre un officier ministériel, un agent de la force publique, ou un citoyen chargé d'un ministère de service public, si elles ont eu lieu pendant qu'ils exerçaient leur ministère ou à cette occasion, seront punies d'un emprisonnement d'un mois à six mois.

(3) Ancien art. 231. Si les violences exercées contre les fonctionnaires et agents désignés aux art. 228 et 230 ont été la cause d'effusion de sang, blessures ou maladie, la peine sera la réclusion ; si la mort s'en est suivie dans les quarante jours, le coupable sera puni de mort.

(4) Ancien art. 233. Si les blessures sont du nombre de celles qui portent le caractère de meurtre, le coupable sera puni de mort.

nement d'un mois à trois mois, sans préjudice des réparations civiles qui pourraient être dues aux termes de l'art. 10 du présent Code [P. 9, 10, 40 s., 52. — C. N. 1382; I. cr. 25,376].

235. Les lois pénales et règlements relatifs à la conscription militaire continueront de recevoir leur exécution.

236. Les témoins et jurés qui auront allégué une excuse reconnue fausse seront condamnés, outre les amendes prononcées pour la non-comparution, à un emprisonnement de six jours à deux mois [P. 9, 40, s.; I. cr. 80, 81, 86, 157, 158, 304, 396, s.].

§ 4. — *Evasion de détenus, recèlement de criminels.*

237. Toutes les fois qu'une évasion de détenus aura lieu, les huissiers, les commandants en chef ou en sous-ordre, soit de la gendarmerie, soit de la force armée servant d'escorte ou garnissant les postes, les concierges, gardiens, geôliers, et tous autres préposés à la conduite, au transport ou à la garde des détenus, seront punis ainsi qu'il suit.

238. (*L.* 18 *avr.* 1863.) Si l'évadé était prévenu de délits de police ou de crimes simplement infamants, ou condamné pour l'un de ces crimes, s'il était prisonnier de guerre, les préposés à sa garde ou conduite seront punis, en cas de négligence, d'un emprisonnement de six jours à deux mois; et, en cas de connivence, d'un emprisonnement de six mois à deux ans. — Ceux qui, n'étant pas chargés de la garde ou de la conduite du détenu, auront procuré ou facilité son évasion, seront punis de six jours à

trois mois d'emprisonnement (1) [P. 8, 9, 40, 241, s.].

239. Si les détenus évadés, ou l'un d'eux, étaient prévenus ou accusés d'un crime de nature à entraîner une peine afflictive à temps, ou condamnés pour l'un de ces crimes, la peine sera, contre les préposés à la garde ou conduite, en cas de négligence, un emprisonnement de deux mois à six mois; en cas de connivence, la réclusion. — Les individus non chargés de la garde des détenus, qui auront procuré ou facilité l'évasion, seront punis d'un emprisonnement de trois mois à deux ans [P. 7, 9, 21, s., 28, s., 36, 40, s., 47, 241, s.].

240. Si les évadés, ou si l'un d'eux, sont prévenus ou accusés de crimes de nature à entraîner la peine de mort ou des peines perpétuelles, ou s'ils sont condamnés à l'une de ces peines, leurs conducteurs ou gardiens seront punis d'un an à deux ans d'emprisonnement, en cas de négligence, et des travaux forcés à temps, en cas de connivence. — Les individus non chargés de la conduite ou de la garde, qui auront facilité ou procuré l'évasion, seront punis d'un emprisonnement d'un an au moins et de cinq ans au plus [P. 7, 9, 19, 28, s., 36, 40, s., 47, 241 s.].

241. (*L.* 18 *avr.* 1863.) Si l'évasion a eu lieu ou a été tentée avec violence ou bris de prison, les peines contre ceux qui l'auront favorisée en fournissant des instruments propres à l'opérer seront : — Si le détenu qui s'est évadé se trouve dans le cas prévu par l'article 238, trois mois à deux ans d'emprisonnement; au cas de l'article 239, un an à quatre ans d'emprisonnement; et au cas de l'article 240, deux ans à cinq ans de la même peine et une amende de cinquante francs à deux mille francs.

---

(1) ANCIEN ART. 238. Si l'évadé était prévenu de délits de police, ou de crimes simplement infamants, ou s'il était prisonnier de guerre, les préposés à sa garde ou conduite seront punis, en cas de négligence, d'un emprisonnement de six jours à deux mois; et en cas de connivence, d'un emprisonnement de six mois à deux ans. — Ceux qui, n'étant pas chargés de la garde ou de la conduite du détenu, auront procuré ou facilité son évasion, seront punis de six jours à trois mois d'emprisonnement.

— Dans ce dernier cas, les coupables pourront, en outre, être privés des droits mentionnés en l'art. 42 du présent Code pendant cinq ans au moins et dix ans au plus, à compter du jour où ils auront subi leur peine (1).

242. Dans tous les cas ci-dessus, lorsque les tiers qui auront procuré ou facilité l'évasion y seront parvenus en corrompant les gardiens ou geôliers, ou de connivence avec eux, ils seront punis des mêmes peines que lesdits gardiens ou geôliers [P. 238, s.].

243. Si l'évasion avec bris ou violence a été favorisée par transmission d'armes, les gardiens et conducteurs qui y auront participé seront punis des travaux forcés à perpétuité ; les autres personnes, des travaux forcés à temps [P. 7, 15, 16, 19, 23, 28, s., 36, 47].

244. Tous ceux qui auront connivé à l'évasion d'un détenu seront solidairement condamnés, à titre de dommages-intérêts, à tout ce que la partie civile du détenu aurait eu droit d'obtenir contre lui [P. 10, 52, 55. — C. N., 1382].

245. A l'égard des détenus qui se seront évadés ou qui auront tenté de s'évader par bris de prison ou par violence, ils seront, pour ce seul fait, punis de six mois à un an d'emprisonnement, et subiront cette peine immédiatement après l'expiration de celle qu'ils auront encourue pour le crime ou délit à raison duquel ils étaient détenus, ou immédiatement après l'arrêt ou jugement qui les aura acquittés ou renvoyés absous dudit crime ou délit : le tout sans préjudice de plus fortes peines qu'ils auraient pu encourir pour d'autres crimes qu'ils auraient commis dans leurs violences [P. 9, 40, s., 246 ; I. cr., 358, 361, 364, 365].

246. Quiconque sera condamné, pour avoir favorisé une évasion ou des tentatives d'évasion, à un emprisonnement de plus de six mois, pourra, en outre, être mis sous la surveillance de la haute police, pour un intervalle de cinq à dix ans [P. 11, 44, s.].

247. Les peines d'emprisonnement ci-dessus établies contre les conducteurs ou les gardiens, en cas de négligence seulement, cesseront lorsque les évadés seront repris ou représentés, pourvu que ce soit dans les quatre mois de l'évasion, et qu'ils ne soient pas arrêtés pour d'autres crimes ou délits commis postérieurement.

248. Ceux qui auront recélé ou fait recéler des personnes qu'ils savaient avoir commis des crimes emportant peine afflictive seront punis de trois mois d'emprisonnement au moins et de deux ans au plus. — Sont exceptés de la présente disposition les ascendants ou descendants, époux ou épouse même divorcés, frères ou sœurs des criminels recélés, ou leurs alliés au même degré [P. 7, 9, 40, s. ; C. N., 735, s.].

§ 5. — *Bris de scellés et enlèvement de pièces dans les dépôts publics.*

249. Lorsque les scellés apposés, soit par ordre du gouvernement, soit par suite d'une ordonnance de justice rendue en quelque matière que ce soit, auront été brisés, les gardiens seront punis, pour simple négligence, de six jours à six mois d'emprisonnement [P. 9, 40, s. ; Pr. 907, s.].

250. Si le bris des scellés s'applique à des papiers et effets d'un individu prévenu ou accusé d'un crime emportant la peine de mort, des travaux forcés à perpétuité, ou de la déportation, ou qui soit condamné à l'une de ces peines, le gar-

---

(1) Ancien Art. 244. Si l'évasion a eu lieu ou a été tentée avec violences ou bris de prison, les peines contre ceux qui l'auront favorisée en fournissant des instruments propres à l'opérer seront, au cas que l'évadé fût de la qualité exprimée en l'art. 238, trois mois à deux ans d'emprisonnement ; au cas de l'art. 239, deux à cinq ans d'emprisonnement ; et au cas de l'art. 240, la réclusion.

dien négligent sera puni de six mois à deux ans d'emprisonnement [P. 9, 40, s., 251].

251. (*L. 28 avr.* 1863.) Quiconque aura, à dessein, brisé ou tenté de briser des scellés apposés sur des papiers ou effets de la qualité énoncée en l'article précédent, ou participé au bris des scellés ou à la tentative de bris de scellés, sera puni d'un emprisonnement d'un an à trois ans. — Si c'est le gardien lui-même qui a brisé les scellés ou participé au bris des scellés, il sera puni d'un emprisonnement de deux à cinq ans. — Dans l'un et l'autre cas, le coupable sera condamné à une amende de cinquante francs à deux mille francs. — Il pourra, en outre, être privé des droits mentionnés en l'art. 42 du présent Code pendant cinq ans au moins et dix ans au plus, à compter du jour où il aura subi sa peine ; il pourra aussi être placé, pendant le même nombre d'années, sous la surveillance de la haute police (1) [P. 9, 40, 52].

252. A l'égard de tous autres bris de scellés, les coupables seront punis de six mois à deux ans d'emprisonnement ; et si c'est le gardien lui-même, il sera puni de deux à cinq ans de la même peine [P. 9, 40, s.].

253. Tout vol commis à l'aide d'un bris de scellés sera puni comme vol commis à l'aide d'effraction [P. 384].

254. Quant aux soustractions, destructions et enlèvements de pièces ou de procédures criminelles, ou d'autres papiers, registres, actes et effets, contenus dans les archives, greffes ou dépôts, ou remis à un dépositaire public en cette qualité, les peines seront, contre les greffiers, archivistes, notaires ou autres dépositaires négligents, de trois mois à un an d'emprisonnement, et d'une amende de cent francs à trois cents francs [P. 9, 40, s., 52, s., 255, 408].

255. Quiconque se sera rendu coupable des soustractions, enlèvements ou destructions mentionnés en l'article précédent, sera puni de la réclusion. — Si le crime est l'ouvrage du dépositaire lui-même, il sera puni des travaux forcés à temps [P. 7, 15, 16, 19, 21, s., 28, s., 36, 47, 408].

256. Si le bris de scellés, les soustractions, enlèvements ou destructions de pièces ont été commis avec violence envers les personnes, la peine sera, contre toute personne, celle des travaux forcés à temps, sans préjudice de peines plus fortes, s'il y a lieu, d'après la nature des violences et des autres crimes qui y seraient joints [P. 7, 15, 16, 19, 28, s., 36, 47, 408].

§ 6. — *Dégradation de monuments.*

257. Quiconque aura détruit, abattu, mutilé, ou dégradé des monuments, statues et autres objets destinés à l'utilité ou à la décoration publique, et élevés par l'autorité publique ou avec son autorisation, sera puni d'un emprisonnement d'un mois à deux ans, et d'une amende de cent francs à cinq cents francs [P. 9, 40, s., 52, s.].

§ 7. — *Usurpation de titres ou fonctions.*

258. Quiconque, sans titre, se sera immiscé dans des fonctions publiques, civiles ou militaires, ou aura fait les actes d'une de ces fonctions, sera puni d'un emprisonnement de deux à cinq ans, sans préjudice de la peine de faux, si l'acte porte le caractère de ce crime [P. 9, 40, s., 145, s.].

259. (*L. 28 mai* 1858.) Toute personne qui aura publiquement porté un costume, un uniforme ou une décoration qui ne lui appartiendrait pas, sera punie d'un emprisonne-

---

(1) Ancien art. 251. Quiconque aura, à dessein, brisé des scellés apposés sur des papiers ou effets de la qualité énoncée en l'article précédent, ou participé au bris des scellés, sera puni de la réclusion ; et si c'est le gardien lui-même, il sera puni des travaux forcés à temps.

ment de six mois à deux ans. — Sera puni d'une amende de 500 fr. à 10,000 francs, quiconque, sans droit et en vue de s'attribuer une distinction honorifique, aura publiquement pris un titre, changé, altéré ou modifié le nom que lui assignent les actes de l'état civil. — Le tribunal ordonnera la mention du jugement en marge des actes authentiques ou des actes de l'état civil dans lesquels le titre aura été pris indûment ou le nom altéré. — Dans tous les cas prévus par le présent article, le tribunal pourra ordonner l'insertion intégrale ou par extrait du jugement dans les journaux qu'il désignera. — Le tout aux frais du condamné (1) [P. 9, 40].

§ 8. — *Entraves au libre exercice des cultes.*

260. Tout particulier qui, par des voies de fait ou des menaces, aura contraint ou empêché une ou plusieurs personnes d'exercer l'un des cultes autorisés, d'assister à l'exercice de ce culte, de célébrer certaines fêtes, d'observer certains jours de repos, et, en conséquence, d'ouvrir ou de fermer leurs ateliers, boutiques ou magasins, et de faire ou quitter certains travaux, sera puni, pour ce seul fait, d'une amende de seize francs à deux cents francs, et d'un emprisonnement de six jours à deux mois [P. 9, 40, s., 52 s., 264; Const. 7].

261. Ceux qui auront empêché, retardé ou interrompu les exercices d'un culte par des troubles ou désordres causés dans le temple ou autre lieu destiné ou servant actuellement à ces exercices, seront punis d'une amende de seize francs à trois cents francs, et d'un empri-

sonnement de six jours à trois mois [P. 9, 40 s., 52 s., 264].

262. Toute personne qui aura, par paroles ou gestes, outragé les objets d'un culte dans les lieux destinés ou servant actuellement à son exercice, ou les ministres de ce culte dans leurs fonctions, sera punie d'une amende de seize francs à cinq cents francs, et d'un emprisonnement de quinze jours à six mois [P. 9, 40, s., 52, s., 246].

263. (*L.* 28 *avr.* 1832.) Quiconque aura frappé le ministre d'un culte dans ses fonctions sera puni de la dégradation civique (2) [P. 8, 34, 36, 264].

264. Les dispositions du présent paragraphe ne s'appliquent qu'aux troubles, outrages ou voies de fait dont la nature ou les circonstances ne donneront pas lieu à de plus fortes peines, d'après les autres dispositions du présent Code.

SECTION V.

Association de malfaiteurs, vagabondage et mendicité.

§ 1ᵉʳ. — *Associations de malfaiteurs.*

265. Toute association de malfaiteurs envers les personnes ou les propriétés est un crime contre la paix publique [P. 210, s., 266, s., 440, s].

266. Ce crime existe par le seul fait d'organisation de bandes ou de correspondance entre elles et leurs chefs ou commandants, ou de conventions tendant à rendre compte ou à faire distribution ou partage du produit des méfaits [P. 267, s.].

267. Quand ce crime n'aurait été accompagné ni suivi d'aucun autre, les auteurs, directeurs de l'association, et les commandants en chef ou en sous-ordre de ces

---

(1) Ancien art. 259 (*d'après le Code pénal de* 1810). Toute personne qui aura publiquement porté un costume, un uniforme ou une décoration qui ne lui appartenait pas, ou qui se sera attribué des titres royaux qui ne lui auraient pas été légalement conférés, sera punie d'un emprisonnement de six mois à deux ans.

Ancien art. 259 (*d'après la loi du* 28 *avr.* 1832). Toute personne qui aura publiquement porté un costume, un uniforme ou une décoration qui ne lui appartenait pas, sera punie d'un emprisonnement de six mois à deux ans.

(2) Ancien art. 263. Quiconque aura frappé le ministre d'un culte dans ses fonctions sera puni du carcan.

bandes, seront punis des travaux forcés à temps [P. 7, 15, 16, 19, 28, s., 36, 47, 96].

268. Seront punis de la réclusion tous autres individus chargés d'un service quelconque dans ces bandes, et ceux qui auront sciemment et volontairement fourni aux bandes ou à leurs divisions des armes, munitions, instruments de crime, logement, retraite ou lieu de réunion [P. 7, 21, 36, 47].

§ 2. — *Vagabondage.*

269. Le vagabondange est un délit [P. 1, 270, s.].

270. Les vagabonds ou gens sans aveu sont ceux qui n'ont ni domicile certain, ni moyens de subsistance, et qui n'exercent habituellement ni métier, ni profession [P. 271, s.; C. N. 102, s.].

271. (*L. 28 avr.* 1832.) Les vagabonds ou gens sans aveu qui auront été légalement déclarés tels seront, pour ce seul fait, punis de trois à six mois d'emprisonnement. — Ils seront renvoyés, après avoir subi leur peine, sous la surveillance de la haute police pendant cinq ans au moins et dix ans au plus. — Néanmoins les vagabonds âgés de moins de seize ans ne pourront être condamnés à la peine d'emprisonnement, mais sur la preuve des faits de vagabondage, ils seront renvoyés sous la surveillance de la haute police jusqu'à l'âge de vingt ans accomplis, à moins qu'avant cet âge ils n'aient contracté un engagement régulier dans les armées de terre ou de mer (1) [P. 9, 11, 40, 44, s.].

272. Les individus déclarés vagabonds par jugement pourront, s'ils sont étrangers, être conduits, par les ordres du gouvernement, hors du territoire de l'Empire.

273. Les vagabonds nés en France pourront, après un jugement même passé en force de chose jugée, être réclamés par délibération du conseil municipal de la commune où ils sont nés, ou cautionnés par un citoyen solvable. — Si le gouvernement accueille la réclamation ou agrée la caution, les individus ainsi réclamés ou cautionnés seront, par ses ordres, renvoyés ou conduits dans la commune qui les aura réclamés, ou dans celle qui leur sera assignée pour résidence, sur la demande de la caution [C. N. 2018, 2019, 2040].

§ 3. — *Mendicité.*

274. Toute personne qui aura été trouvée mendiant dans un lieu pour lequel il existera un établissement public organisé afin d'obvier à la mendicité sera punie de trois à six mois d'emprisonnement et sera, après l'expiration de sa peine, conduite au dépôt de mendicité [P. 9, 40, s.].

275. Dans les lieux où il n'existe point encore de tels établissements, les mendiants d'habitude valides seront punis d'un mois à trois mois d'emprisonnement. — S'ils ont été arrêtés hors du canton de leur résidence, ils seront punis d'un emprisonnement de six mois à deux ans [P. 9, 50, s.].

276. Tous mendiants, même invalides, qui auront usé de menaces, ou seront entrés, sans permission du propriétaire ou des personnes de sa maison, soit dans une habitation, soit dans un enclos en dépendant, — Ou qui feindront des plaies ou infirmités, — Ou qui mendieront en réunion, à moins que ce ne soient le mari et la femme, le père ou la mère et leurs jeunes enfants, l'aveugle et son conducteur, — Seront punis d'un emprisonnement de six mois à deux ans [P. 9, 40, s., 278].

---

(1) ANCIEN ART. 274. Les vagabonds ou gens sans aveu qui auront été légalement déclarés tels seront, pour ce seul fait, punis de trois à six mois d'emprisonnement, et demeureront, après avoir subi leur peine, à la disposition du Gouvernement pendant le temps qu'il déterminera, eu égard à leur conduite.

*Dispositions communes aux vaga-
bonds et mendiants.*

277. Tout mendiant ou vagabond
qui aura été saisi travesti d'une manière quelconque, —Ou porteur d'armes, bien qu'il n'en ait usé ni menacé, —Ou muni de limes, crochets
ou autres instruments propres soit à
commettre des vols ou d'autres délits,
soit à lui procurer les moyens de pénétrer dans les maisons, —Sera puni
de deux à cinq ans d'emprisonnement [P. 9, 40, 282].

278. Tout mendiant ou vagabond
qui sera trouvé porteur d'un ou de
plusieurs effets d'une valeur supérieure à cent francs, et qui ne jus-
tifiera point d'où ils lui proviennent,
sera puni de la peine portée en
l'art. 276.

279. (*L. 18 avr. 1863.*) Tout
mendiant ou vagabond qui aura
exercé ou tenté d'exercer quelque
acte de violence que ce soit envers
les personnes sera puni d'un emprisonnement de deux à cinq ans,
sans préjudice de peines plus fortes,
s'il y a lieu, à raison du genre et des
circonstances de la violence. —Si le
mendiant ou le vagabond qui a
exercé ou tenté d'exercer des violences se trouvait, en outre, dans
l'une des circonstances exprimées
par l'art. 277, il sera puni de la réclusion (1) [P. 7, 9, 24, 28, 36, 40,
47, 282].

280. (*Abrogé par la loi du 28
avr. 1832, art. 12.*) (2)

281. Les peines établies par le
présent Code contre les individus
porteurs de faux certificats, faux
passe-ports ou fausses feuilles de
route, seront toujours, dans leur espèce, portées au maximum, quand
elles seront appliquées à des vagabonds ou mendiants [P. 153, s.,
282].

282. (*L. 28 avr. 1832.*) Les
mendiants qui auront été condamnés
aux peines portées par les articles
précédents seront renvoyés, après
l'expiration de leur peine, sous la
surveillance de la haute police pour
cinq ans au moins et dix ans au
plus (3).

SECTION VI.

*Délits commis par la voie d'écrits,
images ou gravures distribués
sans noms d'auteur, imprimeur
ou graveur.*

283. Toute publication ou distribution d'ouvrages, écrits, avis,
bulletins, affiches, journaux, feuilles
périodiques ou autres imprimés, dans
lesquels ne se trouvera pas l'indication vraie des noms, profession et
demeure de l'auteur ou de l'imprimeur, sera, pour ce seul fait, punie
d'un emprisonnement de six jours à
six mois, contre toute personne qui
aura sciemment contribué à la publication ou distribution [P. 9, 40, s.,
284, s., 289].

284. Cette disposition sera réduite à des peines de simple police,
—1° A l'égard des crieurs, afficheurs,
vendeurs ou distributeurs, qui auront
fait connaître la personne de laquelle
ils tiennent l'écrit imprimé; —2° A
l'égard de quiconque aura fait connaître l'imprimeur; — 3° A l'égard
même de l'imprimeur qui aura fait
connaître l'auteur [P. 286, 289, 464,
s., 475 13°, 477 3°].

285. Si l'écrit imprimé contient
quelques provocations à des crimes
ou délits, les crieurs, afficheurs, vendeurs et distributeurs, seront punis
comme complices des provocateurs,
à moins qu'ils n'aient fait connaître

---

(1) Ancien art. 279. Tout mendiant ou
vagabond qui aura exercé quelque acte de
violence que ce soit envers les personnes,
sera puni de la réclusion, sans préjudice de
peines plus fortes, s'il y a lieu, à raison
du genre et des circonstances de la violence.

(2) Ancien art. 280. Tout vagabond ou
mendiant qui aura commis un crime emportant la peine des travaux forcés à temps
sera en outre marqué.

(3) Ancien art. 282. Les vagabonds ou
mendiants qui auront subi les peines portées par les articles précédents demeureront, à la fin de ces peines, à la disposition
du gouvernement.

ceux dont ils tiennent l'écrit contenant la provocation.—En cas de révélation, ils n'encourront qu'un emprisonnement de six jours à trois mois ; et la peine de complicité ne restera applicable qu'à ceux qui n'auront point fait connaître les personnes dont ils auront reçu l'écrit imprimé, et à l'imprimeur, s'il est connu [P. 9, 40, s., 59, s., 286, 289].

286. Dans tous les cas ci-dessus, il y aura confiscation des exemplaires saisis [P. 11].

287. Toute exposition ou distribution de chansons, pamphlets, figures ou images contraires aux bonnes mœurs, sera punie d'une amende de seize francs à cinq cents francs, d'un emprisonnement d'un mois à un an et de la confiscation des planches et des exemplaires imprimés ou gravés de chansons, figures ou autres objets du délit [P. 9, 11, 40, s., 52, s., 288, 289].

288. La peine d'emprisonnement et l'amende prononcées par l'article précédent seront réduites à des peines de simple police, — 1° A l'égard des crieurs, vendeurs ou distributeurs qui auront fait connaître la personne qui leur a remis l'objet du délit ; — 2° A l'égard de quiconque aura fait connaître l'imprimeur ou le graveur ; — 3° A l'égard même de l'imprimeur ou du graveur qui auront fait connaître l'auteur ou la personne qui les aura chargés de l'impression ou de la gravure [P. 284, 289, 464, s., 475 13°, 477 3°].

289. Dans tous les cas exprimés en la présente section, et où l'auteur sera connu, il subira le maximum de la peine attachée à l'espèce du délit.

Dispositions particulières.

290. (*Abrogé par la loi du 10 déc. 1830, art. 9*) (1).

SECTION VII.

Des associations ou réunions illicites (2).

291. Nulle association de plus de vingt personnes, dont le but sera de se réunir tous les jours ou à certains jours marqués pour s'occuper d'objets religieux, littéraires, politiques ou autres, ne pourra se former qu'avec l'agrément du gouvernement, et sous les conditions qu'il plaira à l'autorité publique d'imposer à la société. — Dans le nombre de personnes indiqué par le présent article ne sont pas comprises celles domiciliées dans la maison où l'association se réunit.

292. Toute association de la nature ci-dessus exprimée qui se sera formée sans autorisation, ou qui, après l'avoir obtenue, aura enfreint les conditions à elle imposées, sera dissoute. — Les chefs, directeurs ou administrateurs de l'association seront, en outre, punis d'une amende de seize francs à deux cents francs [P. 9, 52, s.].

293. Si, par discours, exhortations, invocations ou prières, en quelque langue que ce soit, ou par lecture, affiche, publication ou distribution d'écrits quelconques, il a été fait, dans ces assemblées, quelque provocation à des crimes ou à des délits, la peine sera de cent francs à trois cents francs d'amende, et de trois mois à deux ans d'emprisonnement, contre les chefs, directeurs et administrateurs de ces associations, sans préjudice des peines plus fortes qui seraient portées par la loi contre les individus personnellement coupables de la provocation, lesquels, en aucun cas, ne pourront être punis d'une peine moindre que celle infligée aux chefs, directeurs et administrateurs de l'association [P. 9, 40, s., 52, s.].

294. Tout individu qui, sans la

---

(1) ANCIEN ART. 290. Tout individu qui, sans y avoir été autorisé par la police, fera le métier de crieur ou afficheur d'écrits imprimés, dessins ou gravures, même munis des noms d'auteur, imprimeur, dessinateur ou graveur, sera puni d'un emprisonnement de six jours à deux mois.

(2) V. la loi du 10 avril 1834, sur les associations, et les décrets des 28 juill. 1848 et 25 mars 1852, sur les clubs et réunions publiques.

permission de l'autorité municipale, aura accordé ou consenti l'usage de sa maison ou de son appartement, en tout ou en partie, pour la réunion des membres d'une association même autorisée, ou pour l'exercice d'un culte, sera puni d'une amende de seize francs à deux cents francs (1) [P. 9, 52, s.].

TITRE DEUXIÈME.

CRIMES ET DÉLITS CONTRE LES PARTICULIERS.

(Loi décrétée le 17 février 1810, promulguée le 27 du même mois.)

CHAPITRE PREMIER.

CRIMES ET DÉLITS CONTRE LES PERSONNES.

SECTION PREMIÈRE.

Meurtres et autres crimes capitaux, menaces d'attentat contre les personnes.

§ 1er. — *Meurtre, assassinat, parricide, infanticide, empoisonnement.*

295. L'homicide commis volontairement est qualifié meurtre [P. 304, 319, s., 321, s., 327, s., 437].

296. Tout meurtre commis avec préméditation ou de guet-apens est qualifié assassinat [P. 297, 298, 302, 303].

297. La préméditation consiste dans le dessein formé, avant l'action, d'attenter à la personne d'un individu déterminé, ou même de celui qui sera trouvé ou rencontré, quand même ce dessein serait dépendant de quelque circonstance ou de quelque condition [P. 296, 310, s.].

298. Le guet-apens consiste à attendre plus ou moins de temps, dans un ou divers lieux, un individu, soit pour lui donner la mort, soit pour exercer sur lui des actes de violence [P. 296].

299. Est qualifié parricide le meurtre des pères ou mères légitimes, naturels ou adoptifs, ou de tout autre ascendant légitime [P. 13, 86, 295, 312, 323].

300. Est qualifié infanticide le meurtre d'un enfant nouveau-né [P. 295, 302].

301. Est qualifié empoisonnement tout attentat à la vie d'une personne, par l'effet de substances qui peuvent donner la mort plus ou moins promptement, de quelque manière que ces substances aient été employées ou administrées, et quelles qu'en aient été les suites [P. 302, 317, 452].

302. Tout coupable d'assassinat, de parricide, d'infanticide et d'empoisonnement, sera puni de mort, sans préjudice de la disposition particulière contenue en l'art. 13 relativement au parricide [P. 7, 12, 13, 36, 296, s., 301, 303].

303. Seront punis comme coupables d'assassinat tous malfaiteurs, quelle que soit leur dénomination, qui, pour l'exécution de leurs crimes, emploient des tortures, commettent des actes de barbarie [P. 302, 344.]

304. (*L. 28 avr. 1832.*) Le meurtre emportera la peine de mort, lorsqu'il aura précédé, accompagné ou suivi un autre crime. — Le meurtre emportera également la peine de mort, lorsqu'il aura eu pour objet soit de préparer, faciliter ou exécuter un délit, soit de favoriser la fuite ou d'assurer l'impunité des auteurs ou complices de ce délit. En tout autre cas, le coupable de meurtre sera puni des travaux forcés à perpétuité (2) [P. 7, 12, 15, 16, 19, 36, 295].

---

(1) *V.* le décret du 25 mars 1852, sur les clubs et réunions publiques.

(2) ANCIEN ART. 304. Le meurtre emportera la peine de mort, lorsqu'il aura précédé, accompagné ou suivi un autre crime ou délit. — En tout autre cas, le coupable de meurtre sera puni de la peine des travaux forcés à perpétuité.

§ 2. — *Menaces.*

305. (*L.* 18 *avr.* 1863.) Quiconque aura menacé, par écrit anonyme ou signé, d'assassinat, d'empoisonnement ou de tout autre attentat contre les personnes, qui serait punissable de la peine de mort, des travaux forcés à perpétuité ou de la déportation, sera, dans le cas où la menace aurait été faite avec ordre de déposer une somme d'argent dans un lieu indiqué, ou de remplir toute autre condition, puni d'un emprisonnement de deux ans à cinq ans, et d'une amende de cent cinquante francs à mille francs. — Le coupable pourra, en outre, être privé des droits mentionnés en l'art. 42 du présent Code pendant cinq ans au moins et dix ans au plus, à compter du jour où il aura subi sa peine. — Le coupable pourra aussi être mis sous la surveillance de la haute police pendant cinq ans au moins et dix ans au plus, à compter du jour où il aura subi sa peine (1) [P. 9, 11, 40, 42, 44, 52].

306. (*L.* 18 *avr.* 1863.) Si cette menace n'a été accompagnée d'aucun ordre ou condition, la peine sera d'un emprisonnement d'une année au moins et de trois ans au plus, et d'une amende de cent francs à six cents francs. — Dans ce cas, comme dans celui de l'article précédent, la peine de la surveillance pourra être prononcée contre le coupable (2) [P. 9, 11, 40, 44, 52].

307. (*L.* 18 *avr.* 1863.) Si la menace faite avec ordre ou sous condition a été verbale, le coupable sera puni d'un emprisonnement de six mois à deux ans, et d'une amende de vingt-cinq francs à trois cents francs. — Dans ce cas, comme dans celui des précédents articles, la peine de la surveillance pourra être prononcée contre le coupable (3) [P. 9, 11, 40, 44, 52].

308. (*L.* 18 *avr.* 1863.) Quiconque aura menacé verbalement ou par écrit de voies de fait ou violences non prévues par l'art. 305, si la menace a été faite avec ordre ou sous condition, sera puni d'un emprisonnement de six jours à trois mois, et d'une amende de seize francs à cent francs, ou de l'une de ces deux peines seulement (4) [P. 9, 11, 40, 44, 52].

SECTION II.

Blessures et coups volontaires non qualifiés meurtres, et autres crimes et délits volontaires.

309. (*L.* 18 *avr.* 1863.) Tout individu qui, volontairement, aura fait des blessures, ou porté des coups, ou commis toute autre violence ou voie de fait, s'il est résulté de ces sortes de violences une maladie ou incapacité de travail personnel pendant plus de vingt jours, sera puni d'un emprisonnement de deux à cinq ans, et d'une amende de seize francs à deux mille francs. — Il pourra, en outre, être privé des droits mentionnés en l'art. 42 du présent Code pendant cinq ans au moins et dix ans au plus, à compter du jour où il aura subi sa peine. — Quand les violences ci-dessus exprimées auront été suivies de mutilation, amputation ou

---

(1) ANCIEN ART. 305. Quiconque aura menacé, par écrit anonyme ou signé, d'assassinat, d'empoisonnement, ou de tout autre attentat contre les personnes qui serait punissable de la peine de mort, des travaux forcés à perpétuité, ou de la déportation, sera puni de la peine des travaux forcés à temps, dans le cas où la menace aurait été faite avec ordre de déposer une somme d'argent dans un lieu indiqué, ou de remplir toute autre condition.

(2) ANCIEN ART. 306. Si cette menace n'a été accompagnée d'aucun ordre ou condition, la peine sera d'un emprisonnement de deux ans au moins et de cinq ans au plus, et d'une amende de cent francs à six cents francs.

(3) ANCIEN ART. 307. Si la menace faite avec ordre ou sous condition a été verbale, le coupable sera puni d'un emprisonnement de six mois à deux ans, et d'une amende de vingt-cinq francs à trois cent francs.

(4) ANCIEN ART. 308. Dans les cas prévus par les deux précédents articles, le coupable pourra de plus être mis, par l'arrêt ou le jugement, sous la surveillance de la haute police, pour cinq ans au moins et dix ans au plus.

privation de l'usage d'un membre, cécité, perte d'un œil ou autres infirmités permanentes, le coupable sera puni de la réclusion. — Si les coups portés ou les blessures faites volontairement, mais sans intention de donner la mort, l'ont pourtant occasionnée, le coupable sera puni de la peine des travaux forcés à temps (1) [P. 7, 9, 15, **16**, 19, 21, 28, s., 36, 40, 42, 47].

310. (*L. 18 avr. 1863.*) Lorsqu'il y aura eu préméditation ou guet-apens, la peine sera, si la mort s'en est suivie, celle des travaux forcés à perpétuité ; si les violences ont été suivies de mutilation, amputation ou privation de l'usage d'un membre, cécité, perte d'un œil ou autres infirmités permanentes, la peine sera celle des travaux forcés à temps ; dans le cas prévu par le premier paragraphe de l'art. 309, la peine sera celle de la réclusion (2) [P. 7, 15, 16, 19, 21, 28, s., 36, 47, 297, 298].

311. (*L. 18 avr. 1863.*) Lorsque les blessures ou les coups, ou autres violences ou voies de fait, n'auront occasionné aucune maladie ou incapacité de travail personnel de l'espèce mentionnée en l'art. 309, le coupable sera puni d'un emprisonnement de six jours à deux ans, et d'une amende de seize francs à deux cents francs, ou de l'une de ces deux peines seulement. — S'il y a eu préméditation ou guet-apens, l'emprisonnement sera de deux ans à cinq ans, et l'amende de cinquante francs à cinq cents francs (3) [P. 9, 40, 52, 297, 298].

312. (*L. 18 avr. 1863.*) L'individu qui aura volontairement fait des blessures ou porté des coups à ses père ou mère légitimes, naturels ou adoptifs, ou autres ascendants légitimes, sera puni ainsi qu'il suit : — De la réclusion, si les blessures ou les coups n'ont occasionné aucune maladie ou incapacité de travail personnel de l'espèce mentionnée en l'art. 309 ; — Du maximum de la réclusion, s'il y a eu incapacité de travail pendant plus de vingt jours, ou préméditation, ou guet-apens ; — Des travaux forcés à temps, lorsque l'article auquel le cas se référera prononcera la peine de la réclusion ; — Des travaux

---

(1) Ancien art. 309 (*d'après le Code pénal de 1810*). Sera puni de la peine de réclusion, tout individu qui aura fait des blessures ou porté des coups, s'il est résulté de ces actes de violence une maladie ou incapacité de travail personnel pendant plus de quinze jours.

Ancien art. 309 (*d'après la loi du 28 avr. 1832*). Sera puni de la réclusion tout individu qui, volontairement, aura fait des blessures ou porté des coups, s'il est résulté de ces sortes de violences une maladie ou incapacité de travail personnel pendant plus de vingt jours. — Si les coups portés ou les blessures faites volontairement, mais sans intention de donner la mort, l'ont pourtant occasionnée, le coupable sera puni de la peine des travaux forcés à temps.

(2) Ancien art. 310 (*d'après le Code de 1810*). Si le crime mentionné au précédent article a été commis avec préméditation ou guet-apens, la peine sera celle des travaux forcés à temps.

Ancien art. 310 (*d'après la loi du 28 avr. 1832*). Lorsqu'il y aura eu préméditation ou guet-apens, la peine sera, si la mort s'en est suivie, celle des travaux forcés à perpétuité, et si la mort ne s'en est pas suivie, celle des travaux forcés à temps.

(3) Ancien art. 311 (*d'après le Code de 1810*). Lorsque les blessures ou les coups n'auront occasionné aucune maladie ni incapacité de travail personnel de l'espèce mentionnée en l'art. 309, le coupable sera puni d'un emprisonnement d'un mois à deux ans, et d'une amende de seize francs à deux cents francs. — S'il y a eu préméditation ou guet-apens, l'emprisonnement sera de deux ans à cinq ans et l'amende de cinquante francs à cinq cents francs.

Ancien art. 311 (*d'après la loi du 28 avr. 1832*). Lorsque les blessures ou les coups n'auront occasionné aucune maladie ou incapacité de travail personnel de l'espèce mentionnée en l'art. 309, le coupable sera puni d'un emprisonnement de six jours à deux ans, et d'une amende de seize francs à deux cents francs, ou de l'une de ces deux peines seulement. — S'il y a eu préméditation ou guet-apens, l'emprisonnement sera de deux ans à cinq ans et l'amende de cinquante francs à cinq cents francs.

forcés à perpétuité, si l'article prononce la peine des travaux forcés à temps (1) [P. 7, 15, 16, 19, 21, 23, 28, s., 36, 47, 297, 298, 311].

313. Les crimes et les délits prévus dans la présente section et dans la section précédente, s'ils sont commis en réunion séditieuse, avec rébellion ou pillage, sont imputables aux chefs, auteurs, instigateurs ou provocateurs de ces réunions, rébellions ou pillages, qui seront punis comme coupables de ces crimes ou de ces délits, et condamnés aux mêmes peines que ceux qui les auront personnellement commis [P. 96, 209, s., 314, s., 440, s.].

314. Tout individu qui aura fabriqué ou débité des stylets, tromblons, ou quelque espèce que ce soit d'armes prohibées par la loi ou par des règlements d'administration publique (2), sera puni d'un emprisonnement de six jours à six mois. — Celui qui sera porteur desdites armes sera puni d'une amende de seize francs à deux cents francs. — Dans l'un et l'autre cas, les armes seront confisquées. — Le tout sans préjudice de plus forte peine, s'il y échet, en cas de complicité de crime [P. 9, 11, 24, 40, 52, 59, s.].

315. Outre les peines correctionnelles mentionnées dans les articles précédents, les tribunaux pourront prononcer le renvoi sous la surveillance de la haute police depuis deux ans jusqu'à dix ans [P. 11, 44, s., 311, s.].

316. Toute personne coupable du crime de castration subira la peine des travaux forcés à perpétuité. — Si la mort en est résultée avant l'expiration des quarante jours qui auront suivi le crime, le coupable subira la peine de mort [P. 7, 12, 15, 16, 22, 36, 325].

317. (*L. 28 avr.* 1832.) Quiconque, par aliments, breuvages, médicaments, violences, ou par tout autre moyen, aura procuré l'avortement d'une femme enceinte, soit qu'elle y ait consenti ou non, sera puni de la réclusion. — La même peine sera prononcée contre la femme qui se sera procuré l'avortement à elle-même, ou qui aura consenti à faire usage des moyens à elle indiqués ou administrés à cet effet, si l'avortement s'en est suivi. — Les médecins, chirurgiens et autres officiers de santé, ainsi que les pharmaciens qui auront indiqué ou administré ces moyens, seront condamnés à la peine des travaux forcés à temps, dans le cas où l'avortement aurait eu lieu. — Celui qui aura occasionné à autrui une maladie ou incapacité de travail personnel, en lui administrant volontairement, de quelque manière que ce soit, des substances qui, sans être de nature à donner la mort, sont nuisibles à la santé, sera puni d'un emprisonnement d'un mois à cinq ans, et d'une amende de seize francs à cinq cents francs; il pourra de plus être renvoyé sous la surveillance de la haute police pendant deux ans au moins et dix ans au plus. — Si la maladie ou incapacité de travail personnel a duré plus de vingt jours, la peine sera celle de la réclusion. — Si le coupable a commis, soit le délit, soit le crime, spécifiés aux deux paragraphes ci-dessus, envers un de ses ascendants, tels qu'ils sont désignés en l'art. 312, il sera puni, au premier cas, de la réclusion, et au second cas, des travaux forcés à temps (3) [P. 7, 9 11, 15,

---

(1) ANCIEN ART. 342. Dans les cas prévus par les art. 309, 310 et 311, si le coupable a commis le crime envers ses père ou mère légitimes, naturels ou adoptifs, ou autres ascendants légitimes, il sera puni ainsi qu'il suit : — Si l'article auquel le cas se référera prononce l'emprisonnement et l'amende, le coupable subira la peine de la réclusion ; — Si l'article prononce la peine de la réclusion, il subira celle des travaux forcés à temps ; — Si l'article prononce la peine des travaux forcés à temps, il subira celle des travaux forcés à perpétuité.

(2) *V.* Déclar. du 23 mars 1728 ; Décret du 2 niv. an XIV ; Loi du 24 mai 1834 ; Ord. du 23 fév. 1837.

(3) ANCIEN ART. 317. Quiconque, par aliments, breuvages, médicaments, violences, ou par tout autre moyen, aura procuré l'avortement d'une femme enceinte, soit

16, 19, 28, s., 36, 47, 52, s.].

318. Quiconque aura vendu ou débité des boissons falsifiées, contenant des mixtions nuisibles à la santé, sera puni d'un emprisonnement de six jours à deux ans, et d'une amende de seize francs à cinq cents francs. — Seront saisies et confisquées les boissons falsifiées trouvées appartenir au vendeur ou débitant [P. 9, 11, 40, s., 52, s., 475 6°, 476, s.].

SECTION III.

Homicide, blessures et coups involontaires ; crimes et délits excusables, et cas où ils ne peuvent être excusés ; homicides, blessures et coups qui ne sont ni crimes ni délits.

§ 1ᵉʳ. — *Homicides, Blessures et Coups involontaires.*

319. Quiconque, par maladresse, imprudence, inattention, négligence ou inobservation des règlements, aura commis involontairement un homicide, ou en aura involontairement été la cause, sera puni d'un emprisonnement de trois mois à deux ans, et d'une amende de cinquante francs à six cents francs [P. 9, 40 s., 52, s., 320].

320. (*L.* 18 *avr.* 1863.) S'il n'est résulté du défaut d'adresse ou de précaution que des blessures ou coups, le coupable sera puni de six jours à deux mois d'emprisonnement, et d'une amende de seize francs à cent francs, ou de l'une de ces deux peines seulement (1) [P. 9, 40, 52].

§ 2. — *Crimes et délits excusables et cas où ils ne peuvent être excusés.*

321. Le meurtre ainsi que les blessures et les coups sont excusables, s'ils ont été provoqués par des coups ou violences graves envers les personnes [P. 309, 322, 326].

322. Les crimes et délits mentionnés au précédent article sont également excusables, s'ils ont été commis en repoussant pendant le jour l'escalade ou l'effraction des clôtures, murs ou entrée d'une maison ou d'un appartement habité ou de leurs dépendances. — Si le fait est arrivé pendant la nuit, ce cas est réglé par l'art. 329 [P. 326, 390, 393, s., 397].

323. Le parricide n'est jamais excusable [P. 13, 65, 86, 299, 302].

324. Le meurtre commis par l'époux sur l'épouse, ou par celle-ci sur son époux, n'est pas excusable, si la vie de l'époux ou de l'épouse qui a commis le meurtre n'a pas été mise en péril dans le moment même où le meurtre a eu lieu. — Néanmoins, dans le cas d'adultère prévu par l'art. 336, le meurtre commis par l'époux sur son épouse, ainsi que sur le complice, à l'instant où il les surprend en flagrant délit dans la maison conjugale, est excusable [P. 65, 295, 337, s.].

325. Le crime de castration, s'il a été immédiatement provoqué par un outrage violent à la pudeur, sera considéré comme meurtre ou blessures excusables [P. 316, 326].

326. Lorsque le fait d'excuse sera prouvé, — S'il s'agit d'un crime emportant la peine de mort, ou celle des travaux forcés à perpétuité, ou celle de la déportation, la peine sera réduite à un emprisonnement d'un an à cinq ans ; — S'il s'agit de tout autre crime, elle sera réduite à un emprisonnement de six mois à deux ans ; — Dans ces deux premiers cas, les coupables pourront de plus être mis, par l'arrêt ou le jugement, sous

---

qu'elle y ait consenti ou non, sera puni de la réclusion. — La même peine sera prononcée contre la femme qui se sera procuré l'avortement à elle-même, ou qui aura consenti à faire usage des moyens à elle indiqués ou administrés à cet effet, si l'avortement s'en est suivi. — Les médecins, chirurgiens et autres officiers de santé, ainsi que les pharmaciens qui auront indiqué ou

administré ces moyens, seront condamnés à la peine des travaux forcés à temps, dans le cas où l'avortement aurait eu lieu.

(1) Ancien art. 320. S'il n'est résulté du défaut d'adresse ou de précaution que des blessures ou coups, l'emprisonnement sera de six jours à deux mois, et l'amende sera de seize francs à cent francs.

la surveillance de la haute police pendant cinq ans au moins et dix ans au plus. — S'il s'agit d'un délit, la peine sera réduite à un emprisonnement de six jours à six mois [P. 9, 11, 40, s., 44, s.].

§ 3. — *Homicides, blessures et coups non qualifiés crimes et délits.*

327. Il n'y a ni crime ni délit, lorsque l'homicide, les blessures et les coups étaient ordonnés par la loi et commandés par l'autorité légitime [P. 64, 295, 309, 328, s.].

328. Il n'y a ni crime ni délit, lorsque l'homicide, les blessures et les coups étaient commandés par la nécessité actuelle de la légitime défense de soi-même ou d'autrui [P. 329].

329. Sont compris dans les cas de nécessité actuelle de défense les deux cas suivants : — 1° Si l'homicide a été commis, si les blessures ont été faites, ou si les coups ont été portés en repoussant pendant la nuit l'escalade ou l'effraction des clôtures, murs ou entrée d'une maison ou d'un appartement habité ou de leurs dépendances ; — 2° Si le fait a eu lieu en se défendant contre les auteurs de vols ou de pillages exécutés avec violence [P. 295, 309, 381 5°, 390, 393, 397, 440].

SECTION IV.

Attentats aux mœurs.

330. (*L.* 18 *avr.* 1863.) Toute personne qui aura commis un outrage public à la pudeur sera punie d'un emprisonnement de trois mois à deux ans, et d'une amende de seize francs à deux cents francs (1) [P. 9, 40, s., 52, s.].

331. (*L.* 18 *avr.* 1863.) Tout attentat à la pudeur consommé ou tenté sans violence sur la personne d'un enfant de l'un ou de l'autre sexe, âgé de moins de treize ans, sera puni de la réclusion. — Sera puni de la même peine l'attentat à la pudeur commis par tout ascendant sur la personne d'un mineur, même âgé de plus de treize ans, mais non émancipé par mariage (2) [P. 7, 21, 28, s., 36, 47, 337].

332. (*L.* 28 *avr.* 1832.) Quiconque aura commis le crime de viol sera puni des travaux forcés à temps. — Si le crime a été commis sur la personne d'un enfant au-dessous de l'âge de quinze ans accomplis, le coupable subira le maximum de la peine des travaux forcés à temps. — Quiconque aura commis un attentat à la pudeur, consommé ou tenté avec violence contre des individus de l'un ou de l'autre sexe, sera puni de la réclusion. — Si le crime a été commis sur la personne d'un enfant au-dessous de l'âge de quinze ans accomplis, le coupable subira la peine des travaux forcés à temps (3) [P. 7, 15, 16, 19, 21, 28, s., 36, 47].

333. (*L.* 18 *avr.* 1863.) Si les coupables sont les ascendants de la personne sur laquelle a été commis l'attentat, s'ils sont de la classe de ceux qui ont autorité sur elle, s'ils sont ses instituteurs ou ses serviteurs à gages, ou serviteurs à gages des personnes ci-dessus désignées, s'ils sont fonctionnaires ou ministres d'un culte, ou si le coupable, quel qu'il soit, a été aidé dans son crime par une ou plusieurs personnes, la peine sera celle des travaux forcés à temps, dans le cas prévu par le

---

(1) ANCIEN ART. 330. Toute personne qui aura commis un outrage public à la pudeur sera punie d'un emprisonnement de trois mois à un an, et d'une amende de seize francs à deux cents francs.

(2) ANCIEN ART. 331 (*d'après le Code de* 1810). Quiconque aura commis le crime de viol, ou sera coupable de tout autre attentat à la pudeur consommé ou tenté avec violence contre des individus de l'un ou de l'autre sexe, sera puni de la réclusion.

ANCIEN ART. 331 (*d'après la loi du* 28 *avr.* 1832). Tout attentat à la pudeur, consommé ou tenté sans violence sur la personne d'un enfant de l'un ou de l'autre sexe âgé de moins de onze ans, sera puni de la réclusion.

(3) ANCIEN ART. 332. Si le crime a été commis sur la personne d'un enfant au-dessous de l'âge de quinze ans accomplis, le coupable subira la peine des travaux forcés à temps.

4

paragraphe 1er de l'art. 331, et des travaux forcés à perpétuité, dans les cas prévus par l'article précédent (1) [P. 7].

334. Quiconque aura attenté aux mœurs, en excitant, favorisant ou facilitant habituellement la débauche ou la corruption de la jeunesse de l'un ou de l'autre sexe au-dessous de l'âge de vingt-un ans, sera puni d'un emprisonnement de six mois à deux ans, et d'une amende de cinquante francs à cinq cents francs.—Si la prostitution ou la corruption a été excitée, favorisée ou facilitée par leurs pères, mères, tuteurs ou autres personnes chargées de leur surveillance, la peine sera de deux ans à cinq ans d'emprisonnement, et de trois cents francs à mille francs d'amende [P. 9, 40, s., 52, s., 335].

335. Les coupables du délit mentionné au précédent article seront interdits de toute tutelle ou curatelle et de toute participation aux conseils de famille ; savoir, les individus auxquels s'applique le premier paragraphe de cet article, pendant deux ans au moins et cinq ans au plus, et ceux dont il est parlé au second paragraphe, pendant dix ans au moins et vingt ans au plus.—Si le délit a été commis par le père ou la mère, le coupable sera de plus privé des droits et avantages à lui accordés sur la personne et les biens de l'enfant par le Code Napoléon, livre Ier, titre IX, *de la Puissance paternelle.*—Dans tous les cas, les coupables pourront de plus être mis, par l'arrêt ou le jugement, sous la surveillance de la haute police, en observant, pour la durée de la surveillance, ce qui vient d'être établi pour la durée de l'interdiction mentionnée au présent article [P. 11, 42, 44, s.; C. N. 371, s., 384, s., 443, s.].

336. L'adultère de la femme ne pourra être dénoncé que par le mari ; cette faculté même cessera, s'il est dans le cas prévu par l'art. 339 [P. 324, 337, s.; C. N. 229, 306].

337. La femme convaincue d'adultère subira la peine de l'emprisonnement pendant trois mois au moins et deux ans au plus.—Le mari restera le maître d'arrêter l'effet de cette condamnation, en consentant à reprendre sa femme [P. 9, 40, s.; C. N. 308, 309].

338. Le complice de la femme adultère sera puni de l'emprisonnement pendant le même espace de temps, et, en outre, d'une amende de cent francs à deux mille francs.—Les seules preuves qui pourront être admises contre le prévenu de complicité seront, outre le flagrant délit, celles résultant de lettres ou autres pièces écrites par le prévenu [P. 9, 40, 52, 59, s.].

339. Le mari qui aura entretenu une concubine dans la maison conjugale, et qui aura été convaincu sur la plainte de la femme, sera puni d'une amende de cent francs à deux mille francs [P. 9, 52, s., 336, s.; C. N. 108, 230].

340. Quiconque étant engagé dans les liens du mariage en aura contracté un autre avant la dissolution du précédent sera puni de la peine des travaux forcés à temps.—

---

(1) ANCIEN ART. 333 (*d'après le Code de 1810*). La peine sera celle des travaux forcés à perpétuité, si les coupables sont de la classe de ceux qui ont autorité sur la personne envers laquelle ils ont commis l'attentat, s'ils sont ses instituteurs ou ses serviteurs à gages, ou s'ils sont fonctionnaires publics ou ministres d'un culte, ou si le coupable, quel qu'il soit, a été aidé dans son crime par une ou plusieurs personnes.

ANCIEN ART. 333 (*d'après la loi du 28 avr. 1832*). Si les coupables sont les ascendants de la personne sur laquelle a été commis l'attentat, s'ils sont de la classe de ceux qui ont autorité sur elle, s'ils sont ses instituteurs ou ses serviteurs à gages, ou serviteurs à gages des personnes ci-dessus désignées, s'ils sont fonctionnaires ou ministres d'un culte, ou si le coupable, quel qu'il soit, a été aidé dans son crime par une ou plusieurs personnes, la peine sera celle des travaux forcés à temps, dans le cas prévu par l'art. 331, et des travaux forcés à perpétuité, dans les cas prévus par l'article précédent.

L'officier public qui aura prêté son ministère à ce mariage, connaissant l'existence du précédent, sera condamné à la même peine [P. 7, 15, 19, 28, s., 36, 47 ; C. N. 139, 147, 188, 189].

SECTION V.

Arrestations illégales et séquestrations de personnes.

341. Seront punis de la peine des travaux forcés à temps ceux qui, sans ordre des autorités constituées et hors les cas où la loi ordonne de saisir des prévenus, auront arrêté, détenu ou séquestré des personnes quelconques. — Quiconque aura prêté un lieu pour exécuter la détention ou séquestration subira la même peine [P. 7, 15, 16, 19, 28, s., 34, 36, 47, 114, 342, s.; Const. 2].

342. Si la détention ou séquestration a duré plus d'un mois, la peine sera celle des travaux forcés à perpétuité [P. 7, 15, 16, 18, 36].

343. La peine sera réduite à l'emprisonnement de deux ans à cinq ans, si les coupables des délits mentionnés en l'art. 341, non encore poursuivis de fait, ont rendu la liberté à la personne arrêtée, séquestrée, ou détenue, avant le dixième jour accompli depuis celui de l'arrestation, détention ou séquestration. Ils pourront néanmoins être renvoyés sous la surveillance de la haute police, depuis cinq ans jusqu'à dix ans [P. 9, 11, 40, s., 44, s.].

344. (*L. 28 avr. 1832.*) Dans chacun des deux cas suivants : — 1° Si l'arrestation a été exécutée avec le faux costume, sous un faux nom, ou sur un faux ordre de l'autorité publique ; — 2° Si l'individu arrêté, détenu ou séquestré, a été menacé de la mort, — Les coupables seront punis des travaux forcés à perpétuité. — Mais la peine sera celle de la mort, si les personnes arrêtées, détenues ou séquestrées, ont été soumises à des tortures corporelles (1) [P. 7, 12, 15, 16, 36, 303].

SECTION VI.

Crimes et délits tendant à empêcher ou détruire la preuve de l'état civil d'un enfant, ou à compromettre son existence ; enlèvement de mineurs ; infraction aux lois sur les inhumations.

§ 1er. — *Crimes et délits envers l'enfant.*

345. (*L. 18 avr. 1863.*) Les coupables d'enlèvement, de recélé ou suppression d'un enfant, de substitution d'un enfant à un autre, ou de supposition d'un enfant à une femme qui ne sera pas accouchée, seront punis de la réclusion. — S'il n'est pas établi que l'enfant ait vécu, la peine sera d'un mois à cinq ans d'emprisonnement. — S'il est établi que l'enfant n'a pas vécu, la peine sera de six jours à deux mois d'emprisonnement. — Seront punis de la réclusion ceux qui, étant chargés d'un enfant, ne le représenteront point aux personnes qui ont le droit de le réclamer (2) [P. 7, 9, 21, 28, s., 36, 40, 47].

346. Toute personne qui, ayant assisté à un accouchement, n'aura pas fait la déclaration à elle prescrite par l'art. 56 du Code Napoléon, et dans les délais fixés par l'art. 55 du même Code, sera punie d'un emprisonnement de six jours à six mois, et d'une amende de seize francs à trois cents francs [P. 9, 40, s., 52, s., 347].

347. Toute personne qui, ayant trouvé un enfant nouveau-né, ne

---

(1) ANCIEN ART. 344. Dans chacun des trois cas suivants : — 1° Si l'arrestation a été exécutée avec le faux costume, sous un faux nom ou sur un faux ordre de l'autorité publique ; — 2° Si l'individu arrêté, détenu ou séquestré, a été menacé de la mort ; — 3° S'il a été soumis à des tortures corporelles, — Les coupables seront punis de mort.

(2) ANCIEN ART. 345. Les coupables d'enlèvement, de recélé ou de suppression d'un enfant, de substitution d'un enfant à un autre, ou de supposition d'un enfant à une femme qui ne sera pas accouchée, seront punis de la réclusion. — La même peine aura lieu contre ceux qui, étant chargés d'un enfant, ne le représenteront point aux personnes qui ont le droit de le réclamer.

l'aura pas remis à l'officier de l'état civil, ainsi qu'il est prescrit par l'art. 58 du Code Napoléon, sera punie des peines portées au précédent article. — La présente disposition n'est point applicable à celui qui aurait consenti à se charger de l'enfant, et qui aurait fait sa déclaration à cet égard devant la municipalité du lieu où l'enfant a été trouvé [P. 346].

348. Ceux qui auront porté à un hospice un enfant au-dessous de l'âge de sept ans accomplis, qui leur aurait été confié afin qu'ils en prissent soin ou pour toute autre cause, seront punis d'un emprisonnement de six semaines à six mois, et d'une amende de seize francs à cinquante francs. — Toutefois aucune peine ne sera prononcée, s'ils n'étaient pas tenus ou ne s'étaient pas obligés de pourvoir gratuitement à la nourriture et à l'entretien de l'enfant, et si personne n'y avait pourvu [P. 9, 40, 52, s., 345].

349. Ceux qui auront exposé et délaissé en un lieu solitaire un enfant au-dessous de l'âge de sept ans accomplis, ceux qui auront donné l'ordre de l'exposer ainsi, si cet ordre a été exécuté, seront, pour ce seul fait, condamnés à un emprisonnement de six mois à deux ans, et à une amende de seize francs à deux cents francs [P. 9, 40, s., 52, s., 351, s].

350. La peine portée au précédent article sera de deux ans à cinq ans, et l'amende de cinquante francs à quatre cents francs, contre les tuteurs ou tutrices, instituteurs ou institutrices de l'enfant exposé et délaissé par eux ou par leur ordre [P. 9, 40, s., 52, s., 351, s].

351. Si, par suite de l'exposition et du délaissement prévus par les art. 349 et 350, l'enfant est demeuré mutilé ou estropié, l'action sera considérée comme blessures volontaires à lui faites par la personne qui l'a exposé et délaissé; et si la mort s'en est suivie, l'action sera considérée comme meurtre : au premier cas, les coupables subiront la peine applicable aux blessures volontaires;

et au second cas, celle du meurtre [P. 295, 304, 309, s.].

352. Ceux qui auront exposé et délaissé en un lieu non solitaire un enfant au-dessous de l'âge de sept ans accompli seront punis d'un emprisonnement de trois mois à un an, et d'une amende de seize francs à cent francs [P. 9, 40, s., 52, s., 353].

353. Le délit prévu par le précédent article sera puni d'un emprisonnement de six mois à deux ans, et d'une amende de vingt-cinq francs à deux cents francs, s'il a été commis par les tuteurs ou tutrices, instituteurs ou institutrices de l'enfant [P. 9, 40, s., 52, s.].

§ 2. — *Enlèvement de mineurs.*

354. Quiconque aura, par fraude ou par violence, enlevé ou fait enlever des mineurs, ou les aura entraînés, détournés ou déplacés, ou les aura fait entraîner, détourner ou déplacer des lieux où ils étaient mis par ceux à l'autorité ou à la direction desquels ils étaient soumis ou confiés, subira la peine de la réclusion [P. 7, 21, 28, s., 36, 47, 355, s. ; C. N. 388].

355. Si la personne ainsi enlevée ou détournée est une fille au-dessous de seize ans accomplis, la peine sera celle des travaux forcés à temps [P. 7, 15, 19, 28, s., 36, 47].

356. Quand la fille au-dessous de seize ans aurait consenti à son enlèvement ou suivi volontairement le ravisseur, si celui-ci était majeur de vingt-un an ou au-dessus, il sera condamné aux travaux forcés à temps. — Si le ravisseur n'avait pas encore vingt-un ans, il sera puni d'un emprisonnement de deux à cinq ans [P. 7, 9, 15, 19, 28, s., 36, 40, 47, 70].

357. Dans le cas où le ravisseur aurait épousé la fille qu'il a enlevée, il ne pourra être poursuivi que sur la plainte des personnes qui, d'après le Code Napoléon, ont le droit de demander la nullité du mariage, ni condamné qu'après que la nullité du mariage aura été prononcée [C. N. 180, s., 340].

§ 3. — *Infraction aux lois sur les inhumations.*

358. Ceux qui, sans l'autorisation préalable de l'officier public, dans le cas où elle est prescrite, auront fait inhumer un individu décédé, seront punis de six jours à deux mois d'emprisonnement, et d'une amende de seize francs à cinquante francs ; sans préjudice de la poursuite des crimes dont les auteurs de ce délit pourraient être prévenus dans cette circonstance.—La même peine aura lieu contre ceux qui auront contrevenu, de quelque manière que ce soit, à la loi et aux règlements relatifs aux inhumations précipitées [P. 9, 40, s., 52, s.; C. N. 77, s.].

359. Quiconque aura recélé ou caché le cadavre d'une personne homicidée ou morte des suites de coups ou blessures, sera puni d'un emprisonnement de six mois à deux ans, et d'une amende de cinquante francs à quatre cents francs ; sans préjudice de peines plus graves, s'il a participé au crime [P. 9, 40, s., 52, s., 59, s., 62, s.].

360. Sera puni d'un emprisonnement de trois mois à un an, et de seize francs à deux cents francs d'amende, quiconque se sera rendu coupable de violation de tombeaux ou de sépultures ; sans préjudice des peines contre les crimes ou délits qui se seraient joints à celui-ci [P. 9, 40, s., 52, s.].

SECTION VII.

Faux témoignage, calomnie, injures, révélation de secrets.

§ 1er. — *Faux témoignage.*

361. (*L.* 18 *avr.* 1863.) Quiconque sera coupable de faux témoignage en matière criminelle, soit contre l'accusé, soit en sa faveur, sera puni de la peine de la réclusion. — Si néanmoins l'accusé a été condamné à une peine plus forte que celle de la réclusion, le faux témoin qui a déposé contre lui subira la même peine (1) [P. 7, 21, 28, s., 36, 47].

362. (*L.* 18 *avr.* 1863.) Quiconque sera coupable de faux témoignage en matière correctionnelle, soit contre le prévenu, soit en sa faveur, sera puni d'un emprisonnement de deux ans au moins et de cinq ans au plus, et d'une amende de cinquante francs à deux mille francs.—Si néanmoins le prévenu a été condamné à plus de cinq années d'emprisonnement, le faux témoin qui a déposé contre lui subira la même peine.—Quiconque sera coupable de faux témoignage en matière de police, soit contre le prévenu, soit en sa faveur, sera puni d'un emprisonnement d'un an au moins et de trois ans au plus, et d'une amende de seize francs à cinq cents francs. —Dans ces deux cas, les coupables pourront, en outre, être privés des droits mentionnés en l'art. 42 du présent Code, pendant cinq ans au moins et dix ans au plus, à compter du jour où ils auront subi leur peine, et être placés sous la surveillance de la haute police pendant le même nombre d'années (2) [P. 9, 11, 24, 40, 42, 44, 52, s., 364.].

363. (*L.* 18 *avr.* 1863.) Le coupable de faux témoignage, en matière civile, sera puni d'un emprisonnement de deux à cinq ans, et d'une amende de cinquante francs à deux mille francs. Il pourra l'être aussi

---

(1) Ancien art. 364. Quiconque sera coupable de faux témoignage en matière criminelle, soit contre l'accusé, soit en sa faveur, sera puni de la peine des travaux forcés à temps.—Si néanmoins l'accusé a été condamné à une peine plus forte que celle des travaux forcés à temps, le faux témoin qui a déposé contre lui subira la même peine.

(2) Ancien art. 362 (*d'après le Code de* 1810). Quiconque sera coupable de faux témoignage en matière correctionnelle ou de police, soit contre le prévenu, soit en sa faveur, sera puni de la réclusion.

Ancien art. 362 (*d'après la loi du* 28 *avr.* 1832). Quiconque sera coupable de faux témoignage en matière correctionnelle, soit contre le prévenu, soit en sa faveur, sera puni de la réclusion. — Quiconque sera coupable de faux témoignage en matière de police, soit contre le prévenu, soit en sa fades peines accessoires mentionnées dans l'article précédent (1) [P. 9, 11, 24, 40, 42, 44, 52, s.].

364. (*L. 18 avr. 1863.*) Le faux témoin, en matière criminelle, qui aura reçu de l'argent, une récompense quelconque ou des promesses, sera puni des travaux forcés à temps, sans préjudice de l'application du deuxième paragraphe de l'art. 361. — Le faux témoin, en matière correctionnelle ou civile, qui aura reçu de l'argent, une récompense quelconque ou des promesses, sera puni de la réclusion. — Le faux témoin, en matière de police, qui aura reçu de l'argent, une récompense quelconque ou des promesses, sera puni d'un emprisonnement de deux à cinq ans, et d'une amende de cinquante francs à deux mille francs. — Il pourra l'être aussi des peines accessoires mentionnées en l'art. 362. — Dans tous les cas, ce que le faux témoin aura reçu sera confisqué (2) [P. 7, 9, 11, 15, 16, 19, 21, 24, 28, s., 36, 40, 42, 44, 47, 52].

365. (*L. 28 avr. 1832.*) Le cou-

pable de subornation de témoins sera passible des mêmes peines que le faux témoin, selon les distinctions contenues dans les art. 361, 362, 363 et 364 (3).

366. (*L. 18 avr. 1863.*) Celui à qui le serment aura été déféré ou référé en matière civile, et qui aura fait un faux serment, sera puni d'un emprisonnement d'une année au moins et de cinq ans au plus, et d'une amende de cent francs à trois mille francs. — Il pourra, en outre, être privé des droits mentionnés en l'art. 42 du présent Code, pendant cinq ans au moins et dix ans au plus, à compter du jour où il aura subi sa peine, et être placé sous la surveillance de la haute police pendant le même nombre d'années (4) [P. 9, 11, 24, 40, 44, 52].

§ 2. — *Calomnies, injures, révélation de secrets.*

367-372. (*Abrogés par la loi du 17 mai 1819, modifiée elle-même par la loi du 25 mars 1822*) (5).

373. Quiconque aura fait par

---

veur, sera puni de la dégradation civique et de la peine de l'emprisonnement pour un an au moins et cinq ans au plus.

(1) ANCIEN ART. 363 (*d'après le Code de 1810*). Le coupable de faux témoignage en matière civile sera puni de la peine portée au précédent article.

ANCIEN ART. 363 (*d'après la loi du 28 avr. 1832*). Le coupable de faux témoignage en matière civile, sera puni de la peine de la réclusion.

(2) ANCIEN ART. 364 (*d'après le Code de 1810*). Le faux témoin en matière correctionnelle, de police ou civile, qui aura reçu de l'argent, une récompense quelconque ou des promesses, sera puni des travaux forcés à temps. — Dans tous les cas, ce que le faux témoin aura reçu sera confisqué.

ANCIEN ART. 364 (*d'après la loi du 28 avr. 1832*). Le faux témoin en matière correctionnelle ou civile, qui aura reçu de l'argent, une récompense quelconque, ou des promesses, sera puni des travaux forcés à temps. — Le faux témoin en matière de police, qui aura reçu de l'argent, une récompense quelconque ou des promesses, sera puni de la réclusion. — Dans tous les cas, ce que le faux témoin aura reçu sera confisqué.

(3) ANCIEN ART. 365. Le coupable de subornation de témoins sera condamné à la

peine des travaux forcés à temps, si le faux témoignage qui en a été l'objet emporte la peine de la réclusion; aux travaux forcés à perpétuité, lorsque le faux témoignage emportera la peine des travaux forcés à temps ou celle de la déportation, et à la peine de mort, lorsqu'il emportera celle des travaux forcés à perpétuité ou la peine capitale.

(4) ANCIEN ART. 366. Celui à qui le serment aura été déféré ou référé en matière civile, et qui aura fait un faux serment, sera puni de la dégradation civique.

(5) ANCIEN ART. 367. Sera coupable du délit de calomnie, celui qui, soit dans des lieux ou réunions publics, soit dans un acte authentique et public, soit dans un écrit imprimé ou non qui aura été affiché, vendu ou distribué, aura imputé à un individu quelconque des faits qui, s'ils existaient, exposeraient celui contre lequel ils sont articulés à des poursuites criminelles ou correctionnelles, ou même l'exposeraient seulement au mépris ou à la haine des citoyens. — La présente disposition n'est point applicable aux faits dont la loi autorise la publicité, et à ceux que l'auteur de l'imputation était, par la nature de ses fonctions ou de ses devoirs, obligé de révéler ou de réprimer.

368. Est réputée fausse toute imputation à l'appui de laquelle la preuve légale

écrit une dénonciation calomnieuse contre un ou plusieurs individus, aux officiers de justice ou de police administrative ou judiciaire, sera puni d'un emprisonnement d'un mois à un an, et d'une amende de cent francs à trois mille francs (P. 9, 40, s., 52 s.].

374, 375. (*Abrogés par la loi du 17 mai 1819, modifiée elle-même par la loi du 25 mars 1822*)(1).

376. Toutes autres injures ou expressions outrageantes qui n'auront pas eu ce double caractère de gravité et de publicité ne donneront lieu qu'à des peines de simple police [P. 1, 464 s., 471 11°].

377. (*Abrogé par la loi du 17 mai 1819, modifiée elle-même par la loi du 25 mars 1822*) (2).

378. Les médecins, chirurgiens et autres officiers de santé, ainsi que les pharmaciens, les sages-femmes et toutes autres personnes dépositaires, par état ou profession, des secrets qu'on leur confie, qui, hors le cas où la loi les oblige à se porter dénonciateurs, auront révélé ces secrets, seront punis d'un emprisonnement d'un mois à six mois, et d'une amende de cent francs à cinq cents francs [P. 9, 40, s., 52 s., 418].

CHAPITRE II.

CRIMES ET DÉLITS CONTRE LES PROPRIÉTÉS.

(Loi décrétée le 19 février 1810, promulguée le 1er mars suivant.)

SECTION PREMIÈRE.

Vols.

379. Quiconque a soustrait frauduleusement une chose qui ne lui appartient pas est coupable de vol

---

n'est point rapportée. En conséquence, l'auteur de l'imputation ne sera pas admis, pour sa défense, à demander que la preuve en soit faite; il ne pourra pas non plus alléguer, comme moyen d'excuse que les pièces ou les faits sont notoires, ou que les imputations qui donnent lieu à la poursuite sont copiées ou extraites de papiers étrangers ou d'autres écrits imprimés.

369. Les calomnies mises au jour par la voie de papiers étrangers pourront être poursuivies contre ceux qui auront envoyé les articles ou donné l'ordre de les insérer, ou contribué à l'introduction ou à la distribution de ces papiers en France.

370. Lorsque le fait imputé sera légalement prouvé vrai, l'auteur de l'imputation sera à l'abri de toute peine. — Ne sera considérée comme preuve légale que celle qui résultera d'un jugement ou de tout autre acte authentique.

371. Lorsque la preuve légale ne sera pas rapportée, le calomniateur sera puni des peines suivantes: — Si le fait imputé est de nature à mériter la peine de mort, les travaux forcés à perpétuité ou la déportation, le coupable sera puni d'un emprisonnement de deux à cinq ans, et d'une amende de deux cents francs à cinq mille francs. — Dans tous les autres cas, l'emprisonnement sera d'un mois à six mois, et l'amende de cinquante francs à deux mille francs.

372. Lorsque les faits imputés seront punissables suivant la loi, et que l'auteur de l'imputation les aura dénoncés, il sera, durant l'instruction sur ces faits, sursis à la poursuite et au jugement du délit de calomnie.

(1) ANCIEN ART. 374. Dans tous les cas, le calomniateur sera, à compter du jour où il aura subi sa peine, interdit, pendant cinq ans au moins et dix au plus, des droits mentionnés en l'article 42 du présent Code.

375. Quant aux injures ou aux expressions outrageantes qui ne renfermeraient l'imputation d'aucun fait précis, mais celle d'un vice déterminé, si elles ont été proférées dans des lieux ou réunions publics, ou insérées dans des écrits imprimés ou non, qui auraient été répandus et distribués, la peine sera une amende de seize francs à cinq cents francs.

(2) ANCIEN ART. 377. A l'égard des imputations et des injures qui seraient contenues dans les écrits relatifs à la défense des parties, ou dans les plaidoyers, les juges saisis de la contestation pourront, en jugeant la cause, ou prononcer la suppression des injures ou des écrits injurieux, ou faire des injonctions aux auteurs du délit, ou les suspendre de leurs fonctions, et statuer sur les dommages-intérêts. — La durée de cette suspension ne pourra excéder six mois: en cas de récidive, elle sera d'un an au moins et de cinq ans au plus. — Si les injures ou écrits injurieux portent le caractère de calomnie grave, et que les juges saisis de la contestation ne puissent connaître du délit, ils ne pourront prononcer contre les prévenus qu'une suspension provisoire de leurs fonctions, et les renverront, pour le jugement du délit, devant les juges compétents.

[P. 253, 329, 380, s.; C. N. 1293, 1302, 2279, 2280 ; Pr. 905 ; Co. 612.]

380. Les soustractions commises par des maris au préjudice de leurs femmes, par des femmes au préjudice de leurs maris, par un veuf ou une veuve quant aux choses qui avaient appartenu à l'époux décédé, par des enfants ou autres descendants au préjudice de leurs pères ou mères ou autres ascendants, par des pères et mères ou autres ascendants au préjudice de leurs enfants ou autres descendants, ou par des alliés aux mêmes degrés, ne pourront donner lieu qu'à des réparations civiles. — A l'égard de tous autres individus qui auraient recélé ou appliqué à leur profit tout ou partie des objets volés, ils seront punis comme coupables de vol [P. 59, s., 62, s., 381, s.; C. N. 735, s., 792, 801, 1149, 1382, 1460, 1477].

381. (*L. 28 avr.* 1832.) Seront punis des travaux forcés à perpétuité les individus coupables de vols commis avec la réunion des cinq circonstances suivantes : — 1° Si le vol a été commis la nuit ; — 2° S'il a été commis par deux ou plusieurs personnes ; — 3° Si les coupables ou l'un d'eux étaient porteurs d'armes apparentes ou cachées ; — 4° S'ils ont commis le crime, soit à l'aide d'effraction extérieure ou d'escalade, ou de fausses clefs, dans une maison, appartement, chambre ou logement habités ou servant à l'habitation, ou leurs dépendances, soit en prenant le titre d'un fonctionnaire public ou d'un officier civil ou militaire, ou après s'être revêtus de l'uniforme ou du costume du fonctionnaire ou de l'officier, ou en alléguant un faux ordre de l'autorité civile ou militaire ; — 5° S'ils ont commis le crime avec violence ou menace de faire usage de leurs armes (1) [P. 7, 15, 16, 36, 101, 258, 259, 305, s., 382, s., 390, 393, 398].

382. (*L.* 18 *avr.* 1863.) Sera puni de la peine des travaux forcés à temps tout individu coupable de vol commis à l'aide de violence. Si la violence à l'aide de laquelle le vol a été commis a laissé des traces de blessures ou de contusions, cette circonstance suffira pour que la peine des travaux forcés à perpétuité soit prononcée (2) [P. 7, 15, 16, 19, 28, s., 36, 47, 70, s.].

383. (*L.* 28 *avr.* 1832.) Les vols commis sur des chemins publics emporteront la peine des travaux forcés à perpétuité, lorsqu'ils auront été commis avec deux des circonstances prévues dans l'art. 381. — Ils emporteront la peine des travaux forcés à temps, lorsqu'ils auront été commis avec une seule de ces circonstances. — Dans les autres cas, la peine sera celle de la réclusion (3) [P. 7, 15, 16, 21, 28, s., 36, 47, 70, s.].

384. Sera puni de la peine des travaux forcés à temps tout individu coupable de vol commis à l'aide d'un des moyens énoncés dans le n° 4 de l'art. 381, même quoique l'effraction, l'escalade et l'usage des

---

(1) ANCIEN ART. 381. Seront punis de la peine de mort les individus coupables de vols commis avec la réunion des cinq circonstances suivantes: (*le reste comme le texte actuel*).

(2) ANCIEN ART. 382 (*d'après le Code de* 1810). Sera puni de la peine des travaux forcés à perpétuité tout individu coupable de vol commis à l'aide de violence, et, de plus, avec deux des quatre premières circonstances prévues par le précédent article. — Si même la violence à l'aide de laquelle le vol a été commis a laissé des traces de blessures ou de contusions, cette circonstance seule suffira pour que la peine des travaux forcés à perpétuité soit prononcée.

ANCIEN ART. 382 (*d'après la loi du* 28 *avr.* 1832). Sera puni de la peine des travaux forcés à temps tout individu coupable de vol commis à l'aide de violence, et, de plus, avec deux des quatre premières circonstances prévues par le précédent article. — Si même la violence à l'aide de laquelle le vol a été commis a laissé des traces de blessures ou de contusions, cette circonstance seule suffira pour que la peine des travaux forcés à perpétuité soit prononcée.

(3) ANCIEN ART. 383. Les vols commis dans les chemins publics emporteront également la peine des travaux forcés à perpétuité.

fausses clefs, aient eu lieu dans des édifices, parcs ou enclos non servant à l'habitation et non dépendant des maisons habitées, et lors même que l'effraction n'aurait été qu'intérieure [P. 7, 15, 16, 19, 28, s., 36, 47, 70, s., 391, 398.]

385. (*L.* 18 *avr.* 1863.) Sera également puni de la peine des travaux forcés à temps tout individu coupable de vol commis avec deux des trois circonstances suivantes : — 1° Si le vol a été commis la nuit ; — 2° s'il a été commis dans une maison habitée, ou dans un des édifices consacrés aux cultes légalement établis en France ; — 3° S'il a été commis par deux ou plusieurs personnes ; — Et si, en outre, le coupable ou l'un des coupables était porteur d'armes apparentes ou cachées (1) [P. 7, 15, 16, 19, 28, s., 36, 47, 70, 101].

386. (*L.* 28 *avr.* 1832.) Sera puni de la peine de la réclusion tout individu coupable de vol commis dans l'un des cas ci-après : — 1° Si le vol a été commis la nuit, et par deux ou plusieurs personnes, ou s'il a été commis avec une de ces deux circonstances seulement, mais en même temps dans un lieu habité ou servant à l'habitation, ou dans les édifices consacrés aux cultes légalement établis en France ; — 2° Si le coupable ou l'un des coupables était porteur d'armes apparentes ou cachées, même quoique le lieu où le vol a été commis ne fût ni habité ni servant à l'habitation, et encore quoique le

vol ait été commis le jour et par une seule personne ; — 3° Si le voleur est un domestique ou un homme de service à gages, même lorsqu'il aura commis le vol envers des personnes qu'il ne servait pas, mais qui se trouvaient, soit dans la maison de son maître, soit dans celle où il l'accompagnait ; ou si c'est un ouvrier, compagnon ou apprenti dans la maison, l'atelier ou le magasin de son maître ; ou un individu travaillant habituellement dans l'habitation où il aura volé ; — 4° Si le vol a été commis par un aubergiste, un hôtelier, un voiturier, un batelier, ou un de leurs préposés, lorsqu'ils auront volé tout ou partie des choses qui leur étaient confiées à ce titre (2) [P. 7, 21, 28, s., 36, 47, 387].

387. (*L.* 18 *avr.* 1863.) Les voituriers, bateliers ou leurs préposés qui auront altéré ou tenté d'altérer des vins ou toute autre espèce de liquides ou marchandises dont le transport leur avait été confié, et qui auront commis ou tenté de commettre cette altération par le mélange de substances malfaisantes, seront punis d'un emprisonnement de deux à cinq ans, et d'une amende de vingt-cinq francs à cinq cents francs. — Ils pourront, en outre, être privés des droits mentionnés en l'art. 42 du présent Code, pendant cinq ans au moins et dix ans au plus ; ils pourront aussi être mis, par l'arrêt ou le jugement, sous la surveillance de la haute police pendant le même nombre d'années. — S'il

---

(1) Ancien art. 385. Sera également puni de la peine des travaux forcés à temps tout individu coupable de vol commis, soit avec violence, lorsqu'elle n'aura laissé aucune trace de blessure ou de contusion et qu'elle ne sera accompagnée d'aucune autre circonstance, soit sans violence, mais avec la réunion des trois circonstances suivantes : — 1° Si le vol a été commis la nuit ; — 2° S'il a été commis par deux ou plusieurs personnes ; — 3° Si le coupable, ou l'un des coupables, était porteur d'armes apparentes ou cachées.

(2) Ancien art. 386. Sera puni de la peine de la réclusion tout individu coupa-

ble de vol commis dans l'un des cas ci-après : — 1° Si le vol a été commis la nuit, et par deux ou plusieurs personnes, ou s'il a été commis avec une de ces deux circonstances seulement, mais en même temps dans un lieu habité ou servant à l'habitation — (*Les n°s 2 et 3 comme le texte actuel*) ; — 4° Si le vol a été commis par un aubergiste, un hôtelier, un voiturier, un batelier ou un de leurs préposés, lorsqu'ils auront volé tout ou partie des choses qui leur étaient confiées à ce titre ; ou enfin si le coupable a commis le vol dans l'auberge ou l'hôtellerie dans laquelle il était reçu.

n'y a pas eu mélange de substances malfaisantes, la peine sera un emprisonnement d'un mois à un an, et une amende de seize francs à cent francs (1) [P. 9, 11, 24, 40, 42, 44, 52, s.].

388. (*L.* 28 *avr.* 1832.) Quiconque aura volé ou tenté de voler dans les champs des chevaux ou bêtes de charge, de voiture ou de monture, gros et menus bestiaux, ou des instruments d'agriculture, sera puni d'un emprisonnement d'un an au moins et de cinq ans au plus, et d'une amende de seize francs à cinq cents francs. — Il en sera de même à l'égard des vols de bois dans les ventes, et de pierres dans les carrières, ainsi qu'à l'égard du vol de poisson dans un étang, vivier ou réservoir. — Quiconque aura volé ou tenté de voler dans les champs des récoltes ou autres productions utiles de la terre, déjà détachées du sol, ou des meules de grains faisant partie de récoltes, sera puni d'un emprisonnement de quinze jours à deux ans, et d'une amende de seize francs à deux cents francs. — Si le vol a été commis, soit la nuit, soit par plusieurs personnes, soit à l'aide de voitures ou d'animaux de charge, l'emprisonnement sera d'un an à cinq ans, et l'amende de seize francs à cinq cents francs. — Lorsque le vol ou la tentative de vol de récoltes ou autres productions utiles de la terre, qui, avant d'être soustraites, n'étaient pas encore détachées du sol, aura eu lieu, soit avec des paniers ou des sacs ou autres objets équivalents, soit la nuit, soit à l'aide de voitures ou d'animaux de charge, soit par plusieurs personnes, la peine sera d'un emprisonnement de quinze jours à deux ans, et d'une amende de seize francs à deux cents francs. — Dans tous les cas spécifiés au présent article, les coupables pourront, indépendamment de la peine principale, être interdits de tout ou partie des droits mentionnées en l'art. 42, pendant cinq ans au moins et dix ans au plus, à compter du jour où ils auront subi leur peine. Ils pourront aussi être mis, par l'arrêt ou le jugement, sous la surveillance de la haute police pendant le même nombre d'années (2) [P. 9, 11, 40, s., 44, s., 52, s.].

389. (*L.* 18 *avr.* 1863.) Tout individu qui, pour commettre un vol, aura enlevé ou tenté d'enlever des bornes servant de séparation aux propriétés, sera puni d'un emprisonnement de deux ans à cinq ans, et d'une amende de seize francs à cinq cents francs. — Le coupable pourra, en outre, être privé des droits mentionnés en l'art. 42, pendant cinq ans au moins et dix ans au plus, à compter du jour où il aura subi sa peine, et être mis, par l'arrêt ou le jugement, sous la surveillance de la haute police pendant le même nombre d'années (3) [P. 9, 11, 24, 40, 42, 44, 52, s.].

390. Est réputé *maison habitée*

---

(1) ANCIEN ART. 387. Les voituriers bateliers ou leurs préposés, qui auront altéré des vins ou toute autre espèce de liquides ou de marchandises dont le transport leur avait été confié, et qui auront commis cette altération par le mélange de substances malfaisantes, seront punis de la peine portée au précédent article. — S'il n'y a pas eu mélange de substances malfaisantes, la peine sera un emprisonnement d'un mois à un an, et une amende de seize francs à cent francs.

(2) ANCIEN ART. 388. Quiconque aura volé, dans les champs, des chevaux ou bêtes de charge, de voiture ou de monture, gros et menus bestiaux, des instruments d'agriculture, des récoltes ou meules de grains faisant partie de récoltes, sera puni de la réclusion. — Il en sera de même à l'égard des vols de bois dans les ventes et de pierres dans les carrières, ainsi qu'à l'égard du vol de poisson en étang, vivier ou réservoir.

(3) ANCIEN ART. 389 (*d'après le Code de* 1810). La même peine aura lieu, si, pour commettre un vol, il y a eu enlèvement ou déplacement de bornes servant de séparation aux propriétés.

ANCIEN ART. 389 (*d'après la loi du* 28 *avr.* 1832). Sera puni de la réclusion celui qui, pour commettre un vol, aura enlevé ou déplacé des bornes servant de séparation aux propriétés.

tout bâtiment, logement, loge, cabane, même mobile, qui, sans être actuellement habité, est destiné à l'habitation, et tout ce qui en dépend, comme cours, basses-cours, granges, écuries, édifices qui y sont enfermés, quel qu'en soit l'usage, et quand même ils auraient une clôture particulière dans la clôture ou enceinte générale [P. 381, 382, 386, 392].

391. Est réputé *parc* ou *enclos* tout terrain environné de fossés, de pieux, de claies, de planches, de haies vives ou sèches, ou de murs de quelque espèce de matériaux que ce soit, quelles que soient la hauteur, la profondeur, la vétusté, la dégradation de ces diverses clôtures, quand il n'y aurait pas de porte fermant à clef ou autrement, ou quand la porte serait à claire-voie et ouverte habituellement [P. 384, 392, 451].

392. Les parcs mobiles destinés à contenir du bétail dans la campagne, de quelque matière qu'ils soient faits, sont aussi réputés enclos; et lorsqu'ils tiennent aux cabanes mobiles ou autres abris destinés aux gardiens, ils sont réputés dépendant de maison habitée [P. 390, s., 451].

393. Est qualifié *effraction* tout forcement, rupture, dégradation, démolition, enlèvement de murs, toits, planchers, portes, fenêtres, serrures, cadenas, ou autres ustensiles ou instruments servant à fermer ou à empêcher le passage, et de toute espèce de clôture, quelle qu'elle soit [P. 322, 329, 381, 384, 394, s.].

394. Les effractions sont extérieures ou intérieures [P. 395, s.].

395. Les effractions extérieures sont celles à l'aide desquelles on peut s'introduire dans les maisons, cours, basses-cours, enclos ou dépendances, ou dans les appartements ou logements particuliers.

396. Les effractions intérieures sont celles qui, après l'introduction dans les lieux mentionnés en l'article précédent, sont faites aux portes ou clôtures du dedans, ainsi qu'aux armoires ou autres meubles fermés. — Est compris dans la classe des effractions intérieures le simple enlèvement des caisses, boîtes, ballots sous toile et corde, et autres meubles fermés, qui contiennent des effets quelconques, bien que l'effraction n'ait pas été faite sur le lieu.

397. Est qualifiée *escalade* toute entrée dans les maisons, bâtiments, cours, basses-cours, édifices quelconques, jardins, parcs et enclos, exécutée par-dessus les murs, portes, toitures ou toute autre clôture. — L'entrée par une ouverture souterraine, autre que celle qui a été établie pour servir d'entrée, est une circonstance de même gravité que l'escalade [P. 322, 329, 381, 384].

398. Sont qualifiés *fausses clefs* tous crochets, rossignols, passe-partout, clefs imitées, contrefaites, altérées, ou qui n'ont pas été destinées par le propriétaire, locataire, aubergiste ou logeur, aux serrures, cadenas, ou aux fermetures quelconques auxquelles le coupable les aura employées [P. 381, 384, 399].

399. (*L.* 18 *avr.* 1863.) Quiconque aura contrefait ou altéré des clefs sera condamné à un emprisonnement de trois mois à deux ans, et à une amende de vingt-cinq francs à cent cinquante francs. — Si le coupable est un serrurier de profession, il sera puni d'un emprisonnement de deux ans à cinq ans, et d'une amende de cinquante francs à cinq cents francs. — Il pourra, en outre, être privé de tout ou partie des droits mentionnés en l'art. 42 pendant cinq ans au moins et dix ans au plus, à compter du jour où il aura subi sa peine; il pourra aussi être mis, par l'arrêt ou le jugement, sous la surveillance de la haute police pendant le même nombre d'années. — Le tout sans préjudice de plus fortes peines, s'il y échet, en cas de complicité de crime (1) [P. 9, 11, 24, 40, 42, 44, 52, s., 59, s.].

______

(1) Ancien art. 399. Quiconque aura contrefait ou altéré des clefs sera condamné à un emprisonnement de trois mois à deux ans, et à une amende de vingt-

400. (*L.* 18 *avr.* 1863.) Quiconque aura extorqué par force, violence ou contrainte, la signature ou la remise d'un écrit, d'un acte, d'un titre, d'une pièce quelconque contenant ou opérant obligation, disposition ou décharge, sera puni de la peine des travaux forcés à temps. — Quiconque, à l'aide de la menace écrite ou verbale, de révélations ou d'imputations diffamatoires, aura extorqué ou tenté d'extorquer, soit la remise de fonds ou valeurs, soit la signature ou remise des écrits énumérés ci-dessus, sera puni d'un emprisonnement d'un an à cinq ans, et d'une amende de cinquante francs à trois mille francs. — Le saisi qui aura détruit, détourné ou tenté de détruire ou de détourner des objets saisis sur lui et confiés à sa garde, sera puni des peines portées en l'art. 406. — Il sera puni des peines portées en l'art. 401, si la garde des objets saisis et qu'il aura détruits ou détournés ou tenté de détruire ou de détourner avait été confiée à un tiers. — Les peines de l'art. 401 seront également applicables à tout débiteur, emprunteur ou tiers donneur de gage qui aura détruit, détourné ou tenté de détruire ou de détourner des objets par lui donnés à titre de gage. — Celui qui aura recélé sciemment les objets détournés, le conjoint, les ascendants et descendants du saisi, du débiteur, de l'emprunteur ou tiers donneur de gage, qui l'auront aidé dans la destruction, le détournement ou dans la tentative de destruction ou de détournement de ces objets, seront punis d'une peine égale à celle qu'il aura encourue (1).

401. Les autres vols non spécifiés dans la présente section, les larcins et filouteries, ainsi que les tentatives de ces mêmes délits, seront punis d'un emprisonnement d'un an au moins et de cinq ans au plus, et pourront même l'être d'une amende qui sera de seize francs au moins et de cinq cents francs au plus. — Les coupables pourront encore être interdits des droits mentionnés en l'art. 42 du présent Code, pendant cinq ans au moins et dix ans au plus, à compter du jour où ils auront subi leur peine. — Ils pourront aussi être mis, par l'arrêt ou le jugement, sous la surveillance de la haute police pendant le même nombre d'années [P. 3, 9, 11, 40, s., 44, s., 52].

SECTION II.

Banqueroutes, escroqueries et autres espèces de fraude.

§ 1er. — *Banqueroute et escroquerie.*

402. Ceux qui, dans les cas prévus par le Code de commerce, seront déclarés coupables de banqueroute, seront punis ainsi qu'il suit : — Les banqueroutiers frauduleux seront punis de la peine des travaux forcés à temps. — Les banqueroutiers simples seront punis d'un emprisonnement d'un mois au moins et de deux

---

cinq francs à cent cinquante francs. — Si le coupable est un serrurier de profession, il sera puni de la réclusion. — Le tout sans préjudice de plus fortes peines, s'il y échet, en cas de complicité de crime.

(1) Ancien art. 400 (*d'après le Code de* 1810). Quiconque aura extorqué par force, violence ou contrainte, la signature ou la remise d'un écrit, d'un acte, d'un titre, d'une pièce quelconque contenant ou opérant obligation, disposition ou décharge, sera puni de la peine des travaux forcés à temps.

Ancien art. 400 (*d'après la loi du* 28 *avr.* 1832). Quiconque aura extorqué par force, violence ou contrainte, la signature ou la remise d'un écrit, d'un acte, d'un titre, d'une pièce quelconque contenant ou opérant obligation, disposition ou décharge, sera puni de la peine des travaux forcés à temps. — Le saisi qui aura détruit, détourné ou tenté de détourner des objets saisis sur lui et confiés à sa garde, sera puni des peines portées en l'art. 406. — Il sera puni des peines portées en l'art. 401, si la garde des objets saisis et par lui détruits ou détournés avait été confiée à un tiers. — Celui qui aura recélé sciemment les objets détournés, le conjoint, les ascendants et descendants du saisi, qui l'auront aidé dans la destruction ou le détournement de ces objets, seront punis d'une peine égale à celle qu'il aura encourue.

ans au plus [P. 7, 9, 15, 16, 19, 28, s., 36, 40, 47, 70, 403. — Co. 584, s., 591].

403. Ceux qui, conformément au Code de commerce, seront déclarés complices de banqueroute frauduleuse, seront punis de la même peine que les banqueroutiers frauduleux [P. 59, s., 402.—Co. 593, s.].

404. Les agents de change et courtiers qui auront fait faillite seront punis de la peine des travaux forcés à temps; s'ils sont convaincus de banqueroute frauduleuse, la peine sera celle des travaux forcés à perpétuité [P. 7, 15, 16, 19, 28, s., 36, 47, 70, s. — Co. 74, s., 89].

405. (*L. 18 avr.* 1863.) Quiconque, soit en faisant usage de faux noms ou de fausses qualités, soit en employant des manœuvres frauduleuses pour persuader l'existence de fausses entreprises, d'un pouvoir ou d'un crédit imaginaire, ou pour faire naître l'espérance ou la crainte d'un succès, d'un accident ou de tout autre événement chimérique, se sera fait remettre ou délivrer, ou aura tenté de se faire remettre ou délivrer des fonds, des meubles ou des obligations, dispositions, billets, promesses, quittances ou décharges, et aura, par un de ces moyens, escroqué, ou tenté d'escroquer la totalité ou partie de la fortune d'autrui, sera puni d'un emprisonnement d'un an au moins et de cinq ans au plus, et d'une amende de cinquante francs au moins et de trois mille francs au plus. — Le coupable pourra être, en outre, à compter du jour où il aura subi sa peine, interdit, pendant cinq ans au

moins et dix ans au plus, des droits mentionnés en l'article 42 du présent Code : le tout sauf les peines plus graves, s'il y a eu crime de faux (1) [P. 9, 24, 40, 42, 52, s.].

§ 2. — *Abus de confiance.*

406. Quiconque aura abusé des besoins, des faiblesses ou des passions d'un mineur, pour lui faire souscrire, à son préjudice, des obligations, quittances ou décharges, pour prêt d'argent ou de choses mobilières, ou d'effets de commerce, ou de tous autres effets obligatoires, sous quelque forme que cette négociation ait été faite ou déguisée, sera puni d'un emprisonnement de deux mois au moins, de deux ans au plus, et d'une amende qui ne pourra excéder le quart des restitutions et des dommages-intérêts qui seront dus aux parties lésées, ni être moindre de vingt-cinq francs. — La disposition portée au second paragraphe du précédent article pourra de plus être appliquée [P. 9, 40, s., 42, 52, s., 405].

407. Quiconque, abusant d'un blanc-seing qui lui aura été confié, aura frauduleusement écrit au-dessus une obligation ou décharge, ou tout autre acte pouvant compromettre la personne ou la fortune du signataire, sera puni des peines portées en l'art. 405. — Dans le cas où le blanc-seing ne lui aurait pas été confié, il sera poursuivi comme faussaire et puni comme tel [P. 145, 151].

408. (*L. 18 avr.* 1863.) Quiconque aura détourné ou dissipé, au préjudice des propriétaires, possesseurs ou détenteurs, des effets, deniers,

---

(1) Ancien art. 405. Quiconque, soit en faisant usage de faux noms ou de fausses qualités, soit en employant des manœuvres frauduleuses pour persuader l'existence de fausses entreprises, d'un pouvoir ou d'un crédit imaginaire, ou pour faire naître l'espérance ou la crainte d'un succès, d'un accident ou de tout autre événement chimérique, se sera fait remettre ou délivrer des fonds, des meubles ou des obligations, dispositions, billets, promesses, quittances ou décharges, et aura par un de ces moyens escroqué ou tenté d'escroquer la totalité ou partie de la fortune d'autrui, sera puni d'un emprisonnement d'un an au moins et de cinq ans au plus, et d'une amende de cinquante francs au moins et de trois mille francs au plus. — Le coupable pourra être, en outre, à compter du jour où il aura subi sa peine, interdit, pendant cinq ans au moins et dix ans au plus, des droits mentionnés en l'art. 42 du présent Code : le tout sauf les peines plus graves, s'il y a crime de faux.

marchandises, billets, quittances ou tous autres écrits contenant ou opérant obligation ou décharge, qui ne lui auraient été remis qu'à titre de louage, de dépôt, de mandat, de nantissement, de prêt à usage, ou pour un travail salarié ou non salarié, à la charge de les rendre ou représenter, ou d'en faire un usage ou un emploi déterminé, sera puni des peines portées en l'art. 406. — Si l'abus de confiance prévu et puni par le précédent paragraphe a été commis par un officier public ou ministériel, ou par un domestique, homme de service à gages, élève, clerc, commis, ouvrier, compagnon ou apprenti, au préjudice de son maître, la peine sera celle de la réclusion. — Le tout sans préjudice de ce qui est dit aux art. 254, 255 et 256, relativement aux soustractions et enlèvements de deniers, effets ou pièces, commis dans les dépôts publics (1) [P. 7, 9, 21, 28, s., 36, 40, 42, 47, 52; s.].

409. Quiconque, après avoir produit, dans une contestation judiciaire, quelque titre, pièce ou mémoire, l'aura soustrait de quelque manière que ce soit, sera puni d'une amende de vingt-cinq francs à trois cents francs. — Cette peine sera prononcée par le tribunal saisi de la contestation [P. 9, 52, s.].

410. Ceux qui auront tenu une maison de jeu de hasard, et y auront admis le public, soit librement, soit sur la présentation des intéressés ou affiliés, les banquiers de cette maison, tous ceux qui auront établi ou tenu des loteries non autorisées par la loi (2), tous administrateurs, préposés ou agents de ces établissements, seront punis d'un emprisonnement de deux mois au moins et de six mois au plus, et d'une amende de cent francs à six mille francs. — Les coupables pourront être de plus, à compter du jour où ils auront subi leur peine, interdits, pendant cinq ans au moins et dix au plus, des droits mentionnés en l'art. 42 du présent Code. — Dans tous les cas, seront confisqués tous les fonds ou effets qui seront trouvés exposés au jeu ou mis à la loterie, les meubles, instruments, ustensiles, appareils employés ou destinés au service des jeux ou des loteries, les meubles et les effets mobiliers dont les lieux seront garnis ou décorés [P. 9, 11, 40, s., 52, s., 475, 5°, 477].

411. Ceux qui auront établi ou tenu des maisons de prêt sur gages ou nantissement, sans autorisation légale, ou qui, ayant une autorisa-

---

(1) **Ancien art.** 408 (*d'après le Code de* 1810). Quiconque aura détourné ou dissipé, au préjudice des propriétaires, possesseurs ou détenteurs, des effets, deniers, marchandises, billets, quittances ou tous autres écrits contenant ou opérant obligation ou décharge, qui ne lui auraient été remis qu'à titre de dépôt ou pour un travail salarié, à la charge de les rendre ou représenter, ou d'en faire un usage ou un emploi déterminé, sera puni des peines portées en l'art. 406. — Le tout sans préjudice de ce qui est dit aux art. 254, 255 et 256, relativement aux soustractions et enlèvements dé deniers, effets ou pièces, commis dans les dépôts publics.

Ancien art. 408 (*d'après la loi du 28 avr.* 1832). Quiconque aura détourné ou dissipé, au préjudice des propriétaires, possesseurs ou détenteurs, des effets, deniers, marchandises, billets, quittances ou tous autres écrits contenant ou opérant obligation ou décharge, qui ne lui auraient été remis qu'à titre de louage, de dépôt, de mandat, ou pour un travail salarié ou non salarié, à la charge de les rendre ou représenter, ou d'en faire un usage ou un emploi déterminé, sera puni des peines portées en l'art. 406. — Si l'abus de confiance prévu par le précédent paragraphe a été commis par un domestique, homme de service à gages, élève, clerc, commis, ouvrier, compagnon ou apprenti, au préjudice de son maître, la peine sera celle de la réclusion. — Le tout sans préjudice de ce qui est dit aux art. 254, 255 et 256, relativement aux soustractions et enlèvements de deniers, effets ou pièces, commis dans les dépôts publics.

(2) *V.* la loi du 21 mai 1836 et l'ord. du 29 mai 1844.

tion, n'auront pas tenu un registre conforme aux règlements, contenant de suite, sans aucun blanc ni interligne, les sommes ou les objets prêtés, les noms, domicile et profession des emprunteurs, la nature, la qualité, la valeur des objets mis en nantissement, seront punis d'un emprisonnement de quinze jours au moins, de trois mois au plus, et d'une amende de cent francs à deux mille francs [P. 9, 40, s., 52, s.; C. N. 2084].

§ 4. — *Entraves apportées à la liberté des enchères.*

412. Ceux qui, dans les adjudications de la propriété, de l'usufruit ou de la location des choses mobilières ou immobilières, d'une entreprise, d'une fourniture, d'une exploitation ou d'un service quelconque, auront entravé ou troublé la liberté des enchères ou des soumissions, par voies de fait, violences ou menaces, soit avant, soit pendant les enchères ou les soumissions, seront punis d'un emprisonnement de quinze jours au moins, de trois mois au plus, et d'une amende de cent francs au moins et de cinq mille francs au plus. — La même peine aura lieu contre ceux qui, par dons ou promesses, auront écarté les enchérisseurs [P. 9, 40, s., 52, s., 59, 60].

§ 5. — *Violation des règlements relatifs aux manufactures, au commerce et aux arts.*

413. Toute violation des règlements d'administration publique, relatifs aux produits des manufactures françaises qui s'exporteront à l'étranger, et qui ont pour objet de garantir la bonne qualité, les dimensions et la nature de la fabrication, sera punie d'une amende de deux cents francs au moins, de trois mille

francs au plus, et de la confiscation des marchandises. Ces deux peines pourront être prononcées cumulativement ou séparément, selon les circonstances [P. 9, 11, 52, s.].

414. (*L.* 27 *nov.* 1849.) Sera punie d'un emprisonnement de six jours à trois mois et d'une amende de seize francs à trois mille francs; — 1° Toute coalition entre ceux qui font travailler des ouvriers, tendant à forcer l'abaissement des salaires, s'il y a eu tentative ou commencement d'exécution ; — 2° Toute coalition de la part des ouvriers pour faire cesser en même temps de travailler, interdire le travail dans un atelier, empêcher de s'y rendre avant ou après certaines heures, et, en général, pour suspendre, empêcher, enchérir les travaux, s'il y a eu tentative ou commencement d'exécution. — Dans les cas prévus par les deux paragraphes précédents, les chefs ou moteurs seront punis d'un emprisonnement de deux à cinq ans (1) [P. 9, 40, s., 52, s., 416].

415. (*L.* 27 *nov.* 1849.) Seront aussi punis des peines portées dans l'article précédent, et d'après les mêmes distinctions, les directeurs d'ateliers ou entrepreneurs d'ouvrages et les ouvriers qui, de concert, auront prononcé des amendes autres que celles qui ont pour objet la discipline intérieure de l'atelier, des défenses, des interdictions, ou toutes proscriptions sous le nom de damnations ou sous quelque qualification que ce puisse être, soit de la part des directeurs d'ateliers ou entrepreneurs contre les ouvriers, soit de la part de ceux-ci contre les directeurs d'ateliers ou entrepreneurs, soit les uns contre les autres (2) [P. 9, 40, s., 52, s., 416].

416. (*L.* 27 *nov.* 1849.) Dans les

---

(1) ANCIEN ART. 414. Toute coalition entre ceux qui font travailler des ouvriers, tendant à forcer injustement et abusivement l'abaissement des salaires, suivie d'une tentative ou d'un commencement d'exécution, sera punie d'un emprisonnement de six jours à un mois, et d'une amende de deux cents francs à trois mille francs.

(2) ANCIEN ART. 415. Toute coalition de la part des ouvriers pour faire cesser en même temps de travailler, interdire le travail dans un atelier, empêcher de s'y rendre et d'y rester avant ou après de certaines heures, et en général pour suspendre, empêcher, enchérir les travaux, s'il y a eu tentative ou commencement d'exécution, sera punie

cas prévus par les deux articles précédents, les chefs ou moteurs pourront, après l'expiration de leur peine, être mis sous la surveillance de la haute police pendant deux ans au moins et cinq ans au plus [P.44.] (1).

417. Quiconque, dans la vue de nuire à l'industrie française, aura fait passer en pays étranger des directeurs, commis ou des ouvriers d'un établissement, sera puni d'un emprisonnement de six mois à deux ans, et d'une amende de cinquante francs à trois cents francs [P. 9, 40, s., 52, s.].

418. (*L. 18 avr.* 1863.) Tout directeur, commis, ouvrier de fabrique, qui aura communiqué ou tenté de communiquer à des étrangers ou à des Français résidant en pays étrangers des secrets de la fabrique où il est employé, sera puni d'un emprisonnement de deux ans à cinq ans, et d'une amende de cinq cents francs à vingt mille francs. — Il pourra, en outre, être privé des droits mentionnés en l'art. 42 du présent Code, pendant cinq ans au moins et dix ans au plus, à compter du jour où il aura subi sa peine. Il pourra aussi être mis sous la surveillance de la haute police pendant le même nombre d'années. — Si ces secrets ont été communiqués à des Français résidant en France, la peine sera d'un emprisonnement de trois mois à deux ans, et d'une amende de seize francs à deux cents francs. — Le maximum de la peine prononcée

par les paragraphes 1ᵉʳ et 3 du présent article sera nécessairement appliqué, s'il s'agit de secrets de fabriques d'armes et munitions de guerre appartenant à l'Etat (2) [P. 9, 40, s., 44, s., 52, s].

419. Tous ceux qui, par des faits faux ou calomnieux semés à dessein dans le public, par des sur-offres faites au prix que demandaient les vendeurs eux-mêmes, par réunion ou coalition entre les principaux détenteurs d'une même marchandise ou denrée, tendant à ne la pas vendre ou à ne la vendre qu'à un certain prix, ou qui, par des voies ou moyens frauduleux quelconques, auront opéré la hausse ou la baisse du prix des denrées ou marchandises ou des papiers et effets publics au-dessus ou au-dessous des prix qu'aurait déterminés la concurrence naturelle et libre du commerce, seront punis d'un emprisonnement d'un mois au moins, d'un an au plus, et d'une amende de cinq cents francs à dix mille francs. Les coupables pourront de plus être mis, par l'arrêt ou le jugement, sous la surveillance de la haute police pendant deux ans au moins et cinq ans au plus [P. 9, 11, 40, s., 44, s., 52, s., 420, s.].

420. La peine sera d'un emprisonnement de deux mois au moins et de deux ans au plus, et d'une amende de mille francs à vingt mille francs, si ces manœuvres ont été pratiquées sur grains, grenailles, farines, substances farineuses, pain, vin ou toute

---

(1) Ancien art. 446. d'un emprisonnement d'un mois au moins et de trois mois au plus. — Les chefs ou moteurs seront punis d'un emprisonnement de deux à cinq ans.

(1) Ancien art. 446. Seront aussi punis de la peine portée par l'article précédent, et d'après les mêmes distinctions, les ouvriers qui auront prononcé des amendes, des défenses, des interdictions, ou toutes proscriptions sous le nom de *damnations* et sous quelque qualification que ce puisse être, soit contre les directeurs d'ateliers et entrepreneurs d'ouvrages, soit les uns contre les autres. — Dans le cas du présent article et dans celui du précédent, les chefs ou moteurs du délit pourront, après l'expi-

ration de leur peine, être mis sous la surveillance de la haute police pendant deux ans au moins et cinq ans au plus.

(2) Ancien art. 418. Tout directeur, commis, ouvrier de fabrique, qui aura communiqué à des étrangers ou à des Français résidant en pays étrangers des secrets de la fabrique où il est employé, sera puni de la réclusion, et d'une amende de cinq cents francs à vingt mille francs. — Si ces secrets ont été communiqués à des Français résidant en France, la peine sera d'un emprisonnement de trois mois à deux ans, et d'une amende de seize francs à deux cents francs.

autre boisson. — La mise en surveillance qui pourra être prononcée sera de cinq ans au moins et de dix ans au plus [P. 9, 11, 40, s., 44, s., 52, s.].

421. Les paris qui auront été faits sur la hausse ou la baisse des effets publics seront punis des peines portées par l'art. 419 [P. 422].

422. Sera réputée pari de ce genre toute convention de vendre ou de livrer des effets publics qui ne seront pas prouvés par le vendeur avoir existé à sa disposition au temps de la convention, ou avoir dû s'y trouver au temps de la livraison [P. 421].

423. (*L. 18 avr. 1863.*) Quiconque aura trompé l'acheteur sur le titre des matières d'or ou d'argent, sur la qualité d'une pierre fausse vendue pour fine, sur la nature de toutes marchandises; quiconque, par usage de faux poids ou de fausses mesures, aura trompé sur la quantité des choses vendues, sera puni de l'emprisonnement pendant trois mois au moins, un an au plus, et d'une amende qui ne pourra excéder le quart des restitutions et dommages-intérêts, ni être au-dessous de cinquante francs. — Les objets du délit, ou leur valeur, s'ils appartiennent encore au vendeur, seront confisqués; les faux poids et les fausses mesures seront aussi confisqués, et de plus seront brisés. — Le tribunal pourra ordonner l'affiche du jugement dans les lieux qu'il désignera, et son insertion intégrale ou par extrait dans tous les journaux qu'il désignera, le tout aux frais du condamné (1) P. 9, 11, 24, 40, 52, s., 424, 479 5°, 480 2°, 481 1°].

424. Si le vendeur et l'acheteur se sont servis, dans leurs marchés, d'autres poids ou d'autres mesures que ceux qui ont été établis par les lois de l'État, l'acheteur sera privé de toute action contre le vendeur qui l'aura trompé par l'usage de poids ou de mesures prohibés; sans préjudice de l'action publique pour la punition tant de cette fraude que de l'emploi même des poids et des mesures prohibés. — La peine, en cas de fraude, sera celle portée par l'article précédent. — La peine pour l'emploi des mesures et poids prohibés sera déterminée par le livre IV du présent Code, contenant les peines de simple police [P. 479 5°, 480 2°, 481 1°].

425. Toute édition d'écrits, de composition musicale, de dessin, de peinture ou de toute autre production, imprimée ou gravée en entier ou en partie, au mépris des lois et règlements relatifs à la propriété des auteurs, est une contrefaçon; et toute contrefaçon est un délit [P. 1, 426, s., 429].

426. Le débit d'ouvrages contrefaits, l'introduction sur le territoire français d'ouvrages qui, après avoir été imprimés en France, ont été contrefaits chez l'étranger, sont un délit de la même espèce [P. 425, 427, 429].

427. La peine contre le contrefacteur ou contre l'introducteur sera une amende de cent francs au moins et de deux mille francs au plus; et contre le débitant, une amende de vingt-cinq francs au moins et de cinq cents francs au plus. — La confiscation de l'édition contrefaite sera prononcée tant contre le contrefacteur que contre l'introducteur et le débitant. — Les planches, moules ou matrices des objets contrefaits seront aussi confisqués [P. 9, 11, 52, s., 429].

428. Tout directeur, tout entrepreneur de spectacle, toute association d'artistes, qui aura fait représenter sur son théâtre des ouvrages dramatiques au mépris des lois et règlements relatifs à la propriété des auteurs, sera puni d'une amende de cinquante francs au moins, de cinq

---

(1) ANCIEN ART... (Conforme à l'article actuel, sauf le dernier paragraphe, qui ne se trouvait pas dans l'ancien article). — *V. infrà*, nos Explicat. sur l'art. 423. —

V. aussi la loi du 27 mars 1851, relative à certaines fraudes dans la vente des marchandises.

cents francs au plus, et de la confiscation des recettes [P. 9, 11, 52, s., 429].

429. Dans les cas prévus par les quatre articles précédents, le produit des confiscations, ou les recettes confisquées, seront remis au propriétaire, pour l'indemniser d'autant du préjudice qu'il aura souffert ; le surplus de son indemnité, ou l'entière indemnité, s'il n'y a eu ni vente d'objets confisqués, ni saisie de recettes, sera réglé par les voies ordinaires.

§ 6. — *Délits des fournisseurs.*

430. Tous individus chargés, comme membres de compagnie ou individuellement, de fournitures, d'entreprises ou régies pour le compte des armées de terre et de mer, qui, sans y avoir été contraints par une force majeure, auront fait manquer le service dont ils sont chargés, seront punis de la peine de la réclusion, et d'une amende qui ne pourra excéder le quart des dommages-intérêts, ni être au-dessous de cinq cents francs ; le tout sans préjudice de peines plus fortes en cas d'intelligence avec l'ennemi [P. 7, 11, 21, 28, s., 36, 47, 52, s., 77, s., 431, s.].

431. Lorsque la cessation du service proviendra du fait des agents des fournisseurs, les agents seront condamnés aux peines portées par le précédent article. — Les fournisseurs et leurs agents seront également condamnés, lorsque les uns et les autres auront participé au crime [P. 59, s., 530].

432. Si des fonctionnaires publics ou des agents préposés ou salariés du gouvernement, ont aidé les coupables à faire manquer le service, ils seront punis de la peine des travaux forcés à temps ; sans préjudice de peines plus fortes en cas d'intelligence avec l'ennemi [P. 7, 15, 16, 19, 28 s., 36, 47, 77, s.].

433. Quoique le service n'ait pas manqué, si, par négligence, les livraisons et les travaux ont été retardés, ou s'il y a eu fraude sur la nature, la qualité ou la quantité des travaux ou main-d'œuvre ou des choses fournies, les coupables seront punis d'un emprisonnement de six mois au moins et de cinq ans au plus, et d'une amende qui ne pourra excéder le quart des dommages-intérêts, ni être moindre de cent francs. — Dans les divers cas prévus par les articles composant le présent paragraphe, la poursuite ne pourra être faite que sur la dénonciation du gouvernement [P. 9, 24, 40, 52, s.].

SECTION III.

Destructions, dégradations, dommages.

434. (*L.* 18 *avr.* 1863.) Quiconque aura volontairement mis le feu à des édifices, navires, bateaux, magasins, chantiers, quand ils sont habités ou servent à l'habitation, et généralement aux lieux habités ou servant à l'habitation, qu'ils appartiennent ou n'appartiennent pas à l'auteur du crime, sera puni de mort. — Sera puni de la même peine quiconque aura volontairement mis le feu, soit à des voitures ou wagons contenant des personnes, soit à des voitures ou wagons ne contenant pas des personnes, mais faisant partie d'un convoi qui en contient. — Quiconque aura volontairement mis le feu à des édifices, navires, bateaux, magasins, chantiers, lorsqu'ils ne sont ni habités ni servant à l'habitation, ou à des forêts, bois taillis ou récoltes sur pied, lorsque ces objets ne lui appartiennent pas, sera puni de la peine des travaux forcés à perpétuité. — Celui qui, en mettant ou en faisant mettre le feu à l'un des objets énumérés dans le paragraphe précédent et à lui-même appartenant, aura volontairement causé un préjudice quelconque à autrui, sera puni des travaux forcés à temps ; sera puni de la même peine celui qui aura mis le feu sur l'ordre du propriétaire. — Quiconque aura volontairement mis le feu, soit à des pailles ou récoltes en tas ou en meules, soit à des bois disposés en tas ou en stères, soit à des voitures ou wagons chargés ou non chargés de marchandises, ou autres objets mobiliers, et ne faisant point partie d'un convoi contenant des personnes, si ces objets ne lui appartiennent pas, sera puni des travaux forcés à temps. — Celui qui, en mettant ou faisant mettre le feu à l'un des objets énumérés dans le paragraphe précédent et à lui-même appartenant, aura volontairement causé un préjudice quelconque à autrui, sera puni de la réclusion; sera puni de la même peine celui qui aura mis le feu sur l'ordre du propriétaire. — Celui qui aura communiqué l'incendie à l'un des objets énumérés dans les précédents paragraphes, en mettant volontairement le feu à des objets quelconques appartenant soit à lui, soit à autrui, et placés de manière à communiquer ledit incendie, sera puni de la même peine que s'il avait directement mis le feu à l'un desdits objets. — Dans tous les cas, si l'incendie a occasionné la mort d'une ou de plusieurs personnes se trouvant dans les lieux incendiés au moment où il a éclaté, la peine sera la mort (1) [P. 7, 12, 15, 16, 19, 21, 28, s., 36, 47, 70].

435. (*L. 28 avr.* 1832.) La peine sera la même, d'après les distinctions faites en l'article précédent, contre ceux qui auront détruit, par l'effet d'une mine, des édifices, navires, bateaux, magasins ou chantiers (2) [P. 95, 434].

436. La menace d'incendier une habitation ou toute autre propriété sera punie de la peine portée contre la menace d'assassinat, et d'après les distinctions établies par les art. 305, 306 et 307.

437. (*L. 18 avr.* 1863.) Quiconque, volontairement, aura détruit ou renversé par quelque moyen que ce soit, en tout ou en partie, des édifices, des ponts, digues ou chaussées ou autres constructions qu'il savait appartenir à autrui, ou causé l'explosion d'une machine à vapeur, sera puni de la réclusion; et d'une

---

(1) ANCIEN ART. 434 (*d'après le Code de* 1810). Quiconque aura volontairement mis le feu à des édifices, navires, bateaux, magasins, chantiers, forêts, bois taillis ou récoltes, soit sur pied, soit abattus, soit aussi que les bois soient en tas ou en cordes, et les récoltes en tas ou en meules, ou à des matières combustibles placées de manière à communiquer le feu à ces choses ou à l'une d'elles, sera puni de la peine de mort.

ANCIEN ART. 434 (*d'après la loi du* 28 *avr.* 1832). Quiconque aura volontairement mis le feu à des édifices, navires, bateaux, magasins, chantiers, quand ils sont habités ou servent à l'habitation, et généralement aux lieux habités ou servant à l'habitation, qu'ils appartiennent ou n'appartiennent pas à l'auteur du crime, sera puni de mort. — Sera puni de la même peine quiconque aura volontairement mis le feu à tout édifice servant à des réunions de citoyens. — Quiconque aura volontairement mis le feu à des édifices, navires, bateaux, magasins, chantiers, lorsqu'ils ne sont ni habités, ni servant à habitation, ou à des forêts, bois taillis ou récoltes sur pied, lorsque ces objets ne lui appartiennent pas, sera puni de la peine des travaux forcés à perpétuité. — Celui qui, en mettant le feu à l'un des objets énumérés dans

le paragraphe précédent et à lui-même appartenant, aura volontairement causé un préjudice quelconque à autrui, sera puni des travaux forcés à temps. — Quiconque aura volontairement mis le feu à des bois ou récoltes abattus, soit que les bois soient en tas ou en cordes, et les récoltes en tas ou en meules, si ces objets ne lui appartiennent pas, sera puni des travaux forcés à temps. — Celui qui, en mettant le feu à l'un des objets énumérés dans le paragraphe précédent et à lui-même appartenant, aura volontairement causé un préjudice quelconque à autrui, sera puni de la réclusion. — Celui qui aura communiqué l'incendie à l'un des objets énumérés dans les précédents paragraphes, en mettant volontairement le feu à des objets quelconques, appartenant soit à lui, soit à autrui, et placés de manière à communiquer ledit incendie, sera puni de la même peine que s'il avait directement mis le feu à l'un desdits objets. — Dans tous les cas, si l'incendie a occasionné la mort d'une ou plusieurs personnes, se trouvant dans les lieux incendiés au moment où il a éclaté, la peine sera la mort.

(2) ANCIEN ART. 435. La peine sera la même contre ceux qui auront détruit, par l'effet d'une mine, des édifices, navires ou bateaux.

amende qui ne pourra excéder le quart des restitutions et indemnités ni être au-dessous de cent francs.— S'il y a eu homicide ou blessures, le coupable sera, dans le premier cas, puni de mort, et, dans le second, puni de la peine des travaux forcés à temps (1) [P. 7, 12, 15, 16, 19, 21, 28, s., 36, 47, 70].

438. Quiconque, par des voies de fait, se sera opposé à la confection des travaux autorisés par le gouvernement, sera puni d'un emprisonnement de trois mois à deux ans, et d'une amende qui ne pourra excéder le quart des dommages-intérêts ni être au-dessous de seize francs. — Les moteurs subiront le maximum de la même peine [P. 9, 24, 40, s., 52, s.].

439. Quiconque aura volontairement brûlé ou détruit, d'une manière quelconque, des registres, minutes ou actes originaires de l'autorité publique, des titres, billets, lettres de change, effets de commerce ou de banque, contenant ou opérant obligation, disposition ou décharge, sera puni ainsi qu'il suit :—Si les pièces détruites sont des actes de l'autorité publique, ou des effets de commerce ou de banque, la peine sera la réclusion.—S'il s'agit de toute autre pièce, le coupable sera puni d'un emprisonnement de deux à cinq ans, et d'une amende de cent francs à trois cents francs [P. 7, 9, 21, 28, s., 36, 40, s., 47, 52, s.; I. cr. 179].

440. Tout pillage, tout dégât de denrées ou marchandises, effets, propriétés mobilières, commis en réunion ou bande et à force ouverte, sera puni des travaux forcés à temps; chacun des coupables sera de plus condamné à une amende de deux cents francs à cinq mille francs [P. 7, 15, 16, 19, 28, s., 36, 47, 52, s., 70, s., 441, s.].

441. Néanmoins ceux qui prouveront avoir été entraînés par des provocations ou sollicitations à prendre part à ces violences, pourront n'être punis que de la peine de la réclusion [P. 7, 21, 28, s., 36, 47].

442. Si les denrées pillées ou détruites sont des grains, grenailles ou farines, substances farineuses, pain, vin ou autre boisson, la peine que subiront les chefs, instigateurs ou provocateurs seulement, sera le maximum des travaux forcés à temps, et celui de l'amende prononcée par l'art. 440 [P. 7. 15, 16, 19, 28, s., 36, 47, 52, s., 70, s.].

443. (*L.* 18 *avr.* 1863.) Quiconque, à l'aide d'une liqueur corrosive ou par tout autre moyen, aura volontairement détérioré des marchandises, matières ou instruments quelconques servant à la fabrication, sera puni d'un emprisonnement d'un mois à deux ans, et d'une amende qui ne pourra excéder le quart des dommages-intérêts ni être moindre de seize francs.—Si le délit a été commis par un ouvrier de la fabrique ou par un commis de la maison de commerce, l'emprisonnement sera de deux à cinq ans, sans préjudice de l'amende, ainsi qu'il vient d'être dit (2) [P. 9, 24, 40, 52, s.].

444. Quiconque aura dévasté des récoltes sur pied ou des plants ve-

---

(1) ANCIEN ART. 437. Quiconque aura volontairement détruit ou renversé, par quelque moyen que ce soit, en tout ou en partie, des édifices, des ponts, digues ou chaussées, ou autres constructions qu'il savait appartenir à autrui, sera puni de la réclusion, et d'une amende qui ne pourra excéder le quart des restitutions et indemnités, ni être au-dessous de cent francs.— S'il y a eu homicide ou blessures, le coupable sera, dans le premier cas, puni de mort, et, dans le second, puni de la peine des travaux forcés à temps.

(2) ANCIEN ART. 443. Quiconque, à l'aide d'une liqueur corrosive ou par tout autre moyen, aura volontairement gâté des marchandises ou matières servant à la fabrication, sera puni d'un emprisonnement d'un mois à deux ans, et d'une amende qui ne pourra excéder le quart des dommages-intérêts, ni être moindre de seize francs. — Si le délit a été commis par un ouvrier de la fabrique ou par un commis de la maison de commerce, l'emprisonnement sera de deux à cinq ans, sans préjudice de l'amende, ainsi qu'il vient d'être dit.

nus naturellement ou faits de main d'homme, sera puni d'un emprisonnement de deux ans au moins, de cinq ans au plus. — Les coupables pourront de plus être mis, par l'arrêt ou le jugement, sous la surveillance de la haute police pendant cinq ans au moins et dix ans au plus [P. 9, 11, 24, 40, s., 44, s., 455, 462].

445. Quiconque aura abattu un ou plusieurs arbres qu'il savait appartenir à autrui, sera puni d'un emprisonnement qui ne sera pas au-dessous de six jours ni au-dessus de six mois, à raison de chaque arbre, sans que la totalité puisse excéder cinq ans [P. 9, 24, 40, s., 52, s., 448, 455].

446. Les peines seront les mêmes à raison de chaque arbre mutilé, coupé ou écorcé de manière à le faire périr [P. 448, 450, 455].

447. S'il y a eu destruction d'une ou de plusieurs greffes, l'emprisonnement sera de six jours à deux mois, à raison de chaque greffe, sans que la totalité puisse excéder deux ans [P. 9, 24, 40, s., 52, s., 448, 455].

448. Le minimum de la peine sera de vingt jours dans les cas prévus par les art. 445 et 446, et de dix jours dans le cas prévu par l'art. 447, si les arbres étaient plantés sur les places, routes, chemins, rues ou voies publiques ou vicinales ou de traverse [P. 9, 24, 40, s., 52, s., 455].

449. Quiconque aura coupé des grains ou des fourrages qu'il savait appartenir à autrui, sera puni d'un emprisonnement qui ne sera pas au-dessous de six jours ni au-dessus de deux mois [P. 9, 24, 40, s., 52, s., 450, 455].

450. L'emprisonnement sera de vingt jours au moins et de quatre mois au plus, s'il a été coupé du grain en vert.—Dans les cas prévus par le présent article et les six précédents, si le fait a été commis en haine d'un fonctionnaire public et à raison de ses fonctions, le coupable sera puni du maximum de la peine établie par l'article auquel le cas se référera. — Il en sera de même,

quoique cette circonstance n'existe point, si le fait a été commis pendant la nuit [P. 9, 24, 40, s., 52, s., 455, 462].

451. Toute rupture, toute destruction d'instruments d'agriculture, de parcs de bestiaux, de cabanes de gardiens, sera punie d'un emprisonnement d'un mois au moins, d'un an au plus [P. 9, 24, 40, s., 52, s., 455].

452. Quiconque aura empoisonné des chevaux ou autres bêtes de voiture, de monture ou de charge, des bestiaux à cornes, des moutons, chèvres ou porcs, ou des poissons dans des étangs, viviers ou réservoirs, sera puni d'un emprisonnement d'un an à cinq ans, et d'une amende de seize francs à trois cents francs. Les coupables pourront être mis, par l'arrêt ou le jugement, sous la surveillance de la haute police pendant deux ans au moins et cinq ans au plus [P. 9, 11, 24, 40, s., 44, s., 52, s., 455].

453. Ceux qui, sans nécessité, auront tué l'un des animaux mentionnés au précédent article, seront punis ainsi qu'il suit : — Si le délit a été commis dans les bâtiments, enclos et dépendances, ou sur les terres dont le maître de l'animal tué était propriétaire, locataire, colon ou fermier, la peine sera un emprisonnement de deux mois à six mois ; — S'il a été commis dans les lieux dont le coupable était propriétaire, locataire, colon ou fermier, l'emprisonnement sera de six jours à un mois;—S'il a été commis dans tout autre lieu, l'emprisonnement sera de quinze jours à six semaines. — Le maximum de la peine sera toujours prononcé en cas de violation de clôture [P. 9, 24, 40, s., 52, s., 455].

454. Quiconque aura, sans nécessité, tué un animal domestique dans un lieu dont celui à qui cet animal appartient est propriétaire, locataire, colon ou fermier, sera puni d'un emprisonnement de six jours au moins et de six mois au plus.—S'il y a eu violation de clôture, le maximum de la peine sera prononcé [P. 9, 24, 40, s., 52, s., 455].

455. Dans les cas prévus par les art. 444 et suivants jusqu'au précédent article inclusivement, il sera prononcé une amende qui ne pourra excéder le quart des restitutions et dommages-intérêts, ni être au-dessous de seize francs. [P. 9, 52, s.].

456. Quiconque aura, en tout ou en partie, comblé des fossés, détruit des clôtures, de quelques matériaux qu'elles soient faites, coupé ou arraché des haies vives ou sèches; quiconque aura déplacé ou supprimé des bornes ou pieds corniers ou autres arbres plantés ou reconnus pour établir les limites entre différents héritages, sera puni d'un emprisonnement qui ne pourra être au-dessous d'un mois ni excéder une année, et d'une amende égale au quart des restitutions et des dommages-intérêts, qui, dans aucun cas, ne pourra être au-dessous de cinquante francs [P. 9, 24, 40, s., 52, s., 462].

457. Seront punis d'une amende qui ne pourra excéder le quart des restitutions et des dommages-intérêts, ni être au-dessous de cinquante francs, les propriétaires ou fermiers, ou toute personne jouissant de moulins, usines ou étangs, qui, par l'élévation du déversoir de leurs eaux au-dessus de la hauteur déterminée par l'autorité compétente, auront inondé les chemins ou les propriétés d'autrui. — S'il est résulté du fait quelques dégradations, la peine sera, outre l'amende, un emprisonnement de six jours à un mois [P. 9, 24, 40, s., 52, s., 462].

458. L'incendie des propriétés mobilières ou immobilières d'autrui, qui aura été causé par la vétusté ou le défaut soit de réparation, soit de nettoyage des fours, cheminées, forges, maisons ou usines prochaines, ou par des feux allumés dans les champs à moins de cent mètres des maisons, édifices, forêts, bruyères, bois, vergers, plantations, haies, meules, tas de grains, pailles, foins, fourrages, ou tout autre dépôt de matières combustibles, ou par des feux ou lumières portés ou laissés sans précaution suffisante, ou par des pièces d'artifice allumées ou tirées par négligence ou imprudence, sera puni d'une amende de cinquante francs au moins et de cinq cents francs au plus [P. 9, 52, s., 471 1°, 479 4°].

459. Tout détenteur ou gardien d'animaux ou de bestiaux soupçonnés d'être infectés de maladie contagieuse, qui n'aura pas averti sur-le-champ le maire de la commune où ils se trouvent, et qui, même avant que le maire ait répondu à l'avertissement, ne les aura pas tenus renfermés, sera puni d'un emprisonnement de six jours à deux mois, et d'une amende de seize francs à deux cents francs [P. 9, 24, 40, s., 52, s.].

460. Seront également punis d'un emprisonnement de deux mois à six mois, et d'une amende de cent francs à cinq cents francs, ceux qui, au mépris des défenses de l'administration, auront laissé leurs animaux ou bestiaux infectés communiquer avec d'autres [P. 9, s., 40, s., 52, s.].

461. Si, de la communication mentionnée au précédent article, il est résulté une contagion parmi les autres animaux, ceux qui auront contrevenu aux défenses de l'autorité administrative seront punis d'un emprisonnement de deux ans à cinq ans, et d'une amende de cent francs à mille francs; le tout sans préjudice de l'exécution des lois et règlements relatifs aux maladies épizootiques, et de l'application des peines y portées [P. 9, 24, 40, s., 52, s.].

462. Si les délits de police correctionnelle dont il est parlé au présent chapitre ont été commis par des gardes champêtres ou forestiers, ou des officiers de police, à quelque titre que ce soit, la peine d'emprisonnement sera d'un mois au moins, et d'un tiers au plus en sus de la peine la plus forte qui serait appliquée à un autre coupable du même délit.

Dispositions générales.

463. (*L. 18 avr. 1863.*) Les peines prononcées par la loi contre celui ou ceux des accusés reconnus coupables, en faveur de qui le jury aura déclaré les circonstances atténuantes, seront modifiées ainsi qu'il suit :—Si la peine prononcée par la loi est la mort, la Cour appliquera la peine des travaux forcés à perpétuité ou celle des travaux à temps. — Si la peine est celle des travaux forcés à perpétuité, la Cour appliquera la peine des travaux forcés à temps ou celle de la réclusion. — Si la peine est celle de la déportation dans une enceinte fortifiée, la Cour appliquera celle de la déportation simple ou celle de la détention; mais dans les cas prévus par les art. 96 et 97, la peine de la déportation simple sera seule appliquée.— Si la peine est celle de la déportation, la Cour appliquera la peine de la détention ou celle du bannissement. — Si la peine est celle des travaux forcés à temps, la Cour appliquera la peine de la réclusion ou les dispositions de l'art. 401, sans toutefois pouvoir réduire la durée de l'emprisonnement au-dessous de deux ans.— Si la peine est celle de la réclusion, de la détention, du bannissement ou de la dégradation civique, la Cour appliquera les dispositions de l'art. 401, sans toutefois pouvoir réduire la durée de l'emprisonnement au-dessous d'un an.— Dans le cas où le Code prononce le maximum d'une peine afflictive, s'il existe des circonstances atténuantes, la Cour appliquera le minimum de la peine ou même la peine inférieure. — Dans tous les cas où la peine de l'emprisonnement et celle de l'amende sont prononcées par le Code pénal, si les circonstances paraissent atténuantes, les tribunaux correctionnels sont autorisés, même en cas de récidive, à réduire ces deux peines comme suit : — Si la peine prononcée par la loi, soit à raison de la nature du délit, soit à raison de l'état de récidive du prévenu, est un emprisonnement dont le minimum ne soit pas inférieur à un an ou une amende dont le minimum ne soit pas inférieur à cinq cents francs, les tribunaux pourront réduire l'emprisonnement jusqu'à six jours et l'amende jusqu'à seize francs.—Dans tous les autres cas, ils pourront réduire l'emprisonnement même au-dessous de six jours et l'amende même au-dessous de seize francs. Ils pourront aussi prononcer séparément l'une ou l'autre de ces peines, et même substituer l'amende à l'emprisonnement, sans qu'en aucun cas elle puisse être au-dessous des peines de simple police (1) [P. 464 s., 483].

---

(1) ANCIEN ART. 463 (*d'après le Code de 1810*). Dans tous les cas où la peine d'emprisonnement est portée par le présent Code, si le préjudice causé n'excède pas ving-cinq francs, et si les circonstances paraissent atténuantes, les tribunaux sont autorisés à réduire l'emprisonnement, même au-dessous de six jours, et l'amende, même au-dessous de seize francs. Ils pourront aussi prononcer séparément l'une ou l'autre de ces peines, sans qu'en aucun cas elle puisse être au-dessous des peines de simple police.

ANCIEN ART. 463 (*d'après la loi du 28 avr. 1832*). Les peines prononcées par la loi contre celui ou ceux des accusés reconnus coupables, en faveur de qui le jury aura déclaré les circonstances atténuantes, seront modifiées ainsi qu'il suit: — Si la peine prononcée par la loi est la mort, la Cour appliquera la peine des travaux forcés à perpétuité ou celle des travaux forcés à temps. Néanmoins, s'il s'agit de crimes contre la sûreté extérieure ou intérieure de l'Etat, la Cour appliquera la peine de la déportation ou celle de la détention; mais dans les cas prévus par les art. 86, 96 et 97, elle appliquera la peine des travaux forcés à perpétuité ou celle des travaux forcés à temps. — Si la peine est celle des travaux forcés à perpétuité, la Cour appliquera la peine des travaux forcés à temps ou celle de la réclusion. — Si la peine est celle de la déportation, la Cour appliquera la peine de la détention ou celle du bannissement. — Si la peine est celle des travaux forcés à temps, la Cour appliquera la peine de la réclusion ou les dispositions de l'art. 401, sans toutefois pouvoir réduire la durée de l'emprisonnement au-dessous de

LIVRE QUATRIÈME.

CONTRAVENTIONS DE POLICE ET PEINES.

(Loi décrétée le 20 février 1810, promulguée le 2 mars suivant.)

CHAPITRE PREMIER.
DES PEINES.

464. Les peines de police sont :
— L'emprisonnement, — L'amende,
— Et la confiscation de certains
objets saisis (1) [P. 465, s., 470].

465. L'emprisonnement, pour
contravention de police, ne pourra
être moindre d'un jour, ni excéder
cinq jours, selon les classes, distinctions et cas ci-après spécifiés. — Les
jours d'emprisonnement sont des
jours complets de vingt-quatre heures [P. 473, 474, 476, 478, 480, 482].

466. Les amendes pour contravention pourront être prononcées
depuis un franc jusqu'à quinze francs
inclusivement, selon les distinctions
et classes ci-après spécifiées, et seront appliquées au profit de la commune où la contravention aura été
commise [P. 467, s., 471, s., 475, s.,
479, s.].

467. La contrainte par corps a
lieu pour le paiement de l'amende.
— Néanmoins le condamné ne pourra
être, pour cet objet, détenu plus de
quinze jours, s'il justifie de son insolvabilité (2) [P. 52, 53; I. cr., 420].

468. En cas d'insuffisance des
biens, les restitutions et les indemnités dues à la partie lésée sont pré-
férées à l'amende [P. 54, 469].

469. Les restitutions, indemnités et frais entraîneront la contrainte
par corps, et le condamné gardera
prison jusqu'à parfait paiement :
néanmoins, si ces condamnations
sont prononcées au profit de l'État,
les condamnés pourront jouir de la
faculté accordée par l'art. 467, dans
le cas d'insolvabilité prévu par cet
article (3) [T. cr., art. 175].

470. Les tribunaux de police
pourront aussi, dans les cas déterminés par la loi, prononcer la confiscation, soit des choses saisies
en contravention, soit des choses
produites par la contravention, soit
des matières ou des instruments qui
ont servi ou étaient destinés à la
commettre [P. 11, 32, 464, 472. 477,
481].

CHAPITRE II.
CONTRAVENTIONS ET PEINES.

SECTION PREMIÈRE.
Première classe.

471. (*L. 28 avr.* 1832.) Seront

---

deux ans. — Si la peine est celle de la réclusion, de la détention, du bannissement ou
de la dégradation civique, la Cour appliquera les dispositions de l'article 404,
sans toutefois pouvoir réduire la durée de
l'emprisonnement au-dessous d'un an. —
Dans les cas où le Code prononce le maximum d'une peine afflictive, s'il existe des
circonstances atténuantes, la Cour appliquera le minimum de la peine, ou même
la peine inférieure. — Dans tous les cas
où la peine de l'emprisonnement et celle de
l'amende sont prononcées par le Code pénal, si les circonstances paraissent atténuantes, les tribunaux correctionnels sont
autorisés, même en cas de récidive, à ré-

duire l'emprisonnement même au-dessous
de six jours, et l'amende même au-dessous
de seize francs ; ils pourront aussi prononc-
cer séparément l'une ou l'autre de ces peines, et même substituer l'amende à l'emprisonnement, sans qu'en aucun cas elle puisse
être au-dessous des peines de simple police.

(1) C. 3 *brum. an IV.* — Art. 600. Les
peines de simple police sont celles qui consistent dans une amende de la valeur de
trois journées de travail ou au-dessous, ou
dans un emprisonnement qui n'excède pas
trois jours. — Elles se prononcent par les
tribunaux de police.

(2-3) *V.* la loi du 17 avril 1832, art. 33 et
s. et le décr. du 13 déc. 1848, art. 8 et 9.

punis d'amende, depuis un franc jusqu'à cinq francs inclusivement : — 1° Ceux qui auront négligé d'entretenir, réparer ou nettoyer les fours, cheminées ou usines où l'on fait usage du feu ; — 2° Ceux qui auront violé la défense de tirer, en certains lieux, des pièces d'artifice ; — 3° Les aubergistes et autres qui, obligés à l'éclairage, l'auront négligé ; ceux qui auront négligé de nettoyer les rues ou passages, dans les communes où ce soin est laissé à la charge des habitants ; — 4° Ceux qui auront embarrassé la voie publique, en y déposant ou y laissant sans nécessité, des matériaux ou des choses quelconques qui empêchent ou diminuent la liberté ou la sûreté du passage ; ceux qui, en contravention aux lois et règlements, auront négligé d'éclairer les matériaux par eux entreposés ou les excavations par eux faites dans les rues et places ; — 5° Ceux qui auront négligé ou refusé d'exécuter les règlements ou arrêtés concernant la petite voirie, ou d'obéir à la sommation émanée de l'autorité administrative, de réparer ou démolir les édifices menaçant ruine ; — 6° Ceux qui auront jeté ou exposé au-devant de leurs édifices des choses de nature à nuire par leur chute ou par des exhalaisons insalubres ; — 7° Ceux qui auront laissé dans les rues, chemins, places, lieux publics, ou dans les champs, des coutres de charrue, pinces, barres, barreaux, ou autres machines, ou instruments, ou armes, dont puissent abuser les voleurs et autres malfaiteurs ; — 8° Ceux qui auront négligé d'écheniller dans les campagnes ou jardins où ce soin est prescrit par la loi ou les règlements ; — 9° Ceux qui, sans autre circonstance prévue par les lois, auront cueilli ou mangé, sur le lieu même, des fruits appartenant à autrui ; — 10° Ceux qui, sans autre circonstance, auront glané, râtelé ou grappillé dans les champs non encore entièrement dépouillés et vidés de leurs récoltes, ou avant le moment du lever ou après celui du coucher du soleil ;

— 11° Ceux qui, sans avoir été provoqués, auront proféré contre quelqu'un des injures, autres que celles prévues depuis l'art. 367 jusques et compris l'art. 378 ; — 12° Ceux qui imprudemment auront jeté des immondices sur quelque personne ; — 13° Ceux qui, n'étant ni propriétaires, ni usufruitiers, ni locataires, ni fermiers, ni jouissant d'un terrain ou d'un droit de passage, ou qui, n'étant agents ni préposés d'aucune de ces personnes, seront entrés et auront passé sur ce terrain, ou sur partie de ce terrain, s'il est préparé ou ensemencé ; — 14° Ceux qui auront laissé passer leurs bestiaux ou leurs bêtes de trait, de charge ou de monture, sur le terrain d'autrui, avant l'enlèvement de la récolte ; — 15° Ceux qui auront contrevenu aux règlements légalement faits par l'autorité administrative, et ceux qui ne se seront pas conformés aux règlements ou arrêtés publiés par l'autorité municipale, en vertu des art. 3 et 4, tit. XI de la loi du 16-24 août 1790, et de l'art. 46, titre Ier de la loi du 19-22 juillet 1791 (1) [P. 388, 464, 466, 468, 475, 479].

472. Seront, en outre, confisqués, les pièces d'artifice saisies dans le cas n° 2 de l'art. 471, les coutres, les instruments et les armes mentionnés dans le n° 7 du même article [P. 11, 464, 470, 477, 481].

473. La peine d'emprisonnement pendant trois jours au plus pourra de plus être prononcée, selon les circonstances, contre ceux qui auront tiré des pièces d'artifice, contre ceux qui auront glané, râtelé ou grappillé en contravention au n° 10 de l'art. 471 [P. 464, 465].

474. La peine d'emprisonnement contre toutes les personnes mentionnées en l'art. 471 aura toujours lieu, en cas de récidive, pendant trois jours au plus [P. 464, 465, 483].

---

(1) ANCIEN ART. 471... (Conforme à l'article actuel, sauf le n° 15, qui ne se trouvait pas dans l'ancien article).

SECTION II.

Deuxième classe.

475. (*L. 28 avr.* 1832.) Seront punis d'amende, depuis six francs jusqu'à dix francs inclusivement : — 1° Ceux qui auront contrevenu aux bans des vendanges ou autres bans autorisés par les règlements ; — 2° Les aubergistes, hôteliers, logeurs ou loueurs de maisons garnies, qui auront négligé d'inscrire de suite et sans aucun blanc, sur un registre tenu régulièrement, les noms, qualités, domicile habituel, dates d'entrée et de sortie de toute personne qui aurait couché ou passé une nuit dans leurs maisons ; ceux d'entre eux qui auraient manqué à représenter ce registre aux époques déterminées par les règlements, ou lorsqu'ils en auraient été requis, aux maires, adjoints, officiers ou commissaires de police, ou aux citoyens commis à cet effet, le tout sans préjudice des cas de responsabilité mentionnés en l'art. 73 du présent Code, relativement aux crimes ou aux délits de ceux qui, ayant logé ou séjourné chez eux, n'auraient pas été régulièrement inscrits ; — 3° Les rouliers, charretiers, conducteurs de voitures quelconques ou de bêtes de charge, qui auraient contrevenu aux règlements par lesquels ils sont obligés de se tenir constamment à portée de leurs chevaux, bêtes de trait ou de charge et de leurs voitures, et en état de les guider et conduire ; d'occuper un seul côté des rues, chemins ou voies publiques ; de se détourner ou ranger devant toutes autres voitures, et, à leur approche, de leur laisser libre au moins la moitié des rues, chaussées, routes et chemins ; — 4° Ceux qui auront fait ou laissé courir les chevaux, bêtes de trait, de charge ou de monture, dans l'intérieur d'un lieu habité, ou violé les règlements contre le chargement, la rapidité ou la mauvaise direction des voitures ;

Ceux qui contreviendront aux dispositions des ordonnances et règlements ayant pour objet : — la solidité des voitures publiques ; — leur poids ; — le mode de leur chargement ; — le nombre et la sûreté des voyageurs ; — l'indication, dans l'intérieur des voitures, des places qu'elles contiennent et du prix des places ; — l'indication, à l'extérieur, du nom du propriétaire (1) ;

5° Ceux qui auront établi ou tenu dans les rues, chemins, places ou lieux publics, des jeux de loterie ou d'autres jeux de hasard ;

6° Ceux qui auront vendu ou débité des boissons falsifiées ; sans préjudice des peines plus sévères qui seront prononcées par les tribunaux de police correctionnelle, dans le cas où elles contiendraient des mixtions nuisibles à la santé (2) ;

7° Ceux qui auraient laissé divaguer des fous ou des furieux étant sous leur garde, ou des animaux malfaisants ou féroces ; ceux qui auront excité ou n'auront pas retenu leurs chiens, lorsqu'ils attaquent ou poursuivent les passants, quand même il n'en serait résulté aucun mal ni dommage ; — 8° Ceux qui auraient jeté des pierres ou d'autres corps durs ou des immondices contre les maisons, édifices et clôtures d'autrui, ou dans les jardins ou enclos, et ceux qui auraient volontairement jeté des corps durs ou des immondices sur quelqu'un ; — 9° Ceux qui, n'étant propriétaires, usufruitiers ni jouissant d'un terrain ou d'un droit de passage, y sont entrés et y ont passé dans le temps où ce terrain était chargé de grains en tuyau, de raisins ou autres fruits mûrs ou voisins de la maturité ; — 10° Ceux qui auraient fait ou laissé passer des bestiaux, animaux de trait, de charge ou de monture, sur le terrain d'autrui, en semence ou chargé d'une récolte, en quelque saison que ce soit, ou dans un bois taillis appartenant à autrui ; — 11° Ceux qui au-

---

(1) Le deuxième paragraphe de ce numéro a été modifié par les art. 2, § 3, et 6 de la loi du 30 mai 1851, sur la police du roulage.

(2) Ce numéro a été abrogé par la loi du 5 mai 1855, qui déclare applicable aux boissons la loi du 27 mars 1851.

raient refusé de recevoir les espèces et monnaies nationales, non fausses ni altérées, selon la valeur pour laquelle elles ont cours ; — 12° Ceux qui, le pouvant, auront refusé ou négligé de faire les travaux, le service, ou de prêter le secours dont ils auront été requis, dans les circonstances d'accidents, tumultes, naufrage, inondation, incendie ou autres calamités, ainsi que dans les cas de brigandages, pillages, flagrant délit, clameur publique ou d'exécution judiciaire ;—13° Les personnes désignées aux art. 284 et 288 du présent Code ;

14° Ceux qui exposent en vente des comestibles gâtés, corrompus ou nuisibles (1) ;

Ceux qui déroberont, sans aucune des circonstances prévues en l'art. 388, des récoltes ou autres productions utiles de la terre, qui, avant d'être soustraites, n'étaient pas encore détachées du sol (2).

476. (*L.* 28 *avr.* 1832.) Pourra, suivant les circonstances, être prononcé, outre l'amende portée en l'article précédent, l'emprisonnement pendant trois jours au plus, contre les rouliers, charretiers, voituriers et conducteurs en contravention ; contre ceux qui auront contrevenu aux règlements ayant pour objet, soit la rapidité, la mauvaise direction ou le chargement des voitures ou des animaux, soit la solidité des voitures publiques, leur poids, le mode de leur chargement, le nombre et la sûreté des voyageurs ; contre les vendeurs et débitants de boissons falsifiées ; contre ceux qui auraient

jeté des corps durs ou des immondices (3) [P. 465, 475, 477, 478, 483].

477. (*L.* 28 *avr.* 1832.) Seront saisis et confisqués, 1° les tables, instruments, appareils des jeux ou des loteries établis dans les rues, chemins et voies publiques, ainsi que les enjeux, les fonds, denrées, objets ou lots proposés aux joueurs, dans le cas de l'art. 476 ; 2° les boissons falsifiées, trouvées appartenir au vendeur et débitant : ces boissons seront répandues ; 3° les écrits ou gravures contraires aux mœurs : ces objets seront mis sous le pilon ; 4° les comestibles gâtés, corrompus ou nuisibles : ces comestibles seront détruits (4) [P. 283, s.; 287, s., 470, 475].

478. (*L.* 28 *avr.* 1832.) La peine de l'emprisonnement pendant cinq jours au plus sera toujours prononcée, en cas de récidive, contre toutes les personnes mentionnées dans l'art. 475. — Les individus mentionnés au n° 5 du même article qui seraient repris pour le même fait en état de récidive, seront traduits devant le tribunal de police correctionnelle, et punis d'un emprisonnement de six jours à un mois, et d'une amende de seize francs à deux cents francs (5) [P. 9, 24, 40, 52, s., 483].

SECTION III.

Troisième classe.

479. (*L.* 18 *avr.* 1832.) Seront punis d'une amende de onze à quinze francs inclusivement, — 1° Ceux qui, hors les cas prévus depuis l'art. 434 jusques et compris l'art.

---

(1) Ce numéro a été abrogé par la loi du 27 mars 1851, relative à certaines fraudes dans la vente des marchandises (art. 9).

(2) Ancien art. 475.... (Conforme à l'article actuel, sauf le deuxième alinéa du n° 4 et les n°° 14 et 15, qui ne se trouvaient pas dans l'ancien article).

(3) Ancien art. 476. Pourra, suivant les circonstances, être prononcé, outre l'amende portée en l'article précédent, l'emprisonnement pendant trois jours au plus, contre les rouliers, charretiers, voituriers et conducteurs en contravention ; contre ceux

qui auront contrevenu à la loi par la rapidité, la mauvaise direction ou le chargement des voitures ou des animaux ; contre les vendeurs et débitants de boissons falsifiées ; contre ceux qui auraient jeté des corps durs ou des immondices.

(4) Ancien art. 477.... (Conforme à l'article actuel, sauf le n° 4, qui ne se trouvait pas dans l'ancien article).

(5) Ancien art. 478.. (Conforme au premier alinéa de l'article actuel : le deuxième alinéa a été ajouté par la loi de 1832).

462, auront volontairement causé du dommage aux propriétés mobilières d'autrui ;—2° Ceux qui auront occasionné la mort ou la blessure des animaux ou bestiaux appartenant à autrui, par l'effet de la divagation des fous ou furieux, ou d'animaux malfaisants ou féroces, ou par la rapidité ou la mauvaise direction ou le chargement excessif des voitures, chevaux, bêtes de trait, de charge ou de monture (1) ;—3° Ceux qui auront occasionné les mêmes dommages par l'emploi ou l'usage d'armes sans précaution ou avec maladresse, ou par jet de pierres ou d'autres corps durs; — 4° Ceux qui auront causé les mêmes accidents par la vétusté, la dégradation, le défaut de réparation ou d'entretien des maisons ou édifices, ou par l'encombrement ou l'excavation, ou telles autres œuvres, dans ou près les rues, chemins, places ou voies publiques, sans les précautions ou signaux ordonnés ou d'usage ;

5° Ceux qui auront de faux poids ou de fausses mesures dans leurs magasins, boutiques, ateliers ou maisons de commerce, ou dans les halles, foires ou marchés, sans préjudice des peines qui seront prononcées par les tribunaux de police correctionnelle contre ceux qui auraient fait usage de ces faux poids ou de ces fausses mesures (2);

6° Ceux qui emploieront des poids ou des mesures différents de ceux qui sont établis par les lois en vigueur ; — Les boulangers et bouchers qui vendront le pain ou la viande au delà du prix fixé par la taxe légalement faite et publiée ;—7° Les gens qui font métier de deviner et pronostiquer, ou d'expliquer les songes ; —8° Les auteurs ou complices de bruits ou tapages injurieux ou nocturnes, troublant la tranquillité des habitants ;—9° Ceux qui auront méchamment enlevé ou déchiré les affiches apposées par ordre de l'administration ;—10° Ceux qui mèneront sur le terrain d'autrui des bestiaux, de quelque nature qu'ils soient, et notamment dans les prairies artificielles, dans les vignes, oseraies, dans les plants de câpriers, dans ceux d'oliviers, de mûriers, de grenadiers, d'orangers et d'arbres du même genre, dans tous les plants ou pépinières d'arbres fruitiers ou autres, faits de main d'homme ;—11° Ceux qui auront dégradé ou détérioré, de quelque manière que ce soit, les chemins publics, ou usurpé sur leur largeur ;—12° Ceux qui, sans y être dûment autorisés, auront enlevé des chemins publics les gazons, terres ou pierres, ou qui, dans les lieux appartenant aux communes, auraient enlevé les terres ou matériaux, à moins qu'il n'existe un usage général qui l'autorise (3) [P. 423, 424, 452, 458, 466, 468, 471, 480, s.].

480. (*L.* 28 *avr.* 1832.) Pourra, selon les circonstances, être prononcée la peine d'emprisonnement pendant cinq jours au plus :—1° Contre ceux qui auront occasionné la mort ou la blessure des animaux ou bestiaux appartenant à autrui, dans les cas prévus par le n° 3 du précédent article (4) ; 2° contre les possesseurs de faux poids et de fausses mesures ; 3° contre ceux qui emploient des poids ou des mesures différents de ceux que la loi en vigueur a établis ; contre les boulangers et bouchers, dans les cas prévus par le § 6 de l'article précédent ; 4° contre les interprètes de songes ; 5° contre les auteurs ou complices de bruits ou tapages injurieux ou nocturnes (5) [P. 423, 464, s., 479].

481. Seront, de plus, saisis et confisqués, 1° les faux poids, les faus-

---

(1) *V.* la loi du 2 juill. 1850, relative aux mauvais traitements exercés envers les animaux domestiques.

(2) Ce numéro a été abrogé par la loi du 27 mars 1851, relative à certaines fraudes dans la vente des marchandises.

(3) ANCIEN ART. 479... (Conforme à l'article actuel, sauf le deuxième alinéa du n° 6, et les n°ˢ 9, 10, 11 et 12, qui ne se trouvaient pas dans l'ancien article).

(4) *V.* la loi du 2 juill. 1850, relative aux mauvais traitements exercés envers les animaux domestiques.

(5) ANCIEN ART. 480... (Conforme à

ses mesures, ainsi que les poids et les mesures différents de ceux que la loi a établis ; 2° les instruments, ustensiles et costumes servant ou destinés à l'exercice du métier de devin, pronostiqueur ou interprète de songes [P. 11, 470, 472, 477, 479].

482. La peine d'emprisonnement pendant cinq jours aura toujours lieu, pour récidive, contre les personnes et dans les cas mentionnés en l'art. 479 [P. 464, 465, 483].

Disposition commune aux trois sections ci-dessus.

483. (*L. 28 avr. 1832.*) Il y a récidive dans tous les cas prévus par le présent livre, lorsqu'il a été rendu contre le contrevenant, dans les douze mois précédents, un premier jugement pour contravention de police commise dans le ressort du même tribunal. — L'art. 463 du présent Code sera applicable à toutes les contraventions ci-dessus indiquées (1) [P. 56, s., 474, 478, 482].

Disposition générale.

484. Dans toutes les matières qui n'ont pas été réglées par le présent Code et qui sont régies par des lois et règlements particuliers, les Cours et les tribunaux continueront de les observer.

---

l'article actuel, sauf le deuxième alinéa du n° 3, qui ne se trouvait pas dans l'ancien article).

(1) ANCIEN ART. 483... (Conforme au premier alinéa de l'article actuel : le deuxième alinéa a été ajouté par la loi de 1832).

FIN DU CODE PÉNAL.

[illegible]

[illegible — two-column faded text]

[illegible]

IIᵉ PARTIE.

—

EXPLICATION

DE LA

LOI DU 18 AVRIL (13 MAI) 1863 [1]

MODIFICATIVE

DE

PLUSIEURS DISPOSITIONS DU CODE PÉNAL.

OBSERVATIONS PRÉLIMINAIRES.

Il n'entre point dans le plan du modeste travail qu'un but d'utilité purement pratique m'a fait entreprendre, d'apprécier l'opportunité et le mérite des modifications que la loi du 18 avril 1863 vient d'apporter à diverses dispositions du Code pénal. Mais il m'a paru nécessaire de faire précéder les explications dont j'accompagne chacun des articles modifiés, d'un aperçu général et rapide des raisons qui ont fait proposer la loi nouvelle, de l'esprit dans lequel le projet en a été préparé, des résultats que les auteurs de ce projet ont voulu atteindre. Or, je ne saurais mieux faire que d'emprunter cet aperçu à l'Exposé des motifs présenté au Corps législatif par les commissaires du gouvernement. Voici ce qu'on y lit à ce sujet (2) :

« ..... La statistique criminelle, éclairée par les rapports de la magistrature, apprend qu'il y a des dispositions pénales où la résistance systématique du jury continue de se faire sentir. Cette résistance ne se manifeste pas seulement par des atténuations, qui reviennent sans cesse, de l'incrimination ou de la peine : ce sont aussi des acquittements arbitraires, lorsque la détention préventive et l'épreuve des assises paraissent une expiation suffisante, quelquefois des réclamations, appuyées par les magistrats, pour que le jury n'ait plus à connaître d'accusations qui seraient

---

(1) V. au sujet de ces dates, l'explication donnée en note de l'Avertissement qui se trouve en tête du présent ouvrage, page v.

(2) Annexe au procès-verbal de la séance du 28 janv. 1862.

mieux portées devant une juridiction inférieure. C'est venu à ce point, que dans plus d'un ressort, quand il s'agit d'affaires de cette nature, on écarte à dessein des circonstances aggravantes, pour saisir les tribunaux correctionnels avec une apparence de régularité.

« Le Gouvernement a dû prendre cet état de choses en sérieuse considération. Il n'est pas bon que les appréciations de la loi pénale soient en désaccord manifeste avec le sentiment public ; que l'ordre des compétences et des juridictions soit arbitrairement dérangé : s'il y a quelque chose à faire, ce doit être fait par la loi.

« Les résistances du jury portent principalement sur des infractions qualifiées *crimes*, mais dont la nature les rapproche beaucoup de simples délits. On peut dire même de quelques-unes que leur gravité morale est inférieure, qu'elles supposent dans l'agent une moindre perversité, qu'elles sont pour l'ordre social un moindre péril. Il a paru que leur déclassement, juste en soi, tournerait aussi à l'avantage de la répression. On a donc résolu de les faire descendre dans la classe des délits, en substituant des peines correctionnelles aux peines criminelles inférieures, dont elles sont passibles dans l'état présent. C'est l'un des objets du projet de loi.

« Ces peines criminelles sont : la dégradation civique, le bannissement et la réclusion. Pour conserver une gradation parallèle et les rapports établis par le Code dans la pénalité, il devenait indispensable de ne pas varier dans la *mesure* des peines correctionnelles destinées à les remplacer. Voici la règle qu'on s'est faite : la peine de la réclusion serait invariablement remplacée par un emprisonnement de deux à cinq ans, qui est la plus forte peine correctionnelle ; celle du bannissement, par un emprisonnement d'un an à quatre ans, et celle de la dégradation civique, par un emprisonnement de six mois à trois ans. L'amende, selon les cas, la *surveillance* et l'*interdiction*, presque toujours, facultatives ou obligées, viendraient s'ajouter à l'emprisonnement, de manière à garantir une répression suffisante, et à conserver autant que possible les rapports actuels entre les peines d'une même série.

« Si nous insistons sur ce dernier point, ce n'est pas dans un intérêt de symétrie, mais de codification et de justice. Les articles modifiés font partie de sections dont chacune règle la pénalité de toute une *série* d'infractions, qui sont de même nature, mais de valeur inégale. Cette inégalité ne tient souvent qu'à des circonstances accessoires de lieu, de temps, de qualité, de nombre, etc., etc. Il tombe sous le sens que le législateur a dû mettre un soin extrême à graduer les peines selon les circonstances. Sans doute cette loi de gradation, qui est fondamentale, doit agir dans toute l'étendue du Code. Mais il convenait qu'elle fût plus religieusement gardée dans l'intérieur de chaque section, où sa violation, rendue plus manifeste par le rapprochement, blesserait davantage le sentiment de la justice. Il est donc arrivé quelquefois que la modification d'une disposition principale a entraîné, par voie de suite, celle de dispositions secondaires ; qu'on a dû réduire, par exemple, la durée d'une peine correctionnelle, quand la peine voisine, afflictive et infamante, était *correctionnalisée*.

« N'oublions pas de dire que, dans tous les cas où la modification de la peine emporte le déclassement d'un crime, une disposition spéciale assimile la *tentative* au délit consommé.

« Mais ce déclassement de quelques crimes inférieurs n'est pas l'unique objet du projet de loi.—L'expérience a fait découvrir, dans la pénalité, des lacunes ou des insuffisances, quelques-unes assez graves : comme les violences suivies de mutilation ou de privation d'un membre, qui ne sont qu'un délit, si l'incapacité de travail n'a pas duré plus de vingt jours ; comme la suppression d'un enfant nouveau-né qui n'est actuellement ni crime ni délit, si l'on ne prouve pas que l'enfant supprimé ait vécu ; et d'autres encore d'une moindre importance. — On s'est proposé de remplir ces lacunes, de suppléer à ces dispositions insuffisantes.

« Il y en a qui ne furent pas, à vrai dire, des manquements du législateur de 1810 : le sujet ou l'intérêt de l'incrimination n'existait pas encore à cette époque ; — de cet ordre est l'incendie des voitures ou convois d'un chemin de fer, considéré comme un attentat à la vie des citoyens. On peut citer aussi comme exemple la soustraction frauduleuse, opérée par le débiteur, de la chose qu'il avait remise en gage à son créancier. — Non pas que ce soit nouveau comme les chemins de fer ; le nantissement est un vieux contrat, et depuis qu'on le pratique il a dû arriver plus d'une fois que le débiteur ait soustrait le gage ; mais l'usage de ce contrat n'était rien alors, en comparaison de ce qu'il est aujourd'hui, et du rôle qu'il joue déjà dans les transactions de l'industrie et du commerce. On ne peut pas retarder plus longtemps de le protéger, par une incrimination spéciale, contre des soustractions qui ne tombent pas sous la définition du vol. — C'est encore un des objets du projet de loi.

« Il en est un autre d'une portée plus générale, nous l'avons déjà fait pressentir : c'est la modification de la théorie des *circonstances atténuantes* en matière correctionnelle. Leur effet illimité en quelque sorte, il peut descendre jusqu'à l'amende d'un franc, n'est réglé aujourd'hui que par le pouvoir discrétionnaire du juge, qui s'exerce avec une égale liberté sur tous les délits sans distinction. — Ce pouvoir discrétionnaire est quelquefois difficile à porter : la volonté la plus éclairée a besoin de s'appuyer sur la loi, et l'appui ne peut se trouver que dans une limite fixe. On a donc pensé qu'il convenait de limiter et de graduer l'effet des circonstances atténuantes, comme en matière criminelle, quand il s'agira de délits dont la peine peut s'élever à plusieurs années d'emprisonnement. Pour les cas d'une moindre gravité, il n'y aurait rien de changé : la prérogative du juge resterait entière. »

Le caractère du projet de loi qui a été soumis aux délibérations du Corps législatif étant ainsi précisé, il n'est pas inutile, avant de passer à l'explication des dispositions de la loi elle-même, de rappeler quelques principes d'un intérêt transitoire dont sa mise à exécution rendra l'application nécessaire.

L'art. 4 du Code pénal consacre, en matière criminelle, le principe de la non-rétroactivité des lois proclamé déjà par l'art. 2 du Code Napoléon, et il dispose que nulle infraction ne peut être punie de peines qui n'étaient pas édictées par la loi avant sa perpétration. Ce principe ne s'applique pas seulement aux cas où la loi attache pour la première fois un caractère pénal à un fait auparavant impuni ou passible de peines inférieures ; il s'étend à toutes les circonstances qui, comme en matière de récidive (1), viendraient modifier au préjudice de l'inculpé la situation qui résultait pour lui de l'état antérieur de la législation (2).

Toutefois, le principe dont il s'agit reçoit deux exceptions très-importantes :

La première résulte de la disposition de l'art. 6 du décret du 23 juillet 1810, portant que « si la nature de la peine prononcée par le nouveau Code pénal est moins forte que celle prononcée par le Code pénal actuel, les Cours et tribunaux appliqueront les peines du nouveau Code » (3). C'est, du reste, par la nature de la peine, et non par sa durée, s'il s'agit d'une peine qui prive de la liberté, ou par l'élévation de son chiffre, s'il s'agit de l'amende, qu'on doit en apprécier la gravité (4). Mais dans le concours de deux peines de même nature et de sévérité différente, il est évident que la plus douce est celle dont la durée est la moins longue, ou le chiffre le moins élevé.

Cependant il n'est pas toujours facile de distinguer, dans ce cas, laquelle des deux peines est la plus douce ou la plus sévère. Ainsi, que doit-on décider lorsqu'une loi nouvelle, en abaissant le minimum d'une peine prononcée par la loi ancienne, en élève le maximum, ou, réciproquement,

---

(1) Il est vrai que l'aggravation de peine attachée à la récidive est applicable, en cas de nouveau crime, lors même que la première condamnation est antérieure à la loi qui établit cette aggravation (Cass., 20 juin 1812, S-V.4.1.129 ; 16 nov. 1815, S-V.5.1.114 et 2 oct. 1818, S-V.5.1.536). Mais, aux termes d'une jurisprudence constante, la criminalité du fait qui a motivé la première condamnation doit être appréciée d'après les lois en vigueur à l'époque de cette condamnation, et non d'après les lois postérieures. *V.* Cass. 11 juin 1812 (S-V.4.1.120) ; 12 fév. 1813 (S-V.4.1.284) ; 4 mai 1827 (Dalloz, v° *Peine* n. 293) ; 4 juill. 1828 (S-V.9.1.124 ; D.p.28.1.312) et 19 août 1830 (S-V.31.1.485 ; D.p 30.1.387). *Conf.,* MM. Hélie et Chauveau, *Théor. Cod. pén.,* t. 1, n. 145 (4e édit.) ; Dalloz, *loc. cit.,* Blanche, *Etud. sur le Cod. pén.,* n. 476. — *Contrà,* MM. Carnot, *Comment. Cod. pén.,* sur l'art. 56, n. 9 ; Legraverend, *Législat. crim.,* t. 2, n. 643 ; Favard, *Répert.* v° *Récidive,* n. 9.

(2) V. la circulaire de M. le garde des sceaux du 30 mai 1863 (Appendice de cette deuxième partie).

(3) La même règle avait été déjà consacrée par un avis du conseil d'État du 29 prair. an VIII. — Décidé que le juge d'appel, étant le véritable applicateur de la peine, doit se conformer aux lois existantes à l'époque où il rend son arrêt, si ces lois prononcent une peine plus douce que celles existantes lors du jugement de première instance (Cass., 16 mars 1810, S-V.3.1.162).

(4) *V.* en ce sens, Cass., 26 juill. 1811 (Bull. crim., n. 406) ; MM. Hélie et Chauveau, t. 1, n. 24 ; Blanche, n. 31.

élève le minimum de cette peine en abaissant son maximum? MM. Dalloz, v° *Peine*, n° 115, et Blanche, n° 33, pensent que le juge doit alors combiner les deux lois, et appliquer celle qui établit le minimum le moins élevé, sans pouvoir excéder le maximum établi par l'autre (1). Mais cette théorie est repoussée par MM. Hélie et Chauveau, n° 22, et j'ai cru devoir moi-même la critiquer dans mon *Journal du Ministère public* (année 1861, 7e livraison). « Dans le concours de deux lois pénales dont l'une est, d'une manière absolue, moins rigoureuse que l'autre, ai-je dit, on doit incontestablement, par une extension rationnelle du principe posé par l'art. 6 du décret du 23 juillet 1810, appliquer celle-ci, encore bien que le fait punissable ne se serait pas accompli sous son empire. Mais quand la première des deux lois est, à un point de vue, plus sévère, et, à un autre point de vue, plus douce que la seconde, l'art. 6 du décret de 1810, qui n'a pas été édicté pour une semblable hypothèse, cesse d'être applicable, et il ne saurait être permis, sous le prétexte de se conformer à l'esprit de cet article, de combiner arbitrairement les deux lois en en scindant les dispositions et en en détruisant ainsi l'économie : il faut alors revenir au principe que le fait punissable doit être réprimé par la loi en vigueur au moment où il a eu lieu. »

Quant à la seconde exception au principe de la non-rétroactivité des lois en matière pénale, elle concerne la forme de procéder et la compétence, et elle puise sa source dans l'art. 30 de la loi du 18 pluv. an IX, relative à l'établissement des tribunaux spéciaux, qui portait simplement qu'à compter du jour de la promulgation de la loi, tous les détenus pour crime de la nature de ceux qu'elle mentionnait, seraient jugés par le tribunal spécial (2). Cette disposition, que s'appropria l'art. 5 de la loi du 28 flor. an X, qui donnait de nouvelles attributions aux tribunaux spéciaux, est devenue le point de départ d'une jurisprudence aujourd'hui irréfragable, d'après laquelle les lois de procédure et d'instruction et celles touchant la compétence régissent les faits antérieurs à leur promulgation (3).

Il résulte de là que les inculpés de faits qualifiés crimes par l'ancienne loi et convertis en délits par la loi nouvelle, doivent, lorsqu'ils n'ont pas

---

(1) C'est le système qui avait été plaidé par M. Dalloz aîné devant la Cour de cassation, lors d'un arrêt du 1er fév. 1833, qui n'a pas eu à examiner la question (Voy. D.p.33.1.161).

(2) V. aussi un arrêté du pouvoir exécutif du 5 fruct. an IX, relatif à un conflit d'attributions entre les autorités administrative et judiciaire du département de la Somme, cité par M. Blanche, n. 35.

(3) V. parmi les arrêts les plus récents qui ont consacré cette théorie : Cass., 12 oct. 1848 (S-V.48.1.611); 9 et 16 fév. 1849 (Bull., n. 51 et 53); 12 juill. 1850 (S-V.50.1.564); 31 sept. 1850 (S-V.51.1.70); 27 janv. 1855 (S-V.55.1.465), 12 sept. et 27 déc. 1856 (S-V.58.1.76); Haute Cour de just., 8 mars 1849 (S-V.49.1.223; D.p 49.1.53) : — Tous les auteurs, du reste, l'ont admise sans difficulté, à l'exception seulement de MM. Hélie et Chauveau, t. 1, n. 23. Encore, M. Hélie, dans les observations complémentaires dont il a enrichi la 4e édition de la *Théor. du Cod. pén.*, paraît-il s'être rallié à l'opinion générale.

6.

été déjà renvoyés devant la Cour d'assises, antérieurement à cette dernière loi, être traduits devant la juridiction correctionnelle (1).

Mais en devrait-il être autrement, si, avant la nouvelle loi, les inculpés avaient été renvoyés aux assises par un arrêt de la chambre d'accusation passé en force de chose jugée? L'affirmative est énoncée dans la Circulaire de M. le garde des sceaux du 30 mai 1863 (2). Toutefois, la solution contraire paraît découler de divers arrêts de la Cour de cassation (3), qui décident que les procès criminels commencés sous l'empire de l'ancienne loi doivent être continués dans les formes et devant les tribunaux nouvellement établis, lorsqu'il n'est pas encore intervenu de *jugement définitif sur le fond des poursuites*. Telle est aussi la doctrine qu'enseigne M. Blanche. « Qu'importe, dit ce savant magistrat, n° 38, p. 61, qu'une citation, qu'une ordonnance du juge, qu'un arrêt de la chambre des mises en accusation ait saisi une juridiction, si la loi enlève à cette juridiction sa compétence? La citation, l'ordonnance, l'arrêt ne saisissent le juge qu'à la condition qu'il sera compétent. Sa compétence défaillant, il est clair que la citation, l'ordonnance, l'arrêt, demeurent sans puissance. »

Après ces courtes observations, j'aborde l'examen des dispositions du Code pénal modifiées par la loi du 18 avril 1863. Je ne prétends point, certes, en donner un commentaire complet : ce doit être là, comme l'a dit M. le garde des sceaux dans sa circulaire du 30 mai, l'œuvre de la jurisprudence de la Cour suprême, éclairée par les travaux des juridictions criminelles. Je me propose simplement de rechercher dans les divers documents qui ont préparé la loi nouvelle, ainsi que dans la circulaire elle-même du Ministre, la pensée qui a inspiré les innovations consacrées par cette loi, en accompagnant ce travail d'un résumé succinct des principes que la jurisprudence et la doctrine ont proclamés au sujet des dispositions aujourd'hui modifiées.

---

(1) Cass., 10 mai 1822 (Bull. n. 73); Circul. de M. le garde des sceaux du 30 mai 1863; MM. Dalloz, *Rép., v° Lois*, n. 352.

(2) *V.* aussi MM. Mailher de Chassat, *Rétréoactiv., des lois*, t. 2, p. 240, et Dalloz, v° *Peine*, n. 351.

(3) Cass., 25 nov. 1849 (S.-V.6.1.137); 16 avr. 1831 (S.-V.31.1.304 ; D.P.31.1.191) et 27 déc. 1856 déjà cité.

LOI DU 18 AVRIL 1863

PORTANT

MODIFICATION DE PLUSIEURS DISPOSITIONS DU CODE PÉNAL

(Promulguée le 1er juin 1863).

___

ARTICLE UNIQUE.

Les art. 57, 58, 132, 133, 134, 135, 138, 142, 143, 149, 153, 154, 155, 156, 157, 158, 159, 160, 161, 164, 174, 177, 179, 222, 223, 224, 225, 228, 230, 238, 241, 251, 279, 305, 306, 307, 308, 309, 310, 311, 312, 320, 330, 331, 333, 345, 361, 362, 363, 364, 366, 382, 385, 387, 389, 399, 400, 405, 408, 418, 423, 434, 437, 443 et 463 du Code pénal sont abrogés. Ils sont remplacés par les articles suivants :

Des peines et des autres condamnations qui peuvent être prononcées pour crimes ou délits.

Art. 57.

Quiconque ayant été condamné pour crime à une peine supérieure à une année d'emprisonnement, aura commis un délit ou un crime qui devra n'être puni que de peines correctionnelles, sera condamné au maximum de la peine portée par la loi, et cette peine pourra être élevée jusqu'au double.

Le condamné sera, de plus, mis sous la surveillance de la haute police pendant cinq ans au moins et dix ans au plus.

Art. 58.

Les coupables condamnés correctionnellement à un emprisonnement de plus d'une année seront aussi, en cas de nouveau délit ou de crime qui devra n'être puni que de peines correctionnelles, condamnés au maximum de la peine portée par la loi, et cette peine pourra être portée jusqu'au double. Ils seront, de plus, mis sous la surveillance spéciale du gouvernement pendant au moins cinq années et dix ans au plus.

1. L'art. 56 du Code pénal de 1810, réprimant la récidive de crime à délit, faisait dépendre l'aggravation du second fait punissable du titre même

de la poursuite du premier fait, et non de son résultat. C'était adopter un point de départ trompeur, puisque le fait poursuivi comme crime peut, devant la Cour d'assises, changer de caractère ou perdre de sa gravité légale, de telle façon qu'il ne soit plus punissable que de simples peines correctionnelles. Les auteurs de la loi du 28 avril 1832 le comprirent, et à ces mots de l'art. 56 : *Quiconque ayant été condamné pour crime*, ils substituèrent ceux-ci : *Quiconque ayant été condamné à une peine afflictive ou infamante*. Mais ils n'apportèrent aucune modification à l'art. 57, qui, prévoyant la récidive de crime à délit, la subordonnait encore à l'existence d'une *condamnation pour crime*. Il y avait là une omission manifeste, dont les jurisconsultes et la jurisprudence cherchèrent à éluder les conséquences en décidant que celui qui, après avoir été condamné pour crime à la simple peine d'une année d'emprisonnement, par suite de l'admission de circonstances atténuantes, commettait un délit, se trouvait dans le cas de récidive de délit à délit prévu par l'art. 58, et non dans celui de récidive de crime à délit puni par l'art. 57 (1). Les rédacteurs de la loi nouvelle ont voulu réparer eux-mêmes cette omission, en introduisant dans l'art. 57 les expressions suivantes : « Quiconque ayant été condamné pour crime *à une peine supérieure à une année d'emprisonnement*, aura commis, etc. » « Il suffira, lit-on dans le rapport de la commission du Corps législatif, p. 13, que la peine infligée au premier fait soit supérieure à une année d'emprisonnement, car, le second fait n'étant qu'un délit, on ne pouvait guère exiger une peine afflictive et infamante pour point de départ de la récidive. Mais elle devra être au moins supérieure à une année d'emprisonnement, car c'est là déjà la règle posée pour la récidive de délit à délit. »

2. La nouvelle loi a fait également disparaître une autre sorte de contradiction qui existait entre les art. 57 et 58. Ce dernier article, relatif à la récidive de délit à délit, soumettait le récidiviste à la surveillance de la haute police pendant cinq ans au moins et dix ans au plus, tandis que l'art. 57 ne prononçait point cette peine (2). Il fallait combler aussi une pareille lacune. Seulement, on s'est demandé si l'on devait rendre la peine de la surveillance obligatoire, comme elle l'était déjà d'après l'art. 58, ou s'il n'était pas préférable de n'en faire, dans les deux dispositions, qu'une

---

(1) Sic, MM. Hélie et Chauveau, *Théor. Cod. pén.*, t. 4, n. 151 (4e édit.); Rauter, *Dr. crim.*, t. 4, p. 304, à la note; Ortolan, *Elém. de dr. pén.*, n. 1221 et 1223; Boitard, *Leç. sur le Cod. pén.*, n. 140; Trébutien, *Cours élément. de dr. crim.*, t. 1, p. 304; Blanche, *Etud. sur le Cod. pén.*, n. 50 et s.; arrêt de rejet de la Cour de cassation, ch. crim., du 11 août 1860 (S.-V.64.1.407; D.p.60.1.421). — *Contrà*, MM. Bertauld, *Cours de Cod. pén.*, p. 434 et s., et *Rev. prat. de droit franç.*, t. 5, p. 281 et 284, et Molinier, *Rev. crit.*, t. 4, p. 423 et s. V. aussi Cass., 28 août 1845 (S.-V.45.1.63; D.p.45.1.369).

(2) Quelques auteurs enseignaient que la peine de la surveillance devait être prononcée dans le cas de l'art. 57, malgré le silence de cet article, aussi bien que dans le cas de l'art. 58 (V. MM. Carnot, *Comm. Cod. pén.*, sur l'art. 57, n. 3; Legraverend, *Législ. crim.*, t. 2, p. 603; Molinier, *Rev. crit. de jurispr.*, t. 4, p. 446). Mais cette opinion était avec raison combattue par MM. Hélie et Chauveau, t. 4, n. 151.

mesure purement facultative. Le doute naissait de la controverse qui s'était élevée sur le point de savoir si, en présence des termes impératifs de l'art. 58, les tribunaux pouvaient exempter le condamné de la surveillance, lorsqu'ils reconnaissaient l'existence de circonstances atténuantes (1). La commission, faisant droit en cela à un amendement présenté par M. Darimon et quatre de ses collègues au Corps législatif, s'était déterminée à n'édicter la mise sous la surveillance de la haute police, dans les art. 57 et 58, que comme une peine facultative, en ajoutant à l'art. 57 un paragraphe ainsi conçu : « Le condamné *pourra* de plus *être mis* sous la surveillance de la haute police pendant cinq ans au moins et dix ans au plus », et en remplaçant ces mots de l'art. 58 : *Ils seront* de plus mis sous la surveillance,... par ceux-ci : *Ils pourront* de plus *être mis*, etc.

3. Mais cette rédaction ne fut point acceptée par le conseil d'État, qui était d'avis que la peine de la surveillance introduite dans la disposition de l'art. 57 devait y avoir un caractère obligatoire comme dans l'art. 58. Cette opinion se fondait sur ce que, aux yeux du conseil d'Etat, lorsqu'un individu est condamné en état de récidive, soit devant une Cour d'assises, soit devant un tribunal correctionnel, la déclaration des circonstances atténuantes a pour effet de donner aux juges la liberté de faire disparaître toute l'aggravation résultant du cas de récidive. « Le conseil d'Etat, a dit M. le commissaire du Gouvernement Lacaze, à la séance du Corps législatif du 11 avril 1863 (2), a toujours été de cet avis. C'est aussi la jurisprudence de la Cour de cassation affirmée par des arrêts solennels. J'ajoute que c'est la disposition expresse et formelle de la loi. Il est impossible, en effet, de conserver un doute à cet égard, en présence des termes si énergiques de l'art. 463 actuel, *« même en cas de récidive. »* Cela est impossible encore en présence de l'énonciation non moins explicite de l'art. 341, Cod. instr. crim., qui dit qu'en toute matière criminelle, « même en cas de récidive, » le jury sera interrogé sur l'existence des circonstances atténuantes. Et puis, rapprochant cet art. 341 de l'art. 463 lui-même, on trouve que, dans ce cas, la Cour doit appliquer les peines de l'art. 401. La surveillance est bien au nombre de ces peines, mais facultative. — Sous ce rapport donc, je me crois autorisé à dire que l'amendement se trouve complétement désintéressé, et cela suffirait certainement à expliquer pourquoi nous avons laissé les art. 57 et 58 avec leur rédaction actuelle, en ce qui touche la surveillance, le désir de ses auteurs étant satisfait par la loi même. »

Cependant M. Ernest Picard, l'un des auteurs de l'amendement, n'a

---

(1) *V.* pour la négative, Cass., 8 mars 1833 (S.-V.33.1.411), 18 juill. 1833 (S.-V.33.1.876; D.P.33.4.348) et 22 oct. 1835 (D.P.35.4.449); Douai, 5 juin 1835 (S.-V.35.2.374; D.P.35. 2.439); MM. Le Sellyer, *Dr. crim.*, t. 1, n. 340; Garnier-Dubourgneuf, sur l'art. 58, C. pén., p. 87. — Pour l'affirmative, Cass., ch. réun., 2 janv. 1836 (S.-V.36.1.74; D.P. 36.1.7); MM. Hélie et Chauveau, t. 1, n. 77 et 155; Dalloz, *Répert. v° Peine*, n. 336, 559 et 689; Blanche, n. 471. *V.* aussi Cass., 9 sept. 1853 (S.-V.54.1.215; D.P.53.5.351).

(2) *Moniteur universel* du 12, p. 540, 1ʳᵉ col.

point partagé cette manière de voir. Il a objecté, dans la même séance (1), d'une part, qu'il serait préférable d'introduire dans la loi une disposition claire et formelle qui mettrait un terme aux irrésolutions de la jurisprudence et ferait évanouir la question dans le cas où on la soulèverait de nouveau ; et, d'autre part, que la surveillance n'étant pas supprimée dans toutes nos lois pénales par la déclaration des circonstances atténuantes, il pouvait y avoir un intérêt très-grave à ce qu'il existât, dans les art. 57 et 58, une disposition affranchissant le juge de l'obligation de prononcer la peine de la surveillance de la haute police. Mais ces objections n'ont pas trouvé d'écho, et le Corps législatif ne s'y est point arrêté.

4. M. Picard a encore critiqué, à un autre point de vue, la rédaction de l'art. 58 du projet de loi. Pour faire cesser la controverse à laquelle avait donné lieu la question de savoir si celui qui, ayant été condamné pour délit, se rendait ultérieurement coupable d'un crime, était passible des peines de la récidive, lorsque, par suite du verdict du jury ou de l'arrêt de la Cour d'assises, le fait devenait simplement punissable de peines correctionnelles (2), la commission, estimant que ce cas devait être assimilé à celui de deux condamnations pour délit, en avait fait, dans l'art. 58, un cas de récidive, en ajoutant aux mots *en cas de nouveau délit*, les expressions, *ou de crime qui devra n'être puni que de peines correctionnelles* (3). Or, M. Picard a soutenu (4) qu'en semblable hypothèse les peines de la récidive étaient inutiles et faisaient double emploi. « La commission, dans son ardeur d'innover, et d'accord en cela avec le conseil d'Etat, a inventé, a-t-il dit, le cas où celui qui a commis un délit commet un crime qui ne paraît au jury digne que d'une condamnation correctionnelle. S'il s'agit d'un cas d'excuse ou d'un cas exceptionnel de cette nature, en vérité, il n'est pas nécessaire de mettre dans la loi une disposition spéciale. Mais, ainsi que nous l'apprennent l'exposé des motifs et le rapport, l'art. 58 se réfère au cas où la Cour d'assises applique les circonstances atténuantes. Eh bien, dans ce cas, pourquoi écrivez-vous dans la loi que les peines de la récidive seront encourues, puisque les circonstances atténuantes sont admissibles ? Le juge qui applique la peine ne peut la descendre que d'un degré, et n'a pas besoin de vous pour donner satisfaction à la répression sociale. »—M. le conseiller d'Etat Lacaze a répondu que, quand le jury a déclaré l'existence de circonstances atténuantes, la Cour d'assises peut encore affranchir le condamné de la surveillance de la haute police, et cela en vertu même de l'art. 463, Cod. pén., relatif aux circonstances atténuantes. En effet, cet article porte, § 6, que « si la peine est celle de la réclusion, de la déten-

---

(1) *Moniteur universel* du 12, p. 450, col. 2.

(2) *V.* pour l'affirmative, M. Molinier, *Rev. crit.*, t. 1, p. 64 ; et pour la négative, Cass., 27 juin 1833 (S.-V.33.1.774 ; D.p.33.1 322), 11 avril 1839 (S.-V.39.1.776 ; D.p.39. 1.379), 1er juin 1842 (S.-V.42.1.653, D.p.42.1.361) et 16 mars 1844 (Bull., n. 105) ; MM. Hélie et Chauveau, n. 152, *in fine*.

(3) Rapport, p. 14 et 16.

(4) Séance précitée du 11 avril 1863 ; *Monit.* du 12, p. 540, col 3.

tion, du bannissement ou de la dégradation civique, la Cour appliquera les dispositions de l'art. 401, sans toutefois pouvoir réduire la durée de l'emprisonnement au-dessous d'un an » ; et, l'art. 401, ainsi que M. le commissaire du Gouvernement l'avait déjà précédemment rappelé (1), n'édicte que sous une forme facultative la surveillance de la haute police. — Sur cette réponse, qui établissait péremptoirement que les peines de la récidive ne font point, en pareil cas, double emploi, il a été passé outre au vote des art. 57 et 58 (2).

5. Il est à remarquer que, d'après la nouvelle loi, ce n'est point seulement dans l'art. 58, mais aussi dans l'art. 57, que le second terme de la récidive peut consister dans une condamnation, soit pour délit, soit pour crime, *qui devra n'être punie que des peines correctionnelles* ; en sorte que, comme le dit le rapport, p. 14, désormais « les deux articles auront ceci de commun, qu'ils pourront s'appliquer l'un et l'autre à la récidive de délit à délit, avec cette différence que le premier réglera le cas du fait devenu délit *par la condamnation,* tandis que le second réglera le cas du fait qualifié délit *par la poursuite.* »—Dans cette situation, il n'est pas douteux que l'individu qui aura été une première fois condamné pour crime à une simple peine d'emprisonnement (de plus d'une année), par suite de l'admission des circonstances atténuantes, se trouvera dans le cas de récidive prévu par l'art. 57, s'il commet un nouveau crime à l'égard duquel le bénéfice des circonstances atténuantes lui est encore accordé (3).

6. Disons, en terminant, que de la discussion dont les art. 57 et 58 ont été l'objet et que nous venons d'analyser, découlent trois principes qu'il importe de mettre en relief. Le premier, c'est que, dans aucun cas, la récidive ne doit avoir pour point de départ le titre de la poursuite sur laquelle est intervenue la première condamnation, mais qu'elle doit toujours être basée sur le caractère de cette condamnation même. Le second, c'est qu'il n'y a pas de récidive de délit à crime, ainsi que la jurisprudence et la doctrine

---

(1) V. *Suprà,* n. 3,

(2) Nous devons noter : 1° que si, dans les hypothèses prévues par ces deux articles, le délit qui constitue le second terme de la récidive est puni de deux peines cumulativement applicables (*V.* par exemple les art. 410 et 411), ces deux peines doivent l'une et l'autre être élevées au maximum, et chacune peut être doublée (Cass., 30 juill. 1847, Bull., n. 467 ; MM. Hélie et Chauveau, n. 154 ; Blanche, n. 506) ;—2° que si le délit est réprimé par deux peines dont l'une est facultative (*V.* l'art. 401), le juge conserve la faculté de ne pas prononcer cette peine ou de ne la prononcer que dans les limites du minimum et du maximum (Cass., 10 fév. 1827, S-V.8.1.524 ; 15 fév. 1829, D.p.29.1.149, et 19 avr. 1832, S-V.46.2.85, note ; Poitiers, 3 janv. 1846, S-V.46.2.85 ; MM. Carnot, sur l'art. 58 ; Hélie et Chauveau, *loc. cit.* ; Blanche, n. 507) ; — 3° enfin que si le *délit* est puni de deux peines alternatives (*V.* l'art. 314), le juge peut n'en appliquer qu'une, pourvu qu'il l'élève au maximum, et que, s'il les applique toutes les deux, il ne doit élever au maximum que l'une d'elles (MM. Hélie et Chauveau, *loc. cit.* ; Blanche, n. 508).

(3) C'est ce que la Cour de cassation avait déjà décidé, avant la nouvelle loi, par arrêt du 28 août 1845 (S-V.46.1.63, D.p.45.1.369), mais ce que contestait M. Blanche, n. 511.

l'avaient d'ailleurs déjà proclamé (1). Le troisième, enfin, c'est qu'il y a récidive de la part de celui qui, ayant été condamné correctionnellement à un emprisonnement de plus d'une année, a été ultérieurement poursuivi pour crime, si le dernier fait ne doit être également puni que de peines correctionnelles, par quelque cause que ce soit, c'est-à-dire tant par l'effet de la déclaration des circonstances atténuantes que par celui de l'élimination de circonstances aggravantes ou de l'admission d'une excuse. La circulaire de M. le garde des sceaux (sur les art. 57 et 58) exprime toutefois, pour le cas où le dernier fait n'est devenu simplement passible de peines correctionnelles que par l'effet de l'admission des circonstances atténuantes, des doutes qui lui paraissent ne pouvoir être tranchés que par la jurisprudence.

DES CRIMES ET DÉLITS CONTRE LA PAIX PUBLIQUE.

Du faux. — *Fausse monnaie.*

ART. 132.

Quiconque aura contrefait ou altéré les monnaies d'or ou d'argent ayant cours légal en France, ou participé à l'émission ou exposition desdites monnaies contrefaites ou altérées, ou à leur introduction sur le territoire français, sera puni des travaux forcés à perpétuité.

Celui qui aura contrefait ou altéré des monnaies de billon ou de cuivre ayant cours légal en France, ou participé à l'émission ou exposition desdites monnaies contrefaites ou altérées, ou à leur introduction sur le territoire français, sera puni des travaux forcés à temps.

ART. 133.

Tout individu qui aura, en France, contrefait ou altéré des monnaies étrangères ou participé à l'émission, exposition ou introduction en France de monnaies étrangères contrefaites ou altérées, sera puni des travaux forcés à temps.

7. Ces deux articles ne sont que la reproduction textuelle, l'un, des anciens art. 132 et 133 du Code pénal, et l'autre, de l'ancien art. 134 (2). Leur

---

(1) *V.* notamment Cass., 8 juill. 1836 (S-V.37.1.412; D.P.37.1.114), 22 janv. 1852 (D.P.52.1.60 ; S-V.52.1.217); 7 juill. 1853 (D.P.53.5.393) ; 4 janv. 1856 (D.P.56.5.384) et 6 fév. 1858 (S-V.58.1.699; D.P.58.1.187); MM. Hélie et Chauveau, t. 1, n. 152; Trébutien, t. 1, p. 297 et s. ; Bertauld, p. 435 ; Blanche, n. 510.

(2) Notons ici : 1° que pour que le fait d'émission ou tentative d'émission de monnaies fausses

vote, qui a eu lieu sans discussion, n'a été rendu nécessaire que par l'addition que la commission a faite à ce paragraphe d'une disposition nouvelle dont nous nous occuperons tout à l'heure, et qui, dans l'ordre des articles, ne pouvait prendre que le n° 34. C'est ce qui résulte des explications données au Corps législatif par M. Suin, commissaire du Gouvernement, dans la séance du 11 avril 1863 (1).

Art. 134.

Sera puni d'un emprisonnement de six mois à trois ans, quiconque aura coloré les monnaies ayant cours légal en France ou les monnaies étrangères dans le but de tromper sur la nature du métal, ou les aura émises ou introduites sur le territoire français.

Seront punis de la même peine ceux qui auront participé à l'émission ou à l'introduction des monnaies ainsi colorées.

8. De longues discussions se sont engagées au sein du Corps législatif sur cet article né d'un amendement présenté à la commission par M. Millet, et qui était ainsi conçu : « Les mêmes peines (celles de l'art. 133 actuel) seront applicables à quiconque, sans altérer ni contrefaire les monnaies ayant cours légal en France, ou les monnaies étrangères au cas prévu par l'art. 134 (133), leur aura donné une couleur pouvant tromper sur leur nature métallique, ou aura participé à l'émission, exposition ou introduction des monnaies ainsi colorées. » Tout en s'associant à la pensée de cet amendement, destiné à mettre un terme aux hésitations de la jurisprudence et de la doctrine sur la criminalité du fait de coloration des pièces de monnaie (2), la commission en avait modifié la rédaction de la manière sui-

---

soit punissable, il n'est pas nécessaire que ces pièces fausses aient été présentées comme étant de bon aloi (Cass., 28 déc. 1854, S-V.55.1.336; D.P.55.1.124; MM. Hélie et Chauveau, t. 2, n. 482, 4ᵉ édit.); — 2° que la fabrication du papier monnaie d'un pays étranger ayant cours dans ce pays, constitue le crime de fausse monnaie étrangère puni par l'art. 134 C. pén. (133 nouveau), et non pas seulement le crime de faux en écriture puni par les art. 147 et 150, le papier monnaie étant une véritable monnaie dans le sens légal (Cass., 20 juin 1829, S-V.9.1.347; D.P.29.1.278; 22 juill. 1858, S-V.58.1.846.—*Contrà*, MM. Hélie et Chauveau, n. 494); — 3° Mais que l'usage en France de faux billets de banque d'Angleterre (bank-notes), qui ne sont que de simples billets à ordre souscrits par une société commerciale, ne tombe point, au contraire, sous l'application de l'art. 134 (Paris, 8 fév. 1856, S-V.56.2.278).

(1) *Moniteur universel* du 12, p. 540, col. 6.

(2) *V.* comme attribuant à ce fait le caractère de crime de fausse monnaie, Cass., 4 juill. 1811 (S-V.3.1.376); 4 mars 1830 (S-V.9.1.465); 9 août 1833 (S-V.34.1 29); 6 mai 1841 (S-V.41.1.504; D.P.41.1.299) ; MM. Bourguignon, *Manuel,* sur l'art. 133; Merlin, *Rép.,* vᵒ *Fausse monnaie,* § 2, art. 2, n. 3 *bis*; Hélie et Chauveau, n. 481 ; Dalloz, vᵒ *Faux et fausse monnaie,* n. 22. — *Contrà*, Colmar, 29 janv. 1830 ; Douai, 2 janv. 1845 (D.P.45.4.273); MM. Carnot, *Cod. pén.,* t. 1, p. 450, n. 9, et Legraverend, *Législ. crim.,* t. 2, p. 511, n. 5. V. aussi Cass., 13 août 1835 (S-V.36.1.64 ; D.P.35.1.417);

vante : « Sera puni d'un emprisonnement de six mois à trois ans quiconque, sans altérer ni contrefaire les monnaies ayant cours légal en France ou les monnaies étrangères, leur aura donné en France une couleur pouvant tromper sur la nature du métal, ou aura participé à l'émission ou introduction des monnaies ainsi colorées. »

9. Cette nouvelle rédaction avait été approuvée par le conseil d'Etat. Mais M. Millet l'a vivement attaquée devant le Corps législatif, dans la séance du 11 avril 1863, et a demandé le renvoi de l'article à la commission (1). Il s'est plaint d'abord de l'addition des deux mots *en France* après ceux *leur aura donné*. « Ces mots *en France*, a-t-il dit, s'appliquent non-seulement aux monnaies françaises, mais en même temps aux monnaies étrangères.... Mais quelle nécessité y a-t-il que les monnaies françaises aient été colorées en France ; et, quant aux monnaies étrangères, ne suffit-il pas, dans le cas où elles auront été colorées à l'étranger, qu'elles soient aussi introduites, émises et exposées en France ? Le fait n'est–il pas également punissable ? » M. Le conseiller d'Etat Suin, commissaire du Gouvernement, a répondu que le maintien des deux mots *en France* était nécessaire, parce que ces mots se trouvent déjà dans l'art. 133, et qu'il n'y avait pas de raison pour ne pas les répéter dans l'art. 134, qui se rattache au précédent. Quand pourra-t-on punir celui qui aura donné à des monnaies une couleur pouvant tromper sur la nature du métal ? Selon la rédaction de la commission, c'est quand il aura commis le crime en France ; quel inconvénient y a-t-il à le dire ? — M. Millet a insisté toutefois et a soutenu que, si, pour la coloration des monnaies étrangères, il fallait, comme dans l'art. 133, exiger que le fait ait eu lieu en France, l'introduction de ces monnaies était punissable, d'après le principe même établi par cet article, dans quelque pays que la coloration ait été opérée.

10. L'honorable député s'est plaint, en outre, de la suppression faite par la commission du mot *exposition* que son amendement contenait à la suite de ceux *ou aura participé à l'émission*, et qui se trouve, a-t-il fait remarquer, dans tous les articles où il est question de monnaies. Mais, sur ce second point, sa réclamation est restée comme inaperçue.

11. Un autre membre du Corps législatif, M. le marquis de Mortemart, a demandé aussi le renvoi de l'art. 134 à la commission, mais, par un motif d'une nature différente. Suivant lui, colorer une pièce de monnaie avec l'intention de tromper, c'est la contrefaire. L'article serait donc plus rationnel, si l'on en retranchait les mots *sans altérer ni contrefaire les monnaies* (2). — Cette proposition a donné à M. Suin, conseiller d'Etat, l'occasion de préciser le but et la portée de l'art. 134. « Il ne faut pas, a-t-il dit, confondre la coloration donnée à une pièce avec la contrefaçon et l'alté-

---

Cass., Belg., ch. réun., 22 déc. 1836 (J. du p., 1836, p. 1701). D'après quelques-unes de ces dernières autorités, le fait dont il s'agit constituait simplement une filouterie punie par l'art. 401, C. pén.; suivant les autres, il n'était pas punissable.

(1) *Monit.* du 12, p. 540, col. 6, et p. 541, col. 1 et 2.

(2) *Monit.* du 12 avr. 1863, p. 541, col. 2.

ration. Les faits, en général, ne sont coupables qu'en raison du péril qu'ils apportent à la société... Dans la contrefaçon, surtout quand la monnaie est neuve, quand elle a encore toute sa fraîcheur, la personne qui reçoit la monnaie, reçoit la même effigie, le même millésime, la même expression que la valeur de la monnaie ; on peut être trompé, même en l'examinant... Mais, lorsqu'il y a coloration d'une monnaie, lorsqu'on a argenté ou doré un centime, par exemple, est-ce que vous avez fait perdre un centime à sa valeur ? Si vous lui avez fait perdre sa couleur, vous ne lui avez pas ôté son aspect, ce qui le constitue, la face du souverain, le millésime, la forme, la grandeur, l'expression de la quotité de la monnaie, le chiffre qui se trouve gravé dessus, l'expression : un centime ; et, par conséquent, celui qui reçoit la monnaie est bien averti ; s'il la reçoit pour une pièce de cinquante centimes, pour un dollar, pour une pièce d'or de cinq francs, c'est qu'il n'y aura pas fait attention ; sa négligence est entrée pour quelque chose dans la tromperie. Il a été trompé, mais il l'a été un peu par son propre fait. Celui qui a commis l'acte n'est donc pas un homme aussi dangereux pour la société que celui qui a chez lui des creusets et tous les instruments nécessaires pour faire de la fausse monnaie. C'est ce dernier qui est l'homme dangereux, lui qui, de sang-froid, avec une persévérante perversité, contrefait, altère les monnaies de l'Etat et les monnaies étrangères ; celui-là apporte un danger bien plus difficile à éviter que quelqu'un qui, dans un moment de besoin, ou par un caprice qu'on ne peut pas expliquer, aura donné à un centime ou à toute autre pièce de monnaie une couleur d'or ou d'argent... Je défends ici une œuvre qui n'est pas la nôtre, nous n'y avions pas pensé ; c'est la commission qui a introduit cet art. 134 : nous l'avons adopté, parce que nous avons trouvé qu'il y avait là une lacune, et qu'il fallait trancher cette définition qui avait partagé longtemps la doctrine d'une part et la jurisprudence de l'autre... »

12. Quoi qu'il en soit, l'art. 134 a été, dans la séance précitée du 11 avril, rejeté et renvoyé à la commission. — A la séance du 17 (1), M. Guyard-Delalain, rapporteur, a donné lecture de cet article retouché par la commission et rédigé, avec l'approbation du conseil d'Etat, en ces termes : « Sera puni d'un emprisonnement de six mois à trois ans quiconque, sans altérer ni contrefaire les monnaies ayant cours légal en France, ou les monnaies étrangères, leur aura donné une couleur pouvant tromper sur la nature du métal, ou les aura émises ou introduites sur le territoire français. — Seront punis de la même peine ceux qui auront participé à l'émission ou à l'introduction des monnaies ainsi colorées. »

13. Il résultait de cette nouvelle rédaction que le fait de coloration des monnaies n'avait pas besoin d'avoir eu lieu en France pour être punissable, et que ce n'était qu'à l'égard de l'émission ou de l'introduction des monnaies colorées, que la perpétration en France était nécessaire. — Mais la coloration était-elle punissable indépendamment de toute émission ou introduc-

---

(1) *Monit.* du 18, p. 584, col. 1.

tion sur le territoire français? Cette question, à laquelle a donné naissance la substitution faite, d'accord entre le conseil d'Etat et la commission, de la disjonctive *ou* à la conjonctive *et* qui, dans l'article primitivement rédigé par celle-ci, précédait le membre de phrase relatif à l'émission ou introduction des monnaies colorées, a été encore l'objet d'une vive discussion au Corps législatif (même séance).

14. MM. de Beauverger et Ernest Picard ont soutenu qu'il était impossible d'admettre une disposition pénale qui frapperait celui qui se serait borné à donner à des monnaies, sans avoir l'intention de les émettre, une couleur pouvant tromper sur la nature du métal. La coloration d'une pièce de monnaie peut n'être qu'un jeu ou une expérience scientifique, et avoir lieu, en tout cas, dans un tout autre but que celui de faire de la fausse monnaie. C'est cette dernière intention que la rédaction première de la commission faisait avec raison ressortir par le mot *et*. — A cela M. le vice-président du conseil d'Etat, de Parieu, commissaire du Gouvernement, a répondu : « Que propose le projet de loi? de dire que celui qui a coloré une pièce de monnaie de manière à tromper sur sa véritable valeur, ou celui qui a émis cette pièce, doivent être punis. Ce sont des dispositions parallèles à celles qui existent pour l'altération ou la contrefaçon des monnaies véritables. Il n'y a pas de doute que le seul fait de la contrefaçon ou de l'altération de monnaies sans émission, et le fait d'émission sans contrefaçon, venant de la personne qui a émis, sont l'un et l'autre punissables. Dans ce cas, le mot *ou* n'a jamais été contesté. — Que faut-il décider pour le cas du simple blanchiment ou de la dorure d'une pièce de monnaie? — Nous avons dit que le fait de colorer simplement une monnaie en laissant l'effigie et l'exergue tels qu'ils sont, supposait moins de perversité que le fait d'altération ou de contrefaçon de la monnaie, mais que cependant il devait être réprimé suivant la même alternative prévue pour le cas d'altération, et en punissant le cas où l'on a seulement coloré *ou* celui où l'on a émis des pièces colorées. — On dit : la coloration peut avoir été faite innocemment... Il n'y a jamais eu dans le Code pénal, au titre des crimes et délits, j'en excepte les simples contraventions de police, il n'y a jamais eu crime ou délit sans intention coupable. Ainsi, le chimiste qui, pour faire des expériences galvano-plastiques, colorerait en argent une pièce de bronze ou en or une pièce d'argent, ne serait pas poursuivi; celui qui se serait encore amusé à faire une coloration isolée de ce genre, sans intention frauduleuse, ne pourrait jamais être puni. Mais, s'il appert des circonstances, des antécédents de la personne ou du nombre des pièces colorées, ou des relations de l'auteur de la coloration avec des personnes qui se chargeraient de les émettre; s'il y a intention coupable, en un mot, ce fait doit être puni. »

15. M. Émile Ollivier a opposé à ce raisonnement que l'article, tel que la commission et le conseil d'Etat l'ont de nouveau rédigé, punissant deux délits, d'une part, celui de donner aux monnaies une couleur de nature à tromper, et, d'autre part, celui d'émettre les monnaies ainsi colorées, l'intention coupable, relativement au premier délit, consistera nécessairement à avoir fabriqué, non pas pour émettre, ce serait le second délit, mais uniquement pour colorer, même sans l'intention d'émettre. — Mais M. de Parieu a répliqué qu'il n'y avait pas plus de difficulté dans ce cas que dans celui d'altération ou de contrefaçon; que, de même que l'altération ou la contrefaçon d'une pièce de monnaie, qui serait opérée dans un intérêt scientifique et sans intention frauduleuse, ne devrait pas être punie, de même il n'y a intention coupable, dans le cas de coloration, qu'autant que l'on a donné à la monnaie une couleur *pouvant tromper sur la nature* du métal; qu'enfin, il y a un double intérêt à maintenir la nouvelle rédaction, d'abord, parce que le cas de coloration est quelquefois bien rapproché de celui d'émission, et que, si une personne est trouvée possédant un grand nombre de pièces colorées, sa situation est évidemment la même que si elle avait un dépôt de pièces altérées; ensuite, parce que si, au lieu de la disjonctive *ou*, l'article contenait la conjonctive *et*, le fait d'émettre des monnaies colorées, sans les avoir colorées soi-même, ne serait pas puni, et que, cependant, ce fait doit nécessairement l'être. — M. Desmaroux de Gaulmin, M. le conseiller d'État Suin et M. Baroche, président du conseil d'Etat, se sont joints à M. de Parieu pour soutenir que, puisque, d'après l'art. 133, le seul fait de simple altération des monnaies est coupable, indépendamment de toute émission, pourvu qu'il ait été accompli avec une intention frauduleuse, le fait d'avoir coloré des monnaies avec intention coupable, mais sans émission, doit suffire pour constituer le délit puni par l'art. 134.

16. M. E. Ollivier a objecté alors que le second paragraphe de cet article punit spécialement la participation à l'émission ou à l'introduction des pièces colorées, et qu'on ne peut prétendre que ce paragraphe prévoit simplement la complicité du délit d'émission ou d'introduction, parce que la complicité n'a pas besoin d'être prévue par chaque article du Code pénal, du moment où elle est réglée d'une manière générale par l'art. 59.—D'autres membres ont dit que l'altération ou la contrefaçon des monnaies a dû être punie, indépendamment de l'émission, parce qu'elle est nécessairement coupable par elle-même, tandis qu'il en est autrement pour la coloration; à quoi M. le président du conseil d'Etat a répondu qu'ainsi qu'on l'avait déjà dit, l'altération pouvait n'être pas criminelle, et que l'on concevait des essais faits sur des pièces de monnaie à un point de vue scientifique et d'expérimentation.

17. En définitive, l'art. 134 a été, à cette séance, de nouveau rejeté et renvoyé à la commission.—Celle-ci l'ayant ensuite modifié en lui donnant la rédaction qu'il a actuellement, cette rédaction nouvelle, qu'avait adoptée le conseil d'Etat, a été votée sans discussion dans la séance du 18 avril (1).

La suppression des mots, *sans altérer ni contrefaire*, et la substitution des expressions : « aura coloré les monnaies..., *dans le but de tromper* sur la nature du métal », à ces mots du projet : « leur aura donné... une couleur

---

(1) *Moniteur universel* du 19, p. 593, col. 5.

pouvant tromper sur la nature du métal », ont fait disparaître toute équivoque, sans exiger le remplacement de la disjonctive *ou* par la conjonctive *et*, au commencement du membre de phrase relatif à l'émission ou introduction en France des monnaies colorées. — Ainsi, il nous paraît certain, en présence de cette nouvelle rédaction et de la discussion qui l'a précédée, que le fait de coloration des monnaies est punissable en quelque lieu qu'il ait été accompli et indépendamment de toute émission ou introduction des monnaies en France, mais qu'il ne l'est qu'autant qu'il a été commis frauduleusement, dans le but de tromper sur la nature du métal (1), et qu'il échappe à toute répression, s'il a simplement le caractère d'un amusement ou d'une expérimentation scientifique. — Il est non moins certain que l'émission ou introduction en France de monnaies colorées tombe sous l'application de l'art. 134, encore bien que l'auteur de l'émission ou de l'introduction ne les ait pas colorées lui-même. — Enfin la simple *exposition* en France de monnaies colorées, n'est point atteinte par cet article, qui, sous ce rapport, n'a pas, avec les art. 132 et 133, l'harmonie qu'on aurait pu désirer (2).

ART. 135.

La participation énoncée aux précédents articles ne s'applique point à ceux qui, ayant reçu pour bonnes des pièces de monnaies contrefaites, altérées ou colorées, les ont remises en circulation. Toutefois, celui qui aura fait usage desdites pièces, après en avoir vérifié ou fait vérifier les vices, sera puni d'une amende triple au moins et sextuple au plus de la somme représentée par les pièces qu'il aura rendues à la circulation, sans que cette amende puisse, en aucun cas, être inférieure à seize francs.

18. Cet article ne diffère de l'ancien art. 135 du Code pénal que par l'addition qui y a été faite du mot *colorées*, destiné à le rattacher au nouvel art. 134, de même qu'aux art. 132 et 133. Il a été voté sans autre discussion que la demande faite par quelques membres et combattue par MM. les commissaires du Gouvernement Suin et de Parieu, dans la séance du 11 avril 1863 (3), de supprimer cette addition, par suite du renvoi fait à la commission, dans la même séance, de l'art. 134, ainsi qu'on l'a vu plus haut (n° 12), ou tout au moins de suspendre le vote de l'art. 135, comme celui de l'art. 134 (4).

---

(1) Les mots : « pour tromper sur la nature du métal », dit fort bien la circulaire de M. le garde des sceaux du 30 mai 1863, doivent être considérés comme l'équivalent du mot *frauduleusement* consacré par la jurisprudence pour caractériser toutes les variétés du faux.

(2) V. *suprà*, n. 9.

(3) *Moniteur universel* du 12, p. 541, col. 4.

(4) La Cour de cassation a décidé, par arrêt du 23 fév. 1860 (S-V.60.4.588), que l'in-

ART. 138.

Les personnes coupables des crimes mentionnés en l'art. 132 seront exemptes de peine si, avant la consommation de ces crimes et avant toutes poursuites, elles en ont donné connaissance et révélé les auteurs aux autorités constituées, ou si, même après les poursuites commencées, elles ont procuré l'arrestation des autres coupables.

Elles pourront néanmoins être mises, pour la vie ou à temps, sous la surveillance spéciale de la haute police.

19. Cet article n'est encore que la reproduction de l'ancien art. 138 du Code pénal, sauf qu'au lieu d'y renvoyer aux art. 132 et 133, dont les dispositions sont aujourd'hui réunies dans l'art. 132, on n'y renvoie naturellement qu'à ce dernier article.

Contrefaçon des sceaux, poinçons, timbres et marques.

ART. 142.

Ceux qui auront contrefait les marques destinées à être apposées, au nom du gouvernement, sur les diverses espèces de denrées ou de marchandises, ou qui auront fait usage de ces fausses marques; ceux qui auront contrefait le sceau, timbre ou marque d'une autorité quelconque, ou qui auront fait usage des sceaux, timbres ou marques contrefaits; ceux qui auront contrefait les timbres-poste ou fait usage sciemment de timbres-poste contrefaits, seront punis d'un emprisonnement de deux ans au moins et de cinq ans au plus.

Les coupables pourront, en outre, être privés des droits mentionnés en l'art. 42 du présent Code pendant cinq ans au moins et dix ans au plus, à compter du jour où ils auront subi leur peine.

Ils pourront aussi être mis, par l'arrêt ou le jugement, sous la surveillance de la haute police pendant le même nombre d'années.

Les dispositions qui précèdent seront applicables aux tentatives de ces mêmes délits.

---

troduction et l'exposition en France de monnaies contrefaites ou altérées, comportent, aussi bien que l'émission même de semblables monnaies, l'excuse tirée de ce que l'accusé les avait reçues pour bonnes; et tel est aussi l'avis de Hélie et Chauveau, t. 2, n. 490. — Il faut remarquer, au surplus, que l'émission (de même que l'introduction et l'exposition en France) de monnaies que l'on sait être fausses, mais que l'on a reçues pour bonnes, n'étant qu'un délit, la simple tentative d'un tel fait n'est pas punissable, puisque la loi n'a pas dit expressément qu'elle serait punie: Cass., 15 avril 1826 (S.V.8.1.318 , D.P. 26.1.348). MM. Hélie et Chauveau, t. 2, n. 488.

ART. 143.

Quiconque, s'étant indûment procuré les vrais sceaux, timbres ou marques ayant l'une des destinations exprimées en l'art. 42, en aura fait ou tenté de faire une application ou un usage préjudiciable aux droits ou intérêts de l'Etat ou d'une autorité quelconque, sera puni d'un emprisonnement de six mois à trois ans.

Les coupables pourront, en outre, être privés des droits mentionnés en l'art. 42 du présent Code pendant cinq ans au moins et dix ans au plus, à compter du jour où ils auront subi leur peine.

Ils pourront aussi être mis, par l'arrêt ou le jugement, sous la surveillance de la haute police pendant le même nombre d'années.

20. L'un des objets de la loi que nous expliquons a été, on le sait, de remplacer les peines de la réclusion, du bannissement et de la dégradation civique par celle de l'emprisonnement dans les cas où l'expérience a prouvé que la rigueur de la pénalité déterminait habituellement le jury à déclarer soit la non-culpabilité des accusés, soit l'existence de circonstances atténuantes en leur faveur ou la non-existence des circonstances aggravantes, et de faire ainsi descendre certains crimes dans la classe des délits, en soumettant, toutefois, les condamnés aux conséquences de la peine afflictive et infamante, par l'assimilation de la tentative du délit au délit même, et par la faculté donnée aux tribunaux correctionnels de les priver des droits mentionnés en l'art. 42 du Code pénal, et de les placer sous la surveillance de la haute police (1).

21. Les deux articles ci-dessus transcrits, qui ont été votés sans discussion, présentent la première application de ce système de déclassement. — On remarquera qu'il n'y est plus question de la contrefaçon des marques des établissements particuliers de banque ou de commerce, et cela par le motif que ces infractions se trouvent aujourd'hui punies par la loi spéciale du 23 juin 1858, sur les marques de fabrique, mais qu'aux contrefaçons punies par l'art. 542 a été ajoutée celle des timbres-poste, que ne prévoit pas la loi du 16 octobre 1849 (2). — A cette contrefaçon est assimilé pour la pénalité l'usage fait sciemment des timbres contrefaits. « Le mot *sciemment*, peut-être inutile, dit le rapport, p. 19, a été ajouté par la commission pour exprimer mieux cette pensée, que l'erreur de bonne foi excluait toute culpabilité, et que celui qui, sans le savoir, aurait fait usage d'un timbre-poste contrefait, n'encourrait aucune peine. »

---

(1) V. ci-dessus, observ. prélimin., p. 80, et le rapport de la commission, p. 8.
(2) M. F. Hélie, dans la 4ᵉ édit. de la *Théor. du Cod. pén.*, t. 2, n. 517, faisait déjà rentrer les timbres-poste dans la catégorie des sceaux, timbres, ou marques énoncés dans les anciens art. 142 et 143.

Des faux en écriture publique ou authentique et de commerce
ou de banque.

ART. 149.

Sont exceptés des dispositions ci-dessus les faux commis dans les passe-ports, feuilles de route et permis de chasse, sur lesquels il sera particulièrement statué ci-après.

22. Aucune discussion n'a précédé le vote de cet article, qui, à la différence de l'ancien art. 149, indique que, sous le rapport du faux, les permis de chasse sont placés dans la même catégorie que les passe-ports et feuilles de route. « Jusqu'à présent, dit le rapport, p. 21, à défaut de disposition spéciale pour les permis de chasse, il fallait comprendre les faux dont ils étaient l'objet parmi les faux commis en écriture publique (1). L'exagération de la peine en assurait alors l'impunité, soit par le défaut de poursuite, soit par le défaut de condamnation. Nous en assurons, au contraire, la répression en mesurant plus équitablement la sévérité de la peine à la gravité du délit » (2).

Des faux commis dans les passe-ports, permis de chasse, feuilles de route
et certificats.

ART. 153.

Quiconque fabriquera un faux passe-port ou un faux permis de chasse, ou falsifiera un passe-port ou un permis de chasse originairement véritable, ou fera usage d'un passe-port ou d'un permis de chasse fabriqué ou falsifié, sera puni d'un emprisonnement de six mois au moins et de trois ans au plus.

23. M. Ernest Picard, dans la séance du 11 avril 1863 (3), s'est élevé contre la rigueur de cette disposition en présence de l'inutilité dont doivent être les passe-ports dans l'état de nos rapports internationaux. Mais M. Suin, commissaire du gouvernement, lui a fait cette réponse péremptoire, que l'art. 153 du projet de loi ne faisait qu'adoucir la peine prononcée par l'art. 153 du Code pénal contre les faux commis dans les passe-ports, et que, rejeter le premier de ces articles, ce serait vouloir maintenir le second, dont la commission et le conseil d'Etat ont pensé précisément que la sévérité

---

(1) *V.* Douai, 30 janv. 1847 (S.-V.48.2.590, D.P.49.2.5); MM. Dalloz, *Répert.*, v° *Faux*, n. 362.
(2) *V.* dans le même sens, l'Exposé des motifs, p. 15.
(3) *Moniteur* du 12, p. 541, col. 4.

n'était plus en harmonie avec l'état de nos mœurs et de nos moyens de locomotion. Telle était déjà l'observation qui avait été consignée dans l'exposé des motifs, p. 15 et 16, et dans le rapport, p. 21 (1).

ART. 154.

Quiconque prendra, dans un passe-port ou dans un permis de chasse, un nom supposé, ou aura concouru, comme témoin, à faire délivrer le passe-port sous le nom supposé, sera puni d'un emprisonnement de trois mois à un an.

La même peine sera applicable à tout individu qui aura fait usage d'un passe-port ou d'un permis de chasse délivré sous un autre nom que le sien.

Les logeurs ou aubergistes qui, sciemment, inscriront sur leurs registres, sous des noms faux ou supposés, les personnes logées chez eux, ou qui, de connivence avec elles, auront omis de les inscrire, seront punis d'un emprisonnement de six jours au moins et de trois mois au plus.

24. La première disposition de l'ancien art. 154 est passée sans changement dans l'article actuel (2) ; mais celui-ci contient de plus une nouvelle disposition qui étend la pénalité de la première au fait d'usage d'un passe-port ou d'un permis de chasse délivré sous le nom d'un tiers, fait de nature à se produire souvent, surtout pour les délits de chasse, et qui cependant jusqu'ici ne tombait sous l'application d'aucune loi pénale (3). — Un député a trouvé d'une rigueur extrême de mettre sur la même

---

(1) La Cour de cassation a jugé, sous l'empire de l'ancien art. 153, Cod. pén., que la falsification ou l'altération d'un passe-port est punissable, indépendamment de toute fraude ou intention de nuire, et par cela seul qu'elle a été faite sciemment, ne fût-ce que dans le but de tromper l'autorité sur sa position ou sur sa qualité (arrêts des 11 oct. 1835, Bull., n. 349, et 9 fév. 1844, S-V.44.1.560; D.P.44.1.164. — *Contrà*, MM. Hélie et Chauveau, t. 2, n. 633). Cette décision conserve encore toute son autorité. — *V.* de plus la note suivante.

(2) Jugé que cette disposition n'est applicable ni à celui qui a donné dans un passe-port une *qualité fausse* à une personne désignée d'ailleurs par son nom véritable (Bordeaux, 10 déc. 1834, S-V.35.2.57, D.P.35.2.48; V. aussi MM. Hélie et Chauveau, t. 2, n. 638), ni à celui qui fait dans un passe-port une fausse déclaration sur son âge (S-V.54.2.353; D.P.55.2.27 ; J. du P. 54.1.446).—Cette déclaration ne tombe pas non plus sous l'application de l'art. 153 (même arrêt).

(3) La Cour de cassation a décidé, en effet, par arrêt du 9 juill. 1840 (S-V.41.1.560; D.P 40.1.427 ; J. du P. 40.2.165), que l'usage par un individu d'un passe-port délivré à un autre, et qui n'a subi ni altération ni falsification, ne constitue pas de délit. V. aussi MM. Carnot, *Cod. pén.*, t. 1, p. 490, n. 4; Hélie et Chauveau, t. 2, n. 640, ainsi que l'Exposé des motifs de la loi nouvelle, p. 17.

ligne le permis de chasse et le passe-port. « Un de mes amis, a-t-il dit,
vient chez moi pour y passer huit jours; il n'a pas son permis de chasse,
il l'a oublié chez lui; il veut aller tirer de petits oiseaux; il prend mon
permis, et il est condamné ! » (1) — M. le conseiller d'Etat Suin, commissaire du gouvernement, a répondu que l'usage d'un permis de chasse
délivré à un tiers était pour le moins aussi grave que le fait de se servir
du passe-port d'un autre, parce qu'il renferme deux délits : le fait de
chasser sans en avoir la permission, et celui de tromper l'autorité, et que,
puisqu'on avait assimilé le permis de chasse au passe-port dans l'art. 153,
on devait, par une conséquence nécessaire, maintenir cette assimilation
dans l'art. 154.

25. Quant à la partie de la dernière disposition de l'article, relative à
l'inscription par les logeurs ou aubergistes, sous des noms faux ou supposés, des personnes logées chez eux, on y remarque une légère aggravation
de la pénalité qu'édictait l'ancien art. 154, « aggravation justifiée, dit le
Rapport, p. 22, par la multiplicité de ces sortes de délits, et par les faci-
lités qu'y rencontrent ceux qui ont intérêt à échapper à toute surveillance. »
— Cette même disposition prévoit, en outre, un délit nouveau, qu'elle
assimile au précédent, et qui consiste dans le fait, de la part des logeurs
et aubergistes, d'omettre, de connivence avec les personnes logées chez
eux, de les inscrire sur leurs registres. D'après les divers textes du Code
pénal, concernant l'obligation pour les hôteliers, logeurs ou aubergistes
d'inscrire les personnes logées chez eux (art. 73, 154 et 435), l'omission
volontaire n'était pas plus punie que l'omission involontaire. « Elle est
cependant bien plus coupable, lit-on dans le Rapport (*ibid.*), et, à une
époque où la rapidité des transports favorise si puissamment la fuite des
coupables, et où les traces qu'ils laissent chez les logeurs sont souvent les
uniques moyens de les atteindre, il importait de donner une sanction nouvelle au devoir des hôteliers et des aubergistes. »

ART. 155.

Les officiers publics qui délivreront ou feront délivrer un passe-
port à une personne qu'ils ne connaîtront pas personnellement,
sans avoir fait attester ses noms et qualités par deux citoyens à
eux connus, seront punis d'un emprisonnement d'un mois à six
mois.

Si l'officier public, instruit de la supposition du nom, a néanmoins délivré ou fait délivrer le passe-port sous le nom supposé,
il sera puni d'un emprisonnement d'une année au moins et de
quatre ans au plus.

Le coupable pourra, en outre, être privé des droits mentionnés

---

(1) Séance du 11 avr. 1863; *Moniteur* du 12, p. 544, col. 6.

en l'art. 42 du présent Code, pendant cinq ans au moins et dix ans au plus, à compter du jour où il aura subi sa peine.

26. Ici, la nouvelle loi, à la différence de l'ancien art. 155, punit, non-seulement les officiers publics qui *délivrent*, mais aussi ceux qui *font délivrer* un passe-port à une personne qu'ils ne connaissent pas personnellement, sans avoir fait attester ses noms et qualités par deux citoyens à eux connus. — On sait que les passe-ports à l'étranger sont, aux termes de la loi du 14 vent. an IV, délivrés par les préfets sur une attestation donnée par les maires, ou, à Paris, par les commissaires de police, lesquels doivent eux-mêmes, lorsqu'ils ne connaissent pas personnellement les individus, se faire attester leurs noms et qualités par deux citoyens à eux connus. Si l'attesta-tion est donnée sans l'accomplissement de cette dernière formalité, c'est évidemment le maire ou le commissaire de police de qui elle émane, et non le préfet qui a délivré le passe-port sur cette attestation, qui est coupable. Cette faute du maire ou du commissaire de police, que n'atteignait pas l'an-cien art. 155, Cod. pén. (1), tombe, au contraire, sous l'application du nouvel art. 155 (2).

27. Ce dernier article substitue, du reste, à la peine du bannissement que prononçait le Code pénal, celle d'un emprisonnement d'un an au moins à quatre ans au plus, pour le fait de l'officier public qui, instruit de la suppo-sition de nom, a néanmoins délivré *ou fait délivrer* le passe-port sous le nom supposé. Cette atténuation, dit le Rapport, p. 23, « s'explique par la nature même de la peine qui était attachée à l'infraction. Le bannissement est une peine exclusivement réservée aux délits politiques ; il serait sou-vent difficile d'en obtenir l'application à un délit ordinaire et de droit com-mun ; et s'il est vrai que quelquefois la délivrance d'un passe-port sous un nom supposé ait pour but de favoriser une évasion conseillée par des rai-sons politiques, le plus souvent ce délit n'est inspiré que par de tout autres motifs. D'ailleurs, l'emprisonnement et les peines accessoires qui remplace-ront le bannissement, nous paraissent correspondre suffisamment et dans tous les cas à la gravité du délit. » *V.* dans le même sens l'Exposé des mo-tifs, p. 16 et 17.

ART. 156.

Quiconque fabriquera une fausse feuille de route ou falsifiera une feuille de route originairement véritable, ou fera usage d'une feuille de route fabriquée ou falsifiée, sera puni, savoir :

D'un emprisonnement de six mois au moins et de trois ans au plus, si la fausse feuille de route n'a eu pour objet que de tromper la surveillance de l'autorité publique ;

D'un emprisonnement d'une année au moins et de quatre ans au

____

(1) V. en effet Cass., 14 oct. 1853 (S.V.54.1.224 ; D.p.53.5.342 ; J. du P. 54.2. 577).
(2) Rapport, p. 24.

plus, si le Trésor public a payé au porteur de la fausse feuille des frais de route qui ne lui étaient pas dus ou qui excédaient ceux auxquels il pouvait avoir droit, le tout néanmoins au-dessous de cent francs :

Et d'un emprisonnement de deux ans au moins et de cinq ans au plus, si les sommes indûment perçues par le porteur de la feuille s'élèvent à cent francs et au delà.

Dans ces deux derniers cas, les coupables pourront, en outre, être privés des droits mentionnés en l'art. 42 du présent Code pendant cinq ans au moins et dix ans au plus, à compter du jour où ils auront subi leur peine.

Ils pourront aussi être mis, par l'arrêt ou le jugement, sous la surveillance de la haute police pendant le même nombre d'années.

28. Dans cet article, comme dans les précédents, la loi nouvelle a introduit un abaissement de la pénalité, et spécialement la substitution de la peine de l'emprisonnement à celle du bannissement, à l'égard du fait prévu par le troisième paragraphe. « Ici, dit très-justement le Rapport, p. 25, le déclassement s'explique d'autant mieux qu'il y avait peut-être une sévérité excessive à considérer comme un crime le faux commis dans une feuille de route, par cela seul qu'il avait causé quelque préjudice au Trésor. » C'est l'observation qui a été également présentée dans l'Exposé des motifs, p. 17.

29. On remarque que la privation des droits mentionnés en l'art. 42, Cod. pén., et la mise sous la surveillance de la haute police, ne sont autorisées que dans les deux derniers cas prévus par l'art. 156 (1). C'est conformément à un amendement présenté par M. Millet que l'on a excepté le premier cas, qui a en effet moins de gravité (2).

ART. 157.

Les peines portées en l'article précédent seront appliquées, selon les distinctions qui y sont établies, à toute personne qui se sera fait délivrer par l'officier public une feuille de route sous un nom

---

(1) Jugé que le faux prévu par les deux dernières dispositions de l'art. 156 n'existe qu'autant qu'il y a eu préjudice réel et perception de sommes qui n'étaient pas dues, ou tout au moins tentative accompagnée des circonstances déterminées par l'art. 2, Cod. pén.; Cass., 8 nov. 1816 (S.V.5.1.244). Conf., MM. Hélie et Chauveau, t. 2, n. 644.

(2) Rentre dans ce cas le fait, de la part d'un individu placé sous la surveillance de la haute police, d'avoir enlevé de sa feuille de route la partie sur laquelle était inscrite la lettre indicative de la condamnation qu'il a subie : Cass., 15 déc. 1849 (D.P.50.5.232) ; MM. Hélie et Chauveau, *loc. cit.*

supposé, ou qui aura fait usage d'une feuille de route délivrée sous un autre nom que le sien.

30. La loi nouvelle punit ici, à l'égal de la supposition de nom dans une feuille de route, l'usage d'une feuille de route délivrée à un tiers, qui jusque-là n'était pas punissable (1).

Art. 158.

Si l'officier public était instruit de la supposition de nom lorsqu'il a délivré la feuille de route, il sera puni, savoir :

Dans le premier cas posé par l'art. 156, d'un emprisonnement d'une année au moins et de quatre ans au plus ;

Dans le second cas du même article, d'un emprisonnement de deux ans au moins et de cinq ans au plus ;

Dans le troisième cas, de la réclusion.

Dans les deux premiers cas, il pourra, en outre, être privé des droits mentionnés en l'art. 42 du présent Code, pendant cinq ans au moins et dix ans au plus, à compter du jour où il aura subi sa peine.

31. Pour conserver, dans l'atténuation de la pénalité introduite aussi dans cet article, la gradation qu'avait établie l'ancien texte, il a fallu renoncer à correctionnaliser la dernière des trois infractions qu'il prévoit, et substituer la réclusion aux travaux forcés (2) (Exposé des motifs, p. 17).

Art. 159.

Toute personne qui, pour se rédimer elle-même ou affranchir une autre d'un service public quelconque, fabriquera, sous le nom d'un médecin, chirurgien ou autre officier de santé, un certificat de maladie ou d'infirmité, sera punie d'un emprisonnement d'une année au moins et de trois ans au plus.

---

(1) V. à cet égard **MM.** Hélie et Chauveau, t. 2, n. 646. — Ces auteurs enseignent au surplus (*ibid.*), que la supposition de *qualités* dans une feuille de route n'est pas punissable comme la supposition de *nom*, pourvu qu'elle n'ait pour objet que de tromper la surveillance de l'autorité, mais qu'il en serait autrement si elle avait eu pour but de soustraire au Trésor des frais de route plus élevés. V. aussi Cass., 24 avr. 1808 (S.V.2.1.517).

(2) MM. Hélie et Chauveau, n. 647, font remarquer avec raison que la culpabilité de l'officier public est subordonnée à la condition qu'il soit compétent pour délivrer la feuille de route. « En effet, disent-ils, s'il n'avait ce droit, l'acte serait vicié dans sa base ; il n'aurait aucune valeur, puisqu'il ne pourrait produire aucun effet ; dès lors, l'altération serait indifférente, puisque aucun préjudice ne pourrait en résulter. »

Art. 160.

Tout médecin, chirurgien ou autre officier de santé qui, pour favoriser quelqu'un, certifira faussement des maladies ou infirmités propres à dispenser d'un service public, sera puni d'un emprisonnement d'une année au moins et de trois ans au plus.

S'il y a été mû par dons ou promesses, la peine de l'emprisonnement sera d'une année au moins et de quatre ans au plus.

Dans les deux cas, le coupable pourra, en outre, être privé des droits mentionnés en l'art. 42 du présent Code pendant cinq ans au moins et dix ans au plus, à compter du jour où il aura subi sa peine.

Dans le deuxième cas, les corrupteurs seront punis des mêmes peines que le médecin, chirurgien ou officier de santé qui aura délivré le faux certificat.

32. Le point de départ des modifications apportées aux art. 159 et 160, Cod. pén., est dans la substitution de l'emprisonnement au bannissement, pour le cas où un officier de santé délivre un faux certificat de maladie ou d'infirmité, en se laissant corrompre par des dons ou promesses. Bien que ce fait ait sa gravité, le jury recule habituellement devant la rigueur de la peine ; et l'on sait d'ailleurs que la pensée de la loi nouvelle est de ne conserver la peine du bannissement que pour les délits politiques (1). Cet abaissement de pénalité a nécessité aussi, pour le maintien de la gradation que le Code pénal avait très-justement établie, une atténuation des peines prononcées par la première disposition de l'art. 160 et par l'art. 159 (2).

---

(1) V. *suprà*, n. 27 ; Exposé des motifs, p. 16 ; Rapport, p. 23 et 26.

(2) L'art. 159 est inapplicable, soit au fait de fabriquer, sous le nom d'un officier de santé, un certificat attestant une maladie *réelle*, car ce certificat, bien qu'entaché de faux, ne peut produire aucun préjudice (MM. Hélie et Chauveau, t. 2, n. 654), soit au fait de fabriquer un certificat de maladie ou d'infirmité sous la fausse qualité de médecin, chirurgien ou officier de santé, mais sous le vrai nom de l'auteur du certificat : il y a là seulement le délit d'escroquerie (Cass., 6 août 1807, S-V.2.1.420), soit au fait de fabriquer, sous le nom d'un officier de santé, un certificat de maladie destiné à faire transférer un détenu de la prison dans un hospice, ce certificat n'ayant pas pour but d'obtenir la dispense d'un service public (MM. Hélie et Chauveau, *loc. cit.* — *Contrà*, Cass., 22 mai 1807, S-V.2. 1.390).

Quant à l'art. 160, il ne s'applique point à la fabrication par un médecin ou chirurgien d'un faux certificat attestant qu'un enfant est entré dans un hospice; mais ce fait constituerait le crime de faux, s'il avait eu pour objet la suppression de l'état de cet enfant : Cass.. 8 sept. 1826 (S-V.8.1.426, D.p.27.1.48); MM. Hélie et Chauveau, n. 653. — L'art. 160 est, au contraire, applicable au fait, par un chirurgien-major de la garde nationale, d'avoir certifié faussement des maladies ou infirmités propres à dispenser un citoyen d'un service de revue : Cass., 6 mai 1836 (S-V.36.1.969, D.p.37.21.46). — Enfin, l'exagération du salaire reçu par l'officier de santé qui a délivré un faux certificat, peut rendre cet offi-

ART. 161.

Quiconque fabriquera, sous le nom d'un fonctionnaire ou officier public, un certificat de bonne conduite, indigence ou autres circonstances propres à appeler la bienveillance du gouvernement ou des particuliers sur la personne y désignée, et à lui procurer places, crédit ou secours, sera puni d'un emprisonnement de six mois à deux ans.

La même peine sera appliquée : 1° à celui qui falsifiera un certificat de cette espèce, originairement véritable, pour l'approprier à une personne autre que celle à laquelle il a été primitivement délivré ; 2° à tout individu qui se sera servi du certificat ainsi fabriqué ou falsifié.

Si ce certificat est fabriqué sous le nom d'un simple particulier, la fabrication et l'usage seront punis de quinze jours à six mois d'emprisonnement.

33. L'ancien art. 161, Cod. pén., est reproduit sans modification dans les deux premiers paragraphes de l'article actuel (1). Quant au troisième paragraphe, il renferme une nouvelle incrimination sur les conditions de

---

cier de santé passible de l'aggravation de peine édictée par le deuxième paragraphe de l'art. 160 (Cass., 6 juin. 1834, Bull., n. 214 ; MM. Hélie et Chauveau, *loc. cit*).

(1) En ce qui concerne les deux premiers paragraphes, il faut remarquer : 1° que lorsque le certificat présente le caractère d'un acte émané d'un fonctionnaire exerçant un droit ou accomplissant un devoir inhérent à sa qualité, et que la production de cette pièce est la condition légale et nécessaire de l'admission à un service public, sa fabrication ou son usage ne constitue pas seulement le délit puni par l'art. 64, mais bien le crime de faux en écriture publique (Cass., 19 mai et 15 déc. 1836, S.-V.36.1.880 et 37.1.821 ; MM. Hélie et Chauveau, t. 2, n. 656. *V.* aussi les nombreux arrêts cités par MM. Dalloz, *Répert.*, v° *Faux*, n. 399) ; — 2° qu'il n'est pas nécessaire, pour l'applicabilité de l'art. 161, que le fonctionnaire de qui le certificat est censé émaner fût compétent pour le délivrer, le danger résidant uniquement dans l'autorité du fonctionnaire et dans la confiance que son nom peut inspirer (MM. Hélie et Chauveau, n. 660 ; Dalloz, n. 394) ; — 3° mais qu'il est essentiel que le fonctionnaire exerçât, à la date du certificat, les fonctions publiques qu'on lui attribue (MM. Hélie et Chauveau, n. 661 ; Dalloz, n. 395) ; — 4° que le fait d'ajouter, sur un certificat originairement véritable, de nouvelles attestations en faveur de la personne qu'il désigne, tombe sous l'application de l'art. 161, lorsque l'addition contient une circonstance nouvelle propre à exciter la bienveillance, mais qu'il en est autrement lorsque l'addition n'a pour objet qu'une circonstance accessoire aux faits déjà énoncés dans le certificat (Cass., 11 mars et 9 juin 1826, S.-V.8.1.295 et 358 ; MM. Hélie et Chauveau, n. 662 ; Dalloz, n. 400) ; — 5° que les faux certificats de service ou de bonne conduite destinés à procurer des décorations rentrent dans les dispositions de l'art. 161, et qu'on y verrait à tort le crime de faux, parce qu'ils ne produisent pas, dans le sens légal, de lésion envers des tiers ou de préjudice envers le Trésor (MM. Hélie et Chauveau, n. 655, et Dalloz. n. 396. — *Contrà*, Cass., 1er oct. 1824, S.-V.7.1.538, D.p.25.1.34).

laquelle le conseil d'Etat et la commission étaient dans le principe d'avis différent. Le projet de loi proposait de punir seulement l'*usage*, et non la *fabrication* du faux certificat de bonne conduite, d'indigence, etc., dans lequel on emprunterait le nom d'un simple particulier (1). La commission a pensé, au contraire, que la criminalité était la même dans les deux cas (2), et le conseil d'Etat s'est ensuite rangé à cette opinion.

ART. 164.

Il sera prononcé contre les coupables une amende dont le minimum sera de cent francs et le maximum de trois mille francs ; l'amende pourra cependant être portée jusqu'au quart du bénéfice illégitime que le faux aura procuré ou était destiné à procurer aux auteurs du crime ou du délit, à leurs complices ou à ceux qui ont fait usage de la pièce fausse.

34. D'après l'ancienne rédaction de cet article, l'amende ne pouvait dépasser cent francs que lorsque le faux avait eu pour but ou pour résultat de procurer un bénéfice illégitime supérieur, et, dans ce cas, elle pouvait être portée jusqu'au quart de ce bénéfice. Mais le faux peut ne pas avoir pour objet un bénéfice, et ne causer qu'un préjudice moral. D'un autre côté, même quand il a été commis en vue d'un bénéfice, l'évaluation de ce bénéfice n'est pas toujours possible. Il importait donc de fixer un autre maximum, et la loi nouvelle, tout en maintenant celui du quart pour les cas où il serait applicable, en a établi un nouveau de 3,000 fr. (3).

35. L'ancien art. 164 ne parlait que du bénéfice que le faux aurait procuré ou était destiné à procurer aux auteurs du *crime*. Sur l'observation faite par M. Millet, que cet article s'applique à toutes les infractions prévues par les art. 132 et suiv., relatifs aux faux, et que ces infractions constituent, les unes, des crimes, et les autres, des délits, la commission a ajouté les mots *ou du délit* que contient l'article actuel (4).

36. On remarquera, enfin, que la loi nouvelle s'est départie, pour les faux réprimés par les art. 153 à 162, de la règle que s'étaient faite les au-

---

(1) Avant la loi nouvelle, il était constant que la fabrication d'un certificat de bonne conduite, d'indigence, etc., rédigé sous le nom d'un simple particulier, n'était pas punissable. V. notamment Cass., 15 fév. 1810 (S-V.3.1.450); Grenoble, 7 mars 1829 (S-V.9.2. 228, D.p.29.2.255); Paris, 30 avr. 1852 (S-V.52-2.543, D.p.53.2.487 ; J. du P. 53.2.603); MM. Hélie et Chauveau, n. 660 ; Dalloz, n. 392.

(2) Rapport, p. 27.

(3) Il résulte clairement des termes de l'art. 164 que l'amende n'est pas simplement facultative, mais doit être nécessairement prononcée, et qu'elle ne peut être réduite au-dessous de 100 fr., même en cas de déclaration de circonstances atténuantes. La jurisprudence est constante à cet égard. V. les nombreux arrêts cités par MM. Dalloz, v° *Faux*, n. 428 et s.

(4) Rapport, p. 28.

teurs du projet d'incriminer la tentative par une disposition spéciale, dans les cas où il y avait conversion de crime en délit (1). Elle a reculé devant la difficulté de caractériser ici la tentative (Exposé des motifs, p. 20).

ART. 174.

Tous fonctionnaires, tous officiers publics, leurs commis ou préposés, tous percepteurs des droits, taxes, contributions, deniers, revenus publics ou communaux, et leurs commis ou préposés, qui se seront rendus coupables du crime de concussion en ordonnant de percevoir ou en exigeant ou en recevant ce qu'ils savaient n'être pas dû ou excéder ce qui était dû pour droits, taxes, contributions, deniers ou revenus, ou pour salaires ou traitements, seront punis, savoir : les fonctionnaires ou les officiers publics, de la peine de la réclusion, et leurs commis ou préposés, d'un emprisonnement de deux ans au moins et de cinq ans au plus, lorsque la totalité des sommes indûment exigées ou reçues, ou dont la perception a été ordonnée, a été supérieure à trois cents francs.

Toutes les fois que la totalité de ces sommes n'excédera pas trois cents francs, les fonctionnaires ou les officiers publics ci-dessus désignés seront punis d'un emprisonnement de deux à cinq ans, et leurs commis ou préposés d'un emprisonnement d'une année au moins et de quatre ans au plus.

La tentative de ce délit sera punie comme le délit lui-même.

Dans tous les cas où la peine d'emprisonnement sera prononcée, les coupables pourront, en outre, être privés des droits mentionnés en l'art. 42 du présent Code pendant cinq ans au moins et dix ans au plus, à compter du jour où ils auront subi leur peine ; ils pourront aussi être mis, par l'arrêt ou le jugement, sous la surveillance de la haute police pendant le même nombre d'années.

Dans tous les cas prévus par le présent article, les coupables seront condamnés à une amende dont le maximum sera le quart des restitutions et des dommages-intérêts, et le minimum le douzième.

Les dispositions du présent article sont applicables aux greffiers et officiers ministériels lorsque le fait a été commis à l'occasion des recettes dont ils sont chargés par la loi.

37. La loi du 18 avr. 1863 a introduit dans cet article une grave modification, en prenant pour base de la pénalité la quotité du préjudice causé. L'ancien art. 174 punissait, dans tous les cas, les fonctionnaires et officiers

---

(1) V. *suprà*, Observ. prélim., p. 80, et Explic., n. 20.

publics coupables de concussion, de la peine de la réclusion, et leurs commis ou préposés, d'un emprisonnement de deux ans au moins et de cinq ans au plus. Le nouvel article n'applique ces deux peines que dans le cas où la totalité des sommes indûment exigées est supérieure à 300 fr., et, lorsqu'elle n'excède pas ce chiffre, il réduit la peine à un emprisonnement de deux à cinq ans pour les fonctionnaires ou officiers publics, et à un emprisonnement d'une année au moins et de quatre ans au plus, pour leurs commis ou préposés. — L'Exposé des motifs et le Rapport de la commission ont à l'avance répondu aux objections que pourrait soulever cette innovation. Ils ont fait remarquer, d'un côté, que les grandes concussions sont aujourd'hui fort rares, grâce à la régularité de notre système administratif et financier; que ce n'est le plus souvent que par des fonctionnaires d'un ordre tout à fait inférieur, et pour des sommes minimes, que cette infraction est commise, et que, la plupart du temps, le jury ne la punit pas ou ne la punit que de peines correctionnelles; et, d'un autre côté, que ce n'est que par une délicatesse de doctrine plus spéculative que législative, qu'on voudrait ne point tenir compte, dans la détermination de la peine, du plus ou moins de gravité des concussions; que, du reste, notre législation offre déjà des exemples dans lesquels la peine s'atténue en raison de la minimité du préjudice; qu'ainsi, d'après l'art. 169 du Code pénal, la soustraction commise par un dépositaire de deniers publics est punie des travaux forcés ou seulement de l'emprisonnement, suivant que la somme ou la valeur soustraite est supérieure ou non à 3,000 fr., et qu'aux termes de l'art. 331 du Code de justice militaire pour l'armée de mer, le vol dont s'occupe cet article n'est puni, lorsque la valeur de l'objet volé n'excède pas 40 fr., que d'un emprisonnement de six mois à deux ans, au lieu des peines rigoureuses prononcées dans les autres cas (1).

38. Toutefois, de vives attaques ont été dirigées, dans la discussion au Corps législatif, contre les nouvelles dispositions insérées dans l'art. 174. M. Jules Favre avait dit, dans la séance du 10 avril 1863 (2) : « Qui peut contester que la concussion, c'est-à-dire la perception des deniers publics hors des cas prévus par la loi, par un fait violent, frauduleux, ne soit un des actes dont la société a le plus à s'inquiéter? Les législateurs de tous les temps ont considéré la concussion comme étant l'un des crimes les plus graves... La commission pense que la perversité de l'agent doit être jugée d'après l'étendue du dommage causé. J'ai toujours pensé que la perversité de l'agent doit être jugée d'après la nature même de l'acte commis et des conditions dans lesquelles se trouvait l'agent... Je demande à la Chambre la permission de m'en tenir aux vieilles idées : le vol, c'est le vol; la concussion, c'est la concussion. Quiconque a l'indignité de mettre la main dans une caisse publique pour s'approprier les deniers qu'elle contient, celui-là commet un crime; celui-là est digne d'être frappé par une peine infamante, non pas pour la misérable contemplation de la somme

---

(1) Exposé des motifs, p. 21 et 22; Rapport, p. 29 et 30.
(2) *Monit. univers.* du 11 avr., p. 529, col. 3 et 4.

qu'il a pu détourner, mais à raison de la gravité de l'acte, de l'infidélité à ses fonctions, du scandale qu'il donne, en présence de la société tout entière, d'un fonctionnaire qui use du pouvoir qui lui a été confié pour trahir les intérêts de tous. » — Ces critiques ont été renouvelées, dans la séance du 13 avril (1), par MM. Ernest Picard et de Cuverville; mais M. le rapporteur Guyard-Delalain les a repoussées en insistant avec force sur les arguments présentés dans l'Exposé des motifs et dans le Rapport de la commission, et en invoquant, de plus, à titre d'analogie, soit l'art. 171 du Code pénal actuel, qui, de même que l'art. 169, fait dépendre la peine applicable à certaines soustractions de deniers publics, de la quotité des valeurs soustraites, soit l'art. 463 du Code de 1810, qui n'accordait aux tribunaux la faculté de réduire la peine de l'emprisonnement qu'autant que le préjudice n'excédait pas 25 fr. Sur quoi, le nouvel article a été adopté (2).

39. C'était une question controversée, avant la loi nouvelle, que celle de savoir si l'art. 174 s'appliquait aux greffiers, notaires et officiers ministériels, qui exigeaient des taxes supérieures aux allocations des tarifs (3).

---

(1) *Monit.* du 14, p. 558, col. 4 et 5. — Des objections analogues avaient été élevées déjà contre les dispositions des art. 169 et suiv., lors de la discussion du Code pénal. *V.* procès-verb. du cons. d'Et., séance du 5 août 1809. *V.* aussi sur ce point, MM. Hélie et Chauveau, t. 2, n. 687. — Mais *V.* toutefois les mêmes auteurs, n° 699.

(2) Rappelons ici : 1° que les perceptions illicites ne tombent sous l'application de l'art. 174 qu'autant qu'elles ont été commises par des individus ayant véritablement la qualité de fonctionnaires ou d'officiers publics, ou de leurs commis ou préposés, et qu'il ne suffirait pas, par exemple, que ces individus eussent la qualité d'agents de la force publique (*V.* MM. Hélie et Chauveau, n. 693, et MM. Dalloz, *Rép.*, v° *Forfaiture*, n. 64 et s., ainsi que les nombreux arrêts cités par ces derniers auteurs) ;—2° qu'il faut entendre par *commis* ou *préposés* les individus qui n'ont pas personnellement de caractère public, et qui n'agissent pas dans les actes de leurs fonctions en leur propre nom et dans leur intérêt (*V.* MM. Hélie et Chauveau, n. 697 ; Dalloz, n. 68, et arg. Cass., 24 avr. 1821, S-V.6.1.421) ; — 3° qu'il n'y a pas de concussion, si la perception illégitime a été faite de bonne foi (avis cons. d'Et., 16 juill. 1847 ; Cass., 28 niv. an XIII, S-V.2.1.57, et 12 sept. 1850, D.P.50.5.238 ; MM. Hélie et Chauveau, n. 700 ; Dalloz, n. 73) ;— 4° mais qu'une perception illicite et faite de mauvaise foi constitue le crime de concussion, alors même qu'elle n'a point tourné au profit de l'agent (Procès-verb. du cons d'Et., séance du 5 août 1809; MM. Hélie et Chauveau, n. 701 ; Dalloz, n. 77. — Toutefois, ces auteurs font remarquer que dans ce cas, l'action de l'agent perd réellement un des éléments de sa criminalité, et que les Codes étrangers la punissent moins rigoureusement que la concussion commise dans l'intérêt même de l'agent.—Il semble qu'il y avait là aussi une modification à opérer, et qu'on doit regretter que la loi nouvelle ne l'ait point fait) ; — 5° que les préposés ou commis qui ont fait des perceptions illicites, ne peuvent, en principe, se justifier en se couvrant de l'ordre de leurs supérieurs, et qu'il faut appliquer ici le principe général de responsabilité posé dans l'art. 64 (MM. Hélie et Chauveau, n. 702 ; Dalloz, *loc. cit.*).

(3) L'affirmative, enseignée par Carnot, sur l'art. 174, n. 11, et MM. Dalloz, *loc. cit.*, n. 67, avait été consacrée par plusieurs arrêts de la Cour de cassation (15 juill. 1808, S-V.2.1.555 ; 15 mars 1821, S-V.6.1.397 ; 7 avr. 1842, S-V.42.1.890 ; D.P.42.1.366 ; mais cette opinion était combattue par MM. Hélie et Chauveau, n. 695. *V.* la note suivante.

« La jurisprudence, dit le Rapport de la commission, p. 31, a quelquefois établi une distinction qui nous paraît sage, et qu'il convient d'introduire dans la loi, afin que désormais le sens en soit irrévocablement fixé. — Si l'officier ministériel, notaire, greffier ou huissier exige un salaire supérieur à celui qui lui est alloué par la loi, il ne commettra qu'une contravention disciplinaire, punissable d'après les lois spéciales relatives à ces sortes d'infractions. Si, au contraire, il est chargé par la loi d'opérer une recette, soit pour le compte du Trésor, comme les greffiers, en ce qui concerne les droits qu'ils perçoivent pour l'Etat, soit pour le compte des particuliers, comme les commissaires-priseurs et les huissiers dans le cas d'adjudication dont ils doivent recevoir le prix, la perception de toute somme excédant ce qui leur est légitimement dû sera une concussion. Dans ces circonstances on retrouve l'abus du mandat légal autorisant l'aggravation de peine attachée à la perception illégitime » (1).

Cette distinction est, en effet, consacrée par la dernière disposition de notre article. On remarque qu'il y est parlé, d'une manière générale, des *recettes* dont les greffiers et officiers ministériels sont chargés par la loi. M. Millet avait proposé de restreindre l'incrimination au cas où le fait aurait été commis à l'occasion de recettes *de deniers publics*; mais la commission a repoussé son amendement, par le motif que le caractère aggravant de la perception illégitime est dans l'abus d'autorité, et que cet abus existe toutes les fois que l'officier ministériel est *chargé par la loi* de faire la perception, même pour le compte des particuliers (Rapport, p. 32). — Nous devons faire observer encore qu'il résulte des termes du rapport que l'expression *officiers ministériels* employée par notre article comprend même les notaires, bien que cette qualification ne les désigne pas d'une manière rigoureusement exacte (2).

De la corruption des fonctionnaires publics.

Art. 177.

Tout fonctionnaire public de l'ordre administratif ou judiciaire, tout agent ou préposé d'une administration publique qui aura agréé des offres ou promesses ou reçu des dons ou présents pour faire un acte de sa fonction ou de son emploi, même juste, mais non sujet à salaire, sera puni de la dégradation civique et condamné à une amende double de la valeur des promesses agréées ou des choses reçues, sans que ladite amende puisse être inférieure à deux cents francs.

---

(1) Telle est la théorie établie, non par la jurisprudence, comme le dit à tort le Rapport de la commission, mais par MM. Hélie et Chauveau, *loc. cit.*

(2) *V.* MM. Dalloz, *Rép.*, v° *Notaire*, n. 229; Clerc et Dalloz, *Man. du Notar.*, t. 2, P. 4, n. 17. *V.* toutefois, *infrà*, n. 52, note 1.

La présente disposition est applicable à tout fonctionnaire, agent ou préposé de la qualité ci-dessus exprimée, qui, par offres ou promesses agréées, dons ou présents reçus, se sera abstenu de faire un acte qui entrait dans l'ordre de ses devoirs.

Sera puni de la même peine tout arbitre ou expert nommé soit par le tribunal, soit par les parties, qui aura agréé des offres ou promesses, ou reçu des dons ou présents pour rendre une décision ou donner une opinion favorable à l'une des parties.

40. Les deux premières dispositions de cet article ne sont que la reproduction littérale de l'ancien art. 177 (1). Quant à la dernière disposition, elle est l'œuvre de la commission. « Un arbitre, dit le Rapport, p. 33, rend de véritables décisions judiciaires, un expert les prépare par l'opinion qu'il consigne dans ses rapports. S'ils mentent à leur conscience, s'ils trahissent, à prix d'argent, les intérêts sacrés qui leur sont confiés, il est juste qu'ils soient punis, et que le châtiment qui les atteindra atteigne également ceux qui les auront corrompus ou qui auront tenté de les corrompre. » La commission avait cru pouvoir mettre à cet égard les arbitres et experts sur la même ligne que les juges ordinaires, et avait proposé de les comprendre,

---

(1) L'art. 177 n'est pas applicable aux médecins, chirurgiens et officiers de santé qui, appelés au conseil de révision à l'effet de donner leur avis, reçoivent des dons ou agréent des promesses pour être favorables aux jeunes gens qu'ils doivent examiner. L'art. 45 de la loi du 21 mars 1832, sur le recrutement, ne les punit que de la peine de l'abus de confiance, et elle n'atteint pas la simple tentative du délit qu'elle prévoit (V. Cass., 14 juin 1851, S-V.51.1.799; D.p.51.1.243; 10 nov. 1853, S-V.54.1.444; D.p.54.1.40; 14 oct. 1854, D.p.54.5.204; MM. Hélie et Chauveau, t. 2, n. 718).—Mais il en est autrement de la tentative de corruption exercée soit envers l'individu préposé par un conseil de révision pour toiser les jeunes gens appelés, afin de s'assurer s'ils ont la taille requise (Cass., 16 nov. 1844, S-V.45.1.399), soit envers les médecins, chirurgiens ou officiers de santé désignés par les officiers généraux pour visiter ou contre-visiter les jeunes gens au départ, et constater l'existence des infirmités qu'ils allèguent (Cass., 13 juill. 1844, S-V. 44.1.798; D.p.44.1.334); soit envers le médecin attaché à un corps militaire, dans le but d'obtenir la réforme d'un militaire faisant partie de ce corps (Cass., 4 déc. 1856, S-V. 57.1.230; D.p.57.1.42). — L'art. 177 n'est pas non plus applicable au fonctionnaire qui n'a fait que céder à des sollicitations ou à des prières: il faut qu'il ait reçu ou agréé directement les dons ou les promesses (MM. Hélie et Chauveau, n. 749; Dalloz, *Rép.*, v° *Forfaiture*, n. 115); — ni à celui qui s'est laissé corrompre pour accomplir ou omettre un acte qui n'entrait pas dans ses attributions légales, qui n'était pas de sa compétence, alors même qu'il aurait cru, par erreur, que cet acte faisait réellement partie de ses attributions (Cass., ch. réun., 31 mars 1827, S-V.8.1.564; D.p.27.1.188; MM. Hélie et Chauveau, n. 720 et s.; Dalloz, n. 118 et s.). — Cet article s'applique, du reste, même au cas où l'acte qui a été l'objet de la corruption était sujet à salaire. La loi, en parlant d'un acte *non sujet à salaire*, a voulu dire simplement qu'il n'y avait pas corruption à l'égard du fonctionnaire qui n'a reçu qu'un salaire légitime et auquel ses fonctions lui donnaient droit; mais elle n'a pas en vue le cas où l'acte, quoique salarié, n'a été consommé qu'à l'aide de la corruption (MM. Hélie et Chauveau, n. 726; Dalloz, n. 120)

au moyen d'un paragraphe additionnel, dans l'art. 183, relatif à ces juges. Mais ensuite, et d'accord avec le conseil d'Etat, ce paragraphe a été ajouté à l'art. 177, où, en effet, il trouve mieux sa place (1).

ART. 179.

Quiconque aura contraint ou tenté de contraindre par voies de fait ou menaces, corrompu ou tenté de corrompre par promesses, offres, dons ou présents, l'une des personnes de la qualité exprimée en l'art. 177, pour obtenir, soit une opinion favorable, soit des procès-verbaux, états, certificats ou estimations contraires à la vérité, soit des places, emplois, adjudications, entreprises ou autres bénéfices quelconques, soit tout autre acte du ministère du fonctionnaire, agent ou préposé, soit enfin l'abstention d'un acte qui rentrait dans l'exercice de ses devoirs, sera puni des mêmes peines que la personne corrompue.

Toutefois, si les tentatives de contrainte ou corruption n'ont eu aucun effet, les auteurs de ces tentatives seront simplement punis d'un emprisonnement de trois mois au moins et de six mois au plus, et d'une amende de cent francs à trois cents francs.

41. La rédaction de cet article ne diffère de celle de l'ancien art. 179 que par l'addition qui a été faite au premier paragraphe, de ce membre de phrase : *soit enfin l'abstension d'un acte qui rentrait dans l'exercice de ses devoirs.* La nouvelle loi a comblé par là une lacune de l'ancien art. 179 qui, tandis que l'art. 177 punit le fonctionnaire qui se laisse corrompre soit pour faire un acte de ses fonctions, soit pour *s'abstenir* d'un tel acte, n'atteignait le corrupteur que lorsqu'il avait eu pour but d'*obtenir* un acte du ministère du fonctionnaire (2).

---

(1) Carnot enseignait (sur l'art. 183, n. 9) que les arbitres étaient compris dans le mot *juge* de l'art. 183, même lorsqu'ils n'auraient été nommés qu'amiables compositeurs. — Mais MM. Hélie et Chauveau soutenaient, au contraire, t. 2, n. 138, que cet article était inapplicable soit aux arbitres ordinaires, soit aux arbitres forcés. *V.* aussi MM. Dalloz, v° *Forfaiture,* n. 143.

(2) Sous l'empire de l'ancien art. 179, la jurisprudence décidait à peu près uniformément que le corrupteur n'était pas punissable, lorsque les offres tendaient à porter le fonctionnaire, non à faire un acte de ses fonctions, mais à *s'abstenir* de cet acte (Cass., 31 janv. 1822, S.-V.7.1.22 ; 23 avr. 1844, S.-V.44.1.869 ; D.p.44.1.288 ; 20 mai 1853, S.-V. 53.1.448 ; D.p.53.1.264 ; Bourges, 31 juill. 1845, S.-V.45.2 605 ; Rennes, 2 mai 1849, S.-V.52.2.352. — *V.* toutefois, Bordeaux, 3 fév. 1842, D.p.42.2.183) ; et telle était aussi l'opinion des auteurs (MM. Hélie et Chauveau, t. 2, n. 733, et Dalloz, *Rép.*, v° *Forfaiture,* n. 150). — La Cour de cassation avait jugé aussi, par arrêt du 16 nov. 1844 (S.-V. 45.1.399), que les règles ordinaires de la complicité n'étaient pas applicables au corrupteur. *V.* conf., MM. Hélie et Chauveau, *loc. cit.*; Dalloz, n. 148. — *Contrà,* Rauter, *Dr. crim.*, t. 1, n. 357.

Avant le vote du nouvel article, M. Millet a proposé au Corps législatif d'intercaler, dans ce membre de phrase du premier paragraphe : « pour obtenir une opinion favorable », avant ou après le mot *opinion*, qui se référait uniquement, suivant lui, à la corruption des experts, le mot *décision*, qui se serait référé à la corruption des arbitres, et aurait ainsi mis l'art. 179 plus complétement en harmonie avec l'art. 177, auquel il se lie. — M. le rapporteur Guyard-Delalain a répondu : « Nous nous sommes servis d'un terme générique. Nous avons parlé de l'arbitre qui rend une décision, et avant la décision il y a une opinion ; mais nous avons aussi parlé de l'expert. L'expert donne une opinion. Ainsi, il s'agit dans l'article d'appliquer la peine à un arbitre ou à un expert ; nous avons voulu nous servir d'un seul mot. Nous avons dit *opinion*, parce que dans ce mot *opinion* la *décision* est comprise. Je ne crois pas que les deux mots soient absolument nécessaires. » — M. le président du Corps législatif a dit ensuite : « Il n'y a pas de décision sans une opinion, et il y a des opinions sans décision. » — Néanmoins, et à la suite de cette déclaration faite par M. le vice-président du conseil d'Etat de Parieu, commissaire du gouvernement : « Nous regardons l'art. 179 comme devant saisir évidemment toutes les personnes qui sont mentionnées dans l'art. 177 : fonctionnaires, arbitres, experts...», l'article a été voté tel qu'il avait été rédigé dans le projet (1). — Il résulte, dans tous les cas, très-clairement de la discussion que nous venons de rappeler, que l'art. 179 atteint aussi bien celui qui corrompt un arbitre que celui qui corrompt un expert, et que les magistrats appelés à appliquer la nouvelle loi n'éprouveront pas l'embarras que redoutait M. Millet.

Outrages et violences envers les dépositaires de l'autorité et de la force publique.

ART. 222.

Lorsqu'un ou plusieurs magistrats de l'ordre administratif ou judiciaire, lorsqu'un ou plusieurs jurés auront reçu, dans l'exercice de leurs fonctions, ou à l'occasion de cet exercice, quelque outrage par paroles, par écrit ou dessin non rendus publics, tendant, dans ces divers cas, à inculper leur honneur ou leur délicatesse, celui qui leur aura adressé cet outrage sera puni d'un emprisonnement de quinze jours à deux ans.

Si l'outrage par paroles a eu lieu à l'audience d'une Cour ou d'un tribunal, l'emprisonnement sera de deux à cinq ans.

42. De longs et vifs débats se sont engagés au Corps législatif sur cet article, qui contient une nouvelle incrimination dont les termes ont été à diverses reprises modifiés. Le projet de loi s'était borné à ajouter à l'an-

----

(1) Séance du 13 avr. 1863 ; *Monit. univers.* du 14, p. 558, col. 6.

cien art. 222 une disposition ainsi conçue : « Si l'outrage été commis par
écrit ou dessin non rendu public, la peine de l'emprisonnement sera de
quinze jours au moins et d'une année au plus. »—Cette rédaction avait le
tort de ne point préciser assez le genre d'outrage qu'elle voulait atteindre,
et l'Exposé des motifs ne suppléait point à ce défaut de précision, car il
disait uniquement au sujet de l'outrage dont il s'agit : « Le fait n'est pas
rare malheureusement, et il a bien sa gravité. — Si des peines de simple
police lui étaient appliquées, comme on l'a prétendu quelquefois, en exécution de l'art. 376, elles seraient manifestement insuffisantes » (p. 28).—
La commission a partagé l'opinion des auteurs du projet de loi sur la nécessité de réprimer l'outrage par écrit ou dessin non rendu public, qui,
aux termes de la dernière jurisprudence de la Cour suprême, n'était pas
atteint par la disposition de l'art. 222 du Code pénal, punissant simplement
l'outrage par paroles (1). Mais elle a voulu caractériser d'une manière plus
claire l'outrage prévu par la disposition additionnelle de l'art. 222, « afin,
dit le Rapport, p. 37, que la loi ne puisse pas être appliquée à des cas qu'elle
n'a pas l'intention de prévoir, et notamment à la correspondance épisto-
laire et aux mémoires ou notes que chacun est libre d'écrire, à la condition de n'en pas faire un usage qui tombe sous l'application de la loi. » Et
elle s'est entendue avec le conseil d'Etat pour ajouter, dans cette disposition, à la suite du premier membre de phrase : « Si l'outrage a été commis
par écrit ou dessin non rendu public », les mots, *adressé directement ou indirectement à la personne qui en est l'objet*. « A nos yeux, disait encore le
rapporteur (*ibid.*), l'outrage par écrit se caractérise par deux faits décisifs,
sans lesquels il n'existe pas : le premier, c'est qu'il parvienne à la connaissance de celui qui en est l'objet ; le second, c'est que ce résultat soit obtenu par la volonté de la personne incriminée. De telle sorte que si un écrit
outrageant parvient à un magistrat sans la volonté de son auteur, mais au
contraire par la volonté d'un tiers, ce n'est pas l'auteur de l'écrit, mais
celui qui se l'est approprié pour en faire un usage coupable, que la loi doit
atteindre. — Ce double caractère n'appartient pas uniquement à l'outrage
par écrit, il convient également à l'outrage verbal : telle est la pensée que

---

(1) *V.* en effet, Cass., 10 fév. 1839, ch. réun. (S.-V.39.1.91 ; D.P.39.1.84) ; 22 juin 1844
(S.-V.44.1.830; J. du P. 44.2.590) et 30 août 1851 (S.-V.51.1.547, D.P.51.1.303). Conf.,
MM. Hélie et Chauveau, t. 3, n. 841 (4ᵉ édit.); Chassan, *Délits de la parole, de l'écriture
et de la presse*, t. 1, n. 522 ; de Grattier, *Législ. de la presse*, t. 2, p. 65 ; Grellet-
Dumazeau, *de la Diffamation*, t. 1, n. 461 ; Nicias Gaillard, *Rev. de législ.*, t. 8, p.
442 ; Dalloz, *Rép.*, v° *Presse-Outrage*, n. 794. *V.* aussi M. Parant, *Lois de la presse*,
p. 97. — Mais, antérieurement, la Cour de cassation avait consacré l'interprétation contraire par divers arrêts que rapportent MM. Dalloz, n. 793. — Du reste, quelques décisions de la Cour suprême et la plupart des auteurs, tout en refusant d'étendre les dispositions de l'art. 222 à l'outrage par lettre, admettaient que cet outrage tombait sous l'application de l'art. 376, qui déclare punissables de peines de simple police *toutes expressions outrageantes*. *V.* Cass., 10 avr. et 20 juin 1817 (S.-V.5.1.305 et 334); 10 nov. 1826
(S.-V.8 1.449; D.P.33.1.279); 29 avr. 1846 (S.-V.46.1.413, D.P.46.1.143); MM. Hélie et
Chauveau, Parant, Chassan, de Grattier et Grellet-Dumazeau, *ut suprà*.

8.

l'art. 222 a voulu rendre en se servant du mot *reçu*, et la jurisprudence l'a fidèlement interprété dans ce sens (1). Toutefois, pour l'outrage par écrit, nous avons cru devoir préférer le mot *adressé* au mot *reçu*, parce qu'il nous a paru exprimer encore d'une manière plus claire et plus précise l'esprit et le but de la loi.—Votre commission a également inséré dans sa rédaction les mots *directement ou indirectement*, par cette raison que la disposition ne peut être efficace qu'à la condition d'embrasser également l'envoi de l'écrit injurieux fait au magistrat lui-même, et l'envoi fait à sa femme, à sa fille, à son fils ou à toute personne qui, par sa situation à son égard, ne pourra l'avoir reçu que pour être un intermédiaire presque forcé. »

43. Toutefois, la nouvelle rédaction donnée par la commission, avec l'approbation du conseil d'Etat, à la disposition destinée à former le troisième paragraphe de l'art. 222, a été elle-même vivement critiquée par plusieurs membres du Corps législatif. M. Jules Favre, dans la séance du 10 avril 1863 (2), a signalé, avec sa puissante parole, le danger qu'il pourrait y avoir d'ériger en délit l'outrage contenu dans un écrit non publié indirectement adressé à un magistrat. « Aller rechercher, a-t-il dit notamment, dans l'intimité d'une correspondance, et surtout d'une correspondance indirecte, ce qui peut être considéré comme un outrage, c'est, soyez-en sûrs, permettre aux plus mauvaises passions de se livrer à des persécutions qui troubleront la paix sociale... S'il est admis par la loi pénale que l'outrage peut résulter même d'un écrit, même d'un dessin indirectement adressé à un tiers, soyez sûrs que vous allumez dans une foule de petites localités des querelles pour ainsi dire inextinguibles. »—Dans la séance du 13 avril (3), M. Ernest Picard, rappelant des décisions de la Cour suprême d'après lesquelles les propos outrageants pour un magistrat tombent sous l'application de l'art. 222, alors même qu'ils ont été tenus hors de la présence de ce magistrat (4), a exprimé la crainte qu'un écrit privé, également outrageant pour un magistrat, mais qui n'était pas destiné à être connu de lui, et qui ne lui a été remis qu'indirectement, ne pût devenir aussi le fondement d'une poursuite pour outrage ; et il a demandé que l'outrage ne fût déclaré punissable que quand le magistrat aurait été présent.—M. Segris, tout en contestant l'utilité d'une modification de l'art. 222,

---

(1) Cela n'est point exact, car la Cour de cassation a jugé, par arrêt du 11 mai 1861 (S.V.61.1.925, D.P.61.1.401), que l'application de l'art. 222 ne saurait dépendre « de l'intention où le prévenu était réellement que l'injure par lui émise atteignît le magistrat qui en est l'objet, ou parvînt à sa connaissance. »

(2) *Monit. univers.* du 11, p. 529, col. 2 et 3.

(3) *Monit.* du 14, p. 558, col. 6, p. 559 et 560.

(4) *V.* en ce sens Cass., 10 avr. 1817 (S.V.5.1.305); 20 déc. 1850 (D.P.51.5.420); 11 mai 1861 (S.V.61.1.925; D.P.61.1.401) et 30 nov. 1861 (S.V.62.1.324). Conf., MM. Carnot, *Comm. Cod. pén.*, sur l'art. 222, n. 5 ; Parant, *Lois de la presse*, p. 143, n. 7 ; de Grattier, *Législ. de la presse*, t. 2, p. 69 ; Chassan, *Délits de la parole, de l'écriture et de la presse*, t. 1, n. 542, et Grellet-Dumazeau, *Diffamat.*, t. 1, n. 466. — *Contrà*, MM. Rauter, *Dr. crim.*, t. 1, n. 385 ; Hélie et Chauveau, t. 3, n. 842.

a proposé de la faire consister dans la simple addition des mots, *par écrit*, à ceux, *quelque outrage par parole*, que renferme la première disposition de cet article.—De son côté, M. Emile Ollivier a fait ressortir avec habileté ce qu'il y avait, à ses yeux, d'illogique dans une disposition appliquant à l'outrage par écrit une peine moins sévère que celle qui est prononcée contre l'outrage par paroles, alors cependant que le premier de ces outrages, s'il devait être incriminé, serait incontestablement le plus grave. Pourquoi ne le punit-on pas plus sévèrement? parce que, a-t-il dit, la raison répugne à l'idée d'outrage écrit. Il a ajouté que la disposition proposée pourrait atteindre, contre le vœu de la commission et du conseil d'Etat, un écrit outrageant parvenu à la connaissance du magistrat par l'entremise d'un tiers, à l'insu même de celui de qui il serait émané, puisque, d'après la jurisprudence de la Cour de cassation, l'outrage envers un magistrat existe par cela seul qu'il a été connu de celui-ci, et quelle que soit d'ailleurs l'intention de l'agent (1).

44. Pour défendre la nouvelle disposition, MM. Guyard-Delalain, rapporteur, et de Parieu, commissaire du gouvernement, ont dit que, dans la pensée commune de la commission et du conseil d'Etat, l'écrit outrageant, pour être coupable, devait être adressé au magistrat avec la volonté de l'auteur; qu'en principe, l'outrage devait, sans doute, être commis en présence du magistrat, mais qu'il pouvait arriver qu'il fût entendu du magistrat, quoique commis hors de sa présence, et qu'il fallait laisser aux tribunaux le soin d'apprécier les circonstances à cet égard.—Enfin, M. le baron de Beauverger, parlant au nom de la commission et rappelant la pensée de celle-ci, s'est exprimé en ces termes : « J'ai été ramené à cette pensée, d'abord parce qu'il m'a été démontré qu'en comprenant les nouveaux faits dans le même paragraphe que les anciens, on les frappait par cela seul d'une répression plus sévère ; ensuite, parce que la rédaction que j'appellerai maintenant celle de M. Segris, laisserait indécise la question de savoir si on doit punir l'outrage adressé au magistrat indirectement, c'est-à-dire par un intermédiaire obligé, et que nous nous accordons à punir. Est-ce là que doit se borner l'étendue du mot *indirectement?* L'intention coupable est-elle nécessaire? Pour moi, Messieurs, le texte de l'art. 222, tel qu'il est proposé par la commission, accompagné des explications et du sentiment général qui s'est produit dans la discussion, laisse ces points hors de toute contestation. »

L'article ayant ensuite été mis aux voix, a été rejeté et renvoyé à la commission.

45. Il a été de nouveau soumis au Corps législatif, dans la séance du 17 avril 1863 (2), avec la rédaction qu'il a actuellement, et il a été voté sans autre préalable que la déclaration renouvelée par M. de Parieu, sur l'invitation de M. Picard, que la loi ne pouvait atteindre l'outrage contenu

---

(1) V. la première note de la page précédente.
(2) *Monit.* du 18, p. 584, col. 6.

dans un écrit privé qui n'aurait pas été adressé *directement* et *volontaire-ment* au magistrat.

46. Ajoutons qu'il résulte en outre des explications données par M. de Parieu, soit dans cette même séance, soit dans celle du 13 avril (1), que le mot *écrit*, dans notre article, s'applique particulièrement aux lettres mis-sives ; et que si l'on n'a pas employé cette dernière expression, ce n'est qu'à raison de la difficulté de s'entendre sur les caractères de telles lettres. « En fait, a dit l'honorable vice-président du conseil d'Etat, ce sera presque toujours des lettres qu'on pourra avoir à punir. Mais qu'est-ce qui fait la différence très-claire entre la lettre missive ou l'écrit ? Nous préférons, comme plus large, le mot *écrit*, en ajoutant *adressé*. » — Quant au dessin, le même orateur a dit : « Quelques personnes ont fait des objections sur ce mot, *dessin*.—Eh quoi ! on enverra à un magistrat sa caricature odieuse, le représentant tendant la main à un client, sollicitant un salaire ! Cela ne serait pas aussi punissable, aussi outrageant que si on lui avait dit qu'il est prévaricateur, qu'il a reçu ce salaire !... Pas de difficulté sérieuse donc sur le mot *dessin*. »—Enfin, M. de Parieu a expliqué que les mots *non rendus publics* ont été insérés dans le nouvel art. 222, parce que si l'on s'était exprimé en général sur l'outrage (public ou non public), on aurait paru abroger les dispositions des art. 1er de la loi du 17 mai 1819 et 6 de la loi du 25 mars 1822, qui punissent spécialement l'outrage rendu public.

47. En résumé, l'art. 222 punit désormais d'un emprisonnement dont le minimum n'est plus que de quinze jours (au lieu d'un mois), et dont le maxi-mum reste fixé à deux ans, celui qui adresse intentionnellement et d'une manière directe à un ou plusieurs magistrats de l'ordre administratif ou judiciaire (2), dans l'exercice ou à l'occasion de l'exercice de leurs fonc-tions (3), un outrage tendant à inculper leur honneur ou leur délicatesse (4), et manifesté soit par des paroles non prononcées en public, soit par une

---

(1) *Monit.* du 14, p. 560, col. 1.

(2) L'outrage adressé à un magistrat de l'ordre administratif ou judiciaire, dans l'exercice de ses fonctions, tombe sous l'application de l'art. 222, Cod. pén., encore qu'il soit reconnu que ce magistrat n'avait pas prêté serment (Cass., 26 juin 1851, S-V.51.1. 549, D.P.51.1.210).

(3) Un magistrat est réputé en fonctions par rapport aux personnes qui s'adressent à lui pour son ministère, encore qu'il soit dans sa demeure ordinaire et sans costume (Cass., 28 déc. 1807, S-V.2.1.465 ; MM. Hélie et Chauveau, t. 3, n. 840 ; Chassan, t. 1, n. 567 ; de Grattier, t. 2, p. 69 ; Dalloz, n. 764). — Du reste, la loi ne distingue pas entre l'exercice légal ou illégal des fonctions (Cass., 1er avr. 1813, S-V.4.1.318 ; MM. Chas-san, *loc. cit.*; de Grattier, t. 2, p. 70), pourvu d'ailleurs que le magistrat soit dans son ressort (Carnot, sur l'art. 222 ; MM. Chassan, n. 568 ; de Grattier, *ut suprà*).

(4) Cela comprend tous propos grossiers ou expressions injurieuses manifestant le mé-pris pour la personne, le caractère ou les actes du magistrat (Cass., 22 fév. et 17 mars 1854, S-V.54.1.223 et 548; D.P.54.1.99 et 304 ; 3 août 1854, S-V.54.1.745 ; 25 juin 1855, S-V.55.1.853 ; D.P.55.1.429). Les auteurs enseignent, au surplus, que la loi doit ici être entendue dans un sens large, et que les tribunaux ont à cet égard un pouvoir souverain d'appréciation. *V.* MM. Chassan, n. 565 ; Grellet-Dumazeau, n. 464 ; Dalloz, 781.

lettre missive ou tout autre genre d'écrit, soit par un dessin, tel qu'une caricature qu'il a fait parvenir au magistrat, sans leur donner aucune espèce de publicité. Mais cet article n'atteint ni celui dont un écrit ou un dessin outrageant pour des magistrats n'est parvenu à ceux-ci que contre sa volonté ou à son insu, ni celui qui a adressé un écrit ou un dessin outrageant pour des magistrats, non point à ces magistrats eux-mêmes, mais à des tiers qui leur en auraient donné connaissance. Il atteint, au contraire (cela résulte du nouveau texte et du Rapport de la commission), le tiers qui, dans une intention coupable, ferait parvenir cet écrit ou ce dessin aux magistrats.

48. Faisons remarquer, du reste, que le nouvel art. 222 place les jurés sur la même ligne que les magistrats, et comble ainsi une lacune de la loi, qui ne punissait que l'outrage public envers les jurés (L. 25 mars 1822, art. 6).

49. Il est maintenant essentiel d'observer que M. le garde des sceaux, dans sa circulaire (sur notre article), recommande aux magistrats du parquet de considérer, en cette matière, la plainte préalable de l'offensé comme une condition indispensable que la prudence, à défaut de la loi, impose à l'exercice de l'action publique, dont ils restent toujours maîtres d'apprécier l'opportunité (1).

50. Rappelons, enfin, que la commission du Corps législatif n'avait point jugé à propos de faire entrer dans la rédaction de l'art. 222 un amendement de MM. Darimon et autres, d'après lequel la dénonciation contre un fonctionnaire public n'aurait jamais pu être réputée outrage, lorsqu'elle aurait été adressée à l'autorité compétente (2), et la preuve des faits allégués n'aurait dû être refusée sous aucun prétexte (Rapport, p. 40) (3), et

---

(1) *V.* la note 3 ci-après, *in fine. V.* aussi notre *Journ. du Minist. publ.,* t. 2, p. 87 et suiv.

(2) Jugé que la dénonciation contre un fonctionnaire public, adressée par écrit à l'autorité compétente, peut, à raison des circonstances, être réputée outrage public : Cass., 18 juill. 1828 (S-V.9.1.136). C'est aussi ce qu'admet le Rapport de la commission, p. 40 et 41.

(3) La jurisprudence et la doctrine ont proclamé le principe que la preuve de la vérité des faits constitutifs d'un outrage non public n'est pas admissible, spécialement lorsqu'il s'agit de l'outrage fait à un magistrat dans l'exercice de ses fonctions : Nancy, 20 août 1835 (S-V. 35.2.548, D.p.36.2.84); Cass., 27 juin 1811 (S-V.3.1.369); 17 mai 1845 (S-V.45.1.777; MM. Parant, *Lois de la presse,* p. 348 ; de Grattier, *Législ. de la presse,* t. 1, p. 466 ; Chassan, *Délits de la parole, de l'écriture et de la presse,* t. 2, n. 1802. — Mais il en est autrement à l'égard de l'outrage public qui renferme l'imputation de faits diffamatoires, alors d'ailleurs qu'il n'a pas été adressé dans l'exercice des fonctions (MM. Parant, p. 349, et Chassan, n. 1766. 1800 et s). V. aussi cass. 13 mai 1842 (S-V.42.1.947, S-V. 42.1.947 ; D.p.1.364).

Du reste, l'arrêt précité de la Cour de cassation du 17 mai 1845 décide que l'outrage non public envers un magistrat, constituant l'outrage prévu par l'art. 222, C. pén., et non la diffamation réprimée par l'art. 13 de la loi du 17 mai 1819, peut être poursuivi d'office par le ministère public, sans plainte préalable du magistrat outragé. Mais V. *suprà,* n. 49.

que le Corps législatif n'a pas eu, dès lors, à se prononcer sur cette double proposition.

ART. 223.

L'outrage fait par gestes ou menaces à un magistrat ou à un juré, dans l'exercice ou à l'occasion de l'exercice de ses fonctions, sera puni d'un mois à six mois d'emprisonnement ; et si l'outrage a eu lieu à l'audience d'une Cour ou d'un tribunal, il sera puni d'un emprisonnement d'un mois à deux ans.

51. Le projet de loi ne s'occupait pas de cet article, et c'est sur l'initiative de la commission qu'il a été modifié par la seule addition des mots : *ou à un juré,* qui comblent une lacune manifeste, puisque jusqu'ici la loi n'atteignait pas l'outrage *non public* envers les jurés (1).

ART. 224.

L'outrage fait par paroles, gestes ou menaces à tout officier ministériel ou agent dépositaire de la force publique, et à tout citoyen chargé d'un ministère de service public, dans l'exercice ou à l'occasion de l'exercice de ses fonctions, sera puni d'un emprisonnement de six jours à un mois, et d'une amende de seize francs à deux cents francs, ou de l'une de ces deux peines seulement.

52. C'était, avant la nouvelle loi, une question douteuse que celle de savoir si l'art. 224 comprenait sous la dénomination *d'agent dépositaire de la force publique* tous les *citoyens chargés d'un service public,* tels que les préposés des contributions indirectes, les surveillants des halles et marchés, les gardiens des maisons centrales (2). Le doute naissait de ce que

---

(1) V. *suprà*, n. 48. — Quant aux *magistrats,* il faut se référer ici à la définition donnée par l'art. 222 (Cass., 20 oct. 1820, Bull., p. 395 ; MM. Hélie et Chauveau, n. 852).

Les auteurs enseignent que l'outrage prévu par l'art. 224 n'est punissable, comme celui puni par l'art. 222, qu'autant qu'il porte atteinte à l'honneur ou à la délicatesse de la personne outragée. V. MM. Carnot, sur l'art. 223 ; de Grattier, t. 2, p. 56 ; Chassan, t. 1, n. 555 ; Hélie et Chauveau, *loc. cit.*). Mais cette doctrine a été repoussée par la Cour de cassation, qui s'est fondée sur les termes mêmes de l'art. 223, en même temps que sur le caractère d'une moindre gravité du délit qu'il prévoit (arrêt du 7 mai 1853, S.-V.53.1.447 ; D.P.53.1.251).

(2) V. pour l'affirmative, Colmar, 27 juin 1836 (cité par M. de Grattier, t. 1, p. 207) ; Paris, 21 juin 1838 (D.P.38.2.140) ; Douai, 28 juill. 1843 (S.-V.44.2.148 ; D.P.44.4.206), et 14 août 1860 (*Journ. du Minist. publ.,* t. 4, p. 96) ; — et pour la négative, Cass., 1ᵉʳ mars 1844 (S.-V.44.1.656, D.P.44.4.208). — Quant à la dénomination *d'officiers ministériels,* il a été jugé qu'elle s'étend : 1° aux notaires (Cass., 13 mars 1812, S.-V.4.1. 56 ; Conf., MM. Hélie et Chauveau, n. 850 ; Chassan, t. 1, n. 584, note ; Grellet-Dumazeau, *Diffamat.,* t. 1, n. 395 ; Dalloz, vᵒ *Presse-Outrage,* n. 745 et 746 ; M. Suin, dans

les expressions de *citoyens chargés d'un ministère de service public*, qui suivent, dans l'art. 230, celles d'officier ministériel et d'agent de la force publique, employées aussi dans l'art. 224, ne figuraient point dans ce dernier article. Les auteurs de la nouvelle loi se sont proposé de faire disparaître toute hésitation en empruntant à l'art. 230 les expressions que nous venons d'indiquer, pour les transporter dans l'art. 224. — Ils ont en outre aggravé la peine que prononçait cet article : au lieu de n'être puni que d'une amende de 16 fr. à 200 fr., l'outrage dont il est ici question pourra être puni tout à la fois de cette peine et d'un emprisonnement de six jours à un mois, ou seulement de l'une des deux peines.

53. Ces modifications n'ont pas été admises sans contestation de la part de quelques membres du Corps législatif (1). M. Hallez-Claparède s'est plaint de ce que les particuliers, vis-à-vis desquels on voulait, par l'art. 224, protéger les divers agents de l'autorité, n'obtenaient pas eux-mêmes une protection réciproque à l'encontre de ces agents.—M. Ernest Picard a soutenu que c'était à bon escient que le Code pénal n'avait pas relevé le délit d'outrage par gestes ou menaces contre les citoyens chargés d'un ministère de service public ; qu'il est en effet assez difficile de définir ce mot, et qu'il faut nécessairement que le prestige de l'autorité publique soit engagé, pour que des délits tels que celui d'outrage par geste ou par menace, soient frappés d'une peine. — Mais M. le conseiller d'Etat Suin, commissaire du gouvernement, a fort bien répondu, d'un côté, que si un particulier est outragé par un des agents auquel s'applique l'art. 224, il a parfaitement le droit de porter une action contre lui devant les tribunaux, comme contre tout autre citoyen, et que « envers un tel inculpé les magistrats se montreront d'autant plus sévères, que c'est à lui qu'il appartient de donner l'exemple du respect de la loi et des particuliers » ; et, d'un autre côté, que ne pas insérer dans l'art. 224 les expressions : *ou tout citoyen chargé d'un ministère de service public*, ce serait laisser sans protection contre l'outrage par geste ou par menace des fonctionnaires qui n'ont certes pas moins droit à la sol-

---

la discussion au Corps législatif, *ut infrà*, note 2 ;— 2° aux porteurs de contraintes des contributions directes (Cass., 30 juin 1832, S.-V.32.1.577, D.p.32.1.375) ; mais cette dernière solution est repoussée avec raison par MM. Hélie et Chauveau, *loc. cit.* — Décidé très-exactement, selon nous, par arrêt de la Cour de Lyon du 13 mai 1840 (S.-V.40.2.499, D.p.44.2.3), que les employés des bureaux de garantie pour les matières d'or et d'argent ne peuvent être considérés ni comme des agents de la force publique, ni comme des officiers ministériels.

Les gardes champêtres sont incontestablement des agents de la force publique, quand ils exercent, pour l'exécution soit des jugements, soit des lois et des règlements de police, la surveillance à eux confiée par l'autorité municipale, et les outrages dirigés contre eux dans l'exercice de telles fonctions, tombent sous l'application de l'art. 224. *V.* Cass., 19 juin 1818 (S.-V.5.1.494) ; 8 avr. 1826 (D.p.26.1.344) ; 16 déc. 1844 (S.-V.42 1.558 ; D.p.42. 1.117) ; 2 juill. 1846 (S.-V.47.1.32 ; D.p.46.1.306) et 2 oct. 1847 (J. du P. 48.2.92) ; Douai, 28 fév. 1860 (*Journ. du Minist. publ.*, t. 3, p. 232), et Bourges, 31 mai 1863 (*Ibid.*, t. 6, p. 437) ; MM. Dalloz, v° *Fonct. publ.*, n. 446.

(1) Séance du 13 avril ; *Moniteur universel* du 14, p. 560, col. 3 et s.

licitude de la loi que les officiers ministériels, par exemple, un percepteur, un chef de poste de la garde nationale, un appariteur se trouvant à la tête d'une patrouille (1).

ART. 225.

L'outrage mentionné en l'article précédent, lorsqu'il aura été dirigé contre un commandant de la force publique, sera puni d'un emprisonnement de quinze jours à trois mois, et pourra l'être aussi d'une amende de seize francs à cinq cents francs.

54. Le législateur a substitué ici, à la peine de six jours à un mois seulement de prison que prononçait l'ancien art. 225, un emprisonnement de quinze jours à trois mois, et, de plus, une amende facultative de 16 à 500 fr. (2). « Cette aggravation, juste en soi, dit l'Exposé des motifs, p. 28, maintient aussi la progression de pénalité entre cet article et le précédent. » De son côté, la commission a pensé que la nouvelle pénalité était « mieux en rapport avec l'importance que le délit peut acquérir, selon les circonstances dans lesquelles il se produit et le rang qu'occupe le commandant auquel il s'adresse » (Rapport, p. 44) (3).

---

(1) V. Cass., 25 juill. 1821 (S-V.6.1.478); Cass., 28 août 1829 (D.P.29.1.350); 16 juin 1832 (S-V.32.1.855, D.P.33.1.86); 9 mars 1333 (S-V.33.1.608); 17 déc. 1844 (S-V.42.1. 133; D.P.43.4.239) et 5 avr. 1860 (*Journ. du Minist. publ.*, t. 3, p. 163); Pau, 31 juill. 1857 (S-V.58 2.113; D.P.58.2.209), et Bourges, 25 mai 1860 (*Journ. du Minist. publ., loc. cit.*), ainsi que nos observations, *ibid.* — V. toutefois, Cass., 2 oct. 1847 (S-V.48.1.454). V. aussi *infrà* la note 2 sous l'art. 230.

(2) Il avait été jugé avec raison, avant la loi nouvelle, que la peine de l'amende établie par l'art. 224 pour le délit d'outrage envers les officiers ministériels et agents dépositaires de la force publique, ne pouvait être étendue aux cas prévus par l'art. 225 (Cass.. 25 juill. 1850, D.P.50.5.371. — *Conf.*, M. F. Hélie, 4e édit. de la *Théor. du Cod. pén.*, n. 851).

(3) La Cour de cassation, par arrêt du 14 janv. 1826 (S-V.8.1.259; D.P.26.1.214), et la Cour de Riom, par arrêt du 9 nov. 1851 (S-V.52.2.53; D.P.53.2.237), ont décidé qu'un brigadier de gendarmerie est un commandant de la force publique dans l'étendue du territoire assigné à sa brigade, lors même que, dans le service, il n'est accompagné que d'un seul gendarme. Telle est aussi l'opinion de MM. Chassan, t. 1, n. 584, note 3 ; Coffinières, *de la Liberté individuelle*, t. 2, p. 406, et Dalloz, v° *Presse-Outrage*, n. 749. Deux arrêts des Cours de Rennes, du 15 mars 1853 (S-V.53.2.268; D.P.53.2.238), et de Colmar, du 27 avr. 1858 (S-V.59.2.46; D.P.59.2.27) ont même étendu cette solution au cas où le brigadier de gendarmerie n'a aucun homme sous son commandement.— MM. Hélie et Chauveau, n. 851, pensent, au contraire, que ce n'est qu'aux sous-officiers que l'art. 225 a voulu accorder une protection particulière, et qu'il est inapplicable aux sous-officiers, même lorsqu'ils se trouvent à la tête de quelques militaires ; et les Cours de Limoges et de Pau ont jugé, de leur côté, l'une par arrêt du 23 nov. 1851 (S-V.52.2.25 ; D.P.51.2.247), et l'autre par arrêt du 31 juill. 1857 (S-V.58.2.113), qu'un maréchal des logis de gendarmerie n'est point un commandant de la force publique, dans le sens de l'art. 225, si, au moment où l'outrage lui a été adressé, il n'était pas accompagné des gendarmes placés sous ses ordres. Mais la première opinion nous paraît la plus exacte.

Art. 228.

Tout individu qui, même sans armes et sans qu'il en soit résulté de blessures, aura frappé un magistrat dans l'exercice de ses fonctions, ou à l'occasion de cet exercice, ou commis toute autre violence ou voie de fait envers lui dans les mêmes circonstances, sera puni d'un emprisonnement de deux à cinq ans.

Le maximum de cette peine sera toujours prononcé, si la voie de fait a eu lieu à l'audience d'une Cour ou d'un tribunal.

Le coupable pourra, en outre, dans les deux cas, être privé des droits mentionnés en l'art. 42 du présent Code pendant cinq ans au moins et dix ans au plus, à compter du jour où il aura subi sa peine, et être placé sous la surveillance de la haute police pendant le même nombre d'années.

55. Dans le second paragraphe de cet article, relatif au cas où une voie de fait a été exercée envers un magistrat à l'audience, la dégradation civique, que la loi du 18 avril 1832 avait substituée à la peine du carcan, prononcée par le Code de 1810, est remplacée par la peine obligatoire de cinq ans d'emprisonnement, avec faculté pour les juges d'y ajouter la privation des droits mentionnés en l'art. 42 et la mise sous la surveillance de la haute police. — Le changement de pénalité est ici moins réel qu'apparent. En effet, d'après l'art. 36 du Code pénal, toutes les fois que la dégradation civique est édictée comme peine principale, les tribunaux ont la faculté de prononcer, comme peine accessoire, un emprisonnement dont la durée peut aller jusqu'à cinq ans. En conséquence, sous l'empire de l'ancien art. 228, le coupable pouvait être condamné principalement à la privation de droits qu'entraîne la dégradation civique et à un emprisonnement de cinq années. D'après l'article actuel, il pourra être condamné principalement à cinq ans d'emprisonnement, et accessoirement à la privation des droits mentionnés en l'art. 42. « En réalité, dit le Rapport, p. 46, la peine demeure à très-peu près la même ; seulement, l'emprisonnement devient la peine principale, et c'est plus conforme à la vérité des choses, car, le plus souvent, la prison affecte bien autrement le coupable qu'une simple privation de droits ; le changement a, de plus, l'avantage de permettre aux tribunaux au sein desquels l'offense a été commise, de réprimer eux-mêmes immédiatement l'atteinte qui a été portée à la dignité de leur audience (1). »

56. Le projet de loi avait, en outre, proposé de punir la tentative de coups, comme les coups eux-mêmes. Mais la commission a pensé qu'il était préférable d'étendre l'incrimination de l'art. 228 à certaines violences et voies de fait qui ne rentrent précisément dans aucune des ex-

---

(1) *V.* aussi l'Exposé des motifs, p. 25 et s.

pressions employées par cet article, et qui cependant ne doivent pas rester impunies. « Tel est, dit le Rapport, p. 47, le fait de cracher à la figure d'un fonctionnaire, de déchirer sa robe, d'arracher ses insignes, de le saisir au corps, de le secouer avec violence, et même de le renverser (1). Ces violences et voies de fait sont rares, sans doute, envers les magistrats ou fonctionnaires d'un ordre élevé, mais elles le sont moins envers des agents de la force publique ou des citoyens chargés d'un service public; et comme l'art. 230, qui punit les violences envers ces agents, s'en réfère à l'art. 228 pour leur définition, la difficulté existait pour les uns comme pour les autres. Nous la faisons disparaître pour les deux cas, en disant, dans l'art. 228 : «Tout individu qui, même sans armes et sans qu'il en soit résulté de blessures, aura frappé un magistrat dans l'exercice de ses fonctions ou à l'occasion de cet exercice, *ou commis toute autre voie de fait* envers lui dans *les mêmes circonstances*, sera puni, etc.... » — On remarquera que la rédaction votée par le Corps législatif est plus complète encore, et renferme les expressions : *toute autre violence ou voie de fait* (2).

Art. 230.

Les violences ou voies de fait de l'espèce exprimée en l'art. 228, dirigées contre un officier ministériel, un agent de la force publique, ou un citoyen chargé d'un ministère de service public, si elles ont eu lieu pendant qu'ils exerçaient leur ministère ou à cette occasion, seront punies d'un emprisonnement d'un mois au moins et de trois ans au plus, et d'une amende de seize francs à cinq cents francs.

57. Cet article n'a été modifié (à part l'addition des mots, *ou voies de fait*, destinés à le mettre en harmonie avec l'art. 228) que relativement à la pénalité. Au lieu d'un simple emprisonnement d'un mois à six mois

---

(1) La Cour de cassation avait d'abord décidé, par arrêts des 29 juill. et 8 déc. 1826 (S.V. 8.1.403 et 479), que le mot *frappé* employé par l'art. 228 n'était que démonstratif, et que cet article devait être étendu aux simples violences, lors même qu'elles n'auraient pas été accompagnées de coups ; mais elle avait, depuis, abandonné cette jurisprudence, et elle avait jugé, le 5 janv. 1855 (S.V.55.1.457 ; D.P.55.1.47), que le délit spécifié aux art. 228 et 230 ne pouvait exister qu'autant que des coups avaient été portés. Telle était aussi la doctrine enseignée par MM. Hélie et Chauveau, n. 858.

(2) D'après la jurisprudence constante de la Cour de cassation, l'excuse résultant de la provocation n'est point admise à l'égard des coups et violences réprimés par les art. 228 et 230. V. arrêts des 13 mars 1847 (S.V.5.1.296), 8 sept. 1837 (S.V.37.1.909 ; D.P.38.1. 28) et 28 août 1844 (D.P.41.1.435). — Toutefois, l'opinion contraire est professée par MM. Hélie et Chauveau, n. 867 et suiv., qui pensent que l'art. 321, qui admet la provocation comme excuse du meurtre et des coups et blessures, contient un principe général applicable aux violences commises sur toute personne. V. aussi M. de Molènes, *de l'Humanité dans les lois crim.*, p. 525 et s.

que l'ancien article prononçait contre ceux qui se rendent coupables envers les officiers ministériels et certains agents de l'autorité (1), des violences de l'espèce exprimée en l'art. 228 (1), le nouveau texte édicte la double peine d'un emprisonnement d'un mois à trois ans et d'une amende de 16 francs à 500 francs. « Une simple comparaison de l'art. 330 avec l'art. 311 suffit, dit le Rapport, p. 44, pour justifier cette aggravation. L'art. 311 punit les simples coups envers un particulier d'un emprisonnement de six jours à deux ans. L'art. 330 ne les punissait que d'un mois à six mois, quand ils avaient été portés à un agent de l'autorité. La peine était moindre quand le délit était plus grave ; il fallait faire disparaître cette anomalie. »

Évasion de détenus.

ART. 238.

Si l'évadé était prévenu de délits de police ou de crimes simplement infamants, ou condamné pour l'un de ces crimes, s'il était prisonnier de guerre, les préposés à sa garde ou conduite seront punis, en cas de négligence, d'un emprisonnement de six jours à deux mois, et, en cas de connivence, d'un emprisonnement de six mois à deux ans.

Ceux qui, n'étant pas chargés de la garde ou de la conduite du détenu, auront procuré ou facilité son évasion, seront punis de six jours à trois mois d'emprisonnement.

ART. 241.

Si l'évasion a eu lieu ou a été tentée avec violence ou bris de prison, les peines contre ceux qui l'auront facilitée en fournissant des instruments propres à l'opérer, seront : si le détenu qui s'est évadé se trouve dans le cas prévu par l'art. 238, trois mois à deux ans d'emprisonnement ; au cas de l'art. 239, un an à quatre ans d'emprisonnement ; et au cas de l'art. 240, deux ans à cinq ans de

---

(1) L'art. 230 a été déclaré applicable: à un chef de poste de la garde nationale pendant la durée de son service (Cass., 9 sept. 1831, S.-V.32.1.696; D.p.32.1.292); — à l'appariteur de police chargé en cette qualité de la conduite d'une patrouille (Cass., 6 oct. 1831, D.p.31.1.344); — au gardien d'une maison de force ou d'une maison centrale de détention (Cass., 11 fév. 1842, S.-V.42.1.726, D.p.42.1.453); — aux gardes champêtres agissant pour l'exécution des arrêtés municipaux (Cass., 2 mai 1839, S.-V.39.1.648, D.p. 39.1.384); — aux gardes champêtres ou forestiers des particuliers (Cass., 19 juin 1848, S.-V.5.1.491 ; 8 avr. 1826, S.-V.8.1.315; D.p.26.1.344 ; 23 août 1832, S.-V.33.1.245; 16 déc. 1841, S.-V.42.1.558; D.p.42.1.417; 2 juill. 1846, S.-V.47.1.32; D.p.46.1.301); — et aux surveillants jurés de la pêche (Cass., 12 mars 1842, S.-V.42.1.544 ; D.p.42.1.485).

la même peine, et une amende de cinquante francs à deux mille francs.

Dans ce dernier cas, les coupables pourront, en outre, être privés des droits mentionnés en l'art. 42 du présent Code pendant cinq ans au moins et dix ans au plus, à compter du jour où ils auront subi leur peine.

58. La commission du Corps législatif n'a point admis, en cette matière, toutes les modifications que proposait le projet de loi. — D'après le projet, la peine de l'emprisonnement et celle de l'amende, avec privation facultative des droits mentionnés en l'art. 42 du Code pénal, auraient été substituées à la peine de la réclusion prononcée par l'art. 239 contre les préposés à la garde ou à la conduite des prisonniers qui, de connivence, favorisent l'évasion de détenus poursuivis ou condamnés pour un crime de nature à entraîner une peine afflictive temporaire, et la peine de la réclusion aurait remplacé celle des travaux forcés à temps, dont l'art. 240 punit les conducteurs ou gardiens qui favorisent de la même manière l'évasion de détenus poursuivis ou condamnés pour crime de nature à entraîner la peine de mort ou une peine perpétuelle. Le premier de ces abaissements de pénalité aurait été fondé sur cette considération, que le jury accorde systématiquement le bénéfice des circonstances atténuantes aux gardiens ou conducteurs de détenus qui ont favorisé leur évasion, sans qu'il y ait eu corruption ou violence, et qu'il s'est plaint maintes fois d'avoir à connaître de cette espèce d'infractions, qui seraient plus promptement et plus sûrement réprimées par les tribunaux correctionnels. Quant à la seconde atténuation de pénalité, elle aurait été la conséquence de la première, et aurait réalisé une gradation plus exacte des peines prononcées par les art. 239 et 240 (1). — Mais la commission n'a pas cru devoir accepter cette modification. « Il y a, en effet, dans toutes ces espèces, dit le Rapport, p. 49, des prisonniers poursuivis ou condamnés pour les crimes les plus graves ; il y a la qualité de ceux qui favorisent l'évasion et qui sont préposés à leur garde ou à leur conduite. La gravité est partout, elle doit rester dans la qualification du fait et dans la peine. »

59. La commission a approuvé, au contraire, la substitution faite par le projet de loi, dans l'art. 241, de la peine d'un an à quatre ans d'emprisonnement, à celle d'un emprisonnement de deux à cinq ans, lorsque l'évadé se trouve dans le cas prévu par l'art. 239, et de la double peine d'un emprisonnement de deux à cinq ans et d'une amende de 50 francs à 2,000 francs, avec privation facultative des droits mentionnés en l'art. 42, à la peine de la réclusion, lorsque le détenu se trouve dans le cas de l'art. 240. « Ici, dit le Rapport, il ne s'agit plus des préposés à la conduite ou à la garde des prisonniers. Ce sont des tiers, quelquefois mus par des sentiments généreux, que l'intérêt public n'approuve pas, mais que la nature

---

(1) *V.* l'Exposé des motifs, p. 29 et 30.

excuse.»—Le Rapport n'a-t-il pas à cet égard commis une erreur, et l'art. 241 ne s'applique-t-il pas aux conducteurs et gardiens aussi bien qu'aux tiers? L'affirmative ne paraît point douteuse en présence des termes généraux de l'art. 241, et en l'absence de toute disposition spéciale aux conducteurs et gardiens pour le cas que prévoit cet article. MM. Hélie et Chauveau, t. 3, n°ˢ 899 et 903, n'hésitent pas à considérer les conducteurs et gardiens comme placés ici sur la même ligne que les tiers, et ils signalent précisément, à l'égard des premiers, et à propos de l'art. 241, une anomalie dans la distribution des peines, que la modification apportée à cet article et le rejet de l'atténuation de pénalité proposée par le projet de loi relativement à l'art. 240, semblent rendre aujourd'hui plus saillante encore. « Si l'évadé, disent ces auteurs, n° 899, est un condamné à des peines perpétuelles, et que le gardien lui ait fourni les instruments qui lui ont servi à rompre les barreaux de la prison, la peine sera la réclusion (aujourd'hui l'emprisonnement et l'amende), aux termes de l'art. 241 (1); s'il lui a fourni, au contraire, des instruments propres à opérer l'évasion sans bris de prison ni violence, et, par exemple, une échelle pour escalader les murs, l'art. 241 cessera d'être applicable, et il faudra recourir à l'art. 240, qui punit cet acte de connivence des travaux forcés à temps. Toutefois, il est évident que ces deux actes ont la même valeur morale et les mêmes résultats matériels. » — Cependant, MM. Dalloz, *Répert.*, v° *Evasion*, n° 52, font remarquer qu'on peut répondre que l'art. 241 s'applique *principalement* aux tiers, et que, dans la première hypothèse ci-dessus, le gardien serait également passible des travaux forcés à temps, parce qu'il se serait rendu coupable de la connivence que réprime l'art. 240.

60. L'ancien art. 238 contenait une erreur de rédaction que la nouvelle loi a fait disparaître, sur l'initiative de la commission. Tandis que les art. 239 et 240 punissent les gardiens et conducteurs qui favorisent l'évasion des détenus prévenus ou accusés de certains crimes, ou *condamnés* pour l'un de ces crimes, l'art. 238 ne faisait mention que des évadés *prévenus* de délits de police ou de crimes simplement infamants, et ne parlait point des individus détenus par suite d'une condamnation pour un délit ou un crime de cette nature. Les auteurs, ne voyant là qu'une omission involontaire du législateur, enseignaient, à la vérité, que la disposition de l'art. 238 devait s'étendre aux condamnés (2); mais il était préférable que la loi réparât elle-même cette omission. Seulement, ne doit-on pas regretter qu'elle ne l'ait pas réparée d'une manière plus complète? Aux mots, *prévenus de délits de police ou de crimes simplement infamants,* le nouvel article 238 ajoute seulement : *ou condamnés pour l'un de ces crimes* ; d'où, en s'attachant à la rigueur de la lettre, on pourrait conclure que cet article

---

(1) L'art. 241 n'est du reste applicable qu'autant que les instruments fournis ont servi à l'évasion (MM. Carnot, t. 1, p. 683, n. 6; Hélie et Chauveau, *loc. cit.*).

(2) *Sic*, MM. Carnot, t. 1, p. 479, n. 4; Hélie et Chauveau, t. 3, n. 897; Dalloz, *Rép.*, v° *Evasion*, n. 48.

ne s'applique pas à l'évasion des condamnés pour *délits*. Il nous paraît toutefois certain que la loi nouvelle a voulu parler des individus condamnés pour toutes les infractions indiquées dans l'art. 238, et que c'est encore involontairement qu'elle s'est exprimée d'une manière restrictive (1).

61. Il est aussi permis de regretter que la nouvelle loi n'ait pas précisé le sens des mots *délits de police* de l'art. 238. S'agit-il là, tout à la fois et par agglomération, des délits correctionnels et des contraventions de simple police, ou seulement des délits de police correctionnelle? La question est controversée (2). Pour nous, nous croyons la première interprétation plus conforme à l'esprit de la loi. On ne saurait opposer le peu de gravité des contraventions de simple police, car un fait qui a pu entraîner une condamnation à la peine de l'emprisonnement est toujours assez grave pour justifier la responsabilité du conducteur ou gardien qui favorise l'évasion du condamné.

62. Un député, M. Bucher de Chauvigné, avait soumis à la commission un amendement dont l'objet était d'exempter de toute peine les ascendants, descendants ou parents jusqu'au huitième degré qui auraient facilité ou procuré l'évasion dans les cas des art. 239 et 240. C'eût été l'application, au cas d'évasion, à quelques différences près, de l'exception établie par l'art. 248, en matière de recel de criminels. Mais la commission a rejeté cet amendement. « Nous n'avons pas cru, dit le Rapport, p. 50, qu'il fût possible d'autoriser un parent, quel qu'il fût, mais surtout lorsqu'il est éloigné au huitième degré, de tenter impunément de soustraire un accusé ou un condamné à la justice. L'amitié pourrait réclamer le même privilége, et autant vaudrait promettre l'impunité dans tous les cas, car il n'y a guère que ceux qui sont intéressés par le sang ou par le cœur à une évasion qui la favorisent. » Ces raisons ne sont peut-être pas exemptes d'exagération. Si on les appliquait dans toute leur rigueur, il faudrait supprimer la disposition de l'art. 248 que nous rappelions tout à l'heure. Mais non ; l'affection qui naît de la parenté a droit à des prérogatives auxquelles nul autre sentiment ne saurait prétendre, et elle forme une excuse qu'il ne semble pas

---

(1) Le Rapport de la commission ni les débats du Corps législatif ne fournissent aucune lumière sur ce point.

(2) *V.* pour la première opinion, MM. Rauter, *Dr. crim.*, t. 1, p. 529, et Dalloz, *loc. cit.*, n. 47 ; et pour la seconde, MM. Carnot, *loc. cit.*, n. 2, et Morin, *Rép. du Dr. crim.*, vᵒ *Evasion*, n. 2. — Quant à MM. Hélie et Chauveau, ils se bornent, n. 897, à indiquer les raisons qui militent en faveur de chacune de ces deux opinions.

Il est, au surplus, certain que les art. 237 et s. sont inapplicables à l'évasion d'individus détenus pour des faits qui n'ont pas le caractère d'infraction à la loi pénale ; par exemple, pour dettes civiles, ou en vertu d'un ordre d'extradition, ou à la suite d'un acquittement pour défaut de discernement, etc. *V.* notamment, Cass., 20 août 1824 (S.-V.7.1.523); 30 juin 1827 (S.-V.8.1.628; D.P.27.1.438) et 29 sept. 1831 (S.-V.32.1.240; D.P.31.1.331); Nancy, 15 mars 1852 (S.-V.52.2.507; D.P.53.2.95; J. du P. 52.1.565); MM. Carnot, t. 1, p. 676, et t. 2, p. 585; Bourguignon, *Jurispr. des Cod. crim.*, t. 3, p. 334; Hélie et Chauveau, t. 3, n. 893; Massabiau, *Man. du Minist. publ.*, t. 3, n. 3374 et 3375, et notre *Journ. du Minist. publ.*, t. 2, n. 109.

permis au législateur de méconnaître. Aussi la Cour de Paris a-t-elle cherché, par un arrêt du 15 mars 1816 (1), à étendre l'exception de l'art. 248
au cas de participation d'une femme à l'évasion de son mari. C'est évidemment là une extension forcée, d'autant plus que la complicité d'évasion,
qui, suivant l'expression de MM. Hélie et Chauveau, n. 905, est un concours
volontaire au délit, a quelque chose de moins favorable que le recel, qui
n'est qu'un acte passif. Mais n'aurait-il pas été sage d'admettre, sinon une
exception entière, au moins une atténuation de peine, comme l'avaient
indiqué ces mêmes auteurs, en faveur des parents du détenu, qui ont favorisé son évasion?

Bris de scellés et enlèvement de pièces dans les dépôts publics.

ART. 251.

Quiconque aura, à dessein, brisé ou tenté de briser des scellés
apposés sur des papiers ou effets de la qualité énoncée en l'article
précédent, ou participé au bris des scellés ou à la tentative de bris
de scellés, sera puni d'un emprisonnement d'un an à trois ans.

Si c'est le gardien lui-même qui a brisé les scellés ou participé
au bris des scellés, il sera puni d'un emprisonnement de deux à
cinq ans.

Dans l'un et l'autre cas, le coupable sera condamné à une amende
de cinquante francs à deux mille francs.

Il pourra, en outre, être privé des droits mentionnés en l'art. 42
du présent Code pendant cinq ans au moins et dix ans au plus, à
compter du jour où il aura subi sa peine; il pourra aussi être placé,
pendant le même nombre d'années, sous la surveillance de la
haute police.

63. « Le fait prévu par cet article, dit l'Exposé des motifs, p. 31, est
excessivement rare ; il fut érigé en crime, pour la première fois, par une
loi du 20 nivôse an II, en haine des menées contre-révolutionnaires. Quoique le Code ait grandement adouci les peines portées par cette loi, on peut
trouver que celles de l'art. 251 gardent encore quelques traces de leur
origine ; le projet les abaisse d'un degré, en mettant l'emprisonnement au
lieu de la réclusion dans le premier paragraphe, et la réclusion au lieu des
travaux forcés dans le second. » — La commission a pensé qu'on pouvait
en ce point pousser plus loin la réforme, et qu'il convenait d'opérer le déclassement dans les deux cas prévus par l'art. 251, de façon à conserver
la gradation entre l'un et l'autre (2). Le conseil d'Etat a été aussi de cet

---

(1) S.-V.5.2.445 ; Dalloz, v° *Évasion*, n. 58.
(2) V. le Rapport de la commission, p. 51.

avis, qu'a sanctionné le Corps législatif, et le bris des scellés dont il est question dans cet article est aujourd'hui puni de la double peine d'un emprisonnement d'un an à trois ans, et d'une amende de 50 fr. à 2,000 fr., pour toute personne, et d'un emprisonnement de deux à cinq ans, et de la même amende, pour le gardien, avec faculté, dans tous les cas, pour le juge, de priver le coupable des droits mentionnés en l'art. 42, et de le placer sous la surveillance de la haute police.

64. On remarquera que l'art. 251 est encore modifié en ce que la tentative de bris de scellés et la participation à cette tentative y sont désormais punis comme le délit lui-même ou la participation à ce délit (1).

Mendicité et vagabondage.

ART. 279.

Tout mendiant ou vagabond qui aura exercé ou tenté d'exercer quelque acte de violence que ce soit envers les personnes, sera puni d'un emprisonnement de deux à cinq ans, sans préjudice de peines plus fortes, s'il y a lieu, à raison du genre et des circonstances de la violence.

Si le mendiant ou le vagabond qui a exercé ou tenté d'exercer des violences se trouvait en outre dans l'une des circonstances exprimées par l'art. 277, il sera puni de la réclusion.

65. L'ancien art. 279 punissait les actes de violence exercés envers les personnes par les mendiants ou vagabonds, « de la réclusion, sans préjudice de peines plus fortes, s'il y avait lieu, à raison du genre et des circonstances de la violence. » C'était là une pénalité exorbitante relativement à la nature de l'infraction et comparativement aussi aux peines appliquées à des faits analogues; la loi, en effet, ne punit que de l'emprisonnement le fait pour le moins aussi grave du mendiant qui entre dans une habitation sans permission du propriétaire ou des personnes de sa maison, de celui qui use de menaces, de celui qui porte des armes, ou est muni d'instruments propres à commettre des vols, etc. (art. 276 et 277). La loi nouvelle rétablit une juste proportion entre les peines dont doivent être frappés ces divers faits, en remplaçant, dans l'art. 279, la réclusion par un emprisonnement de deux à cinq ans. — Mais elle reprend, du reste, aussitôt la sévérité dont elle vient de se départir, en ajoutant à cet article un nouveau paragraphe dans lequel elle prononce elle-même la peine de la réclusion au cas où l'acte de violence s'aggrave d'une des circonstances prévues dans l'art. 277, c'est-à-dire au cas où le mendiant serait travesti, ou porteur d'armes, ou muni d'instruments propres à favoriser des intentions criminelles.

---

(1) V. *suprà,* observ. prélim., p. 80

Menaces.

ART. 305.

Quiconque aura menacé, par écrit anonyme ou signé, d'assassinat, d'empoisonnement ou de tout autre attentat contre les personnes, qui serait punissable de la peine de mort, des travaux forcés à perpétuité ou de la déportation, sera, dans le cas où la menace aurait été faite avec ordre de déposer une somme d'argent dans un lieu indiqué, ou de remplir toute autre condition, puni d'un emprisonnement de deux à cinq ans, et d'une amende de cent cinquante francs à mille francs.

Le coupable pourra, en outre, être privé des droits mentionnés en l'art. 42 du présent Code pendant cinq ans au moins et dix ans au plus, à compter du jour où il aura subi sa peine.

Le coupable pourra aussi être mis sous la surveillance de la haute police pendant cinq ans au moins et dix ans au plus, à dater du jour où il aura subi sa peine.

66. Dans cet article, la nouvelle loi enlève à la pénalité ce qu'elle avait d'exorbitant. L'ancien art. 305 punissait de la peine des travaux forcés à temps la menace par écrit, avec ordre ou sous condition, d'un attentat contre les personnes, passible de la peine de mort, de celle des travaux forcés à perpétuité, ou de la déportation. » Quel que soit l'ordre, disait l'Exposé des motifs, du titre II du Code de 1810, la loi punit le crime de la même peine que le vol avec violence. N'est-ce pas, en effet, un crime semblable ? » Cette assimilation manquait évidemment d'exactitude. La perversité est moindre assurément chez celui qui se borne à menacer d'un crime qu'il peut n'avoir pas l'intention de commettre, que chez celui qui va jusqu'à la consommation du crime, et le danger pour les personnes est aussi moins grand, car il est plus facile de se soustraire aux menaces qu'à l'attentat lui-même. Cette remarque, que les criminalistes avaient déjà faite (1), a frappé le législateur, qui a dû d'autant moins hésiter à abaisser la pénalité, que les poursuites pour menaces, dans le cas de l'art. 305, n'aboutissaient presque toujours qu'à des acquittements ou à des condamnations modérées par l'admission des circonstances atténuantes, et que, d'ailleurs, les menaces de même nature, faites verbalement, ne sont punies par l'art. 307 que de l'emprisonnement et de l'amende, bien qu'elles ne diffèrent qu'assez peu des premières en gravité (2). « Le projet, lit-on dans le Rapport, p. 56, rétablit la proportion en atténuant la peine infligée à la menace écrite et en la faisant descendre à un emprisonnement de deux à cinq ans. Il est d'au-

---

(1) *V.* MM. Hélie et Chauveau, t. 4, n. 1471.
(2) *V.* l'Exposé des motifs, p. 34.

tant plus sage d'en agir ainsi, qu'en l'état de nos mœurs et des moyens de sécurité que la société présente, il est rare que les menaces soient prises au sérieux, et rare surtout qu'elles soient suivies d'exécution » (1).

67. Par une disposition additionnelle introduite dans l'art. 305, la loi nouvelle donne aux juges le pouvoir d'ajouter à la peine principale prononcée contre le coupable, la peine accessoire de la mise sous la surveillance de la haute police, qui, d'après l'ancien article, combiné avec l'art. 47, avait lieu de plein droit. Le projet de loi voulait que cette peine accessoire fût également ici obligée ; mais elle a été rendue simplement facultative dans la rédaction arrêtée entre la commission et le Conseil d'E-tat, et votée sans discussion par le Corps législatif.

ART. 306.

Si cette menace n'a été accompagnée d'aucun ordre ou condition, la peine sera d'un emprisonnement d'une année au moins et de trois ans au plus, et d'une amende de cent francs à six cents francs.

Dans ce cas, comme dans celui de l'article précédent, la peine de la surveillance pourra être prononcée contre le coupable.

68. L'atténuation de peine opérée dans l'art. 305 a rendu nécessaire une réduction proportionnelle de l'emprisonnement que prononce l'art. 306. Cet emprisonnement, qui était de deux à cinq ans, n'est plus aujourd'hui que d'un an à trois ans. L'amende reste la même. Rien n'est changé non plus à l'égard de la mise sous la surveillance de la haute police, si ce n'est que cette peine facultative est édictée par une disposition additionnelle de l'art. 306, au lieu de continuer à l'être par l'art. 308, dans lequel le législateur a introduit, comme on le verra, une incrimination nouvelle. — L'art. 306 ne s'explique pas sur la durée de la surveillance ;

---

(1) La menace ne tombe sous l'application de l'art. 305, qu'autant qu'elle réunit les trois conditions d'être faite par écrit, d'annoncer un attentat passible au moins de la déporta-tion, et d'être accompagnée d'un ordre ou d'une condition (Cass., 3 nov. 1848 ; Bull., n. 260). — L'ordre *de s'abstenir* ou la *défense de faire* rentrent, du reste, dans les termes de la loi, aussi bien que l'ordre de faire (Cass., 1ᵉʳ fév. 1834, S-V.34.1.266 ; D.P.34. 1.183 ; Bordeaux, 1ᵉʳ fév. 1837, S-V.37.2.445 ; D.P.37.2.163 ; Rouen, 27 fév. 1844, S-V.45. 2.363 ; D.P.44.2.202 ; Limoges, 9 janv. 1854, S-V.52.1.222 ; D.P.54.2 205 ; MM. Hélie et Chauveau, n. 1469). — Enfin, la menace avec ordre ou sous condition est punissable, sans qu'il y ait à distinguer si l'ordre donné était juste ou injuste, et si la condition était ou non préjudiciable au droit de celui à qui la menace était adressée (Cass., 18 sept. 1851 S-V.52.1.222 ; D.P.51.5.356 ; MM. Hélie et Chauveau, n. 1173).

Sous le rapport de la compétence, il faut remarquer qu'il appartient aux tribunaux français de connaître du fait de menace par écrit d'un attentat contre les personnes, par cela seul que la lettre a été écrite en France, bien que la personne à laquelle cette lettre était destinée habite en pays étranger, et qu'elle lui ait été aussi remise en pays étran-ger (C. d'ass. du Nord, 7 août 1843, S-V.44.2.17 ; D.P.45.4.86).

mais on ne saurait douter, en présence soit de l'art. 305, auquel il se
réfère, soit de l'ancien art. 308, qu'il remplace, que cette durée ne doive
être de cinq ans au moins et de dix ans au plus, comme dans ces articles.

Art. 307.

Si la menace faite avec ordre ou sous condition a été verbale, le
coupable sera puni d'un emprisonnement de six mois à deux ans, et
d'une amende de vingt-cinq francs à trois cents francs.

Dans ce cas, comme dans celui du précédent article, la peine de
la surveillance pourra être prononcée contre le coupable.

69. Cet article n'a reçu d'autre changement que l'addition d'une disposition relative à la mise sous la surveillance de la haute police, disposition
entièrement semblable à celle du deuxième paragraphe de l'art. 306, et
pour laquelle nous ne pouvons que nous référer aux explications que nous
avons données sur ce paragraphe (1).

Art. 308.

Quiconque aura menacé verbalement ou par écrit de voies de
fait ou violences non prévues par l'art. 305, si la menace a été faite
avec ordre ou sous condition, sera puni d'un emprisonnement de
six jours à trois mois, et d'une amende de seize francs à cent francs,
ou de l'une de ces deux peines seulement.

70. Le Code pénal ne punissait les menaces soit écrites, soit verbales,
qu'autant qu'elles annonçaient un attentat contre les personnes, passible
de la peine de mort, de celle des travaux forcés à perpétuité ou de la
déportation. Les menaces d'attentats punissables seulement des travaux
forcés à temps, de la réclusion, de l'emprisonnement ou autres peines
moins graves, ne constituaient ni crime ni délit. Ainsi, notamment, la menace de viol, de coups ou blessures, échappait à toute poursuite. Les
auteurs de la loi nouvelle ont, au contraire, très-justement vu là une matière à incrimination. « Pense-t-on, dit le Rapport de la commission du
Corps législatif, p. 57, qu'un homme menacé, par exemple, d'être roué de
coups ou d'être souffleté publiquement, s'il ne se soumet pas à telle ou
telle exigence, ne puisse éprouver un trouble sérieux, et ne convient-il pas
même dans ces cas de lui offrir la protection de la loi ? Si on la lui refuse,
il ne la demandera qu'à lui-même, il portera des armes, et de graves accidents pourront quelquefois s'ensuivre. Nous avons cru qu'une disposition
nouvelle était nécessaire, et nous l'avons proposée. » Cette disposition,
que ne comprenait point le projet de loi et qui est due à l'initiative de la

---

(1) *V.* aussi, sur ce qu'on doit entendre par *ordre*, notre note 3 sur l'art. 305.

commission, a remplacé dans l'art. 308 d'autres dispositions qui, ainsi qu'on l'a vu, ont été transportées dans les art. 306 et 307 (1).

71. Il est à remarquer que le législateur (peut-être à tort) ne maintient plus ici, entre le cas de menaces écrites et celui de menaces verbales, la différence de pénalité qu'il a établie relativemeut aux menaces prévues par les art. 305 et 307.—Il faut observer aussi qu'il ne réprime que les menaces faites avec ordre ou sous condition, évitant « d'incriminer de simples paroles irréfléchies, échappées à un mouvement de vivacité ou de colère » (2).

Du reste, comme le dit le Rapport (*ibid.*), « les tribunaux apprécieront les circonstances diverses de nature à établir que la menace n'était pas une vaine jactance, qu'elle avait pour but et qu'elle était capable d'intimider sérieusement la personne qui en était l'objet. La peine de six jours à trois mois d'emprisonnement permettra dans tous les cas de laisser la répression de la menace au-dessous de la peine qui serait applicable au fait dont on aura menacé, si ce fait s'était accompli. »

Coups et blessures volontaires.

ART. 309.

Tout individu qui, volontairement, aura fait des blessures ou porté des coups, ou commis toute autre violence ou voie de fait, s'il est résulté de ces sortes de violences une maladie ou incapacité de travail personnel pendant plus de vingt jours, sera puni d'un emprisonnement de deux ans à cinq ans, et d'une amende de seize francs à deux mille francs.

Il pourra, en outre, être privé des droits mentionnés en l'art. 42 du présent Code pendant cinq ans au moins et dix ans au plus, à compter du jour où il aura subi sa peine.

Quand les violences ci-dessus exprimées auront été suivies de mutilation, amputation ou privation de l'usage d'un membre, cécité, perte d'un œil, ou autres infirmités permanentes, le coupable sera puni de la réclusion.

Si les coups portés ou les blessures faites volontairement, mais

---

(1) V. encore, pour d'autres cas de menaces, les art. 179, 223, 224, 344 et 436, Cod. pén.

(2) Rapport de la commisssion, p. 57. — Il a été jugé avant la loi nouvelle, et cette solution conserve aujourd'hui toute son exactitude, que la menace verbale d'incendie qui n'est accompagnée ni d'ordre ni de condition, et qui était anciennement punie par l'art. 13 de la loi du 25 frim. an viii, n'est actuellement passible d'aucune peine (Cass., 9 janv. 1818, S.V.5.1.399).

sans intention de donner la mort, l'ont pourtant occasionnée, le coupable sera puni de la peine des travaux forcés à temps.

72. Dans le système du Code pénal, en matière de coups et blessures, la circonstance d'incapacité de travail pendant plus de vingt jours avait pour effet d'imprimer à l'acte le caractère de crime. Les auteurs de la loi nouvelle ont considéré cette base comme trop incertaine pour une incrimination aussi grave. « On peut trop facilement, dit l'Exposé des motifs, p. 36, en procurer l'apparence et en prolonger la durée. Trop de causes étrangères, qui ne sont pas toutes de bon aloi, peuvent concourir à sa formation : l'erreur, l'inhabileté, l'imprudence, le défaut de soin, la fraude intéressée. Le fait principal même, hors les cas de préméditation, porte rarement avec lui un caractère marqué d'immoralité. Il y a dans ces actes de violence plus d'irréflexion et de colère que de volonté criminelle : ce sont des faits de rixe et d'emportement, où le blâme n'est pas toujours du côté de la peine, et que le jury résiste à punir comme des crimes. Les relevés statistiques de la justice criminelle montrent que les acquittements sont dans la proportion de moitié, et que sur cinquante condamnés, plus de quarante le sont correctionnellement. De leur côté, les magistrats, pour obtenir une répression plus certaine et plus égale, écartent fréquemment la circonstance de l'incapacité de travail, et se réduisent à poursuivre devant les tribunaux correctionnels l'application de l'art. 311. — Il n'est pas bon que cette situation se prolonge. Pour la faire cesser, le projet de loi remplace la réclusion, dans le § 1er de l'art. 309, par la plus forte peine correctionnelle, conservant ainsi une gradation suffisante entre cette disposition et celle de l'art. 311, qui punit les blessures et coups simples (1). »

---

(1) Il n'est pas nécessaire que les coups aient été la seule cause de l'incapacité de travail pendant plus de vingt jours ; il suffit qu'ils l'aient déterminée. Mais l'agent ne serait pas responsable de cette incapacité, si elle était résultée, postérieurement à l'action, d'une cause étrangère, telle que l'imprudence de la victime, la maladresse de l'opérateur, etc. (Bruxelles, 17 mars 1845 ; MM. Hélie et Chauveau, t. 4, n. 1189).—Jugé même que le fait d'avoir porté des coups et fait des blessures à un individu qui est ensuite décédé, dans les vingt jours, des suites d'une maladie accidentelle complétement étrangère à ces coups et blessures, n'est point passible de la peine prononcée par l'art. 309, C. pén., encore bien que, de l'avis des hommes de l'art, ces coups et blessures eussent entraîné, s'il n'y avait pas eu décès par une autre cause, une incapacité de travail pendant plus de vingt jours, l'application de l'art. 309 devant se fonder uniquement sur le résultat effectif, sans qu'on puisse y substituer des calculs scientifiques plus ou moins certains (Cass., 18 mars 1854, S.-V.54.1.502 ; D.P.54.1.163). — *V.* toutefois, MM. Hélie et Chauveau, n. 1196.

Il résulte de deux arrêts de la Cour de cassation des 24 mars 1834 (S.-V.34 1.384 ; D.P 34.1.348) et 2 juill. 1835 (S.-V.35.1.861 ; D.P.25.1.387), qu'il y a incapacité de travail dans le sens de l'art. 309, dès l'instant que la personne blessée n'a pu se livrer à ses occupations habituelles ; qu'il n'est pas nécessaire que cette personne ait été dans l'impossibilité de se livrer à aucune espèce d'occupation, et qu'il importe peu qu'elle ait pu faire un travail autre que celui auquel elle se livrait auparavant. C'est aussi la doctrine qu'enseigne M. Rauter, *Dr. crim.*, t. 1, n. 437. — Mais l'opinion contraire est professée par MM. Hé-

73. Le système d'incrimination de l'ancien art. 309 était encore vicieux à un autre point de vue. Cet article, en effet, n'atteignait point certaines lésions qui, bien que n'ayant pas occasionné une maladie de plus de vingt jours, ont incontestablement plus de gravité que les suites ordinaires de violences ayant entraîné une maladie d'une durée supérieure à vingt jours : telles sont, par exemple, la mutilation, l'amputation ou privation d'un membre, la cécité, la perte d'un œil, etc. Ces divers cas tombaient simplement sous l'application de l'art. 311, qui ne prononce qu'un emprisonnement de six jours à deux ans. Le législateur, restituant aux faits leur véritable caractère, a, au contraire, érigé en crime les coups et blessures suivis de mutilation ou d'autres infirmités permanentes, quelle que soit la durée de la maladie qu'ils ont occasionnée, et, par une disposition nouvelle ajoutée à l'art. 309, il prononce contre ces coups et blessures la peine de la réclusion (1).

74. La nouvelle loi maintient, du reste, l'aggravation de peine prononcée par l'ancien art. 309, pour le cas où les coups portés ou les blessures faites volontairement, mais sans intention de donner la mort, l'ont pourtant occasionnée (2).

75. Enfin, le législateur, voulant atteindre les violences qui, sans être précisément des coups, ont cependant un caractère de gravité punissable, a introduit dans l'art. 309 (comme il l'a fait dans l'art. 228), les mots : *toutes autres violences ou voies de fait*. Ainsi, le fait d'avoir saisi un indi-

---

lie et Chauveau, n. 1190, et Dalloz, *Rép.*, v° *Crimes et délits contre les personnes*, n. 157, d'après lesquels l'incapacité d'un travail *personnel*, dont parle l'art. 309, doit être l'incapacité de tout travail *corporel*, parce que si on la restreignait au travail habituel de la personne lésée, « ce travail étant différent suivant les habitudes et la profession de cette personne, la qualification du fait dépendrait entièrement du hasard des circonstances. » Ces auteurs invoquent en faveur de leur interprétation, qui nous semble contestable, l'art. 24 du tit. 2 du Code de 1791, la discussion du Code de 1810, et un arrêt de la Cour de cassation du 14 déc. 1820 (S.V.6.1.345).

(1) Le Code de 1791 disposait à cet égard d'une manière analogue. Les législations étrangères élèvent aussi la peine dans le cas de mutilation ou d'infirmités apparentes. V. MM. Hélie et Chauveau, t. 4, n. 1179.

(2) Cette aggravation de peine est applicable, quel que fût l'état maladif de la victime, et alors même que la mort paraîtrait n'avoir été la suite des coups ou blessures qu'à raison de cet état de maladie (Cass., 7 oct. 1826, S.V.8.1.436, et 12 juill. 1844, S.V.44.1. 837; D.P.44.1.373). — Mais il en serait autrement si la mort était le résultat d'un fait complétement étranger aux coups ou blessures (MM. Hélie et Chauveau, n. 1198). V. *suprà*, note du n° 72.—MM. Hélie et Chauveau, n. 1201, pensent que, par extension de la disposition de l'art. 231, C. pén., au cas prévu par l'art. 309, la peine des travaux forcés à temps que prononce ce dernier article ne doit être appliquée qu'autant que la victime est décédée dans les quarante jours qui ont suivi les coups ou les blessures. Mais la Cour de cassation a jugé, au contraire, par arrêt du 9 juin 1853 (S.V.54.1.80; D.P.53.1. 318), que l'art. 309, ne subordonnant point l'application de cette aggravation de peine au cas où la mort aurait eu lieu dans un délai déterminé, la question de savoir si les coups et blessures ont causé la mort est abandonnée à la conscience du jury, qu'il n'est pas nécessaire d'interroger sur la cause de la mort.

vidu au corps, de l'avoir jeté à terre, de l'avoir poussé contre un corps dur, de lui avoir arraché les chéveux, de lui avoir craché au visage, pourront désormais, sans contestation, tomber sous l'application de l'art. 309 (1).

ART. 310.

Lorsqu'il y aura eu préméditation ou guet-apens, la peine sera, si la mort s'en est suivie, celle des travaux forcés à perpétuité ; si les violences ont été suivies de mutilation, amputation ou privation de l'usage d'un membre, cécité, perte d'un œil ou autres infirmités permanentes, la peine sera celle des travaux forcés à temps ; dans le cas prévu par le premier paragraphe de l'art. 309, la peine sera celle de la réclusion.

76. Le législateur maintient ici l'aggravation de pénalité que contenait l'ancien art. 310, en réservant toutefois les travaux forcés à temps pour le cas où les violences ont été suivies de mutilation, privation d'un membre ou autres infirmités permanentes, et en ajoutant à la gradation des peines un degré de plus, la réclusion, pour l'hypothèse de violences ayant simplement entraîné une maladie de plus de vingt jours (2).

ART. 311.

Lorsque les blessures ou les coups, ou autres violences ou voies de fait n'auront occasionné aucune maladie ou incapacité de travail personnel de l'espèce mentionnée en l'art. 309, le coupable sera puni d'un emprisonnement de six jours à deux ans, et d'une

---

(1) Rapport, p. 61. — Avant la loi nouvelle, les voies de fait ou violences légères n'étaient pas atteintes par le C. de pénal, et se trouvaient seulement passibles des peines de police prononcées par la loi du 19-22 juill. 1791, art. 10, et le Code de brum. an IV, art. 605, n. 8, que la jurisprudence avait déclarés encore en vigueur à cet égard. *V.* notamment Cass., 30 mars 1832 (S-V.32.1.656 ; D.P.32.1.261) ; 12 août 1853 (Bull., n. 398) et 9 mars 1854 (S-V.54.1.576 ; D.P.54.1.259).

Aujourd'hui, la généralité des termes de l'art. 309 met fin aux difficultés qui s'étaient élevées sur le sens et la portée de l'expression *coups* employée par cet article. V. Cass., 10 oct. 1822 (S-V.7.1.146) ; 5 mars 1831 (Bull., n. 231) ; 22 août 1834 (Bull., n. 280), 2 juill. 1835 (S-V.35.1.861, D.P.35.1.387).

Les diverses violences que punit l'art. 309 doivent avoir été exercées volontairement ; mais elles ne perdraient pas ce caractère, bien que la victime fût une personne autre que celle à laquelle les actes de violence étaient destinés. *Sic,* Cass., 7 mai 1853 (S-V.53.1.462) ; MM. Hélie et Chauveau, n. 1188.

(2) Il faut bien remarquer que la préméditation, qui est, d'après l'art. 310, une cause d'aggravation de la peine, ne doit pas être confondue avec la volonté de tuer, qui donnerait au fait le caractère de tentative de meurtre ou d'assassinat. *V.* à cet égard, Cass., 14 janv. 1844 (Bull., n. 9), et MM. Hélie et Chauveau, n. 1202.

amende de seize francs à deux cents francs, ou de l'une de ces deux peines seulement.

S'il y a eu préméditation ou guet-apens, l'emprisonnement sera de deux ans à cinq ans, et l'amende de cinquante francs à cinq cents francs.

77. Le nouvel art. 311 ne diffère de l'ancien que par l'addition qui y a été faite des mots, *ou autres violences ou voies de fait*, déjà ajoutés, comme on l'a vu, aux mots *blessures* et *coups*, dans l'art. 309, et à l'égard desquels nous avons donné sous ce dernier article des explications qui s'appliquent également ici (1).

ART. 312.

L'individu qui aura volontairement fait des blessures ou porté des coups à ses père ou mère légitimes, naturels ou adoptifs, ou autres ascendants légitimes, sera puni ainsi qu'il suit :

De la réclusion, si les blessures ou les coups n'ont occasionné aucune maladie ou incapacité de travail personnel de l'espèce mentionnée en l'art. 309 ;

Du maximum de la réclusion, s'il y a eu incapacité de travail pendant plus de vingt jours, ou préméditation ou guet-apens ;

Des travaux forcés à temps, lorsque l'article auquel le cas se référera prononcera la peine de la réclusion ;

Des travaux forcés à perpétuité, si l'article prononce la peine des travaux forcés à temps.

78. Les changements apportés à la rédaction de l'art. 312 proviennent de la même cause que ceux qu'on a remarqués dans l'art. 310. « Seulement, dit l'Exposé des motifs, p. 39, comme la gradation compterait ici un degré de plus, pour l'arrêter à la peine des travaux forcés à perpétuité, il a fallu établir deux degrés dans la réclusion qui est le point de départ. C'est un moyen autorisé par des précédents dans le Code même. »

79. On a vu que, dans les art. 309 et 311, la loi nouvelle a étendu l'incrimination aux violences ou voies de fait autres que les coups et bles-

---

(1) L'addition que nous signalons fait rentrer sous l'application de l'art. 311 diverses violences sur le caractère desquelles on ne s'accordait point auparavant. *V.* Cass., 14 avr. 1821 (Bull., n. 61) ; 5 mars 1831 ; 22 août 1834 (Bull., n. 280) ; 16 mars 1844 (Bull., n. 73) ; Douai 15 fév. 1844 (S.V.44.2.338). *Junge* notre note 3 de la page 127. — *V.* aussi la note précédente relativement à la circonstance de préméditation qui est constitutive d'une aggravation de la pénalité dans l'art. 311 comme dans l'art. 310.

Jugé que l'art. 311 s'applique même aux violences commises par un mari envers sa femme : Cass., 9 avr. 1825 (S.V.8.1.100) ; 2 fév. 1827 ; S.V.8.1.517 ; D.P.27.1.381) ; 7 mai 1851 (D.P.52.5.564). Conf., MM. Hélie et Chauveau, n. 1204.

sures. Les mots, *autres violences ou voies de fait,* n'ont point été ajoutés, au contraire, dans l'art. 312 : faut-il en conclure que cet article ne punit réellement que les blessures faites ou les coups portés aux ascendants qu'il désigne? A ne consulter que sa rédaction, on serait tenté de le croire; car non-seulement les violences légères y sont omises, mais on y a supprimé les expressions, « Dans les cas prévus par les art. 309, 310, 311 », par lesquelles commençait l'ancien art. 312, pour y substituer celles qu'on y remarque et qui, en apparence au moins, restreignent l'incrimination aux coups et blessures. Toutefois, cette opinion ne saurait être admise. D'un côté, le nouvel art. 312 se réfère, par ses diverses dispositions, aux trois articles précédents, et, d'un autre côté, le Rapport de la commission du corps législatif ne révèle en aucune manière l'intention qu'aurait eue cette commission, à qui est due l'addition des mots, *autres violences ou voies de fait,* dans les art. 309 et 311, de ne point soumettre ces violences ou voies de fait à l'application de l'art. 312. Quelle serait, d'ailleurs, la raison de cette différence? Comment les violences autres que les coups et blessures pourraient-elles cesser d'être incriminées dans le cas précisément où la qualité des personnes lésées devient une cause d'aggravation de la peine (1)? On doit donc penser que c'est uniquement par l'effet d'un oubli que les voies de fait et violences légères n'ont pas été comprises dans l'art. 312, comme elles l'ont été dans les art. 309 et 311.

80. L'ancien art. 312, en appliquant indistinctement la peine de la réclusion aux deux cas prévus par l'art. 311, confondait, suivant la remarque de MM. Hélie et Chauveau, n. 1207, dans une même criminalité, deux actes essentiellement distincts, les coups portés ou les blessures faites sans préméditation, et les mêmes faits commis avec préméditation. C'était là une confusion regrettable. « On ne voit point, disaient fort bien les auteurs que nous venons de citer, de raison solide pour frapper, même dans notre hypothèse, d'une peine égale l'accès d'emportement et le dessein mûri à l'avance de frapper. Cette confusion est d'autant plus étrange que le troisième paragraphe du même article l'a fait disparaître dans le cas qu'il prévoit. » La même anomalie ne se rencontre pas dans le nouvel article, qui frappe de la *réclusion* les violences n'ayant occasionné ni maladie ni incapacité de travail de l'espèce mentionnée en l'art. 309, et du *maximum de la réclusion,* ces mêmes violences commises avec préméditation ou guet-apens.

81. Mais l'article actuel laisse subsister une autre disparate que présen-

---

(1) Mais, sous l'ancien art. 312, on décidait avec raison que les voies de fait ou violences sans coups ni blessures ne constituaient ni crime ni délit, alors même qu'elles avaient été exercées envers les ascendants désignés dans cet article (Cass., 15 oct. 1813, S.-V.4.1.448, et 10 oct. 1822, Bull., n. 144).

Jugé que le fils qui s'est rendu complice du crime ou délit de coups portés à son père, est punissable seulement comme l'auteur des coups, et qu'il n'est point passible de l'aggravation de peine prononcée par l'art. 312, cet article n'étant applicable que lorsque les violences ont été exercées par l'enfant lui-même : Cass., 21 mars 1844 (S.-V.44.1.437; D.P.44.1.403).

tait l'ancien art. 312. Pas plus que celui-ci, en effet, il ne prévoit le cas où les violences seraient passibles de la peine des travaux forcés à perpétuité, si elles avaient été exercées envers des personnes autres que les ascendants du coupable ; en sorte que, dans ce cas, qui est celui de violences exercées avec préméditation et suivies de mort, la peine, pour l'application de laquelle il faut recourir à l'art. 310, est la même quand la victime est un ascendant de l'agent, que si ces violences avaient été exercées sans préméditation, puisque, d'après l'art. 112 lui-même, ce sont les travaux forcés à perpétuité qui sont applicables à cette dernière hypothèse (1).

Blessures et coups involontaires.

ART. 320.

S'il n'est résulté du défaut d'adresse ou de précaution que des blessures ou coups, le coupable sera puni de six jours à deux mois d'emprisonnement, et d'une amende de seize francs à cent francs, ou de l'une de ces deux peines seulement.

82. La modification apportée à cet article a eu pour objet de faire disparaître une contradiction de la loi. D'après l'ancien art. 320, en effet, la peine appliquée aux coups et blessures *involontaires* devait consister tout à la fois dans un emprisonnement de six jours à deux mois *et* dans une amende de 16 fr. à 100 fr., tandis que l'art. 311, réprimant les coups et blessures *volontaires*, permettait aux juges de ne prononcer que l'emprisonnement *ou* l'amende. Le législateur a conservé cette disposition de l'art. 311 ; mais il a voulu effacer l'anomalie qui résultait de son rapprochement avec l'art. 320, en ajoutant dans ce dernier article, après l'indication des deux peines dont le fait est passible, les mots : *ou de l'une de ces deux peines seulement.* « La faculté de substituer l'amende à l'emprisonnement qui existe pour le juge dans le cas de blessures *volontaires*, dit le Rapport de la commission, p. 62, doit exister à plus forte raison dans le cas de blessures *involontaires* qui présente nécessairement une moindre gravité (2). »

83. Le nouvel art. 320 ne fait pas mention, à la différence des nouveaux art. 309 et 311, des voies de fait et violences autres que les blessures ou coups. S'ensuit-il que les lésions de la première espèce ne tombent pas sous

---

(1) *V.* à cet égard MM. Hélie et Chauveau, *loc. cit.*

(2) Bien que l'art. 320 ne fasse mention que du *défaut d'adresse ou de précaution*, les violences involontaires provenant de la *négligence*, de *l'imprudence* ou de *l'inobservation* des règlements, rentrent elles-mêmes dans ses prévisions : l'art. 320, rédigé dans le même sens que l'art. 319, a simplement voulu résumer en deux mots les délits énumérés dans ce dernier article, auquel il se réfère. *V.* en ce sens, Cass., 20 juin 1812 (S.-V. 4.1.129) ; 30 mars 1815 (S.-V.5.1.31) et 9 sept. 1826 (S.-V.8.1.423) ; MM. Hélie et Chauveau, n. 1270 ; Dalloz, *Rép.*, v° *Crimes et délits contre les personnes*, n. 213.

son application ? Nous ne saurions le croire. Il est vrai de dire aujourd'hui, comme avant la loi nouvelle, avec MM. Hélie et Chauveau, n. 1270, que l'art. 320 se réfère nécessairement à toutes les lésions corporelles prévues par le chapitre précédent ; que toutes les lésions volontairement causées doivent trouver une peine dans les art. 319 et 320, lorsqu'à la volonté se substitue une simple faute incriminée par ces articles, et que le délit n'est pas dans le mode suivant lequel la lésion est produite, mais dans le fait d'une lésion occasionnée par une faute prévue par la loi.

Attentats aux mœurs.

Art. 330.

Toute personne qui aura commis un outrage public à la pudeur sera punie d'un emprisonnement de trois mois à deux ans, et d'une amende de seize francs à deux cents francs.

84. La commission du Corps législatif, sur l'initiative de laquelle a été modifié cet article, a, dans son rapport, p. 63, déduit de la manière suivante les motifs de cette modification : « L'art. 330 limite à une année d'emprisonnement le maximum de la peine qu'il prononce. Cette limite rend impossible l'application des peines de la récidive à la réitération des outrages publics à la pudeur.— Rien n'explique une disposition qui, sans intention peut-être, excepte d'une juste sévérité des faits dont il importe de prévenir le renouvellement, et qui sont plus dangereux et plus punissables que la plupart de ceux auxquels les peines de la récidive sont applicables.— C'est pour obvier à cet inconvénient que, tout en maintenant à trois mois le minimum de la peine prononcée par l'art. 330, nous avons proposé de porter le maximum à deux ans (1). »

____

(1) On sait que la publicité caractéristique du délit d'outrage à la pudeur est abandonnée à l'appréciation des tribunaux, et qu'elle s'induit, soit du lieu où l'outrage a été commis, soit des circonstances dont il est accompagné. *V.* à cet égard MM. Hélie et Chauveau, t. 4, n. 1357 et s., et Dalloz, *Rép.*, v° *Attentat aux mœurs*, n. 25 et suiv., ainsi que les nombreux arrêts cités par ces auteurs. — Du reste, un point essentiel à noter, c'est qu'un fait immoral n'a pas le caractère de publicité voulu pour tomber sous l'application de la loi pénale, lorsqu'il n'a été aperçu que par l'effet de changements apportés par quelques personnes aux dispositions que le prévenu avait prises pour se soustraire aux regards du public. *V.* Cass., 11 mars 1859 (S.-V.59.1.626, D.P.59.1.240 ; J. du P. 59.100).

Rappelons aussi qu'il est constant que l'individu acquitté de l'accusation d'attentat à la pudeur peut encore être ultérieurement poursuivi à raison du même fait envisagé comme délit d'outrage public à la pudeur. *V.* Cass., 3 sept. 1858 et Montpellier, 8 déc. 1862, ainsi que les indications dont nous avons accompagné ces arrêts dans notre *Journ. du Min. publ.*, t. 2, p. 125, et t. 6, p. 117.

Art. 331.

Tout attentat à la pudeur consommé ou tenté sans violence sur la personne d'un enfant de l'un ou de l'autre sexe âgé de moins de treize ans, sera puni de la réclusion.

Sera puni de la même peine l'attentat à la pudeur commis par tout ascendant sur la personne d'un mineur, même âgé de plus de treize ans, mais non émancipé par mariage.

85. En présence de la déplorable progression du nombre des attentats à la pudeur tentés ou consommés sans violence sur des enfants, le projet de loi avait proposé de reculer la limite d'âge en deçà de laquelle l'emploi de la violence est légalement présumé, et de là porter à douze ans. La commission du Corps législatif a voulu reculer encore davantage cette limite. « Les attentats de ce genre, dit le Rapport, p. 63, se multiplient, et leur nombre toujours croissant prouve que la dépravation des mœurs l'emporte sur la réserve que l'enfance doit inspirer et sur le respect qu'elle mérite. Il est juste de protéger les familles contre ce désordre moral. Puisqu'il atteint un si grand nombre d'enfants qui n'ont pas même accompli l'âge de onze ans, combien n'en doit-il pas atteindre qui sortent à peine de cet âge ? Et cependant qui oserait affirmer que, dès qu'il l'a dépassé, l'enfant est capable de donner un consentement réfléchi? Le plus souvent, même à douze ans, son développement physique ou intellectuel ne lui permet pas d'avoir une conscience entière de ses actes, et, si quelques exceptions se rencontraient, quel inconvénient sérieux y aurait-il à le prémunir contre ses propres entrainements et le préserver d'une dégradation précoce? — L'influence des climats est ordinairement prise en considération dans ces matières. La limite d'âge est fixée à douze ans en Toscane, en Sardaigne et dans les deux Siciles, et à quatorze ans en Suisse, en Prusse et en Autriche. Nous proposons de la fixer à treize ans pour la France ; elle tiendra ainsi le milieu entre les pays du Nord et ceux du Midi, et elle répondra à un véritable intérêt moral révélé par les observations pratiques dans le nôtre. »

86. La commission a introduit encore une autre modification dans l'art. 331. Elle a pensé que, s'il est permis de supposer une volonté intelligente et libre dans un enfant âgé de plus de treize ans, ce caractère de la volonté cesse d'être certain, lorsque la sollicitation arrive à l'enfant de la part d'un de ses ascendants, c'est-à-dire d'une personne exerçant sur lui une autorité naturelle (1), et elle a proposé d'étendre l'incrimination de l'art. 331 à l'attentat à la pudeur commis par un ascendant sur un mineur même âgé de plus de treize ans, ce qui a été approuvé par le conseil d'Etat et voté sans

---

(1) *V.* le Rapport, p. 64.

discussion par le Corps législatif. La seule limite à la présomption de violence, en pareil cas, est l'émancipation par mariage du mineur (1).

ART. 333.

Si les coupables sont les ascendants de la personne sur laquelle a été commis l'attentat; s'ils sont de la classe de ceux qui ont autorité sur elle; s'ils sont ses instituteurs ou ses serviteurs à gages, ou serviteurs à gages des personnes ci-dessus désignées; s'ils sont fonctionnaires ou ministres d'un culte, ou si le coupable, quel qu'il soit, a été aidé dans son crime par une ou plusieurs personnes, la peine sera celle des travaux forcés à temps, dans le cas prévu par le paragraphe 1er de l'art. 331, et des travaux forcés à perpétuité dans les cas prévus par l'article précédent.

87. Le changement apporté à la rédaction de cet article n'est qu'une conséquence de la modification introduite dans l'art. 331. Il consiste simplement en ce que la peine des travaux forcés à temps, à raison de la qualité de l'auteur de l'attentat ou de l'aide qui lui a été prêté, que l'ancien art. 333 prononçait, *dans le cas* (alors unique) *prévu par l'art.* 331, n'est plus actuellement prononcée que *dans le cas prévu par le paragraphe* 1er de ce dernier article. De là il résulte qu'aujourd'hui la qualité d'ascendant de la victime, qui, d'après le 2e paragraphe de l'art. 331, est constitutive d'une présomption de violence jusqu'à l'émancipation du mineur par mariage, n'entraîne qu'après cette époque l'aggravation de pénalité établie par l'art. 333 (2).

---

(1) Il n'est pas nécessaire, pour que l'attentat à la pudeur tombe sous l'application de l'art. 331, qu'il ait eu pour objet la personne de l'enfant; il suffit que sa personne ait été mise en jeu dans l'accomplissement des actes de débauche. V. Cass., 2 avr. 1835 (S-V. 35.1.936) et 27 sept. 1860 (S-V.61.1.201); MM. Hélie et Chauveau, t. 4, n. 1400, et Dalloz, *Rép.*, v° *Attentat aux mœurs*, n. 39. — *Contrà*, Cass., 4 août 1843 (S-V.44.1. 48, D.P.43.1.464). — Mais c'est l'art. 332, et non l'art. 331, qui est applicable, lorsque l'attentat a été commis avec violence, quelque jeune que soit l'enfant. *Sic*, Paris, 29 mars 1853 (S-V.53.2.445; J. du P. 54.1.475); MM. Le Sellyer, *Dr. crim.*, t. 1. n. 32; Hélie et Chauveau, n. 1401. — Quant à la circonstance de l'âge de l'enfant, comme elle est constitutive du crime, elle doit être déclarée par le jury lui-même, et la Cour d'assises ne peut suppléer à l'absence de déclaration à cet égard, même en se fondant sur l'acte de naissance de la victime. V. sur ce point bien constant, MM. Hélie et Chauveau, n. 1402 et s., et Dalloz, n. 44 et s., ainsi que les nombreux arrêts cités par eux.

(2) Parmi les personnes dont la qualité entraîne une aggravation de pénalité, l'art. 333 énonce celles *qui ont autorité sur la victime*. Cela doit s'entendre de l'autorité de fait, dérivant de la position sociale, aussi bien que de l'autorité de droit. Cette doctrine, parfaitement établie par MM. Hélie et Chauveau. t. 4, n. 1427, a été confirmée par la jurisprudence, qui a décidé, notamment, que l'aggravation de peine est encourue: — 1° par le maître qui commet un viol ou un attentat à la pudeur sur une fille à son service à ga-

88. La commission du Corps législatif, frappée des difficultés d'interprétation auxquelles a donné lieu l'art. 334, qui punit l'excitation des mineurs à la débauche, avait songé à résoudre législativement ces difficultés. Voici en quels termes son rapport (p. 66 et suiv.) rend compte de ses vues à cet égard : « L'Exposé des motifs du Code pénal de 1810 révèle clairement que le législateur n'a voulu punir que le métier, la profession, le trafic habituel de la corruption. Malgré le défaut de précision qu'on peut lui reprocher, le texte de l'art. 334 se prête plutôt à cette opinion qu'à toute autre. C'est celle que la jurisprudence a le plus généralement consacrée ; c'est d'ailleurs celle que la raison conseille et qu'en l'absence de tout précédent, nous voudrions encore adopter. Comment, en effet, assimiler l'action d'un homme qui, entraîné par la passion, séduit et corrompt une fille mineure, avec l'action du mercenaire qui se rend l'intermédiaire de la corruption, et qui fait métier de colporter, à prix d'argent, des propositions honteuses et de livrer des victimes à la prostitution ? La passion a des limites que la corruption ne connaît pas, et la loi n'atteint pas tout ce que réprouve la morale. Qui pourrait méconnaître, d'ailleurs, les funestes conséquences d'une pareille incrimination ? Comment définir la séduction et la distinguer d'une foule de spéculations dont elle couvrirait le manége ? La vie privée serait livrée à la plus dangereuse inquisition, et le scandale des poursuites bouleverserait les familles et perver-

---

ges (Cass., 26 déc. 1823, S-V.7.1.357 ; C. d'ass. Seine-et-Oise, 29 mai 1845, J. du P. 45.2.316) ; — 2° par le mari qui se rend coupable d'un semblable attentat sur les enfants mineurs non émancipés issus d'un premier mariage de sa femme, ou sur les enfants naturels mineurs de celle-ci, encore bien que, dans l'un et l'autre cas, la mère fût décédée à l'époque de l'attentat (Cass., 25 mars 1830, S-V.9.1.478 ; D.p.30.1.182 ; 16 fév. 1837, S-V.37.1.554 ; 11 juin 1844, S-V.42.1.182 ; D.p.44.1.389 ; 25 mars 1843, S-V.43.1.530 ; D.p.43.1.231 ; 2 mai 1844, S-V.44.1.505 ; 20 janv. 1853, S-V.53.1.239 ; J. du P. 53.2. 384 ; 12 août 1859, S-V.59.1.972, et 7 juin 1860, S-V.61.1.844) ; — 3° par le mari qui commet sur sa femme des actes contre nature (Cass., 18 mai 1854, S-V.54.1.577 ; J. du P.56.1.101).

L'aggravation de peine de l'art. 333 est applicable aussi bien lorsque l'autorité n'est que momentanée ou non continue, que lorsqu'elle est permanente. V. Cass., 27 août 1857 (S-V.57.1.786 ; J. du P. 58.158).

A l'égard des fonctionnaires, cette aggravation n'est subordonnée ni aux relations que les fonctions ont pu établir entre l'auteur de l'attentat et la victime, ni au lieu où il aurait été commis, ni à l'abus des fonctions. L'application n'en saurait donc être restreinte au cas où le crime aurait été commis par le fonctionnaire dans l'exercice réel ou présumé de ses fonctions, ou à l'occasion de cet exercice: Cass., 9 juin 1853 (S-V.53.1.463 ; J. du P. 54.1. 69) et 5 mai 1859 (S-V.59.1.716 ; J. du P. 60.57) ; Conf., M. Boitard, *Leç. sur le Cod. pén.*,p. 335. — *Contrà*, MM. Hélie et Chauveau, n. 1434.

Rappelons, enfin, que, d'après une jurisprudence et une doctrine constantes, si c'est au jury qu'il appartient de prononcer sur les circonstances de fait qui peuvent constituer l'autorité à laquelle est attachée l'aggravation de peine, la Cour d'assises seul a le pouvoir de décider si, d'après les circonstances déclarées, l'accusé avait réellement, ou non, cette autorité. V. notamment, Cass., 20 janv. 1853 (S-V.53.1.239 ; J. du P. 53.2.384) et 28 juin 1855 (S-V.55.1.847 ; J. du P. 56.1.278) ; MM. Hélie et Chauveau, n. 1429 ; Bertauld, *Quest. préjudic.*, n. 85.

tirait les imaginations bien plus qu'il ne guérirait les mœurs. Par toutes ces raisons, nous n'avons pas hésité à déclarer que l'excitation à la débauche ne serait un délit que lorsqu'elle serait imputable au proxénète et aurait pour but de satisfaire les passions d'autrui.

« Nous pensons aussi qu'il y a métier honteux et punissable, aussi bien lorsque l'agent a plusieurs fois tiré profit d'un acte de la même nature à l'égard d'une seule et même personne, que lorsqu'il a trafiqué de plusieurs, et nous disons nettement que l'habitude d'excitation à la débauche résulte aussi bien de la pluralité des faits que de la pluralité des victimes.

« Enfin, quoique le texte actuel exige évidemment l'habitude dans tous les cas, même alors que l'instigateur est le père ou la mère de la victime ou une des personnes chargées de sa surveillance, nous n'hésitons pas à vous proposer sur ce point une modification qui mettra la loi d'accord avec la morale. Une mère qui vend sa fille, même une seule fois, est indigne de toute indulgence. Rien ne peut excuser un père ou un tuteur qui abuse de sa situation pour acheminer un mineur vers le vice au lieu de l'en préserver. Le premier fait d'excitation, le premier marché mériterait une punition, alors même qu'il devrait demeurer isolé. Mais il ne sera presque toujours que le prélude de plusieurs autres. Il est si facile, en ces matières, de tromper la vigilance de la justice, que le plus souvent on punira l'habitude alors qu'on n'aura pu poursuivre qu'un seul fait.

« En conséquence, nous avons proposé de rédiger l'art. 334 ainsi qu'il suit :

« Quiconque, *dans le but de satisfaire les passions d'autrui*, aura attenté aux mœurs, en excitant, favorisant ou facilitant habituellement la débauche où la corruption d'*une ou plusieurs personnes* de l'un ou l'autre sexe au-dessous de l'âge de vingt et un ans, sera puni d'un emprisonnement de six mois à deux ans, et d'une amende de cinquante francs à cinq cents francs.

« Si la prostitution ou la corruption a été excitée, favorisée ou facilitée, *même sans qu'il y ait habitude*, par leurs pères, mères, tuteurs ou autres personnes chargées de leur surveillance, la peine sera de deux ans à cinq ans d'emprisonnement, et de trois cents francs à mille francs d'amende. »

89. Cette nouvelle rédaction avait été acceptée par le Conseil d'Etat ; mais elle a soulevé devant le Corps législatif de vives et éloquentes protestations (1). Un député, M. Nogent Saint-Laurens, après avoir rappelé les hésitations de la jurisprudence en cette matière, s'est exprimé ainsi : « Le projet de loi tranche la difficulté dans le sens favorable à l'immoralité, c'est évident ! J'avoue que je l'aurais tranché dans un sens absolument contraire. Car enfin, est-ce que véritablement l'art. 334, qu'il soit de 1810 ou de 1863, ne contient pas la répression possible des excitations habituelles à la débauche faites à son profit personnel ? Evidemment si la loi dit : Quiconque aura attenté aux mœurs en excitant à la débauche la jeu-

---

(1) Séance du 13 avr. 1863 ; *Moniteur universel* du 14, p. 564, col. 1.

nesse, en corrompant la jeunesse, *quiconque,* cela veut dire tout le monde; cela s'applique à ce qui est le proxénétisme pour autrui, autant qu'à ce qui est le proxénétisme pour soi-même. Voilà l'état des choses, voilà la situation de la jurisprudence, et elle était en train de faire bonne route, lorsque aujourd'hui, en 1863, on vient refaire cet art. 334 du Code pénal, et avec deux mots qu'on introduit dans cet article, on détruit la jurisprudence, on détruit une tendance qui est évidemment chrétienne, morale, protectrice des pauvres familles..... Quelles sont les raisons pour dire que le proxénétisme seul sera exclusivement puni, que le libertinage habituel, corrompant pour lui-même, faisant du proxénétisme à son profit, ne sera pas puni? Le Rapport de la commission dit qu'il faut éviter le scandale. Le scandale est de ne pas punir des actes pareils..... La commission, au lieu de laisser le mot *habitude* dans la jurisprudence, a admis l'interprétation qui consiste à dire que des faits réitérés à l'égard d'une seule mineure constituent l'habitude. C'est pour avoir fait cette définition, qu'on ne lui demandait pas, que la commission a exclu les hommes agissant pour leurs passions personnelles. Car avec l'habitude ainsi définie on irait trop loin, on ne ferait plus la part des choses humaines..... Voici un homme qui fatalement aura contracté une liaison illégitime avec une mineure : c'est un acte assurément très-loin de la morale, mais il est trop près de la nature pour que je veuille l'incriminer et le punir. Eh bien, avec l'habitude définie par la commission, il est évident qu'un fait de ce genre devrait être puni. — Il y a autre chose encore : il y a le proxénétisme qui provoque, et il y a le proxénétisme qui est provoqué ; souvent le proxénétisme est accessoire ; derrière lui, il y a l'homme ou les hommes qui l'organisent, qui le déterminent, qui le commandent, et alors le proxénétisme se met en chasse..... Il est l'accessoire ; l'agent principal, c'est celui qui commande. L'argent qui décide ces malheureuses victimes à se laisser corrompre, qui le donne? Ce n'est pas le proxénétisme. Le préjudice moral, le déshonneur qui résulte de la corruption, ce n'est pas encore le proxénétisme qui le détermine. Ici, le proxénétisme est l'accessoire, celui qui le fait agir est le principal, et avec la rédaction nouvelle, vous punissez l'accessoire, vous affranchissez le principal..... C'est intolérable. — Mais il faut punir tout le monde; il y a ici le proxénétisme en participation. Je ne me jette pas en dehors du possible, de l'humain. Je ne veux pas introduire dans la loi un puritanisme exagéré qui la rendrait impossible ; il y a des choses que la morale réprouve et que la loi ne peut pas atteindre. Il faut tolérer les aventures, la galanterie, la séduction personnelle. Il y a une certaine légèreté de mœurs qui doit passer à travers la loi. Mais il y a aussi des marchés honteux que conclut un homme, non pas au profit de ses passions, ne profanons pas ce mot, il est impropre, mais au profit d'une débauche exclusivement et brutalement matérielle. Quand le magistrat rencontre cette débauche ainsi formulée, il doit avoir la puissance de l'arrêter au passage..... »

M. Nogent Saint-Laurens a conclu en conséquence au rejet du nouvel art. 334 proposé par la commission, et M. le commissaire du gouvernement Cordoën s'est associé à lui pour demander le retour à l'ancien art. 334 du Code pénal, « qui, a-t-il dit, fermement appliqué, suffira à la protection efficace de la morale publique... » La nouvelle rédaction a été en effet rejetée par le Corps législatif.

90. La portée de ce vote est ainsi appréciée par la circulaire de M. le garde des sceaux du 30 mai 1863 : « Au système absolu qui réduisait rigoureusement l'application de la loi au proxénétisme, et qui excusait tout acte commis *dans le but de satisfaire ses propres passions*, le législateur a préféré la doctrine de la Cour de cassation, qui atteint le débauché lui-même, lorsque les raffinements de son immoralité en ont fait l'instrument habituel de la corruption d'autrui, ou le complice du pourvoyeur de ses plaisirs coupables (1). Si le vote du Corps législatif a supprimé en même temps quelques mots destinés à résoudre des difficultés soulevées par la doctrine, il n'en résultera aucun inconvénient pratique. D'une part, une jurisprudence invariable proclame que la *pluralité* des victimes n'est pas nécessaire à l'application de l'art. 334 (2) ; de l'autre, le proxénétisme exercé par les

---

(1) La Cour de cassation, par sa jurisprudence la plus récente, a très-justement posé en principe que l'art. 334 est inapplicable à celui qui, en excitant des mineurs à la débauche, n'a pour but que de satisfaire ses propres passions, et ne se rend point un agent intermédiaire de corruption vis-à-vis de ces mineurs (*V.* entre autres, trois arrêts des 24 mars 1853, S-V.54.1.657 ; J. du P. 55 2.504 ; 1er mai 1854, S-V.54.1.657 ; J. du P. 55.1. 528, et 15 mars 1860, S-V.64.1.499) ; Conf., MM. Hélie et Chauveau, t. 4, n. 1373 et s., et Dalloz, *Rép.*, v° *Attentat aux mœurs*, n. 141). — Mais la Cour suprême a reconnu aussi que le délit puni par cet article existe même dans le cas où les actes de débauche ont été organisés par leur auteur pour la satisfaction de ses passions personnelles, et sans y attacher les vues d'un vil trafic, s'il peut néanmoins être considéré comme s'étant rendu, dans l'accomplissement de ces actes, un agent intermédiaire de corruption à l'égard de mineurs. *V.* notamment arrêts des 27 avr. 1854 (S-V.54.1.657 ; J. du P. 55.1.528) ; 21 avr. et 23 août 1855 (S-V.55.1.611 et 847 ; J. du P. 56.1.207 et 208) ; 10 janv. et 13 nov. 1856 (S-V.56.1.472, et 57.1.490 ; J. du P. 56.2.92, et 57.1.127) ; 7 juill. 1859 (S-V. 59.1.534 ; J. du P. 59.792). — C'est aussi ce qu'enseigne M. Hélie, dans la 4e édit. de la *Théor. du Cod. pén.*, t. 4, n. 1377 et s. — D'un autre côté, la Cour de cassation a jugé, fort exactement, selon nous, par arrêt du 10 nov. 1860 (S-V.61.1.498, D.P.60.1.515), que, bien que l'art. 334 doive être entendu en ce sens qu'il n'atteint pas celui qui n'exerce la séduction que dans l'intérêt de ses passions personnelles, il n'y en a pas moins complicité du délit prévu par cet article, de la part de celui qui, pour satisfaire son propre libertinage, a, par l'un des moyens énoncés en l'art. 60, C. pén., provoqué l'intervention d'un proxénète ; qu'il n'est pas nécessaire pour que la complicité existe, en pareil cas, que la provocation dont il s'agit ait été habituelle ; mais qu'il faut que l'habitude de l'excitation à la débauche, de la part du proxénète, existe entre eux, et qu'ainsi il ne suffirait pas que cette habitude fût prouvée contre le proxénète par rapport à d'autres individus. — *V.* aussi, dans le même sens, Cass., 13 fév. 1863 (D.P.63.1.204).

(2) Quelques arrêts de la Cour de cassation et de Cours impériales ont, à la vérité, décidé le contraire ; mais la jurisprudence est aujourd'hui bien établie en ce sens que la réitération des actes d'excitation à la débauche sur la même personne, suffit pour constituer l'habitude exigée par l'art. 334. *V.* notamment, Cass., 31 janv. 1850 (S-V.50.1.150, D.P. 50.1.43) et 15 oct. 1853 (S-V.53.1.664 ; D.P.55.5.31) ; Bourges, 24 janv. 1839 (D.P.41.2.

10.

parents ou tuteurs au préjudice de la mineure, sera presque toujours accompagné de l'habitude, suffisamment manifestée par la répétition des actes de tolérance ou d'encouragement, d'après la doctrine des arrêts du 10 nov. 1860 et du 13 fév. 1863 (1). »

Crimes et délits envers l'enfant.

ART. 345.

Les coupables d'enlèvement, de recélé ou de suppression d'un enfant, de substitution d'un enfant à un autre, ou de supposition d'un enfant à une femme qui ne sera pas accouchée, seront punis de la réclusion.

S'il n'est pas établi que l'enfant ait vécu, la peine sera d'un mois à cinq ans d'emprisonnement.

S'il est établi que l'enfant n'a pas vécu, la peine sera de six jours à deux mois d'emprisonnement.

Seront punis de la réclusion ceux qui, étant chargés d'un enfant, ne le représenteront point aux personnes qui ont droit de le réclamer.

92. Le Code pénal, en punissant, par l'art. 345, l'enlèvement, le recel ou la suppression d'un enfant, la substitution d'un enfant à un autre ou la supposition d'un enfant à une femme qui ne serait pas accouchée, ne s'était proposé que d'assurer la conservation de l'état civil de l'enfant. L'Exposé des motifs de ce Code ne laissait aucun doute à cet égard. Il avait pris soin de dire, en effet, que l'art. 345 devait atteindre « ceux qui, par de fausses déclarations, donneraient à un enfant une famille à laquelle il n'appartient point, et le priveraient de celle à laquelle il appartient, ou qui, par un moyen quelconque, lui feraient perdre l'état que la loi lui garantissait. » Aussi la Cour de cassation, après avoir, il est vrai, consacré dans

---

31); Nancy, 24 juin 1840 (S.-V.41.2.634 ; D.p.41.2.151); Orléans, 6 mars 1843 (S.-V.43.2.323 ; D.p.43.4.37); Paris, 8 mars 1843 et 1ᵉʳ fév. 1844 (D.p.43.2.98, et 44.4.37).

(1) *V.* la note 4ᵉ de la page précédente, *in fine.*—Il y a eu controverse sur le point de savoir si l'habitude est nécessaire pour constituer le délit d'excitation à la débauche de la part des père, mère, tuteur et autres personnes chargées de la surveillance des mineurs. La négative, enseignée par Carnot, *Comm. Cod. pén.*, t. 2, p. 101, avait été aussi admise par la Cour de cassation dans les motifs de deux arrêts des 26 juin 1838 (S.-V.38.1.565; D.p.38.4.338) et 21 fév. 1840 (S.-V.40.1.872; D.p.40.2.534), et elle a été expressément consacrée par un arrêt de la Cour de Paris du 7 avr. 1847 (D.p. 47.4.28). Mais la doctrine contraire a définitivement prévalu devant la Cour suprême (*V.* arrêts des 18 sept. 1845, S.-V.46.1.141; D.p.45.4.398, et 10 mars 1848, S.-V.48.1.588, D.p.48.5.47), et c'est aussi celle que professent MM. Hélie et Chauveau, n. 4387, et Dalloz, n. 158. *V.* également Nancy, 10 déc. 1833 (Dalloz, *ibid*).

le principe l'interprétation contraire, décidait-elle, dans le dernier état de sa jurisprudence, que le crime de suppression d'enfant n'existait qu'autant que l'enfant avait eu vie, et que la suppression d'un enfant mort-né n'était point punissable (1). Il résultait aussi de cette portée restreinte de la loi, que toutes les fois que l'enfant ne pouvait pas être retrouvé, soit mort, soit vivant, toute poursuite était impossible, car elle aurait manqué de la base essentielle, qui était la preuve de son existence.

93. Les auteurs de la loi nouvelle ont vu là, avec raison, un inconvénient assez grave pour appeler une réforme. « La disparition d'un enfant, dit le Rapport de la commission du Corps législatif (p. 70), peut bien n'avoir pour cause qu'une atteinte dirigée contre son état civil ; mais elle est aussi, le plus souvent, l'indice d'un crime commis sur sa personne. — Le projet veut lui accorder la garantie qui lui manque, et donner une arme contre la femme qui, convaincue de l'avoir mis au monde clandestinement, ne peut pas ou ne veut pas le représenter. Il propose, dans ce but, de punir l'enlèvement ou la non-représentation de l'enfant, même au cas où il n'est pas établi qu'il ait vécu, et même encore au cas où il est établi qu'il n'a pas vécu. Il varie seulement la peine applicable à chacun de ces deux cas..... Nous acceptons cette incrimination nouvelle en faisant remarquer que le délit qui sera poursuivi par application des deux paragraphes additionnels ne se rattache plus essentiellement au principe des incriminations portées dans l'art. 345. En effet, si l'enfant n'a pas vécu, ou si seulement il n'est pas établi qu'il ait vécu, il n'y a pas de *suppression* dans le sens légal de ce mot, car il n'y a pas d'atteinte possible à son état civil. C'est la non-représentation de l'enfant qui est la base de la poursuite et qui

---

(1) *Sic*, Cass., 1er août 1836 (S.-V.36.1.545, D.p.38.4.44) ; 7 juill. 1837 (S.-V.39.1.779 ; J. du P 39.2.424) ; 20 sept. et 7 déc. 1838 (S.-V.38.1.909 ; D.p.38.1.487 ; 39.1.127) ; 8 nov. 1839 (D.p.40.1.390) ; 4 juill. 1840 (S.-V.40.1.796 ; D.p.40.1.427) ; 26 juill. 1849 (Bull., n. 180), et 20 mars 1862 (S.-V.62.1.847 ; *Journ. du Min. publ.*. t. 5, p. 202). Conf., MM. Hélie et Chauveau, *Théor. Cod. pén.*, 4e édit., t. 4, n. 1536 ; Boitard, *Leç. sur le Cod. pén.*, n. 350 ; Bertauld, *Quest. préjudic.*, n. 19 ; Dalloz, *Rép.*, v° *Crimes et délits contre les pers.*, n. 248. — *Contrà*, Cass., 5 sept. 1834 (S.-V.34.1.833) ; 21 fév. 1835 (S.-V.35.1.307 ; D.p.35.1.129) ; 27 août 1835 (S.-V.35.1.920 ; D.p.35.1.446) et 15 juill. 1836 (Dalloz, *loc. cit.*, n. 247) ; MM. Carnot, *Comm. Cod. pén.*, sur l'art. 345, observ. addit., n. 1, et Rauter, *Dr. crim.*, t. 2, p. 78, texte et note 2. — Notons qu'il suffit que l'enfant ait vécu, pour que sa suppression, à un moment où il était mort, tombe sous l'application du § 1er de l'art. 345. Cette solution, qu'ont consacrée les arrêts précités des 20 sept. et 7 déc. 1838 et 20 mars 1862, conserve toute sa force sous l'empire de la nouvelle loi.

Le même arrêt du 20 mars 1862 a consacré encore un principe important, et du reste universellement admis, c'est que la suppression d'un enfant peut être poursuivie par la voie criminelle avant le jugement de la question d'état par les tribunaux civils, l'art. 327, Cod. Nap., ne s'appliquant qu'au cas où il y a suppression de l'*état* d'un enfant, et non à celui où il y a suppression de la *personne* même de l'enfant. Il en serait toutefois autrement, si la filiation de l'enfant était nécessairement liée à la poursuite : Cass., 21 août 1842 (S.-V.4.1 176) ; MM. Hélie et Chauveau, n. 1544. V. au surplus, notre *Journ. du Minist. publ.*, art. 505 (t. 5, p. 202).

prend le caractère d'un délit. C'est pour mieux rendre cette pensée que nous avons retranché le mot *supprimé* de la rédaction proposée par le projet. L'enfant dont il s'agit dans les paragraphes additionnels sera donc bien alors tout enfant qui aura disparu, qui ne sera pas représenté, et dont la disparition ne sera pas expliquée, quel que soit d'ailleurs le motif pour lequel on l'a fait disparaître. »

94. On remarque qu'à la différence de la disparition d'un enfant vivant, qui constitue un *crime,* d'après le paragraphe 1ᵉʳ de l'art. 345, maintenu par la nouvelle loi, la disparition d'un enfant qu'on ne prouve pas avoir vécu ou qu'on prouve n'avoir pas vécu, a simplement le caractère d'un *délit.* — Au reste, les deux cas de ce délit « étaient, dit l'exposé des motifs, p. 43, de valeur trop inégale pour les confondre sous une seule peine en laissant au juge le soin de leur faire des parts inégales dans l'application. Le projet de loi les distingue et leur assigne à chacun sa peine. — C'est aussi une manière de marquer plus nettement dans l'article la progression décroissante de la criminalité. — La peine *d'un mois à cinq ans* d'emprisonnement présente un écart inaccoutumé entre le minimum et le maximum : on l'a fait à dessein pour donner au juge une liberté plus grande dans la répression d'un délit dont l'intensité morale doit beaucoup varier avec les circonstances. — Quant à la peine de six jours à deux mois d'emprisonnement, elle est empruntée de l'art. 358, qui punit les inhumations faites sans autorisation préalable de l'officier public : l'analogie n'a pas besoin d'être signalée. »

Faux témoignage.

ART. 361.

Quiconque sera coupable de faux témoignage en matière criminelle, soit contre l'accusé, soit en sa faveur, sera puni de la peine de la réclusion.

Si, néanmoins, l'accusé a été condamné à une peine plus forte que celle de la réclusion, le faux témoin qui a déposé contre lui subira la même peine.

ART. 362.

Quiconque sera coupable de faux témoignage en matière correctionnelle, soit contre le prévenu, soit en sa faveur, sera puni d'un emprisonnement de deux ans au moins et de cinq ans au plus, et d'une amende de cinquante francs à deux mille francs.

Si, néanmoins, le prévenu a été condamné à plus de cinq années d'emprisonnement, le faux témoin qui a déposé contre lui subira la même peine.

Quiconque sera coupable de faux témoignage en matière de

police, soit contre le prévenu, soit en sa faveur, sera puni d'un emprisonnement d'un an au moins et de trois ans au plus, et d'une amende de seize francs à cinq cents francs.

Dans ces deux cas, les coupables pourront, en outre, être privés des droits mentionnés en l'art. 42 du présent Code pendant cinq ans au moins et dix ans au plus, à compter du jour où ils auront subi leur peine, et être placés sous la surveillance de la haute police pendant le même nombre d'années.

ART. 363.

Le coupable de faux témoignage en matière civile sera puni d'un emprisonnement de deux à cinq ans, et d'une amende de cinquante francs à deux mille francs. Il pourra l'être aussi des peines accessoires mentionnées dans l'article précédent.

95. Le projet de loi n'avait proposé aucun changement aux diverses dispositions du Code pénal relatives au faux témoignage. C'est la commission du Corps législatif qui a pris, en cette matière, l'initiative d'un déclassement que le Rapport justifie en ces termes : « Sans nier la gravité du faux témoignage en lui-même (1), puisqu'il a toujours pour but de tromper

---

(1) Il ne peut y avoir faux témoignage que de la part de ceux qui font, sous la foi du serment, une déposition proprement dite, et non de la part de ceux qui ne sont appelés en justice que pour donner de simples renseignements. V. MM. Legraverend, *Législat. crim.*, t. 1, p. 296 ; Hélie et Chauveau, *Théor. Cod. pén.*, 4e édit., t. 4, n. 1603 ; Dalloz, *Répert.*, v° *Témoignage faux*, n. 16. — Toutefois, se rend coupable de faux témoignage, celui qui, cachant son incapacité d'être témoin, se fait admettre à déposer avec prestation de serment, et porte un témoignage contraire à la vérité : Cass., 29 juin 1843 (S-V.44.1.58 ; J. du P. 44.1.13) et 10 mai 1861 (S-V.62.1.330) ; MM. Hélie, *loc. cit.*, n. 1604 ; Dalloz, n. 17. V. cependant M. Legraverend, p. 298. — V. aussi, à un autre point de vue, Cass., 18 juill. 1861 (S-V.61.1.1010).

La fausse déposition, en matière criminelle, a-t-elle le caractère du faux témoignage, alors même que le témoin n'a altéré ou déguisé la vérité qu'afin de n'être pas lui-même exposé à des poursuites ? La négative, qui a été consacrée par un arrêt de la Cour de Colmar du 3 août 1824 (cassé le 27 août suivant ; V. ci-après) et par un arrêt de la Cour de Grenoble du 21 fév. 1844 (S-V.44.2.658), est enseignée par la majorité des auteurs. V. MM. Bourguignon, *Jurisp. des Cod. crim.*, t. 3, p. 338 ; Carnot, *Comm. Cod. pén.*, t. 2, p. 188 ; Rauter, *Dr. crim.*, n. 490 ; Hélie et Chauveau, n. 1606 et s. — Mais l'opinion contraire a été proclamée par plusieurs arrêts de la Cour suprême (27 août 1824, S-V.7.1.525 ; 22 avr. et 23 déc. 1847, S-V.47.1.304 ; D.P.47.1.180, et 48.1.29 ; 22 mars 1850, D.P.50.5.439 ; 10 juin 1856, Bull., n. 220) ; elle a été défendue par M. le procureur général Dupin lors de l'arrêt précité du 22 avr. 1847, et c'est aussi celle que professent MM. Dalloz, n. 20.

Les dénégations et les réticences ne constituent le faux témoignage, qu'autant qu'elles équivalent à l'expression d'un fait négatif contraire à la vérité, soit en faveur, soit au préla justice, et qu'il peut avoir pour résultat de faire acquitter un coupable et même de faire condamner un innocent, il est impossible de ne pas tenir compte de ce fait, que, dans la plupart des cas, le jury refuse de le considérer comme un crime. La statistique des cinq dernières années nous enseigne que, sur cent faux témoins poursuivis devant la Cour d'assises, cinquante-six ont été acquittés, quarante et un ont été condamnés à des peines correctionnelles, et trois seulement ont été condamnés à des peines criminelles. — Nous avons vu là un enseignement qu'il n'était pas permis de négliger, et nous avons voulu faire par la loi ce qui était déjà fait par les mœurs, en apportant quelque adoucissement à l'excessive sévérité de la peine. — Cette résolution étant admise en principe, la nature même des choses nous a suggéré une première distinction. Déjà, dans l'économie de la loi, les faux témoignages sont rangés dans des classes différentes, selon la juridiction devant laquelle ils sont commis. Il est rationnel d'en attribuer la connaissance aux Cours d'assises ou aux tribunaux, selon que le fait se sera produit en matière criminelle ou en matière correctionnelle. On y trouvera cet avantage que le crime ou le délit de faux témoignage sera déféré aux juges devant lesquels il aura été commis, c'est-à-dire à ceux qui sont le plus aptes à le bien connaître et à le bien juger. — Quant aux faux témoignages en matière de simple police ou en matière civile, il est permis de penser que le juge correctionnel aura des connaissances et des habitudes d'investigation que le jury ne saurait posséder au même degré. »

96. En conséquence, dans les nouveaux art. 361, 362 et 363, que le Corps législatif a votés, sans discussion, tels que la commission les avait modifiés, d'accord avec le conseil d'Etat, le faux témoignage en matière criminelle (1) conserve seul le caractère de crime, mais en devenant sim-

---

judice de l'accusé : Cass., 20 mai 1808 (S.-V.2.1.530) ; 10 janv. 1812 (S.-V.4.1.16) ; 1er sept. 1814 (J. du P. 12.410) et 17 mars 1827 (S.-V.8.1.550) ; MM. Hélie et Chauveau, n. 1612 et s.; Dalloz, n. 21 et s.

En matière civile, comme en matière criminelle, le faux témoignage n'est punissable qu'autant qu'il a causé ou pu causer un préjudice. *Sic,* Cass. 19 juin 1857 (S.-V.57.1.865 ; J. du P. 58.859); MM. Hélie et Chauveau, n. 1647. — V. cependant Cass., 14 juill. 1827 (S.-V.8.1.638 ; D.P.27.1.444).—Au reste, en matière criminelle, le préjudice ne commence qu'au moment où la déposition acquise au procès ne peut plus être rétractée. Ainsi, par exemple, une déposition mensongère faite devant le juge d'instruction pouvant encore être utilement rétractée à l'audience, ne constitue pas un faux témoignage : Cass., 34 janv. 1859 (S.-V.60.1.747 ; J. du P. 60.288); MM. Hélie et Chauveau, n. 1648 et s.; Boitard, *Leç. de Cod. pén*, n. 464 ; Dalloz, n. 32. — Il suit de là que la simple tentative de faux témoignage n'est pas punissable (Hélie et Chauveau, n. 1625, et Dalloz, n. 36).

(1) La Cour de cassation a jugé, par arrêt du 25 août 1854 (S.-V.54.1.739; J. du P. 56.2.172), que le faux témoignage porté dans une poursuite pour crime, doit être réputé avoir été porté en *matière criminelle,* et non en *matière correctionnelle,* bien que, par le résultat des débats, le fait se soit transformé en simple délit, le titre originaire de l'accusation devant seul fixer le caractère du faux témoignage. Conf., M. F. Hélie, *Théor. Cod. pén.*, 4e éd., n. 1637.

plement passible de la réclusion, au lieu des travaux forcés à temps, à moins que l'accusé n'ait été condamné à une peine plus forte, laquelle devra alors être appliquée au faux témoin qui aura déposé contre lui (1). — Le faux témoignage en matière correctionnelle n'est plus qu'un délit, et la peine de la réclusion dont il était puni auparavant, est remplacée par l'emprisonnement et l'amende, avec faculté pour les juges de priver le condamné des droits mentionnés en l'art. 42, et de le placer sous la surveillance de la haute police. Ici encore, du reste, et à la différence du système d'incrimination de l'ancien art. 362, le faux témoin devient passible de la même peine que le prévenu contre lequel il a déposé, lorsque celui-ci est condamné à une peine supérieure à celle qui est prononcée contre le faux témoignage (2). — En matière civile, le faux témoignage descend aussi dans la classe des délits, et cesse d'être puni de la réclusion pour n'être plus frappé que de la peine de l'emprisonnement et de celle de l'amende, auxquelles peuvent être ajoutées encore les peines accessoires mentionnées plus haut. Seulement, la pénalité appliquée à ce délit diffère de celle qui atteint le faux témoignage en matière correctionnelle, en ce que la durée de l'emprisonnement et le chiffre de l'amende sont plus considérables. — Enfin, le faux témoignage en matière de police conserve le caractère de délit que lui avait déjà donné le Code pénal; mais des deux peines de la dégradation civique et de l'emprisonnement dont il était puni, la loi nouvelle ne conserve que la dernière, en y ajoutant celle de l'amende, ainsi que les peines facultatives de la privation des droits mentionnés en l'art. 42 et de la surveillance.

La circulaire de M. le garde des sceaux du 30 mai 1863, faisant ressortir la nécessité de réprimer promptement les faux témoignages en matière correctionnelle, dont la fréquence, dans certaines localités, a causé une démoralisation fâcheuse, recommande aux procureurs généraux d'inviter les magistrats de leur ressort « à user fréquemment, en cette matière, du pouvoir qui leur est attribué par l'art. 181, Cod. instr. crim., et à juger, séance tenante, ces *délits d'audience.* »

Art. 364.

Le faux témoin, en matière criminelle, qui aura reçu de l'argent, une récompense quelconque ou des promesses, sera puni des travaux forcés à temps, sans préjudice de l'application du deuxième paragraphe de l'art. 361.

---

(1) Il faut remarquer que ce n'est que dans le cas où le faux témoignage a été porté *contre* l'accusé, et non lorsqu'il a été porté *en sa faveur*, que le faux témoin est puni de la même manière que le condamné, lorsque la peine infligée à celui-ci est plus forte que celle qui est prononcée contre le faux témoignage. V. en ce sens, Cass., 13 fév. 1851 (S. V. 54.1.158; J. du P. 54.1.452); MM. Hélie et Chauveau, n. 1638; Dalloz, n. 145.

(2) La remarque que nous avons faite à la note précédente trouve également ici sa place.

Le faux témoin, en matière correctionnelle ou civile, qui aura reçu de l'argent, une récompense quelconque ou des promesses, sera puni de la réclusion.

Le faux témoin, en matière de police, qui aura reçu de l'argent, une récompense quelconque ou des promesses, sera puni d'un emprisonnement de deux à cinq ans, et d'une amende de cinquante francs à deux mille francs.

Il pourra l'être aussi des peines accessoires mentionnées en l'art. 362.

Dans tous les cas, ce que le faux témoin aura reçu sera confisqué.

97. La modification apportée à cet article par la loi nouvelle n'est qu'une conséquence de celle qu'ont subie les art. 361 à 363. L'ancien art. 364 n'augmentait la peine, dans le cas où le faux témoignage a été déterminé par des dons ou par des promesses, qu'en matière correctionnelle, civile ou de simple police ; il ne l'élevait pas pour le faux témoignage en matière criminelle (1), sans doute, comme le dit le Rapport, p. 74, « parce que celle des travaux forcés à temps, qui était prononcée par l'art. 361, avait paru suffisante, et parce que la peine immédiatement supérieure, c'est-à-dire celle des travaux forcés à perpétuité, aurait été trop forte. » Mais les travaux forcés à temps se trouvant aujourd'hui remplacés, dans l'art. 361, par la réclusion, il est devenu facile d'élever, en observant une exacte gradation, la peine du faux témoignage toutes les fois qu'il se complique de la circonstance aggravante de dons et promesses (2). Le nouvel art. 364 prononce la peine des travaux forcés à temps pour le faux témoignage en matière criminelle ; il substitue à cette peine celle de la réclusion pour le faux témoignage en matière correctionnelle ou civile, et à la réclusion, l'emprisonnement et l'amende, avec faculté d'appliquer les peines accessoires mentionnées en l'art 362, pour le faux témoignage en matière civile. « On remarquera, dit le Rapport, p. 75, qu'à l'exception des matières de simple police, toutes les fois que le faux témoignage est acheté par des dons ou par des promesses, il garde la qualification de crime et demeure dans les attributions du jury. Cette dérogation à notre nouvelle règle était commandée par la criminalité exceptionnelle du fait, et elle donnera peut-être une satisfaction suffisante à ceux qui pourraient répugner encore au déclassement que nous avons proposé. »

---

(1) Les auteurs enseignaient toutefois que la disposition finale de l'art. 364, relative à la confiscation, s'appliquait même au cas de faux témoignage en matière criminelle. *Sic*, Carnot, t. 2, p. 194, n. 4 ; Hélie et Chauveau, n. 1639. D'après la rédaction nouvelle, cela est de toute évidence.

(2) Il a été jugé que l'aggravation de peine est encourue dans le cas de promesses verbales comme dans le cas de promesses écrites, ce qui semble ne pouvoir faire difficulté. V. Cass., 17 sept. 1829 (S.V.9.1.374 ; D.P.29.1.357); MM. Hélie et Chauveau, n. 1639 ; Dalloz, n. 147.

Art. 366.

Celui à qui le serment aura été déféré ou référé en matière civile, et qui aura fait un faux serment, sera puni d'un emprisonnement d'une année au moins et de cinq ans au plus, et d'une amende de cent francs à trois mille francs.

Il pourra, en outre, être privé des droits mentionnés en l'art. 42 du présent Code pendant cinq ans au moins et dix ans au plus, à compter du jour où il aura subi sa peine, et être placé sous la surveillance de la haute police pendant le même nombre d'années.

98. Dans cet article, la loi nouvelle se borne à abaisser la pénalité par la substitution de l'emprisonnement et de l'amende, ainsi que des peines facultatives de la privation des droits mentionnés en l'art. 42 et de la surveillance, à la dégradation civique dont l'ancien art. 366 punissait le faux serment (1).

Vols.

Art. 382.

Sera puni de la peine des travaux forcés à temps tout individu coupable de vol commis à l'aide de violence. Si la violence à l'aide de laquelle le vol a été commis a laissé des traces de blessures ou de contusions, cette circonstance suffira pour que la peine des travaux forcés à perpétuité soit prononcée.

---

(1) La Cour de cassation a jugé et les auteurs enseignent que l'art. 466 s'applique indistinctement au serment supplétif et au serment décisoire (Cass., 20 janv. 1843, S-V.43. 1.659 ; J. du P. 43.2.462) ; MM. Merlin, *Rép.*, v° *Serment.* § 2, n. 8 *bis* ; Hélie et Chauveau, n. 1653 et 1654 ; Dalloz, *Rép.*, v° *Obligat.*, n. 5374).

La fausseté d'un serment peut-elle être établie par témoins, lorsque le fait juridique au sujet duquel il a été prêté ne peut être lui-même prouvé de cette manière? La question est controversée. V. pour l'affirmative, Cass., 21 août 1834 (S-V.35.1.119) ; MM. Bourguignon, *Jurispr. des Cod. crim.*, sur l'art. 366 ; Rauter, *Dr. crim.*, t. 2, n. 500 ; Poujol, *Rev. étrang.*, 1840, p. 656 ; Bonnier, *des Preuves*, t. 1, n. 427 (3° édit.).—Mais, pour la négative, qui prévaut à bon droit, V. notamment Cass., 16 août 1844 (S-V.44.1.714 ; D.p.44.1.398) ; 29 mars 1845 (S-V.45.1.397 ; D.p.45.1.242) ; 25 avril 1845 (S-V.45.1. 480 ; D.p.45.1.241) ; 13 nov. 1847 (S-V.48.1.80 ; D.p.47.1.375) et 17 juin 1852 (S-V.53.1 41 ; J. du P. 53.2.300) ; MM. Toullier, t. 10, n. 388 ; Merlin, *Rép.*, v° *Serment*, § 2, art. 2, n. 8 *bis* ; Carnot, *Comm. Cod. pén.*. t. 2, p. 196 ; Legraverend, *Législ. crim.*, t. 1, p. 41 ; Mangin, *Act. pub.*, t. 1, n. 173 ; Ortolan et Ledeau, *Minist. publ.*, t. 2, p. 17 et s.; Hélie et Chauveau, n. 1655 ; Hélie, *Instr. crim.*, t. 7, p. 721 ; Duverger, *Man. du jug. d'instr.*, t. 1, p. 208, et t. 3, p. 442 (3° éd.); Aubry et Rau, d'après Zachariæ, t. 6, p. 463 ; Larombière, *Obligat.*, sur l'art. 1348, n. 23 et s. ; Dalloz, *ibid.*, n. 4896.

ART. 385.

Sera également puni de la peine des travaux forcés à temps, tout individu coupable de vol commis avec deux des trois circonstances suivantes :

1° Si le vol a été commis la nuit ;

2° S'il a été commis dans une maison habitée, ou dans un des édifices consacrés aux cultes légalement établis en France ;

3° S'il a été commis par deux ou plusieurs personnes ;

Et si, en outre, le coupable ou l'un des coupables était porteur d'armes apparentes ou cachées.

99. Les anciens art. 382 et 385 présentaient une antinomie que les nouveaux textes font disparaître. D'un côté, en effet, l'art. 382 punissait de la peine des travaux forcés à temps le vol commis *à l'aide de violence, et, de plus, avec deux des quatre premières circonstances prévues par l'art. 381* ; et, d'un autre côté, l'art. 385 prononçait la même peine contre le vol commis *à l'aide de violence, lorsqu'il n'est accompagné d'aucune autre circonstance aggravante.* Cette contradiction était le résultat de la substitution que les auteurs de la loi du 28 avril 1832 avaient faite, dans le paragraphe 1ᵉʳ de l'art. 382, de la peine des travaux forcés à temps à celle des travaux forcés à perpétuité, sans remarquer que la première de ces peines qu'ils appliquaient ainsi au vol commis à l'aide de violence accompagnée de deux autres circonstances aggravantes, était déjà prononcée par l'art. 385, pour le cas de vol commis à l'aide de la violence seule. La nouvelle loi rétablit l'harmonie entre les deux dispositions, en attribuant à la violence (1), dans l'art. 382, l'effet d'aggraver la peine, indépendamment de toute autre circonstance, comme auparavant dans l'art 385, et en supprimant de ce dernier article cette cause d'aggravation qui y ferait double emploi (2).

---

(1) Quelle est ici la signification du mot *violence ?* MM. Hélie et Chauveau, *Théor. Cod. pén.*, t. 5, n. 1923 (4ᵉ édit.), concluent du rapprochement des dispositions des art. 384, 382 et 385, que ce mot comprend toutes voies de fait dirigées contre les personnes, lors même qu'elles ne porteraient aucune atteinte à leur sûreté et ne les menaceraient d'aucun danger personnel. — Jugé en ce sens que la simple menace de faire usage d'armes est réputée violence dans le sens de l'art. 382 tout aussi bien que dans celui de l'art. 384 : Cass., 18 mai 1820 (S.-V.6.1.239). *Junge,* Cass., 19 juin 1828 (S.-V.9.1.414). V. Toutefois, Carnot, t. 2, p. 270. — La Cour de cassation a décidé aussi, par arrêt du 26 mars 1843 (S.-V.4.4.343), que le vol doit être considéré comme commis à l'aide de violence, bien que le voleur n'ait pas exercé la violence pendant l'exécution du vol et en vue de cette exécution, mais pour assurer sa fuite, comme dans le cas, par exemple, où le voleur a voilé la tête de la personne volée pour l'empêcher de le reconnaître. Mais l'exactitude de cette solution est contestée par MM. Hélie et Chauveau, n. 1924.

(2) Par ce changement, le législateur a fait disparaître du même coup une autre ano-

100. Mais d'autres innovations se remarquent dans le nouvel art. 385. D'un côté, sa rédaction a été combinée de manière à lui faire atteindre le vol commis pendant la nuit, dans une maison habitée, par un seul individu porteur d'armes apparentes ou cachées, variété de vol qui, ainsi que le dit l'Exposé des motifs, p. 45, est devenue malheureusement assez commune, et menace gravement la sûreté des personnes. — D'un autre côté, et par imitation de l'art. 388, le nouvel art. 385 assimile à la maison habitée l'édifice consacré à un culte légalement établi en France.

Art. 387.

Les voituriers, bateliers ou leurs préposés qui auront altéré ou tenté d'altérer des vins ou toute autre espèce de liquides ou marchandises dont le transport leur avait été confié, et qui auront commis ou tenté de commettre cette altération par le mélange de substances malfaisantes, seront punis d'un emprisonnement de deux à cinq ans, et d'une amende de vingt-cinq francs à cinq cents francs.

Ils pourront, en outre, être privés des droits mentionnés en l'art. 42 du présent Code pendant cinq ans au moins et dix ans au plus; ils pourront aussi être mis, par l'arrêt ou le jugement, sous la surveillance de la haute police pendant le même nombre d'années.

S'il n'y a pas eu mélange de substances malfaisantes, la peine sera un emprisonnement d'un mois à un an, et une amende de seize francs à cent francs.

101. Les auteurs du projet de loi et la commission du Corps législatif ont été d'accord pour réclamer une atténuation de la peine que prononçait le § 1er de l'ancien art. 387. En effet, la réclusion appliquée au fait d'altération de vins, autres liquides ou marchandises par le mélange de substances malfaisantes, était une peine trop sévère, soit qu'on envisageât ce fait au point de vue des suites fâcheuses qu'il *peut* avoir pour les personnes, car l'art. 317 ne punit pas plus rigoureusement le fait *accompli* d'avoir occasionné à autrui, en lui administrant volontairement des subtances nuisibles à la santé, une maladie ou incapacité de travail d'une durée de plus de vingt jours;—soit qu'on ne le considérât que sous le rapport de la détérioration de la marchandise, car l'art. 443 n'applique à un délit de cette nature que la peine de l'emprisonnement, même quand le délit a été commis par

---

malie que MM. Hélie et Chauveau, n. 1924, avaient signalée dans les dispositions de l'art. 382, et qui résultait de ce que, par la rédaction que lui avait donnée la loi du 28 avr. 1832, cet article punissait plus sévèrement le vol commis par une seule personne avec une violence qui avait laissé des traces, que le vol commis par plusieurs personnes à l'aide de violence et avec armes ou escalade.

un ouvrier de la fabrique ou par un commis de la maison de commerce. La loi nouvelle remplace en conséquence par l'emprisonnement et l'amende, avec faculté d'appliquer les peines accessoires de la privation des droits mentionnés en l'art. 42 et de la surveillance, la réclusion qui atteignait auparavant le délit prévu par le § 1ᵉʳ de l'art. 387. « En essayant de déterminer le véritable caractère de ce délit de voiturier, dit l'Exposé des motifs, p. 46, on voit que ce n'est ni le vol caractérisé puni par l'art. 386, ni l'atteinte à la santé d'autrui punie par l'art. 317. C'est plutôt un abus de confiance, et d'une importance si minime presque toujours que le jury, qui se plaint d'avoir à le juger, manque quelquefois à la répression. Il sera mieux réprimé et à moins de frais par la police correctionnelle. »

102. Un député, M. Millet, avait proposé à la commission d'ajouter à l'art. 387 un paragraphe ainsi conçu : « Les peines portées par cet article et celles portées par le quatrième paragraphe de l'art. 386 seront applicables à tous agents et employés des compagnies des chemins de fer. » Cet amendement a été repoussé par la commission comme inutile et dangereux. « Pourquoi supposer, dit à ce sujet le Rapport, p. 78, qu'il soit permis de mettre en doute que les compagnies des chemins de fer et leurs préposés doivent être assimilés aux voituriers et aux entrepreneurs de transport? À notre avis, il n'y a pas seulement analogie, il y a identité dans les situations. Le déclarer à propos des art. 386 et 387, c'était reconnaître qu'il fallait le déclarer aussi à propos d'autres dispositions analogues dans la législation. L'amendement proposé par M. Millet n'était donc pas nécessaire pour le cas auquel il s'applique ; il devenait une occasion de difficultés pour d'autres cas qu'il ne pouvait pas embrasser (1)... »

ART. 389.

Tout individu qui, pour commettre un vol, aura enlevé ou tenté d'enlever des bornes servant de séparation aux propriétés, sera puni d'un emprisonnement de deux ans à cinq ans, et d'une amende de seize francs à cinq cents francs.

Le coupable pourra, en outre, être privé des droits mentionnés en l'art. 42 pendant cinq ans au moins et dix ans au plus, à compter du jour où il aura subi sa peine, et être mis, par l'arrêt ou le jugement, sous la surveillance de la haute police pendant le même nombre d'années.

103. Dans cet article, qui, malgré la généralité de ses expressions, prévoit spécialement un mode particulier d'exécution du vol des récoltes dans

---

(1) L'art. 15 de la loi du 10 avril 1825 déclare l'art. 387 applicable aux altérations de vivres et marchandises commises à bord de tout navire ou bâtiment de mer, par les capitaines, patrons, subrécargues, gens de l'équipage ou passagers.

les champs (1), la loi nouvelle s'est bornée à déclasser l'incrimination et à substituer l'emprisonnement et l'amende à la réclusion. Cette atténuation de peine se justifie aisément. — D'un côté, en effet, le fait isolé de la suppression ou du déplacement de bornes n'est puni que d'un mois à un an de prison (art. 456), et, d'un autre côté, le vol, dans les champs, de récoltes détachées du sol, n'est passible, quand il n'est accompagné d'aucune circonstance aggravante, que de quinze jours à deux ans de prison (art. 388, § 3), et, lorsqu'il est commis même avec les circonstances aggravantes de nuit et de pluralité de personnes, que d'un emprisonnement d'un an à cinq ans et d'une amende de seize francs à cinq cents francs (art. 388, § 4). Comment, dès lors, serait-il juste d'appliquer la peine de la réclusion au vol de récoltes dans les champs, commis avec la seule circonstance d'enlèvement ou de déplacement de bornes (2)?—On remarque, du reste, que la répression de ce vol peut, dans le nouveau système d'incrimination, être fortifiée encore par l'application des peines accessoires de la privation des droits mentionnés en l'art. 42 et de la mise sous la surveillance de la haute police.

ART. 399.

Quiconque aura contrefait ou altéré des clefs sera condamné à un emprisonnement de trois mois à deux ans, et à une amende de vingt-cinq francs à cent cinquante francs.

Si le coupable est un serrurier de profession, il sera puni d'un emprisonnement de deux ans à cinq ans, et d'une amende de cinquante francs à cinq cents francs.

Il pourra, en outre, être privé de tout ou partie des droits mentionnés en l'art. 42 pendant cinq ans au moins et dix ans au plus, à compter du jour où il aura subi sa peine; il pourra aussi être mis, par l'arrêt ou le jugement, sous la surveillance de la haute police pendant le même nombre d'années.

Le tout, sans préjudice de plus fortes peines, s'il y échet, en cas de complicité de crime.

---

(1) MM. Hélie et Chauveau, t. 4, n. 1858.

(2) Suivant Jousse, *Just. crim.*, t. 3, p. 388, ou doit entendre par *bornes* « tout ce qui sert à distinguer et séparer des héritages, tel que pierres, arbres, haies, piliers, fossés, et autres choses plantées ou faites à cette fin. » Mais dans l'art. 389, le mot *bornes* ne saurait avoir un sens aussi étendu. Si, en effet, cet article n'a point mis, comme l'art. 456, les marques dont parle Jousse sur la même ligne que les bornes, c'est certainement avec intention, et cette intention s'explique du reste aisément. Le déplacement des bornes ne laissant aucune trace, à la différence de l'enlèvement des arbres, haies et toutes autres marques séparatives des propriétés, c'est par ce déplacement que les vols doivent principalement s'exécuter ; « c'était donc ce fait, disent MM. Hélie et Chauveau, n. 1859, que la sollicitude du législateur devait surtout avoir en vue. »—*V.* aussi Carnot, *Comm. Cod. pén.*, t. 2, p. 328.

104. Le législateur a considéré comme trop sévère la peine de la réclusion que le deuxième paragraphe de l'ancien art. 399 prononçait contre le serrurier coupable de contrefaçon ou d'altération de clefs. Il faut remarquer, en effet, d'un côté, que ce fait n'est qu'un acte *préparatoire* du vol, ne se rattachant même point à un projet particulier de vol, car autrement ce serait un acte de complicité (1), et, d'un autre côté, que la circonstance que le coupable est un serrurier de profession, n'implique pas un abus de fonction ou de confiance forcée. « Non toutefois, dit très-bien l'Exposé des motifs, p. 48, que la profession soit une circonstance indifférente ; elle ajoute au péril par l'habileté du coupable et par les occasions ; mais une aggravation de peine pouvant aller jusqu'à l'extrême limite des peines correctionnelles, fera certainement à cette circonstance toute la part qui lui convient. » La réclusion a donc été remplacée par un emprisonnement de deux à cinq ans, avec l'application facultative des incapacités accessoires et de la surveillance. — Rien n'a, d'ailleurs, été changé aux premier et dernier paragraphes de l'art. 399.

Art. 400.

Quiconque aura extorqué par force, violence ou contrainte, la signature ou la remise d'un écrit, d'un acte, d'un titre, d'une pièce quelconque contenant ou opérant obligation, disposition ou décharge, sera puni de la peine des travaux forcés à temps.

Quiconque, à l'aide de la menace écrite ou verbale, de révélations ou d'imputations diffamatoires, aura extorqué ou tenté d'extorquer, soit la remise de fonds ou valeurs, soit la signature ou remise des écrits énumérés ci-dessus, sera puni d'un emprisonnement d'un an à cinq ans et d'une amende de cinquante francs à trois mille francs.

Le saisi qui aura détruit, détourné ou tenté de détruire ou de détourner des objets saisis sur lui et confiés à sa garde, sera puni des peines portées en l'art. 406.

Il sera puni des peines portées en l'art. 401, si la garde des objets saisis et qu'il aura détruits ou détournés ou tenté de détruire ou de détourner avait été confiée à un tiers.

Les peines de l'art. 401 seront également applicables à tout débiteur, emprunteur ou tiers donneur de gage qui aura détruit, détourné ou tenté de détruire ou de détourner des objets par lui donnés à titre de gage.

---

(1) Exposé des motifs, p. 48. — *V.* en ce sens, Cass., 13 juin 1814 (S.-V.3.1.360) ; MM. Hélie et Chauveau, n. 1945. — Mais il faut du moins que le fabricateur ait prévu que les clefs seraient employées à commettre des vols (MM. Hélie et Chauveau, *ibid.*).

Celui qui aura recélé sciemment les objets détournés, le conjoint, les ascendants et descendants du saisi, du débiteur, de l'emprunteur ou tiers donneur de gage qui l'auront aidé dans la destruction, le détournement ou dans la tentative de destruction ou de détournement de ces objets, seront punis d'une peine égale à celle qu'il aura encourue.

105. La disposition qui forme le deuxième paragraphe du nouvel art. 400, et qui y a été introduite sur la proposition de la commission du Corps législatif, a donné lieu, devant la Chambre, à une vive et brillante discussion. La commission avait voulu, par cette disposition, combler une lacune regrettable de la loi, et comprendre dans une incrimination précise un fait que la jurisprudence avait été impuissante à faire rentrer sous l'application de quelque disposition pénale. Laissons parler à cet égard le Rapport : — « Le hasard, l'occasion, une confidence imprudente, y est-il dit, p. 82, nous initient quelquefois à des actes qui intéressent le repos des citoyens, l'honneur des familles, la paix du foyer domestique, et dont la révélation peut amener une poursuite criminelle, ou occasionner un scandale. Il se rencontre des hommes assez vils pour profiter de la connaissance qu'ils ont de ces secrets et pour menacer de les dénoncer ou de les répandre, si on ne consent pas à acheter leur silence. — D'autres, plus éhontés, ne savent rien qui puisse compromettre la personne qu'ils ont choisie pour victime, mais, par des combinaisons astucieuses, ils l'entraînent dans une situation suspecte et difficile à expliquer, ils font naître des circonstances d'où puisse résulter le soupçon d'une action honteuse, et, menaçant d'exploiter de simples apparences, ils arrachent à la faiblesse et à la peur la rançon d'une calomnie dont ils promettent de s'abstenir. — C'est ce qu'on nomme vulgairement le *chantage*. Dans le premier cas, c'est le chantage à l'aide de la menace de révélation d'un fait vrai; dans le second cas, c'est le chantage à l'aide de la menace de l'imputation d'un fait faux. — Il paraît difficile de ne pas voir un délit dans un abus aussi révoltant. Mais quelle est sa nature?....

« Le chantage n'est pas l'escroquerie de l'art. 405. Celle-ci procède par la persuasion, par la ruse et par des manœuvres frauduleuses. Elle arrive à ses fins par les illusions qu'elle fait naître, par les craintes ou par les espérances chimériques qu'elle inspire. — Le chantage n'est pas la menace de l'art. 305. Celle-ci a surtout pour but d'inspirer la crainte d'une violence physique ; elle peut exister sans ordre ni condition ; la condition, si elle existe, n'est pas toujours de se faire remettre une somme d'argent ; la cupidité n'est pas de son essence, si bien que le Code pénal l'a rangée parmi les crimes contre les personnes, et non parmi les crimes contre les propriétés. — Le chantage a pour objet d'arracher une somme d'argent, en influençant la volonté par la crainte d'un mal véritable et sérieux. C'est une extorsion. Si le mal était craint pour la personne, ce serait une violence physique ; comme il est craint pour la réputation et pour l'honneur, c'est une violence morale. Le chantage est donc une extorsion

11

à l'aide d'une contrainte morale. Voilà son caractère ; voilà le genre auquel il appartient, voilà pourquoi, s'il prend une place dans le Code pénal, c'est dans l'art. 400 que cette place est marquée.

« Le chantage doit-il être puni ? Nul ne le conteste, quand il procède par la menace de l'imputation d'un fait faux. On hésite, lorsqu'il agit par la menace de la révélation d'un fait vrai. En ce cas, dit-on, la personne menacée est coupable ; pourquoi s'est-elle exposée? L'extorsion dont elle est l'objet n'est que la conséquence de sa faute, quel intérêt mérite-t-elle? A quelle protection a-t-elle droit? L'intérêt de la société, au contraire, est que la faute soit divulguée ; d'ailleurs, la protection que donnerait la loi serait inefficace, car le jour où la victime du chantage voudrait en dénoncer l'auteur, elle se ferait à elle-même le mal de publicité qu'elle voulait éviter. — Ces raisonnements séduisent au premier abord, mais quand on les creuse, on les trouve plus spécieux que vrais. Sans doute, la personne coupable d'un crime ou d'une faute ne mérite pas une grande sollicitude, et cependant, en cherchant bien parmi les exemples de chantage, que de victimes intéressantes on pourrait rencontrer ! Ce n'est pas toujours à l'auteur de la faute que s'adresse l'extorsion, c'est quelquefois à sa famille, et celle-ci n'a certainement aucun tort. Ce n'est pas la personne qui est l'objet du chantage qu'il faut considérer, c'est celle qui le pratique. — La diffamation ne divulgue aussi quelquefois que des faits vrais, et cependant la loi n'hésite pas à la punir, sans se préoccuper de la vérité ou de la fausseté des allégations, ni de l'intérêt plus ou moins grand que la personne diffamée peut inspirer... — Il est bien vrai que la société a intérêt à ce que les actions coupables ne demeurent pas inconnues, mais le chantage ne les dénonce pas ; loin de là, il stipule une récompense pour que le mystère qui les couvre ne soit pas mis à jour. — Enfin, il ne faut pas croire que la protection de la loi soit toujours inefficace, car le plus souvent le chantage serait arrêté à son premier pas, si celui qui va le tenter était convaincu que la menace même qu'il va faire est un délit qui l'expose à une poursuite et à une condamnation.

« Le chantage doit donc être puni. L'est-il par les lois existantes ? On s'accorde à reconnaître que le chantage qui procède par la menace de la révélation d'un fait vrai ne tombe pas sous l'application de la loi (1). — Pour celui qui procède par la menace de l'imputation d'un fait faux, on trouve çà et là quelques monuments de jurisprudence qui l'ont considéré comme une escroquerie et qui l'ont fait rentrer sous l'application de l'art. 405 (2). On dit, pour appuyer cette doctrine, que si l'imputation est

---

(1) V. en effet, Cass., 11 nov. 1819 (S-V.6.1.431) ; 19 sept. 1840 (S-V.41.1.667) et 6 janv. 1854 (S-V.54.1.223 ; D.P 54.1.365 ; J. du P., 54.2.443) ; MM. Hélie et Chauveau, *Théor. Cod. pén.*, 4ᵉ éd., n. 2010 et 2011.

(2) V. Cass., 4 fév. 1842 (Bull., n. 22) ; Poitiers, 14 sept. 1858 (D.P.58.2.195). La même solution résulte implicitement d'un arrêt de la Cour de cassation du 20 mai 1858 (S-V.58.1.486 ; D.P.58.1.225). V. aussi Bruxelles, 22 nov. 1820 (D.P.2.97). Enfin, V. conf., MM. Hélie et Chauveau, n. 2011.

calomnieuse, la menace est vaine, et la crainte chimérique. Cependant le danger de perdre sa réputation si l'on est calomnié, n'est pas toujours une chimère, la calomnie ne laisse-t-elle pas toujours quelque chose après elle ?... »

106. Cette habile justification de l'incrimination nouvelle, proposée par la commission, n'a point convaincu certains membres du Corps législatif. Dans la séance du 10 avril 1863 (1), M. Jules Favre a combattu énergiquement l'idée d'ériger en délit une action qui, à raison de son indignité même, ne valait pas, suivant lui, l'honneur d'être nommée dans un Code pénal. « D'ailleurs, cette incrimination nouvelle, a-t-il dit, peut amener de très-graves abus, et peut-être qu'elle peut aller directement contre les intentions des honorables auteurs du projet de loi. En effet, messieurs, ils ont dit, et avec raison, que la menace devait être considérée comme un délit, quand bien même la révélation s'appliquerait à un fait vrai. Je n'examine pas la question très-délicate de savoir si celui qui a eu dans sa vie une défaillance, une faiblesse, une faute cachée, est digne de la protection de la justice. Si cette question m'était posée, je la résoudrais par la négative. Mais je comprends très-bien qu'à côté de lui il se trouve des personnes tout à fait intéressantes et dignes de toute la protection sociale. Seulement, ce qui me frappe et ce qui certainement frappera l'esprit de beaucoup d'entre vous, c'est qu'en créant ainsi un délit, on rendra peut-être bien plus obstiné et bien plus hardi celui qui le conçoit. Car, prenez-y garde, ce délit a pour conséquence toutes les exploitations d'un scandale qu'on craindra de faire éclater soi-même par des poursuites, qui ne peut pas voir le grand jour, ce délit ne pouvant être poursuivi sans y donner lieu. Par conséquent, celui qui commet un délit se cachera dans l'embuscade de votre loi, et il se fera payer d'autant plus cher, que celui à qui s'adressera la menace se trouvera en face d'un procès. — Quant à moi, je crois que ce délit abaisse jusqu'à un certain point nos mœurs. Jusqu'à présent, ces sortes d'ignominies étaient écrasées par le dédain. Il n'y a pas un homme qui n'ait reçu des lettres anonymes, qui n'ait été l'objet des menaces les plus odieuses, et qui n'en ait fait justice en les jetant dans son panier, et je ne sache pas que la société en ait été troublée. »

107. De leur côté, MM. Ernest Picard et Millet, tout en reconnaissant que le fait signalé par la commission devait être atteint par la loi pénale, ont soutenu qu'il ne convenait point de le comprendre dans l'art. 400, dont les dispositions lui étaient, à leurs yeux, complétement étrangères, et que les termes de l'art. 405 suffisaient pour autoriser la poursuite et la répression de ce délit (2).

108. Mais ces diverses critiques ont été repoussées avec un remarquable talent et une irrésistible puissance de logique par M. le procureur général Cordoën, commissaire du Gouvernement (3). — « L'art. 405 sur

(1) *Moniteur universel* du 11, p. 529, col. 2.
(2) Séance du 14 avr. 1863, *Moniteur universel* du 15, p. 567, col. 3, 4 et 6.
(3) Même séance, *ibid.*

11.

l'escroquerie, a dit cet orateur, prévoit-il, soit dans sa rédaction actuelle, soit dans la rédaction proposée par la commission, toutes les hypothèses auxquelles est destinée l'application du § 2 de l'art. 400 ? Ma réponse est celle-ci : c'est qu'à des délits nouveaux, il faut des dispositions nouvelles et une répression nouvelle. Les délits qui ont leur source dans la violence diminuent avec les progrès de la civilisation ; mais, par une regrettable et triste compensation, les délits qui ont leur origine et leurs moyens dans la fourberie et la ruse augmentent avec les progrès de la civilisation et des sociétés modernes. Le mal a aussi ses progrès.—Comment est née la nécessité de la disposition nouvelle? Elle est née de ceci surtout, et c'est là le premier pas qui ait été fait dans la voie de cette extorsion morale dont on disait tout à l'heure qu'il est difficile de prononcer le nom. »

Après avoir ensuite signalé les obstacles que les condamnés qui, ayant expié leur peine, voudraient revenir au bien, rencontrent trop souvent dans les menaces de révélation et dans les extorsions exercées vis-à-vis d'eux par d'autres condamnés libérés qui veulent rester incorrigibles dans le mal ; après avoir rappelé l'affaire devenue célèbre de ce forçat libéré qui, parvenu à reconquérir l'estime publique et à contracter une union honnête, qu'avait cimentée le bonheur, grâce à l'ignorance où était sa nouvelle famille de ses regrettables antécédents, avait vu sa condamnation révélée à sa femme par un de ses anciens compagnons du bagne, dont il avait vainement subi les odieuses extorsions (1), M. le commissaire du Gouvernement a poursuivi en ces termes : « Est-ce qu'il n'y a pas là, messieurs, un fait punissable, non pas seulement un fait punissable suivant la loi morale, mais un fait qui trouble l'ordre, qui compromet la société ? A coup sûr, vous n'en trouverez aucun, parmi ceux mêmes qui sont punis des peines les plus sévères, qui appelle à un plus haut degré l'attention et la sévérité du législateur. — Voilà, messieurs, l'un des cas, je dirai le cas principal pour lequel la loi est faite. Et s'il était vrai que la loi s'appliquât à des exactions soumises vis-à-vis de victimes moins intéressantes, est-ce que ce serait une raison pour s'arrêter dans cette voie ? Et depuis quand est-il vrai que l'indignité de la victime doive arrêter l'action de la loi ? Quelle est cette théorie implacable qu'on a indiquée plutôt qu'on ne l'a développée dans une précédente séance ? Cela n'est pas moins contraire à l'esprit tout entier de notre législation qu'à la morale elle-même. Est-ce que nous ne trouvons pas dans notre législation la réhabilitation écrite comme pouvant être méritée par un retour sincère au bien ?... — Mais, dit-on, ce sera achever de déshonorer la victime que d'introduire une ac-

---

(1) Il s'agit de l'affaire Berthon dans laquelle le tribunal de la Seine, la Cour impériale de Paris, la chambre civile de la Cour de cassation, la Cour d'Orléans, sur renvoi, et enfin les chambres réunies de la Cour suprême ont eu successivement à résoudre la grave question de savoir si l'erreur dans la personne emportant nullité du mariage atteint le mariage contracté par erreur avec un forçat libéré. On sait que la négative a été le dernier mot de la jurisprudence. V. S-V.60.2.74 ; 61.1.244, et 2.485 ; 62.1.344 ; —D.P.60.287 ; 64.1.49, et 2.132 ; 62.1.153.

tion contre celui qui se serait rendu coupable de pareilles exactions. Qu'est-ce à dire ? Est-ce que la loi prend soin de ménager les victimes d'un crime ou d'un délit ? Est-ce que la loi ne doit pas avoir, et un but plus élevé et des aspects plus généraux ?... Et craindriez-vous d'infliger à notre époque une sorte de stigmate, parce que vous écrivez dans la loi une répression pénale contre un délit que tout le monde connaît ? Ce qui serait un stigmate, ce serait de laisser de pareilles extorsions s'accomplir à la face du ciel et rester impunies en face d'une loi impuissante.

« On nous dit que les dispositions de l'art. 405 sont suffisantes, sinon dans leur expression actuelle, au moins dans les modifications qui sont préparées et qui vont être soumises à vos délibérations. La Cour de cassation ne l'a pas pensé. Elle a décidé constamment que de quelques manœuvres qu'on eût usé pour amener ces extorsions, elles restaient en dehors de toute condamnation, si le péril en vue duquel on avait consenti à abandonner une partie de sa fortune n'était pas un péril imaginaire, mais était un péril réel (1)... Quand vous aurez ajouté la tentative, est-ce que la chose sera autrement qualifiée ? La qualification restera la même. Ce fait en vue duquel votre commission propose la rédaction soumise à vos délibérations, ce fait appelle une qualification nouvelle, une législation nouvelle. Vous ne faites que suivre l'Angleterre elle-même dans la voie qui est ouverte devant vous. Il y a deux ans à peine, au mois de juin 1861, l'Angleterre a voté un bill pour punir des extorsions semblables à celles dont on nous demande aujourd'hui la répression. Ne vous arrêtez ni devant cette prétendue indignité des victimes, ni devant la crainte de voir achever par des poursuites téméraires le déshonneur de ceux que l'extorsion a déjà atteints dans leur fortune. Laissez, messieurs, les choses à leur cours ordinaire ; établissez cette disposition qui honorera votre législature ; ce sera une répression pour des faits qui ne peuvent pas rester en dehors de l'action pénale ; car c'est la plus grande infraction à la loi morale, et c'est en même temps le plus grand trouble à l'ordre social. »

109. MM. E. Picard et Millet ont répliqué que l'art. 405, au moyen d'une simple addition, pouvait comprendre parmi ses éléments le moyen d'atteindre le fait qu'on se proposait de réprimer ; qu'il suffisait, par exemple, d'ajouter dans cet article, aux expressions : « Quiconque..., pour faire naître l'espérance ou la crainte d'un succès, d'un accident ou de tout autre événement *chimérique,* » les mots, *ou réel.* « Il en résultera, a dit M. Millet, un double avantage. Vous aurez d'abord classé le délit là où il doit être placé, et, en second lieu, faisant un cas nouveau d'escroquerie, vous aurez rattaché à une disposition pénale connue, dont les éléments sont consacrés depuis longtemps, une nouvelle disposition qui atteindra un fait nouveau ; vous aurez fait une amélioration, et vous n'aurez pas fait une innovation dangereuse. »—Mais ces observations n'ont pu détruire l'impression produite sur le Corps législatif par le discours de M. Cordoën, qui a ajouté, du reste, que le délit nouvellement prévu n'ayant d'autre caractère que celui

____

(1) V. *suprà*, p. 162, note 1.

d'une extorsion par la contrainte morale, sa place était naturellement marquée à la suite de la disposition qui réprime l'extorsion par la contrainte violente (1), et il n'a été donné aucune suite à la proposition de MM. Picard et Millet.

110. Par son deuxième paragraphe, le nouvel art. 400 atteint désormais, suivant les expressions de la circulaire de M. le garde des sceaux du 30 mai 1863 (2), « la menace brutale ou habilement dissimulée, directe ou indirecte, expresse ou cachée sous des réticences transparentes, qu'elle ait ou non obtenu le résultat que s'est proposé l'agent de l'extorsion. » — « Mais, ajoute cette circulaire, le ministère public doit se faire un devoir d'apporter dans une matière aussi délicate une réserve et des ménagements tout particuliers. Il faut éviter qu'une intervention irréfléchie vienne précipiter des révélations qu'il importerait de prévenir plus encore que de réprimer. L'intérêt privé peut avoir tout à perdre, et la morale publique n'a peut-être rien à gagner à l'éclat d'un scandale prémédité.—D'ailleurs, il ne faut pas exagérer la portée d'une loi dont le bienfait dépendra de la sagesse de son application. Les mots « imputations diffamatoires », dont la jurisprudence fixera du reste l'interprétation, n'imposent pas au ministère public l'obligation de poursuivre sans examen dans tous les cas qui pourraient rentrer dans l'art. 13 de la loi du 17 mai 1819. »

111. Il est du reste certain, comme le font remarquer le Rapport de la commission, p. 86, et, après lui, la circulaire de M. le garde des sceaux, que le § 2 de l'art. 400 ne doit pas être étendu au cas où la victime d'un crime, d'un délit ou d'un quasi-délit transige sur son droit de rendre plainte ou de se porter partie civile (3). « Tel serait, dit la circulaire ministérielle, le cas du mari qui, sans connivence avec sa femme, placerait le complice de l'adultère entre la nécessité d'un sacrifice pécuniaire et le scandale d'une poursuite. L'indélicatesse ou une avidité méprisable ne peuvent rendre criminelle la renonciation, prévue par l'art. 4 du Code d'instruction criminelle, au droit consacré par l'art. 1er du même Code. »

112. Une nouvelle incrimination a été aussi introduite dans le cinquième paragraphe de l'art. 400. Les auteurs du projet de loi, qui l'ont proposée, ont voulu que les prêts sur nantissement, que la loi voit avec fa-

---

(1) Il avait été déjà décidé, sous l'empire de l'ancien art. 400, que la disposition de cet article punissant le délit d'extorsion de signature par force, violence ou *contrainte*, s'appliquait même au cas de contrainte simplement *morale*, lorsque cette contrainte, exercée pendant un certain temps et sur un esprit faible et crédule, avait pu troubler la raison, faire fléchir la volonté et arracher ainsi le consentement du signataire (Grenoble, 7 juin 1850, S-V.50.2.644, D.p.51.2.47). — MM. Hélie et Chauveau enseignaient aussi, n. 1932, que l'extorsion tombait sous l'application de l'art. 400, par cela seul qu'elle avait été consommée à l'aide de la contrainte morale. *V.* également Cass., 15 janv. 1825 (S-V.8.1.15).

(2) V. *infrà*, appendice de cette II° partie.

(3) V. *Conf.*, Cass., 13 vent. an VII (S-V.1.1.117); MM. Hélie et Chauveau, n. 2010.

veur (1), et dont le nombre et l'importance s'accroissent de jour en jour, ne restassent pas plus longtemps sans protection contre l'indélicatesse du débiteur, de l'emprunteur ou du tiers qui ne craint pas de détourner ou de détruire l'objet qu'il a donné en gage. Ce fait est désormais assimilé au vol et puni des peines de l'art. 401.

113. M. Millet avait soumis à la commission du Corps législatif un amendement ayant pour objet de comprendre dans le § 5 de l'art. 400, à la suite du détournement des objets donnés en gage, celui des objets affectés au privilége établi par l'art. 93 du Code de commerce. Mais la commission a repoussé cet amendement, et son Rapport, p. 81, en donne la raison suivante : « Si on étendait l'incrimination aux cas où, d'après l'art. 93 du Code de commerce, le commissionnaire a un privilége pour les avances qu'il a faites sur des marchandises, et où le commettant détourne ou détruit les marchandises affectées à ce privilége, pourquoi ne pas l'étendre à tous les cas ou un privilége quelconque existe en vertu de la loi civile ou commerciale ? Il serait téméraire de s'engager dans une pareille voie... »

Lors de la discussion de l'art. 400 au Corps législatif, M. Millet a reproduit sa proposition en la complétant. Il a demandé le renvoi de cet article à la commission pour qu'elle fît entrer dans son § 5, non-seulement le détournement des objets remis par le commettant au commissionnaire et soumis au privilége de ce dernier, mais encore celui des choses qui ont fait la matière, soit d'un dépôt ou d'un séquestre non judiciaire, soit d'un séquestre judiciaire établi dans un dépôt non public. M. Guyard-Delalain, rapporteur de la commission, et M. Cordoën, commissaire du gouvernement, ont opposé de nouveau à cette réclamation l'espèce de fin de non-recevoir qui avait été exprimée dans le Rapport, et le Corps législatif leur a donné raison en votant immédiatement l'art. 400.

114. On remarque que les expressions de *débiteur, emprunteur ou tiers donneur de gage*, introduites dans le § 5 de cet article, ont été répétées dans le § 6, qui punit le recel des objets détournés et l'aide prêté par le conjoint, les ascendants et descendants de l'agent pour la perpétration du délit.

Escroquerie.

ART. 405.

Quiconque, soit en faisant usage de faux noms ou de fausses qualités, soit en employant des manœuvres frauduleuses pour persuader l'existence de fausses entreprises, d'un pouvoir ou d'un crédit imaginaire, ou pour faire naître l'espérance ou la crainte d'un succès, d'un accident ou de tout autre événement chimérique, se sera

______

(1) On sait qu'une loi récente, du 23 mai 1863, modificative du titre VI du livre 1er du Code de commerce, a établi pour le gage commercial de nouvelles règles destinées à faciliter la formation de ce contrat.

fait remettre ou délivrer, ou aura tenté de se faire remettre ou délivrer des fonds, des meubles ou des obligations, dispositions, billets, promesses, quittances ou décharges, et aura, par un de ces moyens, escroqué, ou tenté d'escroquer la totalité ou partie de la fortune d'autrui, sera puni d'un emprisonnement d'un an au moins et de cinq ans au plus, et d'une amende de cinquante francs au moins et de trois mille au plus.

Le coupable pourra être, en outre, à compter du jour où il aura subi sa peine, interdit, pendant cinq ans au moins et dix ans au plus, des droits mentionnés en l'art. 42 du présent Code : le tout sauf les peines plus graves, s'il y a un crime de faux.

115. Sous l'empire de l'ancien art. 405, une très-grave controverse s'était depuis longtemps élevée, on le sait, sur le point de savoir s'il était nécessaire, pour constituer la tentative du délit d'escroquerie, que la chose convoitée eût été remise à l'auteur des manœuvres frauduleuses, ou si l'emploi seul de ces manœuvres, dans le but d'obtenir la remise de la chose, caractérisait suffisamment cette tentative. La Cour de cassation avait successivement consacré, repoussé, puis admis de nouveau, et enfin rejeté encore la dernière interprétation, contre laquelle se prononçaient plusieurs auteurs, mais que d'autres défendaient énergiquement, et les mêmes hésitations et la même divergence s'étaient produites dans la jurisprudence des Cours impériales (1). Il nous avait paru, quant à nous, que l'arrêt des chambres réunies de la Cour suprême du 20 janv. 1846 avait proclamé les vrais principes, en décidant que le caractère de la tentative d'escroquerie devait être déterminé d'après les règles de droit commun, en matière de tentative, écrites dans les art. 2 et 3 du Code pénal, et que ce caractère se

---

(1) *V.* dans le sens de l'opinion qui exigeait la remise de la chose pour constituer la tentative d'escroquerie, Cass., ch. réun., 29 mars 1828 (S-V.9.1.494 ; D.P.29.1.44); Cass., ch. crim., 23 janv. 1829 (D.P.29.1.119 ; 28 juin 1834 (S-V.34.1.833 ; D.P.38.1. 409); 6 sept. 1839 (S-V.40.1.422 ; D.P 40.1.336); 4 mars 1842 (S-V.42.1 928, D.P.42.1. 203); 20 juin 1845 (S-V.45.1.401 ; D.P.45.1.275); 11 oct. 1860 (*Journ. du Minist. publ.*, t. 4, p. 158); Bordeaux, 11 mars 1840 (S-V.40.2.294 ; D.P.40.2.155); Orléans, 10 fév. 1845 (D.P.45.4.249); Poitiers, 23 janv. 1861 (*Journ. du Minist. publ., loc. cit.*); Paris, 21 nov. 1861 (*Ibid.*, t. 5, p. 77); MM. Le Sellyer, *Dr. crim.*, t. 1, p. 85 ; Hélie et Chauveau, *Théor. Cod. pén.*, 4ᵉ édit., n. 2013 ; F. Hélie, *Rev. de législ.*, 1846, t. 1, p 332. — Dans le sens contraire, *V.* Cass., ch. crim., 24 fév. 1827 (S-V 8.1.535 ; D.P 27.1.389); Montpellier, 6 déc. 1844 (S-V.42.2.30 ; D.P.42.2 83); Paris, 14 fév. 1845 (D.P 45.1 275), 18 janv. 1859 (S-V.59.2.7) et 2 mars 1860 (*Journ. du Minist. publ.*, t. 4, p. 158); Cass., ch. réun., 20 janv. 1846 (S-V.46.1.9; D.P.46.1.66) et 30 mars 1847 (S-V.47.1.343; D.P.47.1.168); Orléans, 2 juill. 1851 (S-V.51.2.865; D.P.52.2.32); Poitiers, 20 mai 1858 (*Journ. du Minist. publ.*, t. 1, p. 334), Cass., ch. réun., 20 mai 1858 (*Ibid.*); Bourges, 6 mars 1862 (*ibid.*, t. 5, p. 77); MM. Paringault, *Rev. prat. de Dr. franç.*, t. 6, p. 471 ; Bazot, *ibid.*, p. 540, et nos observ., *Journ. du Minist. publ.*, t. 1, p. 332 et s.

rencontrait dans le commencement d'exécution résultant des manœuvres frauduleuses pratiquées en vue d'une remise de fonds qui n'avait manqué que par une circonstance indépendante de la volonté de l'agent.

« L'art. 405, Cod. pén., disions nous(1), punit celui qui aura escroqué ou tenté d'escroquer tout ou partie de la fortune d'autrui par les moyens qu'il désigne. Quels sont ces moyens? Ce sont, dit-on, là remise ou la délivrance de fonds, meubles ou obligations, soit par l'usage de faux nom ou de fausses qualités, soit par l'emploi de manœuvres frauduleuses. Mais ne fait-on pas là une véritable confusion des moyens et du but? L'usage de faux noms ou de fausses qualités, l'emploi de manœuvres dolosives, pour se faire remettre ou délivrer des fonds, meubles, obligations, etc., voilà certainement des moyens. Mais la remise ou la délivrance de la chose convoitée, n'est-ce pas le but même de celui qui a recours à ces usurpations et à ces manœuvres? Si ce n'est encore là qu'un moyen, où se trouve donc le but? Par suite, décider que la tentative d'escroquerie n'existe qu'autant qu'il y a eu remise ou délivrance de fonds, meubles ou titres, c'est supposer que le législateur a entendu effacer toute différence entre le caractère de cette tentative et celui du délit lui-même, puisque, du moment où le but du coupable est atteint, le délit est consommé. Or, n'est-il pas évident qu'on ne saurait s'arrêter un seul instant à une semblable supposition? — A la vérité, on objecte que le fait de la remise ou de la délivrance de fonds, meubles ou obligations, obtenue par l'emploi de manœuvres frauduleuses, ne suffit pas pour la consommation du délit d'escroquerie, et qu'il faut encore la circonstance de l'appropriation de la chose par l'agent; d'où l'on conclut que, dans la pensée de l'art. 405, Cod. pén., la remise de l'objet convoité n'est constitutive du délit d'escroquerie qu'autant qu'elle a été suivie d'un acte de propriétaire de la part de celui à qui elle a été faite dans les conditions spécifiées par cet article, et que, dans le cas contraire, elle n'est caractéristique que de la simple tentative. Mais cette distinction n'est que subtile. L'art. 405 ne parle ni d'appropriation ni de détournement, et fait résulter l'escroquerie de la remise même de la chose convoitée, par la raison toute simple qu'il suppose que cette remise a été obtenue à l'aide de moyens qui ne permettent pas de douter de l'intention de l'agent de s'approprier la chose. Le fait de la remise ainsi obtenue constitue par lui-même l'escroquerie, et conséquemment ne peut avoir le caractère d'une simple tentative, encore qu'il n'ait pas été suivi de détournement. »

La commission du Corps législatif a été unanime à partager cette opinion, et c'est sur sa proposition, à laquelle a adhéré le conseil d'Etat, que la rédaction de l'art. 405 a été modifiée par l'addition qui a été faite aux mots « se sera fait remettre ou délivrer » de ces autres mots exclusifs de toute équivoque, *ou aura tenté de se faire remettre ou délivrer* (2).

116. Mais de vives protestations se sont élevées au Corps législatif

---

(1) *Journ. du Minist. publ.*, t. 1, p. 335.
(2) *V.* le Rapport, p. 88.

contre cette innovation (1).—M. Nogent-Saint-Laurens, après avoir rappelé les principes en matière de tentative, a dit, au sujet du délit puni par l'art. 405 : « L'escroquerie est un délit complexe. Suivant la doctrine constante, suivant la raison et la jurisprudence, il y a trois éléments, trois choses distinctes dans l'escroquerie. Il y a d'abord un élément préparatoire, initial, qu'on appelle les manœuvres frauduleuses... Il y a un élément d'exécution commencée, qui est la remise de la chose qui va être déterminée. Il y a un élément de consommation, qui est l'appropriation définitive, le détournement, la dissipation de la chose remise. C'est la victime qui remet, c'est le coupable qui commence le délit en recevant, et qui l'accomplit en emportant la chose remise... Ainsi, selon la doctrine actuellement reçue, les manœuvres frauduleuses sont des actes préparatoires; la remise est le commencement d'exécution; d'où il suit qu'il n'y a tentative qu'alors que la remise a eu lieu et que le détournement ainsi commencé a cessé par une circonstance fortuite, contraire à la volonté de son auteur... Eh bien, le projet déclare que les manœuvres seules constitueront désormais la tentative... Prenons un exemple. Voici un individu qui a une pensée d'escroquerie; il va chez quelqu'un. C'est un homme très-vulgaire, qui n'a aucune espèce de crédit, de solvabilité. Il raconte qu'il est riche, qu'il a de grands biens à l'étranger. Il emploie toutes les manœuvres possibles, il se fait un crédit imaginaire pour obtenir l'emprunt d'une somme qu'il n'a pas l'intention de rendre. La personne sur laquelle s'exercent ces manœuvres est une personne bien avisée qui ne se laisse pas tromper par cet individu, et qui le met à la porte. Certainement il n'y a pas là délit. Y a-t-il tentative?... Non, il y a des manœuvres qui ne sont pas arrivées à un commencement d'exécution substantielle, comme je le disais tout à l'heure. Avec la rédaction nouvelle, on punira cet homme!...—On fait une objection à mes idées. Cette objection est dans le projet. On nous dit : Mais si vous exigez la remise d'une valeur en dehors des manœuvres frauduleuses pour arriver à un commencement d'exécution ou à une tentative, il n'y a pas de différence entre la tentative et le délit consommé, c'est la même chose. La remise, c'est la consommation du délit. — C'est là, messieurs, une erreur très-grave... La remise vient d'avoir lieu, l'homme s'aperçoit qu'il a été trompé, il reprend sa chose, il reprend le billet de mille francs des mains de celui à qui il l'avait remis, c'est la tentative coupable, car elle cesse malgré celui qui la commettait. — La remise vient d'avoir lieu, on fait apercevoir à l'homme qui a remis, qu'il a été trompé; il reprend; c'est encore la tentative coupable. — Si, au contraire, après la remise effectuée, l'homme qui a reçu s'en va, disparaît, s'enfuit, le détournement consomme le délit. — La différence, après la remise, entre la tentative et le délit est très-sensible. Savez-vous pourquoi on a voulu conduire la tentative jusqu'à la remise inclusivement? C'est pour lui donner le bénéfice du repentir, de la restitution volontaire, qui efface la culpabilité. Si vous conduisez la ten-

---

(1) Séance du 14 avr. 1863; *Moniteur universel* du 14, p. 568, col. 2 et s.

tative jusqu'à la remise exclusivement, ce bénéfice n'existe plus, car les manœuvres frauduleuses existent, et on ne peut plus les détruire, les réparer. On est toujours coupable, même quand on se repent. Vous arrêter aux manœuvres frauduleuses, c'est contraire à tous les principes en matière de tentative. »

117. La même thèse a été soutenue par M. Ernest Picard. — De son côté, et à un point de vue quelque peu différent, M. Jules Favre a dirigé contre la rédaction nouvelle de l'art. 405 des critiques habiles. Il a présenté l'escroquerie comme un délit jusqu'à un certain point idéal, et dont il serait par là même dangereux d'incriminer la tentative en dehors de l'accomplissement de tout fait matériel. « En matière d'escroquerie, a-t-il dit, quand il s'agit de savoir si le prévenu a combiné plus ou moins adroitement des manœuvres criminelles, il faut se livrer à une appréciation qui est extrêmement délicate, et les hommes du métier vous diront tous que la limite qui sépare le délit de l'acte immoral n'est pas toujours bien sensible, que cette limite est extrêmement difficile à déterminer. Eh bien, messieurs, ne multipliez pas, et les dangers de la mission du juge et ses difficultés, en rendant cette mission plus large. Le législateur de 1810 a sagement pensé qu'il était nécessaire, dans un délit de ce genre, de placer la tentative dans le fait matériel. »

118. M. le procureur général Cordoën, commissaire du Gouvernement, a fait de toutes ces objections une réfutation saisissante. Il a dit, en réponse au discours de M. Nogent-Saint-Laurens : « Que la Chambre me permette de le lui dire en commençant : si la tentative d'escroquerie ne devait être punie qu'après la remise des fonds, ce serait une prime donnée aux escrocs de profession. Ils ne manqueraient pas de pousser l'audace jusqu'au bout, assurés qu'ils seraient de l'impunité, s'ils n'obtenaient pas le succès de leurs manœuvres. De deux choses l'une : ou ils obtiendraient le succès de leurs manœuvres, et alors le remède est presque toujours inefficace; ou ils seraient arrêtés avant la consommation complète du délit, et alors ils auraient l'impunité. Voilà l'alternative dans laquelle nous placerait l'adoption de la proposition de l'honorable M. Nogent-Saint-Laurens. — Maintenant je reprends l'art. 405 ancien... Deux choses dans cet article : les moyens employés pour parvenir à l'escroquerie, le but auquel conduit l'escroquerie. Les moyens employés sont les mêmes pour la tentative et pour le délit consommé. Le but à atteindre, c'est évidemment la remise des fonds ou valeurs : voilà le but auquel tend celui qui veut commettre une escroquerie. S'il réalise ce but, tout est consommé... Je comprends que la tentative doive présenter dans son appréciation des difficultés considérables, et que, malgré toutes les définitions, elle doive rester toujours soumise à une appréciation de fait. La tentative doit être manifestée par un commencement d'exécution. Il n'y a pas d'autre disposition dans la loi... Je comprends qu'il faut qu'il y ait des actes préparatoires, mais des actes qui préparent, et non des actes qui consomment... Prenons quelques hypothèses, messieurs, pour mieux préciser notre pensée. Voyons ! Voici un individu qui entre dans un magasin, qui prend un faux nom, une fausse qualité, qui fait croire à de fausses entreprises, qui fait entrer le marchand dans l'erreur où il veut l'entraîner. On va lui livrer les marchandises, on les enlève des rayons, on les met en ballots, on les approche de la voiture qui est là et qui va les emporter. Et puis, au moment où la livraison va s'opérer, le marchand est saisi d'une inquiétude légitime, il s'arrête et la remise n'est pas consommée. Est-ce qu'il n'y a pas là une tentative réalisée ? Est-ce qu'il n'y a pas là à la fois l'acte préparatoire et le commencement d'exécution ?... — Je dis que jamais délit n'a mieux comporté que l'escroquerie la nécessité de la punition de la tentative. Aussi la jurisprudence, malgré la rédaction de l'art. 405, où le mot *tenté* se trouve déplacé et appliqué au but de l'escroquerie, au lieu d'être appliqué aux moyens, la jurisprudence a essayé, par tous ses efforts, de venir en aide à l'insuffisance de la loi, et toutes les fois qu'il y a eu une remise, même fictive, la Cour de cassation l'a saisie avec empressement. — M. le procureur général Dupin et son prédécesseur, M. le procureur général Mourre, étaient tous deux d'avis que la rédaction de l'art. 405 était le résultat d'une erreur, mais que, quelque erronée que fût cette rédaction, la tentative d'escroquerie devait être punie comme la tentative de vol, et que si la tentative devait être suivie d'une remise pour être punissable, il n'y avait plus rien qui séparât la tentative du délit; qu'une regrettable interversion de phrase ne pouvait créer une impossibilité absolue de répression. Cette erreur de rédaction, il dépend de vous de la réparer et de dissiper tous les doutes. Quand il s'agit d'un délit fondé sur la fourberie, qui ruse même avec la loi, il faut employer les expressions les plus larges. Vous n'hésiterez pas; vous replacerez la tentative là où elle doit être, la tentative avant le but, avant la réalisation, la tentative consistant dans des moyens identiques à ceux qui constituent l'escroquerie, et ne cessant d'être punissable que quand elle s'arrête par la volonté de son auteur avant la réalisation de l'escroquerie. »

Répondant ensuite aux observations de M. J. Favre, M. le commissaire du Gouvernement a ajouté : « Il y a, nous disait-on tout à l'heure, des faits matériels et des faits qui tiennent seulement au monde idéal; il y a les préparations de l'escroquerie. Or, tout ce qui prépare l'escroquerie, ce sont des manœuvres idéales... Mais, dans l'escroquerie, il y a autre chose que des manœuvres idéales ; il y aussi des faits matériels et qui constituent le commencement d'exécution, et c'est ce que j'essayais de faire toucher du doigt à la Chambre, il y a un instant. — Vous défiez-vous de l'interprétation des tribunaux, il faut vous en défier alors en toutes matières, car la tentative est toujours une question de fait soumise à l'examen, à l'appréciation des tribunaux... Remettez-vous-en à leur appréciation. »

Après un discours dans le même sens de M. Roques-Salvaza, l'art. 405 a été voté tel que l'avait rédigé la commission (1).

---

(1) Il nous paraît important de rappeler, relativement aux manœuvres nécessaires pour constituer soit l'escroquerie, soit la tentative de ce délit, qu'il est sans doute indispensable qu'elles soient *frauduleuses*, c'est-à-dire qu'elle soient pratiquées de mauvaise foi

119. « Le nouveau texte, fait remarquer la circulaire de M. le garde des sceaux du 30 mai 1863, continuera à exiger, avec l'art. 2 du Code pénal, la volonté criminelle, persévérante, aussi bien que le commencement d'exécution. La jurisprudence imposera, comme par le passé, aux rédacteurs de la sentence l'énumération minutieuse des faits, sans laquelle la Cour de cassation, obligée ici d'entrer dans l'examen des manœuvres frauduleuses, ne peut discerner si la condamnation se fonde sur l'escroquerie caractérisée ou sur des mensonges qui échappent à la rigueur de la loi (1). »

La circulaire ministérielle recommande, du reste, aux magistrats du parquet de ne point confondre avec la tentative proprement dite d'escroquerie « les manifestations du dol civil ou commercial contre lesquelles la prudence des contractants est une sauvegarde suffisante, et dont la répression n'est pas réclamée impérieusement par l'intérêt social, l'exploitation imprudente de la crédulité publique ou les périls du commerce national menacé de discrédit. »

Abus de confiance.

ART. 408.

Quiconque aura détourné ou dissipé, au préjudice des propriétaires, possesseurs ou détenteurs, des effets, deniers, marchandises, billets, quittances ou tous autres écrits contenant ou opérant obligation ou décharge, qui ne lui auraient été remis qu'à titre de louage, de dépôt, de mandat, de nantissement, de prêt à usage, ou pour un travail salarié ou non salarié, à la charge de les rendre

---

par l'agent (*V.* Cass., 26 août 1824, S-V.7.1.524 ; MM. Hélie et Chauveau, n. 1998) ; mais qu'il n'est point nécessaire, comme la Cour de cassation l'avait d'abord décidé, que ces manœuvres soient de nature à tromper la prévoyance de la victime, et qu'elles sont punissables, quel que soit leur degré de grossièreté ou de finesse. *V.* à cet égard, M. Hélie, n. 2000. — D'un autre côté, il est de jurisprudence constante que de simples mensonges ne suffisent point pour constituer le délit d'escroquerie, mais que les mensonges peuvent toutefois prendre le caractère d'un tel délit à raison des circonstances frauduleuses qui les accompagnent. *V.* notamment, Cass., 6 juill. 1826 (S-V.8.1.382 ; D.p. 26.1.404) ; 18 janv. et 20 avr. 1844 (S-V.44.1.269 et 543 ; D.p.44.1.96 ; J. du P. 44.2. 121) ; 31 mars 1854 (S-V.54.1.508) ; 24 juin 1855 (S-V.55.1 681) ; 3 avr. 1857 (S-V.57.1. 609) ; 4 juin 1859 (S-V.59.1.775) et 11 juin 1861 (S-V.62.1.108). *Junge* MM. Hélie et Chauveau, n. 1993 et 1994.

(1) La Cour de cassation a jugé, en effet, par de nombreux arrêts, qu'en matière d'escroquerie, les juges doivent énoncer les faits et circonstances qui servent de base à leur décision, qu'il y ait condamnation ou acquittement, et qu'ils sont tenus, spécialement, de préciser les manœuvres frauduleuses dont l'emploi sert de base à la poursuite. *V.* Cass., 24 avr. et 3 déc. 1807 (S-V.2.1.378 et 456) ; 7 fév. 1812 (S-V.4.1.25) ; 1er oct. 1814 (S-V.4.1.611) ; 12 fév. 1824 (S-V.7.1.396) ; 8 janv. 1844 (S-V.42.1.147) ; 6 fév. 1857 (S-V.57.1.384 ; J. du P. 57.1081).

ou représenter, ou d'en faire un usage ou un emploi déterminé, sera puni des peines portées en l'art. 406.

Si l'abus de confiance prévu et puni par le précédent paragraphe a été commis par un officier public ou ministériel, ou par un domestique, homme de service à gages, élève, clerc, commis, ouvrier, compagnon ou apprenti, au préjudice de son maître, la peine sera celle de la réclusion.

Le tout sans préjudice de ce qui est dit aux art. 254, 255 et 256, relativement aux soustractions et enlèvements de deniers, effets ou pièces, commis dans les dépôts publics.

120. Dans le Code pénal de 1810, l'art. 408 punissait l'abus de confiance des peines de l'art. 406, c'est-à-dire de simples peines correctionnelles, sans aucune distinction relativement à la qualité des auteurs de ce délit. La loi du 28 avril 1832 frappa, au contraire, d'une aggravation de peine l'abus de confiance commis par un domestique, homme de service à gages, élève, commis, ouvrier, compagnon ou apprenti, au préjudice de son maître, et elle imprima à ce fait le caractère de crime en le punissant de la réclusion, par une disposition ajoutée à l'art. 408. — Le législateur de 1863 est allé plus loin, et il a étendu cette aggravation de peine à l'abus de confiance commis par les officiers publics ou ministériels (1), c'est-à-dire, suivant les expressions du Rapport de la commission, p. 89, « par des hommes investis d'un mandat légal et commandant la confiance par la situation qu'ils occupent et par le caractère dont ils sont revêtus. »

121. Dans la séance du Corps législatif du 17 avr. 1863 (2), M. Millet s'est fortement élevé contre une semblable innovation. Il a demandé comment la commission, qui en avait pris l'initiative, était arrivée à voir un crime dans un fait auquel les auteurs de la révision de 1832 avaient cru devoir laisser le caractère de délit. Il a soutenu que le Corps législatif ne pouvait sanctionner cette modification, sans mettre le Code pénal en contradiction avec lui-même, puisqu'on frappait indistinctement de la réclusion tous les abus de confiance commis par les officiers publics, tandis que, d'après les art. 169 et 171, les soustractions de deniers publics ou privés commises par certains de ces fonctionnaires ne sont passibles que de peines correctionnelles, lorsque le chiffre de ces soustractions est inférieur à 3,000 fr. Il a ajouté qu'une autre inconséquence résultait de la nouvelle rédaction donnée à l'art. 174; que la concussion n'étant désormais punie de la réclusion, d'après cet article, que lorsqu'elle a pour objet une somme supérieure à 300 francs, on ne comprendrait pas que l'abus de confiance

---

(1) Le Rapport signale particulièrement les agents de change, notaires et avoués. V. aussi ci-après l'analyse du discours de M. le commissaire du gouvernement Cordoën au Corps législatif. — Sur la portée de l'expression *officier ministériel*, V. encore *suprà*, p. 111, texte et note 2, et p. 120, note 1.

(2) *Moniteur universel* du 18, p. 585, col. 2 et 3.

commis par un officier public entraînât cette peine, quelque minime que fût la somme détournée ; que, si l'on avait correctionnalisé les petites concussions, parce que le jury les acquittait toujours, la même raison existait évidemment à l'égard des petits abus de confiance. Enfin, l'orateur a dit qu'à supposer qu'on dût admettre en principe la modification proposée par la commission, il fallait au moins expliquer qu'on n'étendait l'aggravation de peine qu'aux abus de confiance commis par les officiers publics et les officiers ministériels, *à raison de leurs fonctions* ; que cette explication ayant été jugée nécessaire dans l'art. 171, elle devait l'être aussi dans l'art. 408.

122. M. le procureur général Cordoën, commissaire du gouvernement, a répondu qu'en assimilant les officiers publics ou ministériels, c'est-à-dire les agents de change, les notaires, les avoués, les huissiers, aux personnes déjà comprises dans le 2ᵉ § de l'art. 408, et qui sont placées dans la confiance de la victime du détournement, la commission avait fait une chose très-sage et très-rationnelle, parce que les officiers publics ou ministériels sont investis d'une confiance nécessaire ; qu'en ce qui concernait la distinction quant au chiffre de la somme détournée, le Corps législatif, en l'admettant pour la concussion, n'avait fait que se mettre en harmonie avec le système du Code pénal, dont d'autres dispositions avaient déjà pris ce chiffre pour base de la détermination du caractère légal des soustractions commises par les dépositaires de deniers publics; mais que nulle part dans la loi on ne voyait la qualification de l'abus de confiance, pas plus que celle du vol, se modifier suivant que les valeurs détournées seraient supérieures ou inférieures à un chiffre déterminé, et que c'était dès lors très-logiquement qu'on avait soumis, dans tous les cas, les abus de confiance commis par les officiers publics ou ministériels à la compétence des Cours d'assises ; qu'au surplus, il était évident que ces abus de confiance ne prendraient le caractère de crime que lorsque les officiers publics ou ministériels les auraient commis à l'occasion de l'exercice de leurs fonctions. « Il n'y a pas besoin, a dit M. le commissaire du Gouvernement, d'ajouter une explication à ce qui ressort incontestablement de l'esprit et des termes de la loi (1). »

---

(1) Nous croyons devoir rappeler ici quelques principes essentiels, concernant les caractères de l'abus de confiance. — D'abord, cette infraction n'existe qu'autant qu'au détournement se joint l'intention frauduleuse de s'approprier la chose détournée. *Sic,* Cass., 24 janv. 1843 (S-V.43.1.349) et 30 août 1849 (S-V.50.1.336); MM. Delapalme, *Encycl. du dr.,* vᵒ *Ab. de conf.,* n. 16 ; Hélie et Chauveau, *Théor. Cod. pén.,* 4ᵉ édit., t. 5, n. 2054 et s. ; Dalloz, *Rép.,* vᵒ *Ab. de conf.,* n. 66.—Un arrêt a jugé que l'abus de confiance existe par le seul fait du détournement frauduleux, de la chose confiée, sans qu'il soit nécessaire que l'auteur de ce détournement en ait tiré profit, ni qu'il ait eu l'intention de porter pr judice à celui qui lui a confié la chose (Nancy, 30 nov. 1858, S-V.59 2.468; J. du P, 49.1.493); mais cette solution ne saurait être admise, et elle est contraire à l'opinion unanime des auteurs. *V.* MM. Merlin, *Rép.,* vᵒ *Vol,* sect. 2, § 3; Carnot, *Comment. Cod. pén.,* sur l'art. 408 ; Rauter, *Dr. crim.,* t. 2, p. 134; Hélie et Chau-

Violation des règlements relatifs aux manufactures.

ART. 418.

Tout directeur, commis, ouvrier de fabrique, qui aura communiqué ou tenté de communiquer à des étrangers ou à des Français résidant en pays étranger des secrets de la fabrique où il est employé, sera puni d'un emprisonnement de deux ans à cinq ans, et d'une amende de cinq cents à vingt mille francs.

Il pourra, en outre, être privé des droits mentionnés en l'art. 42 du présent Code pendant cinq ans au moins et dix ans au plus, à compter du jour où il aura subi sa peine. Il pourra aussi être mis sous la surveillance de la haute police pendant le même nombre d'années.

Si ces secrets ont été communiqués à des Français résidant en

---

veau, n. 2054 et 2059; Boitard, *Leç. de Cod. pén.*, n. 532; Dalloz, n. 66 et 80. — Au reste, le fait d'un mandataire de retenir, malgré les demandes réitérées du mandant, les sommes qu'il a reçues en sa qualité, et de les employer à son profit, constitue l'abus de confiance, malgré la déclaration des juges que ce mandataire n'a pas agi avec une intention frauduleuse: Cass., 14 oct. 1854 (S.-V.54.1.830; J. du P. 56.2.435, M. Hélie, *loc. cit.*, n. 2058). — Mais le simple emploi momentané que le mandataire aurait fait à son profit des sommes par lui touchées pour le compte du mandant ne serait pas constitutif de l'abus de confiance, si au moment de cet emploi il avait l'intention de restituer ces sommes au mandant, et comme la preuve de l'intention contraire ne peut guère résulter que du défaut de restitution, on décide que l'abus de confiance n'existe en général qu'à partir du moment où le mandataire, sommé de faire cette restitution, refuse ou est dans l'impossibilité de l'effectuer. *V.* notamment Cass., 17 juill. 1829 (S.-V.9 1.333; D.P.29.1. 305) 4 mars 1837 (J. du P. 40.1.370); 11 mai 1838 (Bull., n. 124); 13 mars 1840 (S.-V.41.1.207; D.P.40.1.405); 14 oct. 1854 précité; Paris, 15 mars 1851 (S.-V.51.2.240; J. du P. 51.1.451); Orléans, 19 janv. 1852 (S.-V.52.1.575; J. du P. 52.1.275); MM. Hélie et Chauveau, n. 2056 et s., 2074 et s. Et, selon la remarque de M. Hélie, n. 2075, la jurisprudence applique cette règle d'une manière plus sévère lorsque le prévenu a la qualité de notaire ou d'huissier. *V.* notamment Cass., 14 janv., 4 mars et 28 avr. 1859 (S.-V. 29.1.352, 708 et 709). — Que si toutefois l'intention frauduleuse était démontrée aux juges, indépendamment de tout refus ou de toute impossibilité de restitution, le détournement ne laisserait pas d'avoir le caractère d'abus de confiance, malgré la restitution qu'il ferait ultérieurement, soit après, soit même avant les poursuites dirigées contre lui (Cass., 6 janv. 1837, S.-V.37.1.142. D.P.37 1.238; 16 oct. 1840, S.-V.44.1.365; D.P.41 1.124; 2 juin 1843, S.-V.43.1 920; D.P.43.1.401; 13 sept. 1845, S.-V.46.1.158; D.P 46.1.124; 14 janv. 1859, S.-V.59.1.352; J. du P. 59.533). — L'insolvabilité du mandataire peut sans doute faire présumer son intention frauduleuse (Orléans, 19 janv. 1852, et Cass., 14 janv. 1859, précités; MM. Hélie et Chauveau, n 2056); mais l'existence de l'abus de confiance n'est point subordonnée à cette insolvabilité (Cass., 13 sept. 1845, S.-V49.1.158; 28 avr. 1859, S.-V.59.4.709; J. du P. 60.202; 14 oct. 1854, précité; Nancy, 7 juin 1859, S.-V.59.2.479; J. du P. 60.202).

France, la peine sera d'un emprisonnement de trois mois à deux ans, et d'une amende de seize francs à deux cents francs.

Le maximum de la peine prononcée par les §§ 1er et 3 du présent article sera nécessairement appliqué, s'il s'agit de secrets de fabriques d'armes et munitions de guerre appartenant à l'État.

123. Les auteurs de la loi nouvelle ont considéré avec raison comme trop sévère la peine de la réclusion et d'une amende de 500 à 20,000 fr. que l'ancien art. 418 prononçait contre le directeur, commis ou ouvrier de fabrique coupable de communication des secrets de la fabrique à des étrangers ou à des Français résidant en pays étranger. « Cette pénalité, dit l'Exposé des motifs, p. 51, est d'une époque où le patriotisme, surexcité par les circonstances, était singulièrement ombrageux en matière de secrets et de fabrication. Nous croyons cette disposition un peu changée par le caractère nouveau des relations internationales, par l'esprit de rivalité pacifique substitué à celui des anciennes luttes, et par les conditions nouvelles faites aux inventeurs... » — Le § 1er du nouvel art. 418 remplace, dès lors, la réclusion par un emprisonnement de deux à cinq ans, en maintenant d'ailleurs la forte amende de 500 à 20,000 fr., qui est, suivant l'observation de l'Exposé des motifs, « de toutes les peines la mieux appropriée », et en laissant, en outre, aux juges la faculté d'appliquer les peines accessoires de la privation des droits mentionnés en l'art. 42 et de la mise sous la surveillance de la haute police.

Le déclassement présente, du reste, ici cet avantage, que l'appréciation délicate du point de savoir si les moyens de fabrication sont véritablement *des secrets*, c'est-à-dire s'ils appartiennent exclusivement à la fabrique, s'ils ont été inventés pour elle, s'ils lui ont été spécialement appliqués (1), sera incontestablement mieux faite par les tribunaux correctionnels que par le jury (2).

124. Mais il peut se présenter un cas affranchi de cette difficulté, et par rapport auquel, comme le dit l'Exposé des motifs, « les justes exigences du sentiment national n'ont rien perdu de leur opportunité » ; c'est le cas où le secret est celui d'une fabrique d'armes ou de munitions de guerre appartenant à l'Etat. Les auteurs du projet de loi ont hésité d'abord à maintenir, pour la révélation d'un tel secret, la peine de la réclusion ; mais ils ont pensé, en définitive, qu'il était suffisant et plus conforme à l'esprit général du projet, de marquer la gradation par le maximum des peines

---

(1) MM. Hélie et Chauveau, *Théor. Cod. pén.*, t. 5, n. 2138.

(2) Exposé des motifs, p. 51 ; Rapport, p. 90 et 91. — Jugé, par arrêt de la Cour de cassation du 14 mai 1842 (S-V.42.1.509), que le seul fait de recevoir d'un commis ou ouvrier communication d'un secret de la fabrique dans laquelle il est employé, ne suffit pas pour constituer la complicité du délit prévu par l'art. 418 ; qu'il faut de la part du prévenu de complicité quelque acte direct de provocation ou d'assistance dans les termes de l'art. 60, et que la complicité ne peut résulter d'un acte postérieur au délit.

correctionnelles, et c'est là l'objet d'un paragraphe final qu'ils ont ajouté à l'art. 418. — Quant au deuxième paragraphe, il a été maintenu sans changement.

ART. 423.

Quiconque aura trompé l'acheteur sur le titre des matières d'or ou d'argent, sur la qualité d'une pierre fausse vendue pour fine, sur la nature de toutes marchandises; quiconque, par usage de faux poids ou de fausses mesures, aura trompé sur la quantité des choses vendues, sera puni de l'emprisonnement pendant trois mois au moins, un an au plus, et d'une amende qui ne pourra excéder le quart des restitutions et dommages-intérêts, ni être au-dessous de cinquante francs.

Les objets du délit, ou leur valeur, s'ils appartiennent encore au vendeur, seront confisqués; les faux poids et les fausses mesures seront aussi confisqués, et de plus seront brisés.

Le tribunal pourra ordonner l'affiche du jugement dans les lieux qu'il désignera, et son insertion intégrale ou par extrait dans tous les journaux qu'il désignera, le tout aux frais du condamné.

125. La loi du 27 mars 1851, qui applique les peines de l'art 423, Cod. pén., à certaines fraudes dans la vente des marchandises, a ajouté à ces peines, par son art. 6, la faculté pour les juges d'ordonner l'affiche du jugement et son insertion intégrale ou par extrait dans les journaux qu'ils désigneront, le tout aux frais du condamné. Il était regrettable que cette peine, qui, bien qu'accessoire en apparence, « est peut-être la plus efficace, parce qu'en donnant de la publicité au fait, elle donne l'éveil à la confiance publique et porte atteinte au crédit du condamné (1) », ne pût pas être appliquée aux faits retenus par l'art. 423. — Le législateur a rétabli l'harmonie entre cet article et la loi de 1851, en transportant la disposition de l'art. 6 de celle-ci dans un paragraphe final qu'il a ajouté à l'art. 423 (2).

---

(1) Rapport, p. 94. — *V.* aussi la note suivante.

(2) MM. Dalloz, *Rép.*, v° *Vente de subst. falsif. et tromperies*, n. 88, enseignent qu'en raison de leur caractère spécial, l'affiche du jugement et son insertion dans les journaux, peuvent être prononcées même dans le cas de circonstances atténuantes. — « La tendance des tribunaux, ajoutent-ils, est de condamner à l'affiche et à l'insertion du jugement toutes les fois qu'il y a récidive, et bien que la peine de l'emprisonnement et celle de l'amende n'aient pas été épuisées; on estime avec raison que cette peine accessoire est celle qui peut produire le meilleur effet, en appelant l'attention du public sur les habitudes déloyales du marchand condamné. » — De ce que cette pénalité est abandonnée à l'appréciation des tribunaux, M. Million, *Tr. des fraudes en mat. de marchand.*, p. 452, conclut avec raison que le jugement ne peut être affiché ou inséré dans les journaux, qu'autant que son dispositif le permet formellement. Du reste, la circulaire de

Destructions.—Dommages.

Art. 434.

Quiconque aura volontairement mis le feu à des édifices, navires, bateaux, magasins, chantiers, quand ils sont habités où servent à l'habitation, et généralement aux lieux habités ou servant à l'habitation, qu'ils appartiennent ou n'appartiennent pas à l'auteur du crime, sera puni de mort.

Sera puni de la même peine quiconque aura volontairement mis le feu, soit à des voitures ou wagons contenant des personnes, soit à des voitures ou wagons ne contenant pas des personnes, mais faisant partie d'un convoi qui en contient;

Quiconque aura volontairement mis le feu à des édifices, navires, bateaux, magasins, chantiers, lorsqu'ils ne sont ni habités, ni servant à l'habitation, ou à des forêts, bois taillis ou récoltes sur pied, lorsque ces objets ne lui appartiennent pas, sera puni de la peine des travaux forcés à perpétuité;

Celui qui, en mettant ou en faisant mettre le feu à l'un des objets énumérés dans le paragraphe précédent et à lui-même appartenant, aura volontairement causé un préjudice quelconque à autrui, sera puni des travaux forcés à temps; sera puni de la même peine celui qui aura mis le feu sur l'ordre du propriétaire.

Quiconque aura volontairement mis le feu, soit à des pailles ou récoltes en tas ou en meules, soit à des bois disposés en tas ou en stères, soit à des voitures ou wagons chargés ou non chargés de marchandises, ou autres objets mobiliers et ne faisant point partie

---

M. le garde des sceaux du 30 mai 1863, qui ne fait en cela que rappeler les prescriptions d'une précédente circulaire du 4 juin 1857, recommande au ministère public de requérir formellement l'affiche et l'insertion du jugement dans les journaux, et d'interjeter appel, toutes les fois que la publicité n'aura pas été ordonnée, à moins que les circonstances ne soient exceptionnellement favorables. — M. Million, *loc. cit.*, estime qu'en cette matière une telle sanction ne saurait, comme dans les autres, faire l'objet de réparations privées que la victime du délit pourrait réclamer à titre de dommages-intérêts: « Restant dans une sphère plus élevée, dit-il, les lois spéciales aux fraudes ne l'envisagent que comme une réparation morale du préjudice causé à la société tout entière. De là, il faut conclure que lorsqu'il s'agit de la répression de l'une des fraudes prévues par ces lois, l'affiche et l'insertion ne doivent jamais entrer en ligne de compte dans l'évaluation des réparations civiles qui pourraient être dues à la partie lésée. » —Cette opinion, exprimée spécialement en vue de la loi du 27 mars 1851, relative à la répression de certaines fraudes en matière de marchandises (art. 6), et de la loi du 23 juin 1857, sur les marques de fabrique et de commerce (art. 13), s'applique, par identité de raison, au nouvel art. 423.

12.

d'un convoi contenant des personnes, si ces objets ne lui appartiennent pas, sera puni des travaux forcés à temps.

Celui qui, en mettant ou en faisant mettre le feu à l'un des objets énumérés dans le paragraphe précédent et à lui-même appartenant, aura volontairement causé un préjudice quelconque à autrui, sera puni de la réclusion ; sera puni de la même peine celui qui aura mis le feu sur l'ordre du propriétaire.

Celui qui aura communiqué l'incendie à l'un des objets énumérés dans les précédents paragraphes, en mettant volontairement le feu à des objets quelconques appartenant soit à lui, soit à autrui, et placés de manière à communiquer ledit incendie, sera puni de la même peine que s'il avait directement mis le feu à l'un desdits objets.

Dans tous les cas, si l'incendie a occasionné la mort d'une ou de plusieurs personnes se trouvant dans les lieux incendiés au moment où il a éclaté, la peine sera la mort.

126. Des modifications très-importantes ont été faites par la nouvelle loi à plusieurs dispositions de l'ancien art. 434.

En revisant cet article, le législateur de 1832 n'avait pas étendu ses prévisions à l'incendie des wagons des chemins de fer, puisque l'usage de ces véhicules était alors à peu près inconnu. Mais il était logique, en 1863, de les ranger dans la classe des lieux habités ou servant à l'habitation : n'y rentrent-ils pas, en effet, au même titre que les navires ou bâtiments auxquels s'appliquait déjà l'art. 434 ? La loi nouvelle a, en conséquence, substitué à l'ancien § 2 de cet article, qui prévoyait l'incendie de « tout édifice servant à des réunions de citoyens », une disposition qui étend la peine de mort, prononcée par le § 1ᵉʳ, à l'incendie des wagons, ainsi du reste, qu'à celui des voitures, soit que ces voitures ou wagons contiennent des personnes (1), soit que, ne contenant pas des personnes, ils fassent partie d'un convoi qui en contient. — Une modification analogue a été faite au § 5, relatif à l'incendie d'objets n'appartenant pas à l'auteur du crime ; ce paragraphe, qui prononce la peine des travaux forcés à temps, atteint désormais l'incendie des voitures ou wagons chargés ou non chargés de marchandises ou autres objets mobiliers et ne faisant pas partie d'un convoi contenant des personnes ; et l'incendie de semblables voitures ou wagons se trouve puni par le § 6 de la réclusion seulement, dans le cas où ils appartiennent à l'auteur du crime, et qu'il y a eu un préjudice pour autrui. — Mais on peut se demander pourquoi ce changement, au lieu d'avoir été opéré dans les §§ 5 et 6, consacrés à l'incendie des pailles, récoltes et bois, ne l'a pas été plutôt dans les §§ 3 et 4, qui punissent l'incendie des

---

(1) Le nom générique de *personnes* comprend tout à la fois les agents de l'exploitation et les voyageurs (Exposé des motifs, p. 53 ; Rapport, p. 93).

édifices, navires, bateaux, etc., lorsqu'ils ne sont ni habités, ni servant à l'habitation : l'assimilation faite, dans le § 2, des voitures ou wagons aux édifices, navires et bateaux, semblait en marquer ici la place.

127. La Cour de cassation ayant décidé, avant la nouvelle loi, que le fait de mettre le feu à une meule de paille ou à un tas de bois, ne tombait sous l'application de l'art. 434, qu'autant qu'il était constant que ces objets avaient conservé leur caractère de récolte (1), il en résultait que la protection de la loi manquait, soit aux pailles ayant perdu la nature de récoltes et non engrangées, soit aux bois abattus et déplacés, mais non encore emmagasinés (2). Cette lacune est réparée dans le nouvel art. 434, dont le § 5 comprend parmi ses incriminations l'incendie, soit des *pailles* ou *récoltes en tas ou en meules*, soit des *bois disposés en tas ou en stères*.

128. Sous l'empire de l'ancien art. 434, on pouvait soutenir que, lorsque le propriétaire des objets désignés dans le § 4 de cet article, au lieu de les incendier lui-même, ce qui l'eût rendu passible des travaux forcés à temps, y faisait mettre le feu par un tiers, celui-ci devait être puni des travaux forcés à perpétuité, comme ayant mis le feu à des objets qui ne lui appartenaient pas, et que le propriétaire devait encourir la même peine comme complice (3). Dans ce système, on arrivait à un résultat analogue relativement aux cas prévus par le § 6 du même article. « Ce résultat, dit le Rapport de la commission, p. 98, est à la fois anormal et injuste. Il est anormal, car les règles de la complicité appellent sur le propriétaire une peine plus grave que celle qu'il aurait encourue s'il avait été l'auteur du crime. Il est injuste, car celui qui met le feu sur l'ordre du propriétaire n'est pas plus coupable que s'il l'avait mis à un objet à lui-même appartenant, et le propriétaire qui provoque l'incendie ne doit pas être plus puni que s'il l'avait commis lui-même. — Il était facile de tout corriger par une nouvelle rédaction qui maintienne également la peine des travaux forcés à temps pour le tiers qui met le feu, et pour le propriétaire qui le fait mettre. » Et, en effet, dans le § 4, comme dans le § 6, les auteurs de la nouvelle loi ont fait disparaître la difficulté en plaçant sur la même ligne le propriétaire qui met le feu et celui qui le *fait mettre,* et en déclarant passible de la même peine que ce propriétaire, *celui qui aura mis le feu par son ordre.*

129. D'après une jurisprudence fortement établie, les expressions, *édifices habités ou servant à l'habitation,* employées dans le § 1er de l'art. 434, comprennent toutes les dépendances de ces édifices, bien que

---

(1) *V.* arrêts des 15 sept. 1826 (S-V.8.1.434 ; D.P.27.1.22); 8 août 1828 (S-V.9.1.153; D.P.28.1.375); 3 mars et 7 avr. 1853 (S-V.53.1.450 ; J. du P. 53.2.428). Conf., MM. Hélie et Chauveau, *Théor. Cod. pén.,* 4e édit., n. 2301; Dalloz, *Rép.,* v° *Dommage-Destruction,* n. 74 et s.

(2) L'incendie de ces pailles ou bois ne pouvait être puni que des peines de simple police du § 1er de l'art. 479, comme destruction d'objets mobiliers.

(3) V. en ce sens, Cass., 8 fév. 1852. — Nous avions toutefois défendu l'opinion contraire dans notre *Journ. du Minist. publ.,* t. 5, p. 54 et s.

ces dépendances ne soient ni habitées, ni destinées à l'habitation, et cette interprétation est fondée sur l'art. 390, dont on considère la définition de la maison habitée comme n'étant pas restreinte au cas de vol (1). Mais le plus grand nombre des auteurs enseignent la doctrine contraire (2). — La commission du Corps législatif s'était proposé de trancher la question par une disposition formelle, et de la trancher dans le sens de la jurisprudence. « Le feu mis à la dépendance d'une maison habitée, lit-on dans le Rapport, p. 97, exposera le plus souvent celui qui l'habite au même danger que s'il était mis à la maison elle-même, à cause de la facilité avec laquelle la communication de l'incendie pourra s'établir entre les dépendances et la maison. Que sont le plus souvent les granges, écuries, cours, basses-cours et autres édifices qui y sont enfermés, sinon des bâtiments contigus ou presque contigus à la maison habitée ? N'est-ce pas dans ces édifices que l'incendie commence presque toujours, parce que l'accès en est plus facile, parce qu'ils renferment des matières plus aisément inflammables ? Pour quelques cas rares où la dépendance serait hors de portée et où le danger de communication de l'incendie se serait amoindri, faut-il négliger les cas nombreux où la dépendance fait pour ainsi dire partie intégrante de la maison, et où le principe qui domine l'incrimination de l'incendie existe dans toute sa force ? Il est bien vrai que l'avant-dernier paragraphe de l'art. 434 aggrave la peine de l'incendie, lorsqu'il s'est communiqué à des lieux habités, quel que soit le point où le feu ait été mis. Mais cette aggravation n'est attachée qu'au résultat, et elle sera bien plus efficace si elle demeure indépendante. — Nous l'avons ainsi pensé, et, consacrant d'ailleurs une jurisprudence constante de la Cour de cassation, fondée uniquement sur l'interprétation des textes actuels, nous avons compris dans la même incrimination les lieux habités *et leurs dépendances.* »

Cependant ces dernières expressions ne figuraient point dans la nouvelle rédaction arrêtée entre la commission et le conseil d'Etat, et c'est cette rédaction qui a été votée, sans discussion et sans changement, par le Corps législatif ; de sorte que la difficulté que le commission avait voulu aplanir reste encore entière, à moins qu'on ne doive tirer du vote même du Corps législatif une induction propre à la trancher.—Quelle est, en définitive, la solution qui doit prévaloir ? La discussion de cette grave question sortirait des limites que nous nous sommes imposées. Mais ne semble-t-il pas que, puisque la modification proposée par la commission n'a point passé dans la loi, le lé-

(1) *Sic,* Cass., ch. réun., 14 août 1839 (S-V.39.1.744 ; D.P.39.1.144) et 18 janv. 1847 (S-V.47.1.5 ; D.P.47.1.42) ; Cass., 13 fév. 1840 (S-V.40.1.910 ; D.P.40.1.400) ; 20 janv. 1843 (S-V.43.1.664 ; J. du P. 43.2.464) ; 18 fév. 1843 (S-V.43.1.665 ; J. du P. 43.2.465) ; 27 janv. 1844 (S-V.45.1.59 ; 8 août 1844 (S-V.45.1.59 ; D.P.44.1.357).

(2) *V.* MM. Hélie et Chauveau, t. 6, n. 2290 ; Dupin, réquisit. lors de l'arrêt de 1847 ; Devilleneuve, note sur cet arrêt ; Duchapt, *Dissertation* ; Morin, *Rép. du Dr. crim.,* v° *Incendie,* p. 405 ; Ballot, *Rev. de Dr. franç.,* 1847, p. 422 ; — *Contrà,* MM. Dalloz, *loc. cit.,* n. 53.

gislateur a voulu donner raison à la doctrine contre la jurisprudence, et exclure de l'application du § 1er de l'art. 434 les *dépendances* des lieux habités ? (1).

130. On a remarqué déjà que la disposition par laquelle le 2e paragraphe de l'ancien art. 434 appliquait la peine de mort, prononcée par le § 1er, à l'incendie de *tout édifice servant à des réunions de citoyens*, a été remplacée dans ce paragraphe par une disposition nouvelle et d'une autre nature. On cherche vraiment dans le Rapport de la commission la raison de cette suppression, que n'avait point faite le projet de loi, d'après lequel le § 2 de l'art. 434 devait être ainsi conçu : « Sera puni de la même peine quiconque aura volontairement mis le feu, soit à des voitures ou wagons, soit à des convois de voitures ou wagons contenant des personnes, soit à tout édifice servant à des réunions de citoyens. » Le législateur a proba-

-----

(1) Un arrêt de la Cour de Bourges du 31 déc. 1853 (S.-V.55.2.760 ; D.p.55.2.49; J. du P. 55.2.79) a décidé que celui qui met le feu à sa propre maison, n'est pas passible de la peine prononcée par le § 1er de l'art. 434, si cette maison ne servait d'habitation qu'à lui seul, et nous avons exprimé une opinion conforme dans notre *Journ. du Minit. publ.*, t. 4, p. 113, à la suite d'un arrêt de la Cour de Limoges du 16 fév. 1861, qui a implicitement admis le contraire.

Il est de jurisprudence constante que la circonstance que les lieux incendiés et appartenant à l'auteur de l'incendie étaient habités ou servaient à l'habitation, est essentiellement constitutive du crime, et non point seulement aggravante, puisque, sans cette circonstance, le fait de l'incendie ne serait pas punissable ; et il suit de là qu'elle doit être réunie au fait principal, tant dans l'ordonnance de prévention et l'arrêt de renvoi que dans la question à poser au jury sur ce fait. V. Cass., 24 avr. 1845 (D.p.45.4.127 ; J. du P. 46.4.159); 14 janv. 1847 (S.-V.47.4.392; D.p 47.4.144); 3 juin 1847 (S.-V.48.4 668; D.p. 47.4.144); 3 fév. 1848 (S.-V.48.4.592; D.p.48.5.88); 13 sept. 1850 (D.p.50.5.119); 28 mai et 23 sept. 1852 (D.p.52.5.173); 3 déc. 1852 (S.-V.53.4.454; D.p. *loc. cit.*); 12 août 1858 (D.p.58.5.114); Limoges, 16 fév. 1861 (*Journ. du Minist. publ.*, t. 4, p. 109).— Mais lorsque le feu a été mis avec les deux circonstances que les lieux étaient habités, et qu'ils appartenaient à autrui, cette dernière circonstance suffit pour constituer le crime, et la première, qui a seulement pour effet d'en élever la pénalité, n'a plus que le caractère d'une circonstance aggravante, qui doit être détachée du fait principal pour la qualification de la prévention, et sur laquelle le jury doit être interrogé séparément. La jurisprudence est aussi unanime à cet égard. V. notamment Cass., 18 août 1842 (D.p.43.4.135); 9 mai 1844 (D.p.44.4.120); 14 avr. 1845 (D.p.45.4.127); 3 juin 1847 (S.-V.48.4.668; D.p.47.4.144); 14 sept. 1847 (D.p.47.4.142); 13 janv. 1848 (S.-V.48.4.668; D.p.48.5.88); 2 juin 1848 (D.p.48.5.88); 7 juill. 1849 (D.p.49.5.94) ; 16 août 1849 (D.p. *ibid.*); 23 août 1849 (D.p.49.5.93); 7 mars et 6 juin 1850 (D p.50.5.120); 13 janv. 1859 (D.p.59.5. 224). — Dans le cas où les lieux incendiés, appartenant au prévenu et habités, étaient assurés, en sorte que l'incendie a eu pour effet de causer un préjudice à autrui, cette dernière circonstance doit-elle être considérée comme constitutive du crime, dont la circonstance d'habitation ne serait qu'une aggravation, ou bien doit-on y voir un chef particulier et distinct de prévention, et la circonstance d'habitation est-elle alors elle-même constitutive ? V. pour la première interprétation, Nancy, 2 juin 1855 (S.-V.55.2.558) et Limoges, 16 fév. 1861, précité, et pour la seconde, Cass., 27 août 1847 (D.p.47.4.142; J. du P. 47.2.733); M. F. Hélie, *Instr. crim.*, t. 9 p. 402, ainsi que nos observations dans le *Journ. du Minist. publ.*, *loc. cit.*, p. 114 et s.

blement considéré les édifices servant à des réunions de citoyens comme compris dans l'expression générale de *lieux habités ou servant à l'habitation* du § 1er de notre article (1).

ART. 437.

Quiconque volontairement aura détruit ou renversé, par quelque moyen que ce soit, en tout ou en partie, des ponts, digues ou chaussées ou autres constructions qu'il savait appartenir à autrui, ou causé l'explosion d'une machine à vapeur, sera puni de la réclusion, et d'une amende qui ne pourra excéder le quart des restitutions et indemnités, ni être au-dessous de cent francs.

S'il y a eu homicide ou blessures, le coupable sera, dans le premier cas, puni de mort, et dans le second, puni de la peine des travaux forcés à temps.

131. « Dans l'ensemble des punitions infligées aux divers moyens de destruction, dégradation ou dommages, dit le Rapport de la commission du Corps législatif, p. 98, il ne s'en trouve aucune qui puisse s'appliquer au fait d'avoir volontairement occasionné l'explosion d'une machine à vapeur (2). Les progrès de l'industrie ont tellement répandu l'usage de ces machines, qu'il pourrait être prudent de réparer cette omission. Nous l'avons fait en ajoutant à l'art. 434 une disposition spéciale, qui, selon les conditions qui y sont indiquées, punit le crime dont il s'agit de la réclusion, d'une amende (3) et même des travaux forcés. »

ART. 443.

Quiconque, à l'aide d'une liqueur corrosive ou par tout autre moyen, aura volontairement détérioré des marchandises, matières ou instruments quelconques servant à la fabrication, sera puni d'un

---

(1) Sous l'empire de l'ancien art. 434, les auteurs enseignaient que l'incendie d'un édifice servant à des réunions de citoyens (par exemple, une église, le palais d'une assemblée délibérante, un tribunal, un théâtre, une école) était punissable, soit qu'au moment où le feu avait été mis des citoyens fussent réunis dans cet édifice, soit qu'il ne s'y trouvât personne (MM. Duvergier, *Lois*, p. 148; Hélie et Chauveau, n. 2294; Dalloz, n. 57).

(2) Ce fait ne pouvait tomber sous l'application de l'ancien art. 437, qui, par ses termes, rapprochés surtout de ceux du premier projet, n'atteignaient que la destruction et le renversement des constructions *immobilières*. V. MM. Hélie et Chauveau, n. 2230, et Dalloz, *Rép.*, v° *Dommage-Destruction*, n. 170.

(3) D'après deux arrêts de la Cour de cassation des 22 janv. et 3 nov. 1848 (S.-V. 48.1. 524 ; D.p.48.5.280 ; Bull., n. 259), l'amende portée par l'art. 437 est une peine toute spéciale et qui doit être infligée dans tous les cas, même lorsque le jury reconnaît en faveur de l'accusé des circonstances atténuantes.

emprisonnement d'un mois à deux ans, et d'une amende qui ne pourra excéder le quart des dommages-intérêts ni être moindre de seize francs.

Si le délit a été commis par un ouvrier de la fabrique ou par un commis de la maison de commerce, l'emprisonnement sera de deux à cinq ans, sans préjudice de l'amende, ainsi qu'il vient d'être dit.

132. La modification apportée à cet article consiste en ce que sa disposition, qui prévoit l'altération à l'aide d'une liqueur corrosive ou par tout autre moyen, des marchandises ou matières servant à la fabrication, a été étendue aux *métiers et instruments*, non moins nécessaires à la fabrication que les matières elles-mêmes. — Il faut remarquer, en outre, que la loi nouvelle a substitué au mot *gâté* qui avait été employé dans l'ancien art. 443 (1), le mot *détérioré*, qui semble caractériser le délit d'une manière plus précise.

Art. 463.

Les peines prononcées par la loi contre celui ou ceux des accusés reconnus coupables, en faveur de qui le jury aura déclaré les circonstances atténuantes, seront modifiées ainsi qu'il suit :

Si la peine prononcée par la loi est la mort, la Cour appliquera la peine des travaux forcés à perpétuité ou celle des travaux à temps.

Si la peine est celle des travaux forcés à perpétuité, la Cour appliquera la peine des travaux forcés à temps ou celle de la réclusion.

Si la peine est celle de la déportation dans une enceinte fortifiée, la Cour appliquera celle de la déportation simple ou celle de la détention ; mais dans les cas prévus par les art. 96 et 97, la peine de la déportation sera seule appliquée.

Si la peine est celle de la déportation, la Cour appliquera la peine de la détention ou celle du bannissement.

Si la peine est celle des travaux forcés à temps, la Cour appliquera la peine de la réclusion ou les dispositions de l'art. 401, sans toutefois pouvoir réduire la durée de l'emprisonnement au-dessous de deux ans.

---

(1) « Par dégât, disaient MM. Hélie et Chauveau, *Théor. Cod. pén.*, 4ᵉ éd., n. 4353, il faut entendre toute *détérioration* causée aux marchandises ; il n'est pas nécessaire qu'elles aient été détruites, ni même qu'elles aient perdu toute leur valeur ; il suffit qu'elles aient été assez altérées pour perdre une partie de cette valeur. » V. aussi MM. Dalloz, vᵒ *Dommage-Destruction*, n. 231.

Si la peine est celle de la réclusion, de la détention, du bannissement ou de la dégradation civique, la Cour appliquera les dispositions de l'art. 401, sans toutefois pouvoir réduire la durée de l'emprisonnement au-dessous d'un an.

Dans le cas où le Code prononce le maximum d'une peine afflictive, s'il existe des circonstances atténuantes, la Cour appliquera le minimum de la peine ou même la peine inférieure.

Dans tous les cas où la peine de l'emprisonnement et celle de l'amende sont prononcées par le Code pénal, si les circonstances paraissent atténuantes, les tribunaux correctionnels sont autorisés, même en cas de récidive, à réduire ces deux peines comme suit :

Si la peine prononcée par la loi, soit à raison de la nature du délit, soit à raison de l'état de récidive du prévenu, est un emprisonnement dont le minimum ne soit pas inférieur à un an, ou une amende dont le minimum ne soit pas inférieur à cinq cents francs, les tribunaux pourront réduire l'emprisonnement jusqu'à six jours et l'amende jusqu'à seize francs.

Dans tous les autres cas, ils pourront réduire l'emprisonnement même au-dessous de six jours et l'amende même au-dessous de seize francs. Ils pourront aussi prononcer séparément l'une ou l'autre de ces peines, et même substituer l'amende à l'emprisonnement, sans qu'en aucun cas elle puisse être au-dessous des peines de simple police.

133. De tous les articles du Code pénal modifiés par la loi nouvelle, l'art. 463 est celui au sujet duquel se sont produites les plus grandes divergences d'opinions et les discussions les plus ardentes. Déjà, on le sait, en dehors de la législature et avant d'être soumis à une révision, l'art. 463 avait été attaqué et défendu avec vivacité, particulièrement dans sa théorie des circonstances atténuantes en matière correctionnelle. Ses adversaires et ses partisans se sont retrouvés en présence, soit au sein du conseil d'Etat, soit devant le Corps législatif, et une lutte sérieuse devait inévitablement s'engager entre eux. Nous devons en donner une rapide esquisse; mais auparavant, il convient de signaler quelques modifications qui ont été introduites dans l'art. 463, sans aucune contestation.

134. Le § 2 de l'ancien art. 463 portait, dans sa seconde partie, que, lorsque le jury avait déclaré les circonstances atténuantes à l'égard de crimes contre la sûreté extérieure ou intérieure de l'Etat, passibles de la peine de mort, la Cour devait appliquer la peine de la déportation ou celle de la détention, mais que dans les cas prévus par les art. 86, 96 et 97, elle devait appliquer la peine des travaux forcés à perpétuité ou celle des travaux forcés à temps. Ces dispositions ne pouvaient être maintenues en présence de l'art. 5 de la Constitution de 1848, qui a aboli la peine de mort en matière politique, et des art. 1 et 2 de la loi du 8 juin 1850, dont l'un remplace cette peine par celle de la déportation dans une enceinte fortifiée, et dont l'autre porte qu'en cas de déclaration de circonstances atténuantes, lorsque la peine prononcée par la loi est celle de la déportation dans une enceinte fortifiée, les juges doivent appliquer celle de la déportation simple ou celle de la détention. — Le législateur a dès lors supprimé toute la seconde partie du paragraphe précité. « Cette suppression, dit le Rapport de la commission, p. 101, s'explique d'elle-même pour ceux des crimes contre la sûreté extérieure ou intérieure de l'État qui ont un caractère politique et qui ne sont plus punis de la peine de mort. Quant à ceux de ces crimes, s'il en existe, qui n'auraient pas de caractère politique, et qui, par conséquent, seraient encore punis de mort, la suppression que nous proposons se justifie par cette considération que, là où le caractère politique serait absent, c'est la peine des travaux forcés et non celle de la déportation qui doit être substituée à la mort. »

135. Mais la loi nouvelle a transporté dans l'art. 463, entre le troisième et le quatrième paragraphe, la disposition rappelée plus haut de la loi du 8 juin 1850, concernant l'effet de la déclaration des circonstances atténuantes au cas où la peine applicable est celle de la déportation dans une enceinte fortifiée. Seulement elle a exclu de cette disposition le cas prévu par l'art. 86, parce que la peine de mort a été rétablie par la loi du 10 juin 1853 pour ce cas, qui, par suite, reste soumis à l'application de la disposition, aujourd'hui unique, du § 2, d'après laquelle, lorsque la peine prononcée par la loi est la mort, la Cour doit, s'il y a eu déclaration de circonstances atténuantes, appliquer la peine des travaux forcés à perpétuité ou celle des travaux forcés à temps.

136. Nous arrivons maintenant aux modifications que le législateur a fait subir au système de l'ancien art. 463 relativement à l'effet de la déclaration des circonstances atténuantes sur la pénalité dans les matières correctionnelles. Le projet présenté par le Gouvernement contenait sur ce point une réforme trop hardie pour qu'elle pût rallier beaucoup de suffrages. Au dernier paragraphe de ce texte il substituait quatre nouveaux paragraphes ainsi conçus :

« Dans tous les cas où la peine de l'emprisonnement et celle de l'amende sont prononcées par le Code pénal, si les circonstances paraissent atténuantes, les tribunaux correctionnels sont autorisés, même en cas de récidive, à réduire ces deux peines comme suit : — Si la loi prononce un emprisonnement dont le minimum soit de deux ans, ou une amende dont le minimum soit de cinq cents francs, les tribunaux pourront réduire l'emprisonnement jusqu'à six mois et l'amende jusqu'à cent francs. — Si la loi prononce un emprisonnement dont le minimum soit d'un an, ou une amende dont le minimum soit de cent francs, les tribunaux pourront réduire l'emprisonnement à trois mois et l'amende à vingt-cinq francs. — Dans tous les autres cas, ils pourront réduire l'emprisonnement même au-dessous de six jours et l'amende même au-dessous de seize francs, et même substituer l'amende à l'emprisonnement. »

L'Exposé des motifs essayait de justifier cette innovation dans les termes suivants : — « ...La pénalité des délits doit être plus discrétionnaire que celle des crimes ; la loi doit s'y montrer moins jalouse du juge. Nous reconnaissons volontiers cette distinction fondamentale, et le projet de loi ne la méconnaît point ; il s'y conforme plutôt, en ne posant que deux limites, au-dessous desquelles un vaste champ reste ouvert à l'exercice du pouvoir discrétionnaire. Mais les délits aussi admettent des degrés ; ils ne sont pas égaux devant la morale ni devant la loi : leur inégalité est plus grande quelquefois que celle qui existe entre deux crimes punis de peines différentes. En matière correctionnelle, où il n'y a véritablement qu'une peine, l'emprisonnement, on ne pouvait pas marquer la différence des délits par celle des peines : mais on les a différenciés par la distribution inégale de cette peine unique : l'inégalité tient lieu de la pluralité et de la diversité. Des différences notables de *minimum* et de *maximum* entre deux peines, de minimum surtout, expriment une grande inégalité de valeur morale entre les délits auxquels ces peines s'appliquent. Convient-il que la loi, par une sorte d'abdication volontaire et de renoncement d'elle-même, remette au juge un égal pouvoir d'atténuation illimitée sur l'une et sur l'autre, sur la peine de *deux à cinq ans*, et celle de *six jours à trois mois* d'emprisonnement ? L'expérience a répondu. Les rapports annuels du ministre de la justice signalent l'insuffisance de la répression correctionnelle. Cette insuffisance ne tient pas au défaut de poursuites ou de condamnations, mais à l'application sans mesure du bénéfice des circonstances atténuantes. — La moitié des prévenus condamnés ne le sont qu'à l'amende ou à l'emprisonnement de courte durée. — Cela n'a rien qui doive surprendre, dans un pays de mœurs douces comme le nôtre : c'est le résultat nécessaire d'un système dépourvu de tout point d'arrêt contre des entraînements naturels. Le juge est excusable de ne voir que l'affaire en jugement : c'est ailleurs et plus haut qu'on doit voir l'affaiblissement général de la répression... »

137. La commission du Corps législatif a envisagé la situation d'une manière bien différente. En présence de la décroissance constante constatée par les statistiques officielles dans le nombre des crimes et délits pendant la période décennale qui s'est écoulée de 1850 à 1860, la répression lui a paru assez ferme, et elle n'a point cru que les tribunaux eussent fait des circonstances atténuantes un usage périlleux. Au surplus, elle a exprimé très-nettement dans son Rapport les considérations qui militaient, à ses yeux, pour le maintien du système établi dans l'art. 463 par la loi du 28 avril 1832. — « En fait de culpabilité ordinaire, est-il dit dans ce Rapport, et lorsqu'il ne s'agit pas de grands crimes, il est difficile, pour ne pas dire impossible, de déterminer d'avance des limites précises et des règles fixes : il est difficile de chiffrer mathématiquement le minimum de la culpabilité et de dire que, pour tel ou tel délit, la peine ne doit jamais descendre au-dessous du chiffre de six mois ou de trois mois d'emprisonnement. Si l'on arrive à un minimum de deux mois ou au-dessous, on est conduit à se demander le grand intérêt qu'il peut y avoir à empêcher les tribunaux de mesurer eux-mêmes et de décider, dans leur prudence, s'il faut donner quinze jours de plus ou de moins d'emprisonnement. Du point où il est placé, le législateur ne peut mesurer la peine que sur le fait matériel ; le juge, au contraire, la mesure à la perversité de l'acte, à la perversité de l'agent et aux besoins du moment...—Lorsque la peine est trop sévère, si le juge acquitte, il commet un acte arbitraire, son premier devoir étant d'obéir à la loi : s'il condamne, il devient l'instrument légal d'une injustice : or, en France, on n'aime pas les lois aveugles, et le juge tient à son libre arbitre : vouloir commander à sa conscience, c'est s'exposer plutôt à des acquittements qu'à des condamnations impitoyables ; la protection de la société n'a rien à y gagner. — Enfin, l'une des raisons qui ont fait limiter le pouvoir des Cours d'assises, quant aux effets des circonstances atténuantes, c'est qu'il fallait éviter que l'application de la peine pût jamais élever un conflit entre la Cour et le jury, et qu'une Cour, en prononçant une peine infiniment légère, pût infirmer une condamnation prononcée par le jury. — En résumé, malgré l'usage parfois extrême qu'on a pu faire des circonstances atténuantes, malgré les critiques qu'elles ont parfois soulevées, nous croyons que l'opinion publique est favorable à leur maintien. C'est ainsi que, cherchant sa règle principalement dans les faits, votre commission a été amenée à penser qu'il n'y aurait pas lieu d'enlever à la magistrature le témoignage de confiance dont la loi l'investit et dont elle est jalouse...»

138. Ce langage semblait indiquer la volonté, de la part de la commission, de n'apporter aucun changement aux dispositions de l'art. 463 relatives aux circonstances atténuantes en matière correctionnelle ; mais cette volonté n'existait que chez la minorité de ses membres, et la majorité s'était entendue avec le conseil d'État pour proposer des modifications qui, bien que moins radicales que celles du projet de loi, contrastaient cependant jusqu'à un certain point avec les idées exprimées dans les passages du Rapport qu'on vient de lire. — Voici du reste comment ce même Rapport rend compte (p. 110) des vues de la majorité de la commission à cet égard : — « Parmi les inconvénients signalés, un des plus graves, aux yeux de votre commission, est celui qui résulte de la substitution trop fréquente de l'amende à l'emprisonnement. Si on examine en détail les espèces dans lesquelles cette substitution a eu lieu, on en remarque quelques-unes dans le nombre qui ne paraissent pas pouvoir la comporter. Ainsi, la statistique de 1860 nous révèle que 2,613 cas de vols, 56 cas d'escroquerie et 100 cas d'abus de confiance n'ont abouti qu'à la condamnation à une simple amende. On ne s'explique pas l'application de cette peine à des délits de cette nature ; si les espèces dans lesquelles ils se produisent n'exigent pas une autre réparation, mieux vaudrait peut-être les laisser impunis que d'énerver à ce point la répression... Ne serait-il pas sage de garantir les tribunaux contre des entraînements involontaires en les armant d'une sévérité relative dont il ne leur sera plus possible de se départir ? — Ces raisons sérieuses en elles-mêmes acquièrent une nouvelle force lorsqu'on les rattache au projet que nous élaborons. Un assez grand nombre de faits, jusqu'à présent soumis au jury, vont désormais ressortir de la juridiction correctionnelle. Quand ils étaient jugés par les Cours d'assises, la peine ne pouvait descendre au-dessous d'un an d'emprisonnement ; faut-il, maintenant qu'ils seront jugés par les tribunaux correctionnels, que cette peine puisse descendre à une amende d'un franc?... — Enfin, on sait que le bénéfice des circonstances atténuantes peut appartenir aux prévenus, même en cas de récidive. La récidive est cependant en elle-même une circonstance aggravante. Elle exclut fatalement la pureté des antécédents, qui est la première des circonstances atténuantes ; elle implique l'endurcissement et le mépris de la loi. Le législateur a marqué la sévérité de son appréciation en exigeant qu'en cas de récidive la peine fût portée au maximum et en autorisant à l'élever jusqu'au double. N'est-il pas juste de retenir quelque chose de cette appréciation de la loi?... »

139. La commission a, en conséquence, divisé les délits en deux classes, établies d'après la peine prononcée par la loi, soit à raison de la nature du délit poursuivi, soit à raison de l'état de récidive du prévenu. Elle a rangé dans la première classe tous les délits punis d'un an d'emprisonnement ou d'une amende de 500 fr. au moins, et, pour ces délits, elle a refusé aux juges la faculté d'abaisser l'emprisonnement au-dessous de six jours et l'amende au-dessous de seize francs. Dans la seconde classe, elle a compris tous les délits punis d'une peine moindre, et à l'égard de ceux-ci, elle a laissé aux juges toute la latitude dont ils jouissaient auparavant. « Nous espérons, disait la commission dans son Rapport, p. 112, qu'avec de tels tempéraments la modification apportée à l'art. 463 pourra désarmer les précautions et échapper à la critique. Nous la présentons à votre assentiment, parce qu'elle est un hommage aux principes, et que, sans blesser aucune susceptibilité, et sans exposer à aucune conséquence fâcheuse, elle aura encore une utilité pratique qui ne saurait être méconnue. »

140. Cependant, même avec cette portée restreinte, la retouche faite par la commission au dernier paragraphe de l'ancien art. 463, a rencontré chez divers membres du Corps législatif une désapprobation énergiquement manifestée. — Lors de la discussion générale du projet de loi (1), M. Jules Favre s'était efforcé d'abord de démontrer que la commission, dans la nouvelle rédaction proposée par elle, était « moins libérale et moins avancée que le législateur de 1810. » En effet, le législateur de 1810 avait accordé au juge le pouvoir d'appliquer les circonstances atténuantes toutes les fois que le préjudice n'excédait pas 25 fr. ; la commission n'allait pas même jusque-là, frappée qu'elle était de cette double considération, qu'il y aurait une sorte de scandale à épargner un récidiviste, et qu'il y a certains cas où le prévenu ne peut en aucune manière recevoir le bénéfice des circonstances atténuantes. — « Quant au récidiviste, a dit l'orateur, permettez-moi une observation. Il me paraît qu'en matière de récidive l'idée et la langue du législateur sont encore à faire. La récidive, considérée dans son acception philosophique, morale et vraiment pénale, c'est la répétition du même délit ou du même crime, ou tout au moins d'un crime ou d'un délit

---

(1) Séance du 10 avril 1863 ; *Monit. univers.* du 11, p. 529, col. 5 et 6, et p. 530, col. 1 et 2.

du même ordre. Dans nos lois pénales, qui sont fort nombreuses, comme vous le savez, et malheureusement très-variées, on rencontre l'application de cette idée... La récidive ainsi comprise est parfaitement raisonnable, mais ce n'est pas ainsi que le gouvernement l'entend, si je m'en rapporte aux documents statistiques. Aujourd'hui, dans le langage administratif, on entendrait par récidiviste celui qui a commis déjà un délit, même le plus léger, celui qui a encouru une condamnation, même la plus insignifiante. De telle façon qu'on fait figurer au nombre des récidivistes tous ceux qui, ayant eu le malheur, par suite de vivacités, à coup sûr trop nombreuses, d'offenser la susceptibilité des sergents de ville, et ayant été condamnés en police correctionnelle à 16 fr. d'amende, ont commis un nouveau délit, quel qu'il soit... De telle façon que... celui qui, ayant regardé de travers un garde champêtre ou un sergent de ville, aura comparu devant la police correctionnelle et aura été condamné par suite de ce fait, pourra être qualifié de récidiviste et privé des circonstances atténuantes. Alors qu'arrivera-t-il? Ce qui est arrivé si souvent de 1810 à 1832, c'est qu'il sera acquitté; c'est que nous reverrons ces acquittements qui s'étaient renouvelés si souvent que l'intervention du législateur est devenue nécessaire. — Quant aux vols et autres délits qui paraissent à la commission tout à fait incompatibles avec l'admission des circonstances atténuantes, je demande à la commission la liberté de lui faire observer qu'elle a été plus scrupuleuse que le législateur de 1810, qui me paraît plus qu'elle indulgent pour les voleurs, car le législateur de 1810 avait pensé que, lorsque le préjudice était inférieur à 25 fr., on pouvait, dans tous les cas, appliquer les circonstances atténuantes.—Mais, Messieurs, ce n'est pas à vous qu'il faut apprendre, et les rapports de la justice criminelle sont là pour m'autoriser à tenir un pareil langage, que depuis un certain nombre d'années le zèle des officiers de police judiciaire a été singulièrement excité. M. le garde des sceaux se rend à lui-même ce témoignage, que, sur la surface de l'Empire, et que, dans le plus modeste comme dans le plus obscur recoin, il n'y a pas possibilité de commettre un délit qu'il ne soit dénoncé, tant le réseau qui est jeté sur tous les citoyens est complet, et tant ceux qui le tiennent sont vigilants. Eh bien, il en résulte qu'un grand nombre de délits tout à fait insignifiants sont déférés à la police correctionnelle, et que, par suite d'une pratique que nous connaissons et que les journaux judiciaires nous révèlent d'ailleurs suffisamment, nous voyons des inculpés qui sont traduits en police correctionnelle pour un vol d'un franc, et même pour un vol de 50 centimes, et que c'est une pareille infraction qui les fait frapper d'une peine correctionnelle. Il faudra donc, non-seulement les condamner à l'amende, mais encore, comme il faut être inflexible vis-à-vis d'un voleur, les condamner à la peine de l'emprisonnement. Et remarquez quel est ici le défaut de logique dans lequel je surprends la commission. Elle a été indulgente vis-à-vis du concussionnaire au-dessous de la somme de 300 fr.; elle a pensé qu'il fallait adoucir la pénalité et changer la juridiction..., et elle veut que celui qui, dans un moment d'égarement, par ignorance, par faiblesse, aura dérobé quelques centimes, soit traduit devant la police correctionnelle et nécessairement flétri par la prison !—Quelle est la raison qu'on a donnée? — On vous a dit qu'en matière correctionnelle il n'y a de peine véritablement efficace que celle de l'emprisonnement. Il faut que le coupable soit *mulcté*, pour me servir d'un mot ancien. C'est le mal qu'il subit qui représente l'expiation ! Permettez-moi, Messieurs, d'être d'une autre école. A mes yeux, l'expiation et la moralité de la peine sont dans la sentence, dans la flétrissure qui descend sur le coupable de la bouche du juge... — C'est par ses résultats qu'il faut apprécier un système. Eh bien, celui qu'on voudrait aujourd'hui détruire en le modifiant, est-ce qu'il n'a pas été jugé? Mais, Messieurs, à cet égard vous avez entendu les déclarations de la commission, et ces déclarations sont les plus rassurantes du monde. Les délits et les crimes, sous l'empire de l'application des circonstances atténuantes, ont sensiblement et graduellement diminué... Dans le rapport de 1860, M. le garde des sceaux... a voulu, avec les lumières de la statistique, savoir quelle a été l'influence de l'application des circonstances atténuantes sur le nombre des acquittements... Voici ce que j'y lis : « Devant la juridiction correctionnelle, comme devant la Cour d'assises, l'extension de l'art. 463 coïncide avec une réduction marquée du nombre proportionnel des acquittements, et dans l'intérêt de la morale publique et de la société, l'application d'une peine, quelle qu'elle soit, est préférable à l'impunité. »—Voilà, Messieurs, le système jugé par ses résultats, et j'ai le droit de dire qu'il n'est point inquiétant pour la société, puisqu'il a amené une diminution dans le nombre des crimes et des délits; qu'il n'est pas inquiétant pour la répression, puisqu'il a amené une diminution proportionnelle dans le nombre des acquittements. »

141. Dans la séance du 17 avril 1863 (1), M. Nogent-Saint-Laurens a dirigé, en employant soit des arguments identiques, soit des arguments nouveaux, des critiques non moins vives contre le projet de modification de l'art. 463.—« Il faut rendre cet hommage à la commission, a-t-il dit notamment, qu'elle a singulièrement adouci les rigueurs du projet du gouvernement. Mais, remarquez-le bien, toutes les fois que le minimum est d'un an, on ne peut plus faire varier la nature de la peine; il faut la prison..., et si le juge vient à sentir, ce qui arrive, la nécessité de ne pas flétrir un homme par la prison, il ne pourra pas obéir à sa conscience. Il sentira toutes les circonstances atténuantes du monde... Non, ce sera six jours de prison, car l'amende ne peut être substituée à l'emprisonnement. — Ici je fais d'abord une simple objection : il y a dans la loi une grande symétrie que vous avez détruite d'un trait de plume. Vous savez qu'au criminel..., la peine varie dans sa durée et dans sa nature. Eh bien, au correctionnel, puisque vous avez prohibé la substitution de l'amende à l'emprisonnement dans certains cas, la peine ne pourra varier que dans sa durée et ne variera plus dans sa nature : c'est une anomalie... Vous allez enlever aux juges la faculté de changer la nature de la peine précisément lorsque vous

---

(1) *Moniteur* du 18, p. 585, col. 3 et s.

arrivez dans la région des délits, où il faut le moins de rigueur. La loi sera plus favorable, lorsqu'on compare les choses, devant la Cour d'assises que devant les tribunaux correctionnels!... — Je trouve au Rapport deux raisons qui sont données pour modifier, pour altérer l'art. 463. Ces deux raisons, les voici. On a eu recours encore cette fois à la statistique, et on a dit : En 1860, on a appliqué l'amende seule à 624 vols, 56 cas d'escroquerie et 100 cas d'abus de confiance. Et le Rapport de s'écrier : « Comment ! « l'amende pour le vol, pour l'escroquerie, pour l'abus de confiance ! » Et le Rapport d'ajouter dans un mouvement d'indignation qui est singulièrement contradictoire avec une pensée exprimée plus haut et que je vous dirai tout à l'heure : « Mieux vaudrait les laisser impunis, ces délits, que « d'énerver à ce point la répression. » La répression énervée ! Vous dites le contraire dans les comptes rendus de la justice criminelle... — Maintenant vous dites qu'il vaudrait mieux laisser ces délits impunis. Il est singulier d'entendre ce langage dans le Rapport ; les paroles que je viens de lire sont à la page 110, et page 109, je lis ceci : « Lorsque la peine est trop sévère, si le juge acquitte, il commet un acte arbitraire, son premier devoir étant d'obéir à la loi. » Soyez donc d'accord avec vous-mêmes... Mais un mot sur ces cas de vols et ces délits qui sont frappés d'amende. Je le dis très-hardiment, on a fait un usage inintelligent de la statistique. La statistique vous a dit : Ce sont des escroqueries, ce sont des vols, ce sont des abus de confiance. C'est l'étiquette du sac, c'est le titre ; mais la statistique ne vous donne pas les espèces, et il est certain qu'en matière de délits, sous le rapport de la perversité et du préjudice, on arrive à une région d'inculpations que j'appellerai les infiniment petits... Ainsi, voilà le vol de la chose trouvée. On trouve une chose sans valeur sur la voie publique ; au lieu de la porter chez le commissaire de police, on la garde ; voilà un vol !... — Pour aggraver l'art. 463, le Rapport dit encore : « Mais voyez, nous avons déclassé un certain nombre de faits ; au lieu de crimes qu'ils étaient qualifiés, nous les avons déclarés délits. Ils pourront rencontrer l'amende en police correctionnelle ! Ce n'est pas juste. — Rencontreront-ils l'amende ?... Non , car la magistrature est très-ferme,... s'ils viennent à la rencontrer, c'est qu'ils ne méritent pas autre chose, c'est qu'en Cour d'assises ils auraient rencontré l'acquittement. »

142. D'autres orateurs se sont encore exprimés dans le même sens à la séance du 18 avril (1). MM. Aymé, Josseau et Segris se sont efforcés, à leur tour, de démontrer que la modification de l'art. 463, proposée par le Gouvernement et par la commission, était inopportune et dangereuse ; inopportune, puisque le Rapport de la commission reconnaît et que les statistiques de la justice criminelle établissent que, sous l'empire de l'art. 463, tel que l'a rédigé le législateur de 1832, il y a eu une diminution progressive et sensible, soit du nombre des délits, soit du nombre des acquittements dans les poursuites correctionnelles ; dangereuse, en ce

____

(1) *Moniteur* du 19, p. 593, col. 5 et 6, et p. 594 et 595.

qu'elle aurait pour effet de rendre, au contraire, les acquittements plus nombreux, en enlevant au juge la faculté d'appliquer à des faits dignes de toute son indulgence, comme il s'en rencontre parfois, une peine proportionnée à leur degré de criminalité, et, par conséquent, d'affaiblir la répression, au lieu de la fortifier. — « Supposons, a dit particulièrement M. Segris, que nous admettions l'art. 463 tel qu'il nous est proposé aujourd'hui : vous ne nous parlez que des voleurs ; mais l'art. 463 est un article général qui implique, comme on le dit dans l'Exposé des motifs, un système de pénalité. Quelle est la pensée de cet article ? C'est de renfermer la conscience du juge dans de certaines limites, c'est de lui dire : Vous n'irez pas plus loin ; je ne vous permets pas de descendre, en certains cas, jusqu'à l'amende. Il y a des cas où vous serez tenu quand même d'infliger la prison : ce sont tous ceux où la peine qui aura été édictée par le Code pénal ne sera pas inférieure à une année d'emprisonnement et à 500 francs d'amende. » — Prenez-y garde, messieurs, il y a là plus de danger qu'on ne l'imagine. Nous avons modifié l'art. 309 du Code pénal ; nous avons dit, dans cet article, ceci : c'est que les coups et blessures portés volontairement, lorsqu'ils entraînent une incapacité de travail de plus de vingt jours, donneront lieu à un emprisonnement de deux à cinq ans. Quelle est la conséquence ? c'est que, l'emprisonnement seul s'attachant à cet article, vous avez correctionnalisé le fait, et d'un crime, vous avez fait un délit. Or, il y a des délits de différente nature que comprend cet article. Il y en a un que vous connaissez bien, c'est le duel. Le duel tombe sous l'application de cet article ; la Cour de cassation l'a déclaré, et, quand le duel aura occasionné une incapacité de travail de plus de vingt jours, au lieu d'être porté devant le jury, il sera porté devant la juridiction correctionnelle, et nécessairement puni de la prison. — Il n'entre pas dans ma pensée, messieurs, de défendre le duel ; il faut cependant reconnaître une chose, c'est qu'en certaines circonstances qui touchent à l'honneur du foyer domestique, le duel se présente en quelque sorte comme une nécessité, et il est tellement inhérent à nos mœurs, qu'on aura beau faire, on ne parviendra pas à le déraciner complétement. Il y a chez nous un sentiment que l'on place au-dessus de tout, même au-dessus de la vie, c'est le sentiment de l'honneur. Lorsqu'il s'agit de certaines injures commises au foyer domestique, qu'on ne peut livrer à la publicité des tribunaux, un homme de cœur se sent précipité malgré lui, et presque sans réflexion, au-devant de celui qui a terni son foyer. Eh bien, je vous le demande, que ferez-vous, vous, magistrat de police correctionnelle, quand le père, quand le frère de la fille séduite, sera traduit devant vous pour avoir fait à son adversaire une blessure qui l'aura réduit à une incapacité de travail de plus de vingt jours? Vous serez en regard de la loi pénale qui déclare que l'amende est supérieure à 500 francs. Vous ne pouvez pas ne pas infliger la prison, vous ne le pouvez pas. C'est une des nécessités de votre situation ; il faudra que vous restiez en contemplation de la loi qui condamne.... Eh bien ! je ne crains pas de le dire, il se rencontrera des magistrats qui, cédant à un entraînement de conscience, aimeront mieux acquitter que d'infliger la flétrissure de la prison à une situation pareille. Laissez-leur donc l'amende, parce que, tandis que la prison flétrit, l'amende avertit et condamne. L'amende, c'est le signe retenu de la réprobation sociale. Je ne suis pas de ceux qui pensent et qui disent : Mieux vaut l'impunité qu'une peine aussi légère.... Je dis qu'il faut laisser, en pareil cas, à la juridiction de nos tribunaux les limites que la loi de 1832 lui avait assurées par l'art. 463.... L'art. 463, en spiritualisant la peine, a été l'honneur de la réforme de 1832, et il sera aussi l'honneur de la Chambre qui saura le défendre et le maintenir. »

143. Tout en s'associant aux protestations élevées par quelques-uns de ses collègues contre la modification du dernier paragraphe de l'art. 463 proposée par la commission , M. Josseau, au lieu de demander, comme eux, le rejet pur et simple de cette modification, a proposé lui-même une disposition additionnelle qui devait, à ses yeux, résoudre toutes les difficultés, et qui aurait consisté à limiter, par un retour au Code de 1810, le pouvoir des tribunaux de réduire l'emprisonnement au-dessous de six jours et l'amende au-dessous de 16 fr., et même de substituer l'amende à l'emprisonnement, par suite de l'admission de circonstances atténuantes, au cas où le préjudice n'excéderait pas 25 fr. — « Quel est, a dit cet honorable député, le reproche principal qui a été fait à la proposition de la commission ? Il est précisément tiré de ce que, dans des cas où le préjudice est très-minime, il y aurait une sorte de dureté et de rigueur à exiger que les tribunaux condamnent à la peine de la prison, et ne puissent lui substituer une simple amende ; il y a lieu de craindre que, ne voulant pas condamner à cette peine qui leur répugne, les tribunaux n'acquittent certains coupables en faveur desquels il s'élève dans leur cœur des sentiments d'humanité auxquels ils ne pourront se soustraire. Je proposerai donc à la chambre de prendre en considération le préjudice causé... Cette considération de l'importance du préjudice, n'en avez-vous pas vous-mêmes tenu compte dans le projet actuel, lorsque vous avez placé dans une catégorie à part les petites concussions ? » — Mais M. Guyard-Delalain, rapporteur de la commission, a répondu que si la quotité du préjudice servait de base à la pénalité en matière de concussion, ce n'était là qu'une disposition exceptionnelle, et qu'en principe général la détermination de la peine ne pouvait être fondée sur une semblable considération. Telle paraît avoir été aussi l'opinion générale, car la demande de M. Josseau n'a été appuyée par aucun membre, et son auteur n'a point insisté pour la faire accueillir.

144. Quant à la proposition de la commission, elle a été défendue avec énergie, soit au nom de la commission elle-même, soit au nom du Gouvernement (1). — Après M. de Beauverger, qui, au nom de la commission, a soutenu que poser des limites à l'atténuation et surtout à la substitution des peines, c'était rétablir l'égalité entre les prévenus, qui n'ont

---

(1) Séance du 17 avril 1863, *Moniteur universel* du 18, p. 586, col. 2 et s.; séance du 18 avril, *Moniteur* du 19, p. 594, col. 4 et s., p. 595, col. 4 et s.

pas tous les mêmes moyens de défense ou d'influence, M. le commissaire du Gouvernement Lacaze a vivement combattu la doctrine suivant laquelle le pouvoir indéfini du juge d'atténuer la peine serait de l'essence même du droit de punir. « En 1832, a-t-il dit, l'on crut pouvoir consacrer sans péril cette latitude d'atténuation illimitée d'acquittement, de grâce, peut-on dire, car lorsqu'il s'agit, par exemple, de délits qu'on a jugés assez graves pour les punir au minimum d'une année d'emprisonnement, la condamnation à un franc d'amende n'est pas une peine sérieuse ; c'est le droit de grâce donné au juge. — On crut pouvoir le faire sans péril ; on se trompa... On aurait dû considérer ceci : si les délits sont moins graves que les crimes, si l'alarme sociale est moindre, les délits se comptent par centaines de mille ; leur répression est l'œuvre quotidienne de la justice. L'efficacité de cette répression importe presque autant à la sécurité publique que celle des crimes. On se trompa, nous le croyons. Aujourd'hui le Gouvernement reconnaît ou croit reconnaître l'erreur, et il vous propose de la rectifier, en inscrivant dans le Code, pour certains délits de l'ordre le plus grave, une limite à l'atténuation facultative de la peine, mais une limite tellement abaissée, que le juge garderait le pouvoir de réduire à six jours d'emprisonnement une peine qui pourrait s'élever à cinq ans, et dont le minimum arrêté dans la loi devait être au moins d'une année. — Messieurs, la doctrine contraire suivie jusqu'au bout n'irait à rien moins qu'à effacer les minimum dans toutes les dispositions du Code pénal... Les théories développées devant vous, si elles sont vraies, sont des vérités générales et absolues, qui ne s'appliquent pas moins aux matières criminelles qu'aux matières correctionnelles...

« J'entends parler beaucoup d'une diminution considérable des délits. Nous serions trop heureux qu'elle existât, avec le caractère et l'importance numérique qu'on vient de lui attribuer : une diminution de plus de 105,000 délits. Eh bien ! je veux vous montrer que cette diminution, qui n'est pas toute imaginaire, est malheureusement bien loin d'avoir cette importance. La diminution ne se compte pas par centaines de mille, même dans le rapport général qui précède le compte rendu de l'administration de la justice criminelle... Ce rapport constate dans les délits de 1856 à 1860, sur 1851 à 1855, une diminution de 26,000 affaires, et une diminution de 38,000 prévenus ou à peu près. Maintenant, comment s'explique cette diminution, qui serait considérable, j'en conviens, si elle portait sur les délits de la nature de ceux qui peuvent avoir quelque rapport avec cette question de l'application des circonstances atténuantes ? A la page suivante, je lis ce que voici : « Cette réduction considérable est plus apparente que réelle. C'est dans cette catégorie de prévenus que se placent « les délinquants forestiers » .... — Je passe maintenant au tableau inséré dans le Rapport de la commission, et j'y trouve ceci : Dans la période de 1852 à 1855 : délits ordinaires, 513,517 ; délits spéciaux, 288,885. — Dans la période de 1856 à 1860 : délits ordinaires, 497,737 ; délits spéciaux, 199,595. — Diminution sur les délits ordinaires, 15,780 ; diminution sur les délits spéciaux, 89,290. Totaux, 105,070. — Il y a d'abord à écarter

du mirage produit par ces chiffres tout ce qui est relatif aux délits spéciaux..., parce que l'art. 463 ne s'y applique pas. Pour les délits de droit
commun, la diminution se réduit à 15,000 délits et à 27,000 prévenus, sur
une période de cinq ans. Or, Messieurs, voulez-vous savoir le nombre des
prévenus de délit commun traduits annuellement devant la police correctionnelle? il dépasse en moyenne le chiffre de 150,000... — Mais, Messieurs, nous parlons toujours comme si la modification proposée devait
atteindre tous les délits. Cela n'est pas exact ; car elle est restreinte, ne
l'oublions pas, à ceux dont la peine au minimum est de deux ans ou d'un
an de prison. J'ai fait le relevé de tous les articles du Code pénal qui prononcent, en matière correctionnelle, des peines dont le minimum est de
deux ans ou d'un an de prison. J'ai recherché ensuite sur les tableaux de
la statistique, en matière correctionnelle, le nombre des cas et des prévenus de délits de deux catégories qui étaient annuellement traduits devant
les tribunaux... Eh bien, en procédant à ce travail sur deux années, les
dernières des deux périodes quinquennales 1856 et 1860, je suis arrivé à
ce résultat, que pour les vols simples, les vols punissables d'un an d'emprisonnement par application de l'art. 401..., année commune, il y a plus de
40,000 prévenus... Après ce délit, celui qui abonde le plus, c'est l'escroquerie, qui figure pour 2,544 prévenus... Eh bien, savez-vous, pour en revenir à ce chiffre de quarante et quelques mille prévenus de vol, quelle a
été la progression croissante depuis 1826, qui est l'époque la plus reculée
à laquelle remonte la statistique des comptes rendus publiés annuellement
par la Chancellerie? Cette progression a été de 12,576 à 40,619 ; le nombre des délits de vol a plus que triplé dans cet espace de temps. Sans doute,
la population a augmenté aussi ; mais, tout en faisant la part de cette cause
d'augmentation des délits de vol, il reste encore un chiffre effrayant dont
il faut chercher les causes ailleurs... — Quand nous vous demandons de
porter sur ce point, exclusivement sur ce point, l'action d'une répression
un peu plus ferme, on dit que nous sommes des apôtres fanatiques de l'inflexibilité, des esprits ardents et sombres qui ne comprennent la société
qu'à l'état de tremblement. Et tout cela, et tout ce bruit d'éloquence à propos de quoi? A propos d'un article qui demande six jours d'emprisonnement contre les escrocs et les voleurs!...

« Ils seraient acquittés, dites-vous ? Je sais bien qu'on cherche à nous
alarmer par ce côté, et que, dans cet objet et pour ce but, on crée des
cas de délit qui ressemblent à des actes de charité et de dévouement ; on
fait des coupables vertueux, comme je n'en rencontrai jamais que dans
les livres malsains, où l'on s'épuise à invoquer des espèces qui mettent
la loi en défaut pour la faire haïr et mépriser par ceux que l'on devrait
instruire à la respecter pour leur rendre l'obéissance plus facile. Non,
les juges n'acquitteraient pas ; et savez-vous pourquoi? parce que le ministère public userait sous sa responsabilité de son droit de ne pas poursuivre les faits sans gravité, parce que les juges ont le sentiment du devoir et le respect des prescriptions légales. Sachez-le bien, ce n'est pas la
même chose d'être indulgent avec l'autorisation de la loi, j'allais presque

dire avec sa complicité, ou de l'être en violant la loi et au mépris de ses prescriptions formelles. Non, messieurs, les juges ne trouveront pas trop restrictive une disposition qui leur laisse la faculté d'abaisser à six jours une peine d'emprisonnement qui pourrait s'élever jusqu'à cinq ans, et dont la loi arrête le minimum à un an. Ils comprendront, et leur conscience acceptera, qu'une peine d'emprisonnement, si courte qu'on la veuille faire, soit inséparable des délits de vol, d'escroquerie, de dévastation de récoltes ; et l'impression morale de cette peine servira d'autant mieux à marquer le caractère spécial de ces délits, que le juge la prononcera plus rarement dans les autres cas si nombreux où nous lui laissons la faculté de ne prononcer que des condamnations pécuniaires. »

145. De son côté, M. le procureur général Cordoën, qui était aussi, comme on sait, l'un des commissaires du gouvernement, a, dans un discours étendu et plein de force, justifié, à des points de vue divers, la rédaction substituée par la commission au dernier paragraphe de l'art. 463. — Il a dit notamment : « La Belgique est, parmi les nations étrangères, la seule qui ait adopté notre art. 463 sans le modifier, sans le restreindre, sans l'étendre. Dans les États libéraux, libéralement organisés de l'Allemagne, l'art. 463 a été adopté avec cette modification restrictive que les circonstances atténuantes seraient déterminées dans la loi, que les juges ne pourraient considérer comme circonstances atténuantes que celles qui auraient été à l'avance précisées, définies, déterminées dans la loi. A côté de cette détermination des circonstances, a-t-on laissé aux juges une liberté indéfinie pour l'application de la peine ? Non, une exception a été faite pour le vol, pour les tromperies, pour les abus de confiance.... — Dans le Code des Pays-Bas, dans le Code des Deux-Siciles, dans le Code du Piémont, des limites étroites ont été posées à l'abaissement de la peine, même dans le cas de la reconnaissance des circonstances atténuantes ; ces limites sont infiniment plus sévères, plus étroites que celles que nous vous proposons d'adopter.... Voilà comment notre art. 463 nous a été emprunté par la législation étrangère, mais avec des tempéraments qui en ont écarté les inconvénients et les périls. — Voyons si les modifications que nous vous proposons, modifications que nous puisons nous-mêmes, à notre tour, dans l'œuvre de ceux qui nous ont emprunté notre disposition générale, ne sont pas suffisamment justifiées. — La rédaction proposée est en harmonie avec la logique de l'art. 463. Dans cet art. 463, quand il s'agit de crimes, on ne laisse pas à la Cour d'assises, lorsqu'il y a des circonstances atténuantes, la liberté absolue de se mouvoir comme elle le veut pour l'application de la peine ; la peine ne peut être abaissée que d'un ou deux degrés. Ce que nous demandons, c'est la même application aux tribunaux correctionnels, mais avec infiniment plus de liberté laissée au juge. Ce n'est pas seulement d'un ou de deux degrés que la peine pourra être abaissée, mais de tout l'écart qui sépare le maximum des peines correctionnelles du minimum de la peine d'emprisonnement en matière correctionnelle.... Cette mesure est suffisante ; elle laisse à l'appréciation du juge assez de liberté pour lui permettre de proportionner toujours la gravité de la peine à la gravité morale des délits, et nous ne comprenons guère qu'on ait pu dire dans cette enceinte que la magistrature sera blessée par la disposition que nous proposons d'adopter, qu'elle y verra en quelque sorte un témoignage de défiance imméritée..... Les magistrats savent que leur force n'est pas en eux-mêmes, qu'ils la puisent à des sources plus élevées, et que, respectueusement soumis à la loi qu'ils appliquent, ils trouvent dans ce respect même l'autorité qui les grandit dans l'esprit du pays. — Je ne sais, messieurs, s'il n'y a pas pour la magistrature plus de péril que d'avantage dans l'extrême liberté qu'on vous demande de lui conserver. La liberté sans limite n'est bonne pour personne ; elle n'est pas meilleure pour l'application de la loi pénale qu'elle n'est bonne dans l'ordre politique..... Je ne voudrais point, pour ma part, contribuer à exposer la magistrature à des périls auxquels elle a eu le mérite de résister, parce qu'elle a trouvé dans son honneur, dans la loi délicate de sa conscience, la force nécessaire pour résister à ces entraînemens auxquels les convieront toujours je ne ne sais quelles théories d'indulgence philosophique. Non, je ne voudrais pas que la magistrature se crût presque conviée à examiner la gravité des peines, moins dans leur rapport avec la gravité morale des délits que dans leur rapport avec les personnes. Je ne voudrais pas que la magistrature pût se croire placée dans cette alternative de pouvoir dire, par exemple, à celui qui a commis un vol : Toi, tu n'as que ta personne, tu expieras ton délit par des peines corporelles. Toi, parce que la Providence t'a donné famille, éducation, fortune, tu trouveras dans une amende l'expiation que tu as encourue..... — La statistique a ses enseignements ; elle nous apprend que les condamnés pour vol ont la plus large part dans le chiffre des récidivistes ; c'est le vol, le vol trop indulgemment, trop faiblement condamné qui incline le plus fatalement vers la récidive, et c'est parce que le vol est la plaie principale qui menace de s'étendre et de s'accroître encore, que nous vous demandons d'apporter contre le vol le remède que vous-mêmes vous avez écrit, avant nous, dans l'art. 463. »

156. Un autre commissaire du gouvernement, M. le vice-président du conseil d'État de Parieu, s'est ensuite élevé plus particulièrement contre les théories de sensibilité ou d'optimisme, comme il les a qualifiées, qu'avaient développées MM. J. Favre et Segris. « Les lois pénales, a-t-il dit, se modifient comme toutes les autres lois, et j'indiquerai un seul fait qui suffit pour imposer certaines modifications à la loi pénale, ce sont les variations de la criminalité. La criminalité est variable. Il y a heureusement certains délits qui diminuent à côté de certains délits qui s'accroissent malheureusement beaucoup. Eh quoi ! le législateur voit passer devant lui le fleuve éternel de la criminalité et de l'immoralité humaines : il voit ce flot bourbeux qui devient quelquefois menaçant, et il resterait inactif !... Voilà comment vous comprenez la mission du législateur : regarder faire, trouver que tout va bien, sans entrer dans l'examen des faits, sans discuter profondément les dispositions légales. Nous ne le pensons pas ainsi. C'est avec réflexion que nous avons proposé un art. 463

nouveau, c'est avec réflexion que nous avons accueilli la modification de la commission ; ce texte, qui est désormais arrêté entre la commission et nous, nous entendons le défendre. — Et, d'abord, de quoi s'agit-il? On a parlé de certains apôtres de l'inflexibilité : c'est l'honorable M. Favre qui tenait ce langage ; et l'honorable M. Segris, qui n'en a pas différé beaucoup, a parlé aujourd'hui des apôtres de l'intimidation. Est-ce que personne de nous a jamais demandé ici la destruction de l'art. 463 du Code pénal? Véritablement, nous en sommes à nous demander ce qu'on dirait de plus si nous avions réclamé l'abrogation de cet article... Il ne s'agit pas ici d'intimidation ni d'inflexibilité ; je ne connais personne qui demande rien de semblable. Mais il ne s'agit pas pour nous, vous le savez bien aussi..., de croire qu'une peine morale est suffisante pour défendre la société..... Nous serions bien heureux si les hommes qui sont traduits devant les tribunaux avaient assez de sentiment moral pour que, la faute qui les fait appeler devant eux ayant été tout accidentelle, et les juges étant déjà désarmés par le repentir du coupable, la flétrissure de la condamnation fût suffisante pour les faire rentrer dans la société purifiés à leurs propres yeux et aux yeux du Juge suprême des consciences!... Le voleur, l'escroc, se rient de votre flétrissure.... La question est donc là. Nous sommes entre cette intimidation, qui n'existe pas ailleurs que dans l'imagination de nos adversaires, et l'optimisme qui s'est laissé trop voir dans quelques allusions des honorables orateurs, cet optimisme trompeur qui serait la ruine du Code pénal. Nous sommes entre les deux, nous sommes dans ce que nous croyons le vrai. Ce que nous voulons, c'est une indulgence limitée pour les tribunaux correctionnels, comme elle l'est pour la justice criminelle supérieure, pour la Cour d'assises....

« L'analogie exigeait une modification de l'art. 463 pour que les tribunaux correctionnels n'eussent que des pouvoirs en certaine relation, en certaine proportion avec ceux des Cours d'assises. Y a-t-il dans la nature des délits dont ils sont saisis, dans leur organisation, une circonstance quelconque, une raison pour qu'il en soit autrement et d'une manière si différente, comme on veut le maintenir dans l'art. 463? Remarquez-le, de cinq ans de prison, de 18 à 1900 jours de prison, l'art. 463 actuellement en vigueur peut faire descendre la peine à un seul jour de prison, et même à un franc d'amende, c'est-à-dire au zéro de la pénalité.—Eh bien! qu'est-ce qui justifie cette anomalie? Est-ce la nature du délit? Je vais faire une comparaison qui sera matérielle, et je demanderai s'il y a quelque chose à y répondre. — Voici deux vols : l'un est un vol qualifié, un vol domestique;.... l'autre est un vol simple. Le premier, le vol domestique est déféré à la Cour d'assises; le second, le vol simple, est soumis à la police correctionnelle. La différence entre ces deux vols, c'est la qualification ; quant aux autres circonstances, elles peuvent présenter la plus grande analogie. Le vol domestique, comme le vol simple, pourra, quant à l'importance de l'objet volé, descendre à la plus minime valeur, aussi bas que possible. Eh bien! à quelque minime valeur que descende l'objet qui aura tenté la culpabilité des coupables, dans le vol qualifié, il faudra toujours prononcer un

an d'emprisonnement, un an comme minimum ; et pour le vol simple, d'une
importance égale ou même plus grande, beaucoup plus grande, vous voulez
que, sans aucun rapport, sans aucune analogie, sans aucune proportion
avec ce qui se passe devant la Cour d'assises, le tribunal correctionnel
puisse prononcer une peine d'un franc d'amende !.... Le tribunal local
étant plus rapproché des justiciables, ne sera-t-il pas, d'ailleurs, exposé à
plus d'influences et de sollicitations, et faut-il lui laisser une sorte de privilége d'indulgence ? Non, évidemment....—On a parlé du duel, et l'honorable M. Segris a apporté, sous ce rapport, des arguments auxquels je ne
m'attendais pas.... Eh bien, comment la question est-elle posée pour ce
fait du duel, dont certains criminalistes ont voulu, vous le savez, faire un
délit spécial (1) ? La question est posée entre l'acquittement et la condamnation : si le duel a été loyal, s'il a été provoqué par quelqu'une de ces
circonstances qui font appel à ce qu'il y a de plus terrible et de plus dou-
loureux dans la moralité humaine, c'est l'acquittement qui se produit ; on
ne chicane pas sur la question de savoir s'il y aura trois jours de prison,
ou dix jours, ou vingt jours.... — Le duel n'avait rien à faire dans cette
question. Ce qui nous occupe, ce sont les 40,000 délits de vol et d'escroquerie relevés par la justice criminelle pour quelques-unes de nos dernières
années.... Ici, pour les vols et pour les escroqueries, je ne puis m'empêcher de faire une réflexion. Je me demande quels sont les cas où le voleur
ou l'escroc paraît mériter une certaine indulgence. C'est lorsqu'il est indigent, lorsqu'il est poussé par la misère. Eh bien, est-ce donc à ce cas que
l'amende s'applique naturellement ? Est-ce la pénalité d'une amende que
l'indigent ne peut acquitter, qui viendra laver la tache, expier la faute commise et produire la satisfaction due à la loi ? »

147. Là s'est arrêtée la discussion si animée qui a précédé le vote du
nouvel art. 463.—En se recueillant après ces longs et vifs débats, ne con-
serve-t-on pas quelque regret de voir les tribunaux correctionnels dépouillés
en partie de la faculté que la confiance du législateur leur avait accordée de
substituer à la peine flétrissante de l'emprisonnement, la simple peine de
l'amende, moins efficace, sans doute, dans la plupart des cas, mais quelquefois aussi mieux proportionnée à la gravité morale du délit, et plus sa-
tisfaisante par cela même pour la conscience du juge ? L'entraînement
contre lequel le législateur a voulu prémunir les magistrats, en admettant
qu'il se produise aussi fréquemment qu'on le suppose, est-il plus funeste à
l'ordre social que l'alternative imposée au juge d'imprimer la tache de
l'emprisonnement à l'auteur d'une première faute sans gravité, ou d'am-
nistier entièrement cette faute, qui demanderait cependant l'avertissement
d'une légère répression ? — Quoi qu'il en soit, les changements apportés à
la rédaction du projet de loi par la commission, et sanctionnés par le Corps
législatif, laissent encore aux tribunaux correctionnels une latitude d'atté-

---

(1) V. MM. Hélie et Chauveau, *Théor. du Cod. pén.*, 4e édit., t. 3, n. 1117 et s.

nuation de la peine dont il faut s'applaudir que l'exercice n'ait pas été renfermé dans les limites que lui avait assignées le projet (1).

148. Quelques Députés (MM. Darimon, J. Favre, E. Ollivier, Picard et Hénon) avaient présenté à la commission un amendement qui avait pour objet de déclarer l'art. 463 applicable toutes les fois que la loi, soit pour délit, soit pour contravention, prononce une peine d'emprisonnement ou d'amende. C'était le renversement du système aujourd'hui bien établi, d'après lequel l'art. 463 ne peut être appliqué aux délits prévus par les lois spéciales que lorsque ces lois elles-mêmes le déclarent expressément (2). La commission s'est refusée à entrer dans cette voie, et a repoussé l'amendement. « Il est à remarquer, dit à ce sujet le Rapport, p. 114, que le système des

---

(1) Lorsque le fait qualifié crime par l'accusation se trouve réduit à un simple délit, et n'est ainsi passible que de peines correctionnelles, la déclaration des circonstances atténuantes ne peut émaner que de la Cour d'assises, statuant comme juridiction correctionnelle : cette Cour n'est pas tenue d'avoir égard à la déclaration de ces circonstances que le jury ferait en pareil cas. *Sic*, Cass., 14 août 1832 (S-V.32.1.487 ; D.P.33.1.24) ; 8 mars 1833 (S-V.33.1.414) ; 15 fév. 1834 (S-V.34.1.422 ; D.P.34.1.433) ; 19 avril 1844 (S-V.44.1. 734) ; 22 juill. 1852 (S-V.53.1.48) ; MM. Hélie et Chauveau, t. 6, n. 2444 ; Le Sellyer, *Dr. crim.*, t. 1, n. 303 ; Molinier, *Rev. crit. de jurispr.*, t. 1, p. 230 ; Dalloz, *Rép.*, v⁰ *Peine*, n. 534.—Toutefois, la Cour d'assises peut alors s'approprier la réponse du jury sur les circonstances atténuantes, et elle est même présumée se l'approprier par cela seul qu'elle la laisse subsister, et qu'elle la rappelle dans son arrêt (Cass., 19 janv. 1833, *Journ. de dr. crim.*, t. 5, p. 30). — Mais la seule admission de circonstances atténuantes de la part du jury n'a d'autre effet que d'adoucir la peine, sans enlever au fait reconnu constant son caractère criminel. Dès lors, la Cour d'assises ne peut, en se considérant comme tribunal correctionnel, s'attribuer le droit de déclarer elle-même des circonstances atténuantes (Cass., 20 juill. 1838 ; S-V.39.1.68, D.P.38.1.469).

Dans le cas où les tribunaux correctionnels sont autorisés à substituer l'amende à l'emprisonnement seul prononcé par la loi, quelle amende doivent-ils appliquer ? Suivant les uns, c'est une amende renfermée dans les limites des peines de simple police (MM. Hélie et Chauveau, t. 6, n. 2449). Selon d'autres, la loi a entendu parler d'une amende fixée par les juges dans les limites du minimum au maximum des amendes correctionnelles (Douai, 22 mars 1852, S-V.52.2.29). Dans une troisième opinion, les juges auraient l'option entre le minimum de l'amende correctionnelle et l'amende de simple police, qu'ils pourraient faire fléchir dans les limites du minimum au maximum (M. Bertauld, *Cours de Cod. pén.*, p. 371, 2⁰ édit.). Enfin, d'après un dernier système, qui est, à nos yeux, le seul exact, les juges ne peuvent, en pareil cas, appliquer que le minimum de l'amende correctionnelle (pour laquelle la loi ne fixe pas de maximum) : Cass., 10 janv. 1846 (S-V. 46.1.272) ; Douai, 19 mai 1858 (S-V.59.2.90) ; MM. Trébutien, *Cours élém. de dr. crim.*, t. 1, p. 308, et Dalloz, *loc. cit.*, n. 553.

Sur le point de savoir si l'art. 463 autorise les juges à dispenser les condamnés de la surveillance de la haute police en cas de récidive, V. *suprà*, n. 2. — Cette dispense peut-elle être prononcée en cas de condamnation pour mendicité ou vagabondage ? L'affirmative a prévalu en jurisprudence. V. les *Codes annotés* de M. Gilbert, sur l'art. 44, Cod. pén., n. 10 et s., et sur l'art. 274, n. 5 et s.

(2) De nombreux arrêts se sont prononcés en ce sens, et l'opinion des auteurs est conforme. V. MM. Hélie et Chauveau, n. 2443 et s., et Dalloz, n. 562 et s., ainsi que les arrêts cités par eux.

circonstances atténuantes remonte à 1810, qu'il ne reste pas un grand nombre de lois pénales antérieures à cette date, et que, pour toutes celles qui lui sont postérieures, le législateur a su qu'il avait à déclarer s'il voulait ou non leur appliquer le bénéfice de l'art. 463. Or, parmi ces lois, il en est dans lesquelles il en a formellement autorisé l'admission, d'autres dans lesquelles il l'a formellement exclue, d'autres dans lesquelles il l'a autorisée dans certains cas et exclue dans certains autres. Comment troubler par une disposition générale rétrospective, et statuant nécessairement un peu à l'aveugle, l'économie de tant de lois diverses, dont chacune a été faite avec un esprit qui lui est propre, et dans chacune desquelles la faculté qu'on demande a été repoussée avec intention et réflexion ? »

M. Jules Favre a néanmoins soutenu, avec insistance, dans la séance du Corps législatif du 10 avril 1863 (1), l'amendement dont nous venons de parler ; mais son éloquence n'a pu entraîner la conviction de la Chambre.

---

(1) *Moniteur universel* du 11, p. 530, col. 1 et 2.

FIN DE L'EXPLICATION DE LA LOI DU 18 AVRIL 1863.

CIRCULAIRE

DE

S. EXC. M. LE GARDE DES SCEAUX,

MINISTRE DE LA JUSTICE,

A

MESSIEURS LES PROCUREURS GÉNÉRAUX.

Paris, le 30 mai 1863.

Monsieur le procureur général, la loi du 18 avril 1863 sur la réforme du Code pénal va être promulguée le 1er juin.

Comme toutes les lois nouvelles, celle du 18 avril soulève dans son application des questions transitoires que vous devez vous apprêter à résoudre lorsque vous serez consulté par les parquets de votre ressort.

Je n'ai pas besoin de vous rappeler le principe contenu dans l'art. 4 du Code pénal. Plus général encore que ne semble l'indiquer son texte, il ne s'applique pas seulement aux cas où la loi attache pour la première fois un caractère pénal à un fait auparavant impuni ou passible de peines inférieures. Une jurisprudence invariable l'étend à toutes les circonstances qui, comme en matière de récidive, viendraient modifier au préjudice de l'inculpé la situation qui résultait pour lui de l'état antérieur de la législation.

Aussi vous recommanderez à tous les membres des tribunaux de répression de veiller à ce que, dans les jugements ou arrêts statuant sur des faits antérieurs à la promulgation de la loi, le texte des anciens articles appliqués soit inséré avec une scrupuleuse exactitude. Leur vigilance à cet égard préviendra plus sûrement que les art. 411 et 414 du Code d'instruction criminelle, des cassations coûteuses pour le Trésor et préjudiciables à la justice.

Un second principe, non moins certain, que la jurisprudence n'a cessé d'observer, et que le législateur avait proclamé dans l'art. 6 du décret du 23 juillet 1810, c'est que la loi en vigueur au moment du jugement du délit doit être appliquée au condamné de préférence à la loi ancienne, si ses dispositions sont plus douces. Cette règle profitera également aux accusés de crimes anciens ramenés par la loi nouvelle aux proportions d'un délit, et aux prévenus correctionnels, si la peine édictée par la loi du 18 avril est moins forte que celle qu'ils avaient encourue.

D'un autre côté, la Cour de cassation décide invariablement que les lois de compétence criminelle sont exécutoires du jour de leur promulgation, et s'appliquent aussi bien aux procès commencés qu'aux procès à naître. Vos substituts devront par conséquent requérir le renvoi en police correctionnelle de tous les inculpés de crimes, transformés en délits par la loi nouvelle, à l'égard desquels la chambre des mises en accusation n'aura pas *définitivement* réglé la compétence. Quant aux accusés déjà renvoyés aux assises, ils seront, en vertu de la décision passée en force de chose jugée, traduits devant la Cour qui leur fera, d'après le verdict du jury, application des peines les plus douces.

Je ne puis me proposer, dans une circulaire, de commenter les différentes dispositions de la loi que vous allez appliquer. Il n'appartient qu'à la jurisprudence de la Cour suprême, éclairée par les travaux des juridictions criminelles, de préciser la portée de chacune des innovations consacrées par la loi du 18 avril.

La lecture de l'Exposé des motifs (1) aura suffisamment révélé à tous les magistrats le but que s'est proposé le gouvernement en présentant le projet de loi. Ce ne pouvait être un désir irréfléchi d'innovation, ou l'intention d'ébranler les bases d'une législation pénale, acceptée par l'esprit public et consacrée par nos mœurs. Les jurisconsultes consultés sur l'opportunité des réformes, et les commissions qui se sont inspirées des révélations de la jurisprudence, ont unanimement reconnu que, trente ans après la réforme de 1832, il était temps qu'une révision modeste, mais indispensable, vînt, d'une part, remplir les lacunes ou corriger les erreurs signalées par les arrêts, et, de l'autre, atténuer la sévérité de certains articles contre lesquels protestaient les verdicts du jury.

Une étude comparative de tous les textes anciens et nouveaux est l'unique moyen de vous pénétrer de l'esprit pratique et de la portée des réformes partielles et judicieuses de la loi du 18 avril. Je me bornerai à appeler ici votre attention sur un petit nombre de dispositions spéciales, et je terminerai par quelques réflexions sur la récidive et l'art. 463.

§ 1er. *Dispositions spéciales.*

Art. 134.

Les dispositions du nouvel art. 134 méritent d'être remarquées. Elles n'ont pas pour but de créer un délit nouveau, car le Corps législatif a repoussé, avec raison, une première rédaction qui semblait retirer à la *coloration frauduleuse* son caractère d'*altération* ou de *contrefaçon*. Il s'agit seulement du déclassement, par atténuation de la peine, de l'une des variétés des crimes prévus par les anciens art. 132, 133 et 134. Cette observa-

---

(1) *V.* au *Moniteur* 1862, annexe C, n° 14, à la séance du 28 janv. 1862.

tion a son importance pour la répression des faits de cette nature commis avant la promulgation de la loi.

Comme dans les deux articles précédents, il était superflu d'ajouter que, pour être punissable, cette contrefaçon ou altération spéciale devra avoir été commise sur le territoire français, à moins cependant que (comme il arrivera le plus souvent) elle ne constitue l'un des actes de participation intentionnelle à l'émission ou à l'introduction ultérieure en notre pays. Les mots : « pour tromper sur la nature du métal », doivent être considérés comme l'équivalent du mot *frauduleusement* consacré par la jurisprudence pour caractériser toutes les variétés du faux.

Art. 222.

Complété par une disposition qui rend la répression plus efficace dans les cas où l'art. 376 du Code pénal n'offrait pas de garanties suffisantes, l'article nouveau maintient en faveur des magistrats administratifs et judiciaires, auxquels il assimile les jurés, la protection de la loi contre tous les outrages par paroles, publics ou non publics, et y ajoute une répression nécessaire contre les outrages par écrits ou par dessins non publics, mais reçus dans l'exercice ou à l'occasion de l'exercice de fonctions officielles. Des scrupules, qui n'ont jamais eu rien de fondé, ont entraîné des remaniements successifs qui ont fait disparaître l'harmonie entre cet article et l'art. 223 quant au minimum de la peine, mais qui ne laissent du moins aucun doute sur l'intention du législateur. L'outrage sera puni de quelque manière qu'il ait été adressé au fonctionnaire, et le défaut de publicité ne protégera plus celui qu'une intention criminelle aura conduit à inculper l'honneur et la délicatesse du délégué de l'autorité publique attaqué à raison de l'accomplissement de son mandat. Il est évident que le coupable ne peut trouver une protection dans l'habileté des moyens détournés à l'aide desquels il atteint la victime de son agression anonyme ou avouée ; mais il serait difficile de prévoir comment des magistrats intelligents pourraient abuser de la loi. La manifestation, même passionnée et réprouvée par la morale, de ressentiments politiques ou judiciaires, ne sera pas reprochée à l'écrivain ou à l'artiste qui l'auraient confiée à des mémoires secrets ou à des feuilles dont la révélation ne serait pas leur œuvre.

Dans le cas de non-publicité, vous devrez considérer la plainte préalable de l'offensé comme une condition indispensable que la prudence, à défaut de la loi, impose à l'exercice de l'action publique, dont vous restez toujours maître d'apprécier l'opportunité.

Art. 308.

Les art. 305 et suivants du Code pénal étaient trop sévères à l'égard des menaces graves qui ne révèlent pas nécessairement la résolution arrêtée de les accomplir. L'ordre public, intéressé à la répression efficace de ces manœuvres, prescrivait de modérer les peines afin de les proportionner au degré de perversité du coupable. Mais il réclamait aussi une protection contre l'intimidation, non moins funeste quelquefois, qui résulte de la menace de simples voies de fait ou violences. Tantôt les craintes exagérées de la victime laissée sans défense l'ont soumise au joug d'une oppression odieuse, ou l'ont entraînée à des extrémités violentes ; tantôt les préjugés, en attachant à l'agression un caractère déshonorant, ont triomphé des préceptes religieux, des prohibitions de la loi, de l'intérêt de la famille et condamné le citoyen paisible à demander aux chances d'un duel inégal la réparation que la loi lui refusait.

Le nouvel art. 308, dans sa généralité, complète heureusement sous ce rapport le système de nos lois protectrices de la liberté individuelle.

Art. 330, 331, 333, 334.

Les sentiments de haute moralité qui inspiraient le Corps législatif se sont énergiquement manifestés dans la série des importantes modifications qui ont placé les outrages publics de l'art. 330 sous l'influence de l'art. 58 ; étendu jusqu'à la treizième année la protection due à l'enfance contre l'attentat sans violence ; et infligé à l'ascendant qui a souillé le mineur âgé de plus de treize ans et non marié, une peine bien modérée, du reste, puisqu'elle échappe à l'aggravation de l'art. 333.

Vous trouverez un enseignement pratique non moins intéressant dans le rejet d'une rédaction nouvelle de l'art. 334, qui avait été introduite dans le projet sur l'initiative de la commission. Au système absolu qui réduisait rigoureusement l'application de la loi au proxénétisme, et qui excusait tout acte commis *dans le but de satisfaire ses propres passions*, le législateur a préféré la doctrine de la Cour de cassation qui atteint le débauché lui-même, lorsque les raffinements de son immoralité en ont fait l'instrument habituel de la corruption d'autrui (1) ou le complice du pourvoyeur de ses plaisirs coupables (2).

Si le vote du Corps législatif a supprimé en même temps quelques mots destinés à résoudre des difficultés soulevées par la doctrine, il n'en résultera aucun inconvénient pratique. D'une part, une jurisprudence invariable proclame que la *pluralité* des victimes n'est pas nécessaire à l'application de l'art. 334 ; de l'autre, le proxénétisme exercé par les parents ou tuteurs au préjudice de la mineure sera presque toujours accompagné de *l'habitude*, suffisamment manifestée par la répétition des actes de *tolérance* ou d'*encouragement*, d'après la doctrine des arrêts du 10 nov. 1860 et du 13 fév. 1863.

Art. 361 à 366.

Vous apprécierez sans peine les conséquences pratiques du déclassement

---

(1) *V.* arrêts de cassation des 27 avr. 1854, 23 août 1855, 10 janv. et 13 nov. 1856, 7 juill. 1859.

(2) *V.* arrêts des 10 nov. 1860 et 13 fév. 1863.

des faux témoignages en matière correctionnelle, dont la fréquence dans certaines localités accuse une démoralisation à laquelle il est nécessaire d'apporter des remèdes prompts et efficaces. Vous ne devez pas hésiter à inviter les magistrats de votre ressort à user fréquemment, en cette matière, du pouvoir qui leur est attribué par l'art. 181 du Code d'instruction criminelle, et à juger séance tenante ces *délits d'audience* dont il leur est facile de réprimer l'audace par des peines justement proportionnées, en présence des témoins de la faute, et sans frais pour le Trésor.

Art. 400, § 2.

Exercée par des misérables pour qui notre législation pénale n'a pas de secrets et dont toutes les manœuvres sont calculées avec une effrayante habileté, l'*extorsion par voie de contrainte morale* a pris depuis longtemps, sous le nom vulgaire de *chantage*, des proportions vraiment inquiétantes. Quelquefois, l'autorité, désarmée par l'imprévoyance de la loi, a dû assister à ces compromis scandaleux par lesquels l'honneur des citoyens et le repos des familles alarmées transigeaient à prix d'or et sans sécurité pour le lendemain.

Désormais la confiance peut renaître dans le cœur de l'innocent, que des apparences trompeuses avaient exposé à une condamnation scandaleuse ; du condamné repentant qui a expié son délit en subissant sa peine, ou du coupable d'une de ces fautes dont la prudence de la loi a abandonné le jugement à la conscience et à la morale.

La loi nouvelle atteindra, en effet, la menace brutale ou habilement dissimulée, directe ou indirecte, expresse ou cachée sous des réticences transparentes, qu'elle ait ou non obtenu le résultat que s'est proposé l'agent de l'extorsion.

Mais le ministère public doit se faire un devoir d'apporter dans une matière aussi délicate une réserve et des ménagements tout particuliers. Il faut éviter qu'une intervention irréfléchie vienne précipiter des révélations qu'il importerait de prévenir plus encore que de réprimer. L'intérêt privé peut avoir tout à perdre et la morale publique n'a peut-être rien à gagner à l'éclat d'un scandale prémédité.

D'ailleurs, il ne faut pas exagérer la portée d'une loi dont le bienfait dépendra de la sagesse de son application. Les mots : « imputations diffamatoires », dont la jurisprudence fixera du reste l'interprétation, n'imposent pas au ministère public l'obligation de poursuivre sans examen dans tous les cas qui pourraient rentrer dans l'art. 13 de la loi du 17 mai 1819.

D'un autre côté, le mot *extorsion*, impliquant la *fraude* et l'*injustice*, doit exclure des prévisions de l'art. 400, § 2, la transaction lucrative dans laquelle la victime d'un délit ou quasi-délit aurait imposé et obtenu la réparation d'un préjudice. Tel serait le cas du mari qui, sans connivence avec sa femme, placerait le complice de l'adultère entre la nécessité d'un sacrifice pécuniaire et le scandale d'une poursuite. L'indélicatesse ou une avidité méprisable ne peuvent rendre criminelle la renonciation, prévue par l'art. 4 du Code d'instruction criminelle, au droit consacré par l'art. 1er du même Code.

Art. 405.

La révision de cet article n'a pas créé une incrimination nouvelle.

Avant elle, la tentative d'escroquerie avait été jugée punissable par le législateur de 1832, mais une rédaction vicieuse avait ôté toute efficacité pratique à la loi, en faisant dépendre la tentative elle-même d'une *remise effective* qui consommait en réalité le délit.

Le nouveau texte continuera à exiger, avec l'art. 2 du Code pénal, la volonté criminelle persévérante aussi bien que le commencement d'exécution. La jurisprudence imposera, comme par le passé, aux rédacteurs de la sentence, l'énumération minutieuse des faits, sans laquelle la Cour de cassation, obligée ici d'entrer dans l'examen des manœuvres frauduleuses, ne peut discerner si la condamnation se fonde sur l'escroquerie caractérisée ou sur des mensonges qui échappent à la rigueur de la loi.

D'ailleurs, quoique la généralité de l'article doive atteindre les escrocs de toute classe et de tout étage, je vous recommanderai de veiller à ce que vos substituts, bien pénétrés de la véritable pensée de la loi, ne confondent pas avec la tentative proprement dite d'escroquerie les manifestations du dol civil ou commercial contre lesquelles la prudence des contractants est une sauvegarde suffisante, et dont la répression n'est pas réclamée impérieusement par l'intérêt social, l'exploitation impudente de la crédulité publique ou les périls du commerce national menacé de discrédit.

Art. 423.

La disposition additionnelle de cet article me donne occasion de vous rappeler et de maintenir les prescriptions de la circulaire du 4 juin 1857, qui, en faisant ressortir l'efficacité des peines accessoires de l'affiche du jugement et de l'insertion dans les journaux, recommande au ministère public l'usage des réquisitions formelles et l'exercice du droit d'appel, toutes les fois que la publicité n'aura pas été ordonnée, à moins que les circonstances ne soient exceptionnellement favorables.

§ 11. — *Dispositions générales.*

Le législateur de 1863 a introduit dans les principes généraux du Code pénal deux modifications importantes, en ce qui concerne la récidive et les circonstances atténuantes.

Art. 57 et 58.

Par la révision des premiers mots de l'art. 57, le projet du Gouvernement s'était borné à résoudre, dans un sens conforme au dernier état de la jurisprudence, la question de savoir si la peine correctionnelle infligée pour un crime pouvait constituer le condamné en état de récidive légale.

C'est à l'initiative de la commission du Corps législatif qu'est due, dans les art. 57 et 58, l'innovation par laquelle le crime commis après la première condamnation, *et qui devra n'être puni que de peines correctionnelles*, est assimilé au délit et encourt la même aggravation. Le rapport de la commission ne laisse aucun doute sur l'intention des rédacteurs de ces textes. Le cas prévu par eux leur a paru « une variété de la récidive de délit à délit », parce que « le crime dégénère en délit par la peine qui lui est infligée. » On comprend dès lors que, pour ce crime comme pour le délit, ils aient édicté une aggravation identique de la peine principale et l'obligation d'infliger la surveillance. Ils ont pensé, d'ailleurs, que cette rigueur serait tempérée au besoin, dans l'un et l'autre cas, par la faculté d'atténuation résultant de l'art. 463.

C'est en effet ce qui aura lieu sans obstacle lorsque le verdict aura *réellement* fait *dégénérer* le *crime* en *délit* par l'admission des excuses légales ou la négation des circonstances aggravantes, puisqu'il appartient alors à la Cour d'accorder ou de refuser le bénéfice de l'art. 463.

Mais il ne faut pas se dissimuler les difficultés que soulèvera dans la pratique la rédaction adoptée, en présence d'un verdict qui, en déclarant l'accusé coupable d'un crime passible soit des travaux forcés à temps, soit de la réclusion, lui aura en même temps accordé les circonstances atténuantes. Les peines de la récidive sont-elles toujours encourues dans ces deux cas? Pourront-elles être atténuées au-dessous du maximum indiqué par les art. 57 et 58? Ces graves questions devront appeler toute l'attention des membres du parquet et des présidents d'assises. Il ne m'appartient pas de les résoudre théoriquement et elles ne pourront être tranchées définitivement que par la Cour de cassation éclairée par les travaux des juridictions criminelles.

Art. 463.

L'avant-dernier paragraphe de cet article a restreint au minimum des peines correctionnelles la limite de l'atténuation en faveur des auteurs d'une classe de délits : ceux que leur gravité rend passibles d'un an au moins d'emprisonnement. Avant la loi du 18 avril, ces *délits* étaient presque tous des *crimes*, et la peine infligée ne pouvait descendre au-dessous d'un an ou deux ans de prison. Aujourd'hui, quoique une pareille faiblesse de répression méritât un blâme sévère, ils pourront n'être punis que de six jours d'emprisonnement.

Il suffit de dénoncer cette latitude pour réduire à leur juste valeur les critiques passionnées dont cette disposition a été l'objet. La magistrature ne s'y est certainement pas associée. Elle sait trop bien que la haute mission qu'elle remplit avec un désintéressement sans limites, ne constitue pas entre ses mains un privilége. Elle s'est étonnée de voir réclamer en son nom, comme au temps des anciens parlements, le *droit à l'immobilité* des usages judiciaires, et invoquer ses prérogatives dans des matières où l'intérêt public doit seul inspirer le législateur.

Lorsque le Gouvernement, pour obéir aux enseignements de l'expérience

14.

et aux conseils de la science juridique, propose au Corps législatif des améliorations dès longtemps méditées, il ne s'arrête jamais à peser les conséquences de la réforme, au point de vue des convenances des magistrats. Il sait d'avance que chaque progrès de la loi impose à leur zèle de nouveaux sacrifices ; mais il peut compter aussi sur un dévouement que ne rebutent ni la nécessité d'études sans cesse renaissantes, ni la transformation des attributions, ni le nombre toujours croissant des affaires.

Je vous prie de m'accuser réception de cette circulaire, dont je vous adresse des exemplaires pour tous les parquets et les tribunaux de votre ressort.

Recevez, Monsieur le Procureur général, etc.

Le Garde des Sceaux, Ministre de la justice,

Signé : DELANGLE.

IIIᵉ PARTIE.

LOI DU 20 MAI 1863,

SUR

L'INSTRUCTION DES FLAGRANTS DÉLITS

DEVANT LES TRIBUNAUX CORRECTIONNELS

(Promulguée le 1ᵉʳ juin 1863).

ART. 1ᵉʳ.

Tout inculpé arrêté en état de flagrant délit pour un fait puni de peines correctionnelles, est immédiatement conduit devant le procureur impérial, qui l'interroge, et, s'il y a lieu, le traduit sur-le-champ à l'audience du tribunal.

Dans ce cas, le procureur impérial peut mettre l'inculpé sous mandat de dépôt.

ART. 2.

S'il n'y a point d'audience, le procureur impérial est tenu de faire citer l'inculpé pour l'audience du lendemain. Le tribunal est, au besoin, spécialement convoqué.

ART. 3.

Les témoins peuvent être verbalement requis par tout officier de police judiciaire ou agent de la force publique. Ils sont tenus de comparaître sous les peines portées par l'art. 157 du Code d'instruction criminelle.

ART. 4.

Si l'inculpé le demande, le tribunal lui accorde un délai de trois jours au moins pour préparer sa défense.

ART. 5,

Si l'affaire n'est pas en état de recevoir jugement, le tribunal en ordonne le renvoi, pour plus ample information, à l'une des plus prochaines audiences, et, s'il y a lieu, met l'inculpé provisoirement en liberté, avec ou sans caution.

ART. 6,

L'inculpé, s'il est acquitté, est immédiatement, et nonobstant appel, mis en liberté.

ART. 7.

La présente loi n'est point applicable aux délits de presse, aux délits politiques, ni aux matières dont la procédure est réglée par des lois spéciales.

IVe PARTIE.

EXPLICATION

DE LA

LOI DU 20 MAI 1863,

RELATIVE A

L'INSTRUCTION DES FLAGRANTS DÉLITS

DEVANT LES TRIBUNAUX CORRECTIONNELS.

OBSERVATIONS PRÉLIMINAIRES.

L'Exposé des motifs présenté au Corps législatif par les commissaires du gouvernement à la séance du 11 avril 1863 (1) rend compte, dans les termes suivants, de l'origine, du but et de l'esprit général de cette loi :

« La détention préventive a été l'objet constant des méditations du législateur. Reconnue inévitable par tous les peuples civilisés, même par ceux chez lesquels l'amour de la liberté a été porté jusqu'à l'abus, sa nécessité seule a pu être son excuse et faire sa légitimité. C'est un sacrifice demandé par l'intérêt général à l'intérêt privé... Le Code d'instruction criminelle de 1808, revisé en 1832, n'avait trouvé d'adoucissement à la rigueur de cette mesure que la mise en liberté provisoire sous caution, qu'il a réglementée par les art. 114 et suivants : il ne la permettait pas lorsque le titre de l'accusation emportait une peine afflictive ou infamante. Mais, en matière correctionnelle, le minimum du cautionnement à exiger enlevait à ceux qui avaient besoin de cette liberté la faculté de la demander. Le gouvernement provisoire de 1848, malgré l'excès de son libéralisme, consacra de nouveau l'utilité de la détention préventive ; il ne vit d'injuste que la fixation du minimum du cautionnement, et il n'abrogea que

---

(1) Annexe à la séance du 11 avril 1863 ; *Moniteur universel* du 14 mai suivant, p. 767, col. 4 et s.

le premier paragraphe de l'art. 119. Le décret du 23 mars 1848 n'exerça aucune influence ; la liberté provisoire ne fut ni plus demandée ni plus accordée.

« Il était réservé au gouvernement de l'Empereur de proposer le premier les remèdes les plus efficaces aux tristes nécessités qu'impose la sûreté publique. La loi du 4 avril 1855 permit au juge d'instruction, après l'interrogatoire, de substituer au mandat d'arrêt un simple mandat de dépôt, et d'en donner mainlevée dans le cours de l'instruction, sur conclusions conformes du procureur impérial, en toute matière et quelle que soit la nature de l'inculpation. — Les instructions et circulaires ministérielles prescrivirent l'application la plus large de cette loi, toutes les fois que cette application pourrait se concilier avec les besoins d'une bonne et prompte justice : le résultat ne se fit point attendre, et, dès l'année 1856, une notable diminution fut constatée dans le nombre des journées de détention préventive dans toute la France. Mais l'observation des faits démontra que cette diminution n'avait pas lieu partout dans les mêmes proportions, et que, dans le compte général des arrestations, les grands centres de population apportaient un contingent qui pesait trop dans la balance ; et cela se conçoit facilement ; la nature des délits et la situation des délinquants ne sont point partout les mêmes. Dans les départements, dans les campagnes surtout, non-seulement les délits sont moins nombreux, mais l'individu arrêté est bientôt connu. On sait son domicile, sa famille, sa profession, sa moralité, ses intérêts, et s'il peut être laissé en liberté avec l'assurance qu'il se représentera à tous les actes de la procédure.

« Dans les grands centres de population, et à Paris particulièrement, où, malgré tous les règlements de police, se réunissent de tous les points de l'Empire, les récidivistes, les gens en rupture de ban, les filous, voleurs et escrocs de tous genres et même les malfaiteurs venus de l'étranger..., l'usage fréquent de la loi du 4 avril 1855 n'est pas praticable. Avec des gens sans feu ni lieu et sans moyens d'existence, la levée du mandat de dépôt serait imprudente ; le juge d'instruction une fois saisi, le dossier ne peut sortir de ses mains que par une ordonnance de non-lieu ou de renvoi devant la police correctionnelle ; et le courant de ces sortes d'affaires est tel qu'il ne peut pas toujours accomplir la prescription de la loi qui veut que l'inculpé arrêté soit interrogé dans les vingt-quatre heures (art. 93, Cod. instr. crim.), sans compter le temps préalablement absorbé par la police administrative et municipale, qui a constaté le fait et arrêté l'auteur. Il résulte de cette procédure, trop minutieusement suivie, que le procès le plus clair et le plus simple ne reçoit jugement qu'après onze ou douze jours d'arrestation au moins, souvent un mois, et quelquefois plus.

« Cependant, la nature de ces faits, le nombre et l'activité des agents de police, font que les délinquants sont fréquemment surpris, soit au milieu de la perpétration, soit immédiatement après, poursuivis par la clameur publique, ou encore nantis des effets, armes ou instruments ou papiers démontrant qu'ils sont auteurs ou complices ; en un mot, en état de flagrant délit, tel qu'il est défini par l'art. 41 du Code d'instruction criminelle. L'agent constate le fait, la partie lésée reconnaît les objets, les témoins sont prêts à déposer, les preuves sont accablantes, la dénégation devient inutile, la plupart du temps, il y a aveu complet ; pourquoi une instruction, pourquoi une procédure, pourquoi ces témoins cités deux fois et deux fois dérangés de leurs occupations, quand la présentation immédiate de l'inculpé à la barre du tribunal de répression et l'instruction orale à l'audience suffiraient pour amener une solution définitive ? Tout le monde est d'accord sur ce point. Les individus placés sous la présomption de flagrants délits, innocents ou coupables, ne subiraient que peu ou point de détention préventive...

« Il faut donc, en matière de flagrant délit, parvenir à saisir directement et immédiatement le tribunal de police correctionnelle. Cela est-il possible dans l'état actuel de notre procédure? Un individu est arrêté en flagrant délit ; il est conduit devant le procureur impérial, qui peut bien le faire citer directement, mais qui ne peut, jusqu'au jour de sa comparution, le faire détenir sans un mandat de dépôt que devra délivrer le juge d'instruction ; il faut donc donner au procurer impérial le droit de décerner ce mandat. En serait-il investi, qu'il rencontre un obstacle ; la citation directe entraîne encore une détention préventive de cinq ou six jours au moins...

« L'Empereur, depuis longtemps préoccupé des inconvénients de cette procédure, dans une matière qui ne comporte pas de lenteur, voulut que la question fût examinée et reçût une solution plus favorable à la liberté individuelle. Les législations étrangères furent interrogées : la Belgique, la Hollande, les États sardes avaient évité les encombrements des chambres d'instruction par des déclassements de délits et des abaissements de juridiction. On n'a pas cru devoir adopter ce système. En Angleterre, les grands centres de population, et Londres surtout, avaient dû offrir les embarras que nous éprouvons. Comment en a-t-on triomphé? — En Angleterre, le jury était la pierre fondamentale de toute l'institution judiciaire. Sa juridiction était inévitable, même pour les plus simples contraventions ; mais le nombre des délits croissant à Londres avec la population, la permanence du jury devint une charge trop lourde pour les citoyens. On fit, en 1750, l'essai timide d'une dérogation au grand principe en établissant dans un seul quartier de la capitale une Cour de police composée d'un juge unique chargé de juger tous les délits commis dans les limites de ce quartier. En 1792, on établit une autre Cour de police dans Middlesex ; et le fonctionnement de cette justice sommaire fut enfin reconnu si utile, qu'en 1839, sous le ministère de Robert Peel, Londres fut doté de onze autres Cours de police, réparties dans tous les quartiers de cette vaste cité. — Le juge, assisté d'un greffier, donne audience tous les jours, excepté les jours fériés, depuis dix heures du matin jusqu'à cinq heures du soir. Nous ne parlerons ici que de ses attributions correctionnelles.

« Tout individu arrêté en flagrant délit par un constable ou tout autre agent de police, est sur-le-champ conduit devant la Cour de police du quartier ; l'agent qui a opéré l'arrestation a pris le nom des témoins, et les a sommés de le suivre pour comparaître. L'inculpé est interrogé par le juge, les témoins sont entendus, la partie lésée produit ses réclamations. Si le juge trouve les preuves suffisantes, il condamne immédiatement... Si l'affaire ne lui paraît pas complétement instruite, il ordonne aux constables, toujours présents, comme attachés au service de la Cour, d'aller sans délai chercher les renseignements dont il a besoin ; s'il est trop tard, il remet la cause au lendemain, met l'inculpé en liberté avec ou sans caution, sinon, dit qu'il sera, jusqu'au jugement, tenu de garder cellule dans la prison annexée au prétoire. Si l'affaire lui paraît excéder sa compétence, il se dessaisit et renvoie l'inculpé devant le jury d'accusation. — L'institution du ministère public n'existant pas, l'individu est directement conduit devant le juge ; souvent même il n'est arrêté et traduit que sur la plainte et la réquisition de la partie qui se prétend lésée... Le juge ainsi constitué prononce, en dernier ressort et sans appel, jusqu'à un mois d'emprisonnement et 3 livres sterling d'amende. Toute condamnation supérieure peut être frappée d'appel.

« Les bons effets obtenus par l'établissement de cette institution ont engagé huit autres villes importantes d'Angleterre à en demander le bienfait, et la Cour de police leur a été accordée (1).

« Fallait-il importer en France cette innovation avec les modifications que comportent nos mœurs? Nous ne l'avons pas pensé. Les Anglais, obligés de débarrasser, dans certaines localités, le jury de ses attributions correctionnelles, ont dû créer une juridiction pour le remplacer, et ils l'ont fait dans des conditions en harmonie avec leur législation, leurs habitudes et leurs préjugés. Mais la juridiction correctionnelle existe en France depuis 1790 ; elle n'a pas été établie arbitrairement et pour quelques cités privilégiées ; elle a ses tribunaux dans tous les arrondissements de l'Empire, à la portée de tous les justiciables, et nous sommes habitués, à tous les degrés de la hiérarchie judiciaire, à ne trouver la garantie d'une justice impartiale que dans la pluralité des juges : c'est une opinion depuis si longtemps adoptée qu'il a fallu en tenir compte, excepté pour les intérêts minimes confiés à l'examen du juge de paix.—Ainsi, nous n'emprunterons point à nos voisins d'outre-mer leur Cour de police composée d'un juge unique, mais nous imiterons devant nos chambres correctionnelles leur procédure sommaire pour le cas de flagrant délit, en conservant toutefois certaines garanties que nous regardons, à bon droit, comme protectrices de la liberté des justiciables. Outre la pluralité des juges, nous voulons l'intervention du ministère public, et nous n'admettons en cette matière que son action directe. Nous maintenons le droit d'appel pour tous les degrés des peines correctionnelles ; enfin, nous donnons à l'inculpé le droit d'obtenir un délai de trois jours au moins pour préparer sa défense.

---

(1) *V.* aussi les détails intéressants que contient, à ce sujet, le Rapport fait au nom de la commission du Corps législatif par M. Edouard Dalloz, annexé au procès-verbal de la séance du 1ᵉʳ mai 1863, p. 16 et s.

« Fallait-il que la loi fût générale ou applicable seulement dans les tribunaux où les flagrants délits viennent entraver la marche des autres affaires? Cette dernière proposition fut faite : on l'étendit ensuite aux flagrants délits commis dans les villes où siége un tribunal de première instance. Mais il est de l'essence de notre législation criminelle d'être la même pour tous les points de l'Empire; cette uniformité assure l'égalité de tous devant la loi pénale. La loi sera donc appliquée partout où son exécution sera nécessaire et possible (1). »

Ce nouveau mode de procédure a été l'objet de très-vives attaques de la part de quelques membres du Corps législatif (2). M. Ernest Picard et M. Jules Favre ont reproché au gouvernement d'avoir, sous le prétexte de faire une loi libérale, enlevé aux prévenus toutes les garanties dont doit être entourée la liberté individuelle, en transportant à l'officier amovible du ministère public le droit de délivrer le mandat de dépôt qui avait été réservé jusque-là au magistrat inamovible chargé de l'instruction ; et ils se sont plaints, d'un autre côté, de ce que la commission du Corps législatif ou le conseil d'Etat avaient repoussé certains amendements présentés par eux et tendant soit à faire définir d'une manière précise le flagrant délit, au point de vue de l'innovation proposée, soit de subordonner au consentement de l'inculpé l'instruction sommaire à laquelle on voulait le soumettre, soit à étendre davantage la faculté de la mise en liberté provisoire sous caution, soit enfin à assurer au prévenu la nomination d'un défenseur. Ces deux honorables députés ont fait, de plus, ressortir avec force tout ce qu'avait de préjudiciable pour l'inculpé la suppression de l'ordonnance de non-lieu.

« Le projet actuel, a dit notamment M. Picard, permet d'arrêter l'individu qui est supçonné d'un délit, à midi, par exemple, de le traduire à une heure devant le juge, de faire entendre contre lui des témoins qui viendront déposer après avoir été verbalement requis, témoins dont les noms, dont le domicile, dont le caractère seront parfaitement inconnus à celui qui sera ainsi amené immédiatement sur les bancs de la police correctionnelle. Les dépositions seront recueillies, le jugement sera prononcé, l'inculpé sera condamné ou acquitté. Certes, la justice aura été rendue vite! L'aura-t-elle bien été? C'est là une question toute différente... Veuillez, Messieurs, bien saisir l'innovation ; c'est le fonctionnaire amovible qui dirige la poursuite, c'est le fonctionnaire qui, dans notre droit criminel, a la fonction de requérir, qui est appelé à statuer et à faire traduire directement devant le tribunal le prévenu qui a été arrêté, et à décerner lui-même le mandat de dépôt. Le juge d'instruction, c'est-à-dire l'élément qui représente la magistrature inamovible, disparaît de ce premier degré, et, sans

____

(1) Le Rapport de la commission du Corps législatif apprécie à peu près de la même manière la procédure créée par la loi du 20 mai 1863.

(2) Séance du 7 mai 1863; *Moniteur universel* du 8, p. 736, col. 3 et s., et p. 737.

son intervention, le prévenu est amené sur les bancs de la police correctionnelle ; c'est là qu'il va être jugé.—Mais, nous dit-on, il ne sera pas jugé
sur-le-champ ; s'il s'y refuse, il pourra demander un délai, et le tribunal
pourra lui accorder trois jours au moins. Soit ; il faut supposer qu'il con-
naisse bien la loi, qu'il fasse respecter son droit. Il obtient le délai de trois
jours. Après ce délai, il a pu, retenu qu'il est par le mandat de dépôt, appeler ses amis prévenus utilement dans ce court espace de temps, prévenir
ceux qu'il est nécessaire de faire venir pour le justifier ; ils sont venus à
l'heure dite à l'audience ; il est justifié, le juge l'acquitte.—Mais, Messieurs,
il a comparu sur les bancs de la police correctionnelle, et il n'a pas joui du
bénéfice que nous payons si cher dans nos lois d'instruction criminelle,
des deux degrés de juridiction, c'est-à-dire du bénéfice de l'ordonnance de
non-lieu qui aurait été rendue à son profit si sa justification devant le juge
d'instruction eût paru suffisante. Il faut qu'il vienne publiquement, escorté
de gendarmes, sur les bancs, exposés à la foule... qui est là, qui le voit, qui
entend l'inculpation dirigée contre lui, et qui, trois jours après, n'entendra
pas sa défense... — Voyez avec quel esprit d'innovation, je ne peux pas
employer un autre terme, le gouvernement, qui vous propose ce projet de loi,
transportant l'art. 41 du Code d'instruction criminelle d'un domaine qui
lui appartient,... donne pour base au jugement du flagrant délit précisément les cas prévus par cet article, et qui embrassent, non-seulement le
délit qui vient de se commettre, pour lequel une dénégation est difficile, mais
encore les délits qui sont établis par la possession d'armes, de pièces, de
documents se rapportant à une époque prochaine de celle où ils ont été
commis ; de sorte que, l'horizon légal s'élargissant, le domaine de l'arbitraire s'élargit également, et qu'un grand nombre de délits n'étant pas flagrants dans le sens usuel du mot, peuvent donner lieu à une juridiction
spéciale, suivant moi infiniment dangereuse, que vous voulez établir aujour-
d'hui. »

M. Nogent-Saint-Laurens a répondu : — « Sous les sombres reproches que
l'honorable M. Picard fait à ce projet, je découvre de suite deux intentions
parfaitement lumineuses. La première intention, c'est l'abréviation de la
détention préventive dans certaines conditions déterminées. La deuxième
intention est la suppression de la procédure écrite partout où elle est inutile. En d'autres termes, c'est la substitution du débat oral, si apprécié de
la controverse et des avocats, à la procédure écrite, lorsqu'elle est inutile.
—Voilà les deux intentions symétriques de la loi. Il n'est pas besoin d'être
jurisconsulte pour reconnaître que ces intentions sont excellentes. En
effet, Messieurs, la détention préventive n'est pas une peine, c'est une
mesure d'ordre public ; toutes les fois qu'il y aurait danger social à laisser
libre un homme poursuivi,... il faut exercer la détention préventive ; je
le reconnais. Mais il faut l'exercer dans les limites les plus restreintes ; il
faut qu'elle soit aussi courte que possible, autrement cela deviendrait un
fléau, une iniquité ; car, en matière correctionnelle, sans être une peine,
elle est aussi dure que la peine elle-même, car elle frappe sur quelqu'un
qui peut n'être pas condamné ; car elle désole et trop souvent ruine la

famille. Abrégeons donc, abrégeons toujours cette lourde nécessité... Il y a dans les idées générales, dans le sentiment public,... le désir de l'abréviation de la détention préventive... Eh bien, ce désir nous allons lui donner satisfaction dans la loi.... — Quel est le moyen d'abréger légalement la détention préventive? Le projet organise une espèce de juridiction subite. Pourquoi? Est-ce pour les délits? Oh non; ce serait excessivement dangereux. Nous tomberions à l'instant même dans tous les inconvénients de la justice précipitée dont parlait tout à l'heure et s'effrayait l'honorable M. Picard... Non, Messieurs, la loi est faite... exclusivement pour le flagrant délit. Or, qu'est-ce que le flagrant délit? Voyons, il faut toujours placer le bon sens à côté des dispositions de la loi; ne nous jetons pas dans des abstractions, dans des théories, et disons simplement ce que c'est que le flagrant délit. Le flagrant délit, c'est la pleine possession de l'évidence, c'est l'évidence absolue, c'est le fait qui vient de s'accomplir, qui vient d'être constaté, qui a été vu, entendu, et en présence duquel la dénégation serait absurde ou impossible. Voilà ce que le projet de loi veut soumettre à une juridiction subite, ce n'est que cela. Il ne s'agit pas de soupçon, d'indice, d'affaire compliquée, obscure... Or, quand je trouve l'évidence soumise à la juridiction subite, je ne m'effraie plus, car ce qui est évident n'a pas besoin d'être démontré, et le plus simple examen suffit pour bien juger... — On a dit et répété ceci : Vous supprimez le juge d'instruction. D'abord, nous ne le supprimons pas; toutes les fois qu'il est nécessaire, toutes les fois qu'une procédure spéciale et préalable sera nécessaire, il fonctionnera. En enlevant au juge d'instruction ces misères de procès, ces menus détails qu'on appelle les flagrants délits, dans lesquels on interroge un homme pendant cinq minutes..., le bienfait de la loi réagira sur les grandes affaires, qui marcheront plus vite...

« En cas de flagrant délit, pour l'individu qui n'a ni feu ni lieu, et qui est arrêté sur la voie publique, il n'y a pas de garantie suffisante. Si on le laisse libre, il ne reviendra pas. Pour ce cas très-fréquent, il y a lieu à mandat de dépôt... Puisque nous voulons supprimer la procédure inutile en matière de flagrant délit, la démonstration ridicule de l'évidence, puisque pour ce cas exceptionnel le juge d'instruction est mis à l'écart, il a fallu investir le procureur impérial de ce droit utile et facultatif du mandat de dépôt... — Vous voulez supposer que le procureur impérial sera extrêmement sévère, qu'il y aura des abus de pouvoir. C'est là du pessimisme que je ne partage pas. Mais il y a un contre-poids, il y a le tribunal devant lequel on conduit l'individu; le tribunal jugera si l'arrestation est opportune, car il peut ordonner la liberté provisoire avec ou sans caution...

« Je passe à une autre considération. On vous dit: et la défense que devient-elle? Personne moins que moi, Messieurs, ne voudrait sacrifier les droits de la défense; mais elle sera parfaitement possible. Dans l'état futur de la loi, l'individu arrêté arrive en police correctionnelle, et il n'a pas de défenseur. Il en demande un, le tribunal lui accorde trois jours au moins pour se pourvoir; il accordera le délai nécessaire. Par conséquent, le droit de défense est parfaitement respecté. L'honorable M. Picard faisait l'hypothèse d'un homme extrêmement ému, épouvanté de comparaître devant le tribunal, et qui est parfaitement innocent... Si cela arrive, le tribunal, d'office, sans que l'individu le demande, lui accordera un délai pour se remettre et pour paraître avec tout le sang-froid qui lui est nécessaire pour sa défense. On ne juge pas les gens quand ils sont dans une émotion qui trouble leur intelligence !...

« Mais le non-lieu ?... Savez-vous quelle est ma réponse ? Si vous voulez prendre une affaire de flagrant délit complet, entendu de bonne foi, je dis qu'il n'y a pas d'ordonnance de non-lieu possible... Je comprends en matière de flagrant délit un acquittement de bienveillance, de pitié... Mais qu'un juge, la plume à la main, écrive dans un acte de procédure, dans une ordonnance, qu'il n'y a pas de charges contre un individu pris en flagrant délit ! J'avoue que mon intelligence se refuse à le comprendre... »

A cette réfutation des critiques de M. Picard, M. Jules Favre a opposé des considérations très-habilement présentées, mais dont M. le commissaire du Gouvernement Suin a détruit l'impression par un discours rempli d'explications pratiques et convaincantes, qui a clos la discussion. — Cet orateur a dit en se résumant : « Le droit conféré à la magistrature inamovible par la loi, n'est pas le même que celui que nous demandons pour le procureur impérial. — En vertu du mandat délivré par le juge d'instruction, l'individu, objet de ce mandat, restera en captivité, je ne dirai pas tant qu'il plaira au juge d'instruction, je ne tiendrai pas un langage aussi inconvenant, mais enfin tant que ce magistrat n'aura pas fini son instruction dont la durée est illimitée. Il fera son information à sa convenance et à son heure, suivant les affaires dont il est accablé ; celle-ci ne viendra qu'à son tour. — Voilà le mandat de dépôt du juge d'instruction. — Le mandat du procureur impérial n'aura pas vingt-quatre heures de durée ; au contraire, tout est soumis sans délai à la magistrature inamovible qui a toute votre confiance. Ainsi, s'il y a acquittement, mise en liberté ; s'il y a condamnation, maintien en vertu du jugement ; s'il y a appel, il est encore mis en liberté, nonobstant appel. Et vous dites que nous avons bouleversé les principes, que ce n'est pas là une loi bienveillante, une loi conçue dans un esprit d'humanité ! C'est méconnaître les intentions du Gouvernement. »

Cette analyse de la discussion qui a précédé le vote de la loi du 20 mai 1863, dont je vais essayer d'expliquer les dispositions, ne semble point permettre de douter que les appréhensions qu'avait fait naître en quelques esprits l'innovation consacrée par cette loi, étaient au moins fort exagérées, et que si la mise en pratique du nouveau mode d'instruction des flagrants délits devant les tribunaux correctionnels peut présenter quelques inconvénients, elle offre une somme d'avantages bien plus forte et qui suffit dès lors pour la légitimer.

LOI DU 20 MAI 1863,

SUR

L'INSTRUCTION DES FLAGRANTS DÉLITS

DEVANT LES TRIBUNAUX CORRECTIONNELS.

ART. 1ᵉʳ.

Tout inculpé arrêté en état de flagrant délit pour un fait puni de peines correctionnelles, est immédiatement conduit devant le procureur impérial, qui l'interroge, et, s'il y a lieu, le traduit sur-le-champ à l'audience du tribunal.

Dans ce cas, le procureur impérial peut mettre l'inculpé sous mandat de dépôt.

1. La nouvelle procédure créée par la loi du 20 mai 1863 supprime, comme on l'a vu déjà par les observations préliminaires qui précèdent, l'intervention du juge d'instruction dans la prévention des flagrants délits en matière correctionnelle, pour concentrer toute la poursuite dans les mains du procureur impérial, en en abrégeant d'ailleurs les délais et en en simplifiant considérablement les formes. — Mais le recours à cette procédure sommaire n'est pas, dans tous les cas, obligatoire ; le procureur impérial ne doit, d'après notre article, y recourir que *s'il y a lieu ;* et le Rapport de la commission, p. 25 et s., explique que ces mots doivent être entendus en ce sens que le procureur impérial se trouve avoir l'option, dans les cas de flagrant délit, entre les quatre partis suivants :

« 1° Ou il n'y a pas de charges suffisantes pour constituer un délit, le fait n'est pas qualifiable, par exemple : le procureur impérial ordonnera que l'inculpé arrêté soit rendu à la liberté.

« 2° Ou il y a soupçon de la culpabilité ; l'affaire paraît louche ; mais l'individu est domicilié, il est arrêté pour la première fois ; les renseignements pris sur lui sont bons. Le procureur impérial ne le met pas sous mandat de dépôt ; il le laisse libre, et se borne à le traduire par citation directe, ou de suite à l'audience, ou à l'audience du lendemain ou de tout autre jour. Là, il n'y a pas de détention préventive ; par conséquent, il n'y a pas d'urgence absolue dans le jugement immédiat, pas de nécessité rigoureuse de la procédure sommaire : cependant l'esprit de la loi est la célérité imprimée au jugement... Le procureur impérial, — laissé juge du plus ou moins de convenance qu'il y a à user des délais ordinaires ou des délais plus courts autorisés par les dispositions proposées, — devra se guider par l'esprit de célérité dans les procédures que le projet a en vue d'introduire.

« 3° Ou il s'agit d'un vagabond, d'un repris de justice, d'un récidiviste : le procureur impérial n'a aucune garantie que l'individu, s'il est relaxé, se représentera à l'audience. Il devra en conséquence décerner contre lui un mandat de dépôt et le traduire sur-le-champ devant le tribunal correctionnel.

« 4° Ou il arrivera que l'affaire sera plus grave encore : l'affaire ne peut être élucidée que par une information minutieuse : il y a présomption que l'inculpé a des complices, le flagrant délit n'est que l'un des éléments de la culpabilité ; il met sur la trace d'une série d'autres délits non flagrants. Dans des cas semblables, la traduction immédiate n'est pas conciliable avec les intérêts de la vindicte publique et ceux de la défense ; le droit commun reprend son empire : le procureur impérial défère l'inculpé, en la forme ordinaire, au juge d'instruction. C'est là un point essentiel et sur lequel il ne faut pas qu'il y ait de malentendu.... L'intérêt public exige que le juge d'instruction puisse être saisi, dans certain cas, par le ministère public ; et, en effet, il est de l'attribution du tribunal de juger plus que d'instruire :... l'instruction n'est pour lui que le rôle accessoire, qu'il ne peut bien remplir que lorsqu'il s'agit d'une instruction simple et sommaire.

« Il importe donc, dit en terminant sur ce point le Rapport (et c'est une observation essentielle à noter), de laisser au procureur impérial l'option entre le renvoi devant le tribunal ou le renvoi devant le juge d'instruction. C'est un point capital, et c'est dans ce sens qu'il faut interpréter le *s'il y a lieu* de l'art. 1ᵉʳ, qui, au premier abord, paraît se limiter entre la mise en liberté et la traduction devant le tribunal. »

2. Cette faculté pour le procureur impérial de se substituer au juge d'instruction n'existe qu'à l'égard des *flagrants délits*. Or, aux termes de l'art. 41, Cod. instr. crim., on doit entendre par flagrant délit, soit le délit qui se commet actuellement ou qui vient de se commettre, soit le cas où le prévenu est poursuivi par la clameur publique, soit celui *où le prévenu est trouvé, dans un temps voisin du délit, saisi d'effets, armes, instruments ou papiers faisant présumer qu'il est auteur ou complice.* — La loi du 20 mai 1863 s'applique-t-elle même à ce dernier cas ? — Un député, M. Palluel, avait soumis à la commission un amendement ayant pour objet de restreindre l'application de la loi aux trois premières hypothèses. Par un autre amendement, MM. J. Favre, Ollivier, Hénon, Darimon et Picard avaient demandé même que le flagrant délit, au point de vue de la loi nouvelle, fût déclaré ne consister que dans le délit qui se commet actuellement. Mais la commission n'a accueilli ni l'une ni l'autre de ces deux propositions. Seulement, son Rapport contient à ce sujet une explication importante à recueillir. « Ce qu'on poursuit, y est-il dit, p. 45, c'est la séparation du flagrant délit des cas qui lui sont assimilés : sans l'écrire dans la loi, et tout en se reposant sur le pouvoir discrétionnaire du ministère public, votre commission a la pensée que le projet en discussion s'appliquera, et elle tient à le mentionner, presque exclusivement aux deux premiers cas mentionnés dans l'art. 41, c'est-à-dire au cas *où le délit se commet actuellement, et à celui où il vient de se commettre.* »

Devant le Corps législatif, ainsi qu'on l'a vu plus haut, Observ. prélim., p. 219, MM. Picard et J. Favre se sont plaints de ce refus de la commission de définir le flagrant délit au point de vue de la nouvelle loi, et ont insisté avec force sur le danger de maintenir à ce point de vue les dispositions de l'art. 41, Cod. instr. crim. Mais M. Nogent-Saint-Laurens et M. le commissaire du Gouvernement Suin ayant déclaré, comme la commission l'avait fait dans son Rapport, que la loi se référait spécialement au cas où le flagrant délit était tel qu'il ne pouvait y avoir de doute sur la culpabilité du prévenu, le Corps législatif a vu là des réserves suffisantes pour rendre inutile une définition nouvelle et plus restrictive du flagrant délit. C'est cette opinion du législateur que la jurisprudence prendra sans doute pour base de ses décisions (1).

3. L'inculpé arrêté en état de flagrant délit ayant été conduit devant le procureur impérial, ce magistrat l'interroge et peut le mettre sous mandat de dépôt (2). Cette faculté était une conséquence nécessaire de la suppression du juge d'instruction. Le maintien, souvent indispensable, de l'arrestation de l'inculpé, ne peut, en effet, avoir lieu régulièrement qu'en vertu d'un mandat, qui, à défaut du juge instructeur, ne saurait être décerné que par le procureur impérial. Du reste, ce qu'un tel pouvoir peut paraître avoir d'excessif dans les mains du magistrat chargé de la poursuite, est corrigé par le droit que l'art. 5 confère au tribunal de mettre l'inculpé en liberté provisoire avec ou sans caution. Ce droit est, suivant les expressions du Rapport, p. 29, « à la fois un avertissement de circonspection pour le ministère public à ne porter atteinte à la liberté individuelle que quand il y a vraiment nécessité, et une garantie pour l'inculpé, une sorte d'appel du droit de décerner le mandat de dépôt conféré au ministère public. » — De son côté,

---

(1) *V.* en ce sens, M. Picot, *Loi sur les flagrants délits*, p. 10, et un jugement du tribunal correctionnel de Saint-Claude du 3 août 1863, rapporté dans notre *Journ. du Minist. publ.*, t. 6, p. 169.

Le flagrant délit de mendicité est un de ceux qui se produisent le plus fréquemment. On a élevé la question de savoir si la constatation de ce flagrant délit doit émaner d'un officier de police judiciaire, ou si elle n'est soumise à aucune forme particulière et peut être faite à l'aide de toutes preuves, soit écrites, soit orales, conformément au droit commun. Cette dernière opinion a été consacrée par un arrêt de la Cour de Limoges, du 11 juill. 1861, rapporté dans notre *Journ. du Min. publ.*, t. 4, p. 279, et nous l'avons nous-même soutenue *ibid.*, t. 5, p. 303.

(2) Avant la loi du 20 mai 1863, l'inculpé arrêté sur l'ordre du ministère public en cas de flagrant délit, recouvrait de plein droit sa liberté, si le juge d'instruction, après l'avoir interrogé, ne le mettait pas sous mandat de dépôt, et cela nonobstant l'opposition formée par le ministère public à l'ordonnance du juge d'instruction portant refus de décerner ce mandat. *V.* dans notre *Journ. du Minist. publ.*, t. 2, p. 169 et s., un arrêt de la Cour de Metz du 2 fév. 1859, ainsi que les observations dont nous l'avons accompagné.

l'Exposé des motifs, p. 12, dit que le procureur impérial devra n'user du droit de décerner le mandat « qu'en présence d'une nécessité absolue et quand la position de l'individu arrêté n'offrira aucune responsabilité de son obéissance à justice. »

M. Suin a, d'ailleurs, fait remarquer, à la séance du Corps législatif du 7 mai (1), que la durée du mandat de dépôt décerné par le procureur impérial sera à peine de vingt-quatre heures. « De trois choses l'une, a-t-il dit : Voilà l'inculpé traduit devant le tribunal. Ou il est acquitté, ou il est condamné, ou le tribunal n'étant pas suffisamment édifié, il remet à une audience subséquente. Je prends le projet de loi, art. 6 : « L'inculpé, s'il est acquitté, est immédiatement, et nonobstant appel, mis en liberté. » Le mandat de dépôt a disparu, il n'existe plus, il n'a pas duré un jour... Si l'inculpé est condamné, ce n'est plus en vertu du mandat de dépôt qu'il est retenu, c'est en vertu du jugement de condamnation... — Vous dites : Il peut n'être pas condamné ni acquitté le jour même... Je dis alors : Si c'est un citoyen domicilié dans lequel le tribunal a confiance, si l'on est sûr qu'il se représentera, on lui donne la liberté provisoire ; le tribunal, tout en remettant l'affaire à huitaine, met le prévenu en liberté avec ou sans caution. Si c'est un vagabond, si c'est un repris de justice, un récidiviste, un homme en rupture de ban, le tribunal maintient le mandat de dépôt... Ce n'est plus le mandat du procureur impérial qui le retient, c'est le maintien de ce mandat, si vous voulez ; mais, enfin, c'est le tribunal qui refuse de mettre l'individu en liberté provisoire et qui, en maintenant le dépôt, se l'approprie. »

4. Le procureur impérial peut traduire immédiatement l'inculpé à l'audience, soit qu'il l'ait mis sous mandat de dépôt, soit qu'il l'ait laissé en liberté. Quelques membres de la commission avaient trouvé singulier que, dans une loi faite en vue d'abréger la détention préventive, on mentionnât des cas où elle n'aurait pas lieu. Du moment que l'individu n'est pas détenu, disaient-ils, on rentre dans le droit commun, et il n'y a pas d'intérêt pour l'inculpé à être jugé sur l'heure ; l'inculpé se retrouvera en présence du droit de citation directe qui appartient au procureur impérial et dont ce magistrat usera suivant les besoins du service (2). Mais la majorité de la commission a repoussé cette opinion et a pensé que la loi proposée devait avoir le double but, « et d'abréger la détention préventive, et d'accélérer, autant que possible, le jugement des flagrants délits, même quand l'individu était laissé en liberté (3). »

5. Il faut bien remarquer que le procureur impérial ne peut mettre l'inculpé sous mandat de dépôt qu'à la condition de le traduire *sur-le-champ* à l'audience du tribunal, si l'audience est encore tenue. C'est là une obli-

---

(1) *Moniteur* du 8, p. 737, col. 4.
(2) Rapport, p. 30 et 31.
(3) Rapport, p. 31.

gation absolue (1), et, comme on l'a dit avec raison (2), toute détention faite en violation de la prescription que contient à cet égard notre article, serait une séquestration arbitraire et entraînerait les peines prononcées par la loi (Cod. pén., 114).

6. Mais suivant quel mode le procureur impérial doit-il, en ce cas, *traduire* l'inculpé à l'audience ? Une citation est-elle nécessaire ? Le Rapport nous apprend, p. 32, que, dans la pensée de la commission, « la citation à l'inculpé devra, autant que possible, être *verbale* et donnée *sans frais*. » On pourrait d'ailleurs argumenter en ce sens de la première disposition de l'art. 3, qui porte expressément que les témoins peuvent être *verbalement* requis.

7. MM. J. Favre, Ollivier, Picard, Darimon et Hénon avaient présenté à la commission un amendement d'après lequel l'inculpé n'aurait pu être traduit sur-le-champ devant le tribunal que s'il y avait consenti. Ils invoquaient à l'appui de cette proposition le droit que doit avoir l'inculpé de connaître d'avance les témoins qui seront produits contre lui, afin de pouvoir les discuter. Mais la commission a repoussé à l'unanimité un tel amendement qui allait directement contre le but de la loi. « Toutes les fois, en effet, lit-on dans le Rapport, p. 33, qu'un prévenu aurait un intérêt *non avouable* à retarder le jugement, il refuserait le consentement, et la justice désarmée serait, jusqu'à un certain point, à sa merci. Le principe de la traduction immédiate, il faut, au contraire, le poser..., — et dans l'intérêt social qui réclame que la répression soit prompte, — et dans l'intérêt du prévenu dont il faut abréger la détention. A côté du principe, il y a l'exception : l'inculpé a le droit de demander un délai qui pourra varier suivant les nécessités de la défense... Dans les affaires non compliquées, qu'à ce titre le droit d'option du procureur impérial n'aura pas dû déférer au juge d'instruction, mais dont il aura sur l'heure saisi le tribunal, il ne faut pas oublier que le tribunal est investi, non-seulement du pouvoir de juger, mais du pouvoir d'instruire, et qu'il ajournera l'affaire, si cela lui semble nécessaire, non seulement sur la demande du prévenu, mais d'office. »

8. Le tribunal correctionnel peut-il se déclarer irrégulièrement saisi, sur le motif que le fait qui lui est déféré n'a pas le caractère de flagrant délit ? L'affirmative, qui ne peut, selon nous, faire difficulté, a été expressément consacrée par le jugement du tribunal correctionnel de Saint-Claude que nous avons cité plus haut (3).

ART. 2.

S'il n'y a point d'audience, le procureur impérial est tenu de

---

(1) Discours de M. Suin à la séance du Corps législatif du 7 mai 1863, *Moniteur universel* du 8, p. 737, col. 4 ; M. Picot, *loc. cit.*, p. 12.

(2) M. Picot, *ut suprà.*

(3) Page 225, note 1re.

faire citer l'inculpé pour l'audience du lendemain. Le tribunal est, au besoin, spécialement convoqué.

9. Ici, la citation est obligatoire à l'égard du prévenu, et elle doit être donnée pour le lendemain afin de faire cesser au plus vite la détention préventive (1). Le tribunal sera, s'il est nécessaire, spécialement convoqué.— Ces prescriptions pourront-elles être partout facilement exécutées ? Il est évident, et c'est du reste ce qui résulte expressément soit de l'Exposé des motifs, p. 12, soit du Rapport, p. 33, qu'elles ont été édictées spécialement en vue de la ville de Paris et des grands centres (2). Si leur exécution rencontre des difficultés dans les villes moins importantes, « c'est, dit le Rapport, *ibid.*, à la Chancellerie par ses instructions, aux chefs des Cours impériales par d'intelligentes mesures, qu'il appartiendra d'en uniformiser le bienfait à tous les tribunaux des différents ressorts. » Mais on a fait observer très-justement qu'il serait assez difficile de modérer les effets d'une loi exécutoire dans toute la France, et qu'il eût été préférable d'en restreindre l'application à Paris et aux autres grandes villes (3).

10. Inutile de dire qu'ici, et à la différence du cas prévu par l'art. 1er, la citation doit être donnée au prévenu par exploit, suivant les règles ordinaires (4).

ART. 3.

Les témoins peuvent être verbalement requis par tout officier de police judiciaire ou agent de la force publique. Ils sont tenus de comparaître sous les peines portées par l'art. 157 du Code d'instruction criminelle.

11. L'instantanéité de la comparution de l'inculpé devant le tribunal correctionnel explique qu'une réquisition ou citation verbale aux témoins ait été ici jugée suffisante. « Le temps manquerait, dit l'Exposé des motifs, p. 12, pour la citation par huissier. Les témoins requis comprendront aussi bien qu'en Angleterre la nécessité d'obéir, en pareille matière, aux sommations verbales des agents de l'autorité. » — Mais ce mode de citation ne pouvait être que facultatif. Lorsque les témoins n'auront pu être requis au moment même de l'arrestation de l'inculpé, et que l'agent chargé de les citer ne les aura pas trouvés à leur domicile, comment auront-ils connaissance de cette citation, si elle n'a pas été donnée par écrit? Et comment appliquera-t-on aux témoins qui ne comparaîtront pas, les peines

---

(1) Exposé des motifs, p. 12.
(2) *V.* aussi le discours de M. le commissaire du gouvernement Suin déjà cité.
(3) M. Picot, *loc. cit*, p. 16 et 17.
(4) *V.* conf., M. Morin, *Journ. du dr. crim.*, 1863, p. 227, note 5.

portées par l'art. 157, Cod. instr. crim., si l'on ne rapporte pas la preuve qu'ils ont été cités ? Le Rapport, qui se pose ces questions, conclut avec raison, p. 35, « qu'il peut se trouver des cas où il sera utile de citer par écrit les témoins. » Nous ajouterons qu'il sera bon que ce dernier mode forme la règle, et que le ministère public ne se contente qu'exceptionnellement des réquisitions verbales, dont une nécessité absolue peut seule faire accepter les inconvénients (1).

ART. 4.

Si l'inculpé le demande, le tribunal lui accorde un délai de trois jours au moins pour préparer sa défense.

12. Cet article renferme le correctif des abus auxquels pourraient conduire les dispositions des articles précédents. Pendant le délai de trois jours qui lui sera accordé sur sa demande, l'inculpé pourra se remettre de l'émotion qu'une comparution subite devant la justice est bien de nature à produire ; il pourra faire citer des témoins à décharge, et trouver un défenseur. — Ce délai de trois jours *au moins* doit « s'entendre du délai de trois jours francs, tel qu'il est défini à l'art. 184, Cod. instr. crim., c'est-à-dire trois jours non compris celui de la citation et le jour du jugement » (2). — Un amendement de MM. J. Favre et autres avait demandé de porter ce délai à huit jours. La commission a refusé de l'accueillir par le motif que le délai de trois jours *au moins* ne saurait constituer un délai d'usage ; que le tribunal accordera le délai qui sera nécessaire, mais qu'on ne comprendrait pas qu'il ne pût accorder moins de huit jours à l'inculpé qui n'en aurait besoin que de deux ou trois pour préparer sa défense (3).

13. Les mêmes députés avaient proposé en outre d'ajouter à l'art. 4

---

(1) M. Picot, *loc. cit.*, p. 48, propose de parer à ces inconvénients par la mesure suivante : on donnerait à chaque agent un carnet sur une feuille duquel il forcerait le témoin dont il aurait pris le nom à déposer sa signature. L'agent mettrait, de son côté, dans les mains du témoin, une feuille indiquant l'heure et le lieu de la comparution, ainsi que la peine prononcée par l'art. 157, Cod. instr. crim. Arrivé ensuite au parquet avec l'individu arrêté, il remettrait au procureur impérial, après les avoir détachées du carnet, les feuilles portant la signature des témoins.—Il y a là une idée qui pourra être mise à profit dans les grandes villes. Mais dans les villes moins importantes, où le tribunal correctionnel ne siége qu'une ou deux fois par semaine, l'officier de police judiciaire ou agent de la force publique qui opérera l'arrestation pourra rarement requérir les témoins, soit pour le jour même, soit pour le lendemain. Cette réquisition ne sera possible que si l'arrestation a lieu le jour de l'audience correctionnelle et avant qu'elle soit levée, ou la veille de cette audience.

(2) Rapport, p. 35.

(3) *Id.*, p. 36. *V.* aussi le discours de M. Nogent-Saint-Laurens, *suprà*, Observat. prélim., p. 224.

un deuxième paragraphe portant que le prévenu serait toujours assisté d'un défenseur. Sans aller aussi loin, la commission avait elle-même formulé un amendement d'après lequel un défenseur aurait dû être nommé d'office au prévenu. « Nous savons bien, disait à ce sujet son Rapport, p. 36, qu'en matière correctionnelle ordinaire un défenseur n'est pas donné d'office au prévenu, et qu'on pourrait nous opposer une apparente contradiction entre ce qui se passerait en cas de flagrant délit et ce qui se passe en matière correctionnelle ordinaire. Mais nous avons pensé que dans le cas de la procédure sommaire qu'implique le projet, la rapidité même de l'instruction faisait une loi de pourvoir à tous les besoins de la défense, d'éviter toute possibilité de surprise du tribunal en présence d'un homme qui balbutie et qui a à lutter, ou contre son ignorance, ou contre son saisissement. » Mais cet amendement n'a pas été approuvé par le conseil d'État.

A la séance du Corps législatif du 7 mai 1863 (1), MM. Picard et J. Favre ont énergiquement revendiqué la nomination d'un défenseur à l'inculpé « placé en face de témoins qu'il ne connaît pas, dont les noms lui sont inconnus, et qui peuvent faire tomber dans un même piège et la partie et le prévenu lui-même » (2). — M. le commissaire du Gouvernement Suin a répondu : « Est-ce que devant la police correctionnelle, pour les délits ordinaires, quand il y a instruction, quand l'affaire est compliquée, quand il y a lieu de voir les pièces, de comparer l'instruction écrite avec l'instruction orale, est-ce que notre Code d'instruction criminelle, qu'on a raison de vanter, a donné un défenseur d'office? Le défenseur d'office n'a jamais été accordé que pour le grand criminel... Comment ! le Code ne l'a pas donné quand l'affaire est compliquée ; lorsque l'individu est depuis longtemps sous les verrous, quand il n'a pas le droit de demander un délai pour sa défense, la loi ne lui a pas accordé un avocat d'office ; et quand il y a flagrant délit, quand elle a donné à un individu trois jours et plus pour sa défense, et pour qu'il puisse choisir un avocat, vous voulez que la loi lui donne un avocat d'office ! » — Sur cela, l'art. 4 a été voté. — Disons que ce qui doit atténuer le regret de n'y avoir pas vu admettre l'amendement de la commission, c'est qu'en fait un défenseur n'est jamais refusé à l'inculpé. Telle est la réflexion que fait le Rapport lui-même, p. 39 (3).

ART. 5.

Si l'affaire n'est pas en état de recevoir jugement, le tribunal en ordonne le renvoi, pour plus ample information, à l'une des

---

(1) *Moniteur* du 8, p. 736, col. 5, et p. 737, col. 3.

(2) Discours de M. Picard, *loc. cit.*

(3) Il serait bon assurément, comme le propose M. Picot, p. 24, « de multiplier dans les salles et cellules où séjournent les prévenus, des avis en gros caractères, leur indiquant qu'ils ont le droit d'exiger un délai de trois jours et la désignation d'un avocat. »

plus prochaines audiences, et, s'il y a lieu, met l'inculpé provisoirement en liberté, avec ou sans caution.

14. Par cette disposition, le législateur atténue encore ce que pourrait avoir de trop rigoureux l'exécution stricte des prescriptions précédentes. « Les mesures d'une rapide exécution, dit l'Exposé des motifs, p. 12 et 13, n'empêcheront pas les tribunaux de s'éclairer toutes les fois que l'état de l'affaire le demandera; mais ils pourront le faire sans préjudice pour la liberté individuelle, quand elle sera compatible avec les nécessités de l'instruction. Ainsi, il était juste de donner au tribunal le pouvoir conféré par la loi du 4 avril 1855 à un seul juge. Ce pouvoir était d'ailleurs le contrepoids de celui accordé au procureur impérial par l'art. 1er du projet. »

15. Par qui doit être faite la plus ample information pour laquelle le renvoi de la cause est ordonné ? M. Morin (1) pense que c'est au procureur impérial que doit échoir cette mission, parce que la loi nouvelle n'investit d'aucune attribution les juges instructeurs, et qu'il n'appartient pas au tribunal de renvoyer à l'instruction. Telle est, ajoute-t-il, l'interprétation suivie à Paris. Pour nous, nous ne saurions admettre d'une manière absolue cette interprétation, qui ajouterait aux pouvoirs exceptionnels que le législateur confère au procureur impérial, des attributions plus exorbitantes encore, et nous croyons, avec M. Picot (2), que la plus ample information peut être faite, soit par le procureur impérial, si elle doit consister en simples demandes de renseignements, soit par le juge d'instruction, si une information proprement dite ou des constatations sont nécessaires. — Dans ce système, le législateur déroge ici à la règle constante d'après laquelle le tribunal correctionnel, saisi directement par le ministère public, ne peut ni ordonner l'information préalable de l'affaire par le juge d'instruction, ni charger ce magistrat d'une information supplémentaire (3).

16. Notre article donne au tribunal la faculté de mettre l'inculpé provisoirement en liberté, avec ou sans caution, pendant le court intervalle de temps consacré à l'instruction de l'affaire. — MM. J. Favre, Ollivier, Picard, Darimon et Hénon auraient voulu substituer à cette *faculté* le *droit* pour l'inculpé d'obtenir sa mise en liberté provisoire, et remplacer la caution pécuniaire, telle que l'exigent les art. 119 et suiv., Cod. instr. crim., par la caution de deux citoyens domiciliés, qui, à défaut de comparution du prévenu, auraient été condamnés à une amende de 25 à 500 fr., avec cette restriction toutefois que, si le délit causait un préjudice à un tiers, le juge, en ordonnant la mise en liberté, aurait pu exiger le dépôt préalable d'une somme fixée par lui sur la réquisition de la partie intéressée. Ces députés avaient présenté un amendement en ce sens; mais la commission ne l'a

---

(1) *Journ. du dr. crim.*, 1863, p. 228, note 8, *in fine.*
(2) *Ut suprà.*
(3) *V.* à cet égard, notre *Journ. du Minist. publ.*, t. 1, p. 64, t. 2, p. 250, et t. 3, p. 447.

point accueilli. — Elle n'a pas cru que l'obtention de la mise en liberté provisoire pût être un droit pour l'inculpé, qui n'est pas, en effet, toujours digne de faveur (1), et elle n'a pas pensé non plus qu'il fût bon de substituer la caution *personnelle* à la caution *réelle*. « Cette proposition, empruntée à la pratique anglaise, dit le Rapport, p. 41, ne tient pas compte de ce fait, que, dans nombre de cas où le juge, en Angleterre, met en liberté sous caution, la loi française met en liberté sans caution. — Mais ces deux citoyens domiciliés dont on nous parle, plutôt comme d'une caution réelle que comme d'une caution morale, si l'inculpé demande qu'on se réfère à eux, le procureur impérial ne s'y refusera pas. S'ils sont honorablement connus, et qu'ils portent témoignage favorable de l'inculpé qu'ils connaissent ou qui est employé chez eux, dans la plupart des cas, le ministère public laissera en liberté sans caution. Si, au contraire, ils ne présentent d'autre garantie que celle de leur argent, que leur moralité soit non moins suspecte que celle de l'inculpé, n'y a-t-il pas là un danger à prévenir, une possibilité de prêts usuraires remboursables sur le produit de nouveaux délits ? Ne peut-on pas redouter que l'on ne fasse métier de donner caution, qu'il ne s'établisse une sorte de bureau de cautions à l'usage des délinquants ? »

Quant à la partie de l'amendement qui avait pour objet de remplacer, dans le cas où le délit cause un dommage à un tiers, le cautionnement du triple de la valeur de ce dommage, qu'exige l'art. 119, Cod. instr. crim. (2), par le dépôt d'une somme dont le chiffre aurait été laissé à l'appréciation du tribunal, la commission a reconnu qu'elle constituait une amélioration que pourrait comporter peut-être une révision spéciale des dispositions de la loi relatives au cautionnement ; que ce serait la réparation d'un oubli du décret du 23 mars 1848, qui a modifié imparfaitement l'art. 119 ; mais il

---

(1) « Si c'est un citoyen domicilié dans lequel le tribunal a confiance, a dit M. le commissaire du g uvernement Suin au Corps législatif, séance du 7 mai 1863 (*Moniteur* du 8, p. 737, col. 4), si l'on est sûr qu'il se représentera, on lui donne la liberté provisoire ; le tribunal, tout en remettant l'affaire à huitaine, met le prévenu en liberté avec ou sans caution. Si c'est un vagabond, si c'est un repris de justice, un récidiviste, un homme en rupture de ban, le tribunal maintient le mandat de dépôt. »

(2) Ce triple de la valeur du dommage doit-il, lorsque le délit est passible d'emprisonnement et d'amende, être cumulé avec l'amende pour déterminer le maximum du cautionnement ? La négative est enseignée par MM. Legraverend, *Législ. crim.*, t. 1, p. 367 ; Carnot, *Comm. Cod. instr. crim.*, t. 1, p. 461 ; Boitard, *Leç. sur le Cod. d'instr. crim.*, p. 363. Mais l'affirmative est soutenue par MM. Mangin, *Instr. écr.*, n. 186 ; F. Hélie, *Instr. crim.*, t. 5, p. 867, et Dalloz, *Rép.*, v° *Instr. crim.*, n. 744, qui invoquent en ce sens la discussion au conseil d'Etat. — Il a été jugé, et quelques auteurs enseignent, que le dommage causé par le délit doit être pris en considération pour déterminer le montant du cautionnement, même lorsqu'il n'y a pas de partie civile. *Sic*, Cass., 13 juin 1846 (S-V. 46.1.833 ; D.p.46.1.329) ; Orléans, 24 août 1846 (D.p.46.2.178) ; MM. Legraverend, t. 1, p. 349 ; F. Hélie, t. 5, p. 868 ; Dalloz, n. 745. — *V.* toutefois en sens contraire, Carnot, t. 1, p. 459 ; Bourguignon, *Jurispr. des Cod. crim.*, t. 1, p. 251 ; Mangin, n. 118 ; Delamorte-Féline, *Man. des Juges d'instr.*, p. 325 ; Duverger, *Ibid.*, t. 3, n. 463 ; Boitard, p. 186.

lui a paru que cette amélioration ne pouvait trouver sa place dans le projet dont elle s'occupait, parce que, dans la pensée des auteurs mêmes de l'amendement, il convenait qu'elle s'appliquât non-seulement au cas de flagrant délit, mais à tous ceux en vue desquels dispose l'art. 119 (1).

17. D'après l'art. 114, Cod. instr. crim., modifié par la loi du 17 juillet 1856, la mise en liberté provisoire ne peut être ordonnée que moyennant caution. L'art. 5 de la loi du 20 mai 1863 déroge à ce principe, en investissant le tribunal du droit d'accorder la liberté provisoire même *sans* caution, et en lui conférant ainsi, suivant la remarque du Rapport, p. 42, un droit analogue à celui qui résulte, pour le juge d'instruction, de la loi du 4 avril 1855, modificative de l'art. 94, Cod. instr. crim.

Art. 6.

L'inculpé, s'il est acquitté, est immédiatement, et nonobstant appel, mis en liberté.

18. La loi du 24 avril 1832 a, comme on sait, réduit à trois jours le délai de dix jours pendant lequel l'art. 206, Cod. instr. crim., permettait au ministère public de suspendre la mise en liberté du prévenu acquitté, en vue de délibérer sur l'opportunité d'un appel. Fallait-il maintenir aussi en prison, pendant ces trois jours, le prévenu d'un flagrant délit qui a obtenu son acquittement ? Le législateur ne l'a point pensé. « En matière de flagrant délit, dit l'Exposé des motifs, p. 13, dans une loi qui a pour objet la diminution de la détention préventive, il nous a semblé que nous mettrions la loi en contradiction avec son but, si nous maintenions la détention préventive, lorsqu'il n'y a, d'un côté, que le soupçon du procureur impérial, et, de l'autre, le jugement par tout un tribunal. »

19. Le Rapport, p. 43, dit expressément que la mise en liberté devra être *immédiate*, dans le sens grammatical du mot, « c'est-à-dire que la levée de l'écrou devra avoir lieu sur l'heure, sans formalités entraînant des délais, sur une simple note du procureur impérial constatant l'acquittement. » — Il est bien entendu toutefois, comme le fait observer M. Morin (2), que la loi réserve les droits du ministère public pour le cas où il y aurait d'autres causes de détention.

Art. 7.

La présente loi n'est point applicable aux délits de presse, aux

---

(1) Rapport, p. 42.
(2) *Journ. du dr. crim.*, 1863, p. 229, note 9, *in fine*.

délits politiques, ni aux matières dont la procédure est réglée par des lois spéciales.

20. La procédure sommaire créée par la loi du 20 mai 1863 aurait pu, à l'égard des délits de presse et de tous les délits politiques, devenir, aux époques d'agitations, une arme dangereuse dans les mains du pouvoir ; mais l'art. 7 par lequel se termine cette loi montre que le législateur n'a cherché qu'à répondre à un sentiment d'humanité, et qu'il a eu uniquement en vue la répression de délits que condamnent également tous les régimes.

21. Notre article déclare la nouvelle loi inapplicable à toutes les matières dont la procédure est réglée par des lois spéciales. Mais s'applique-t-elle aux délits de droit commun dont la poursuite est soumise à des formes particulières ? La négative ne nous paraît pas douteuse dans le cas où ces formes résistent à la rapidité d'instruction qu'exige la nouvelle loi, comme, par exemple, à l'égard du flagrant délit d'adultère de la femme et de la complicité de ce flagrant délit. Telle est aussi l'opinion de M. Morin (1).

---

(1) *Journ. du dr. crim.*, 1863, p. 229, note 10.

FIN DE L'EXPLICATION DE LA LOI DU 20 MAI 1863 ET DE LA QUATRIÈME ET DERNIÈRE PARTIE DE L'OUVRAGE.

TABLE DES DIVISIONS DE L'OUVRAGE.

TABLE ALPHABÉTIQUE

DES MATIÈRES

CONTENUES DANS LES DIVERSES PARTIES DE L'OUVRAGE.

(Le chiffre romain indique la partie de l'ouvrage ; le chiffre arabe qui le suit indique, pour la Ire et pour la IIIe partie, l'article de loi, pour la IIe et pour la IVe partie, le numéro de l'alinéa, et lorsqu'il est précédé de la lettre *p*, la page du volume.)

A

Abandon dans les chemins, lieux publics et champs, de coutres de charrue, outils, instruments ou armes. I, 471-7°, 472, 474.

Abatage d'arbres. I, 445 s.

— (Mutilation, coupe). *Ibid.*

Abus d'a torité. (Déni de justice, autorité judiciaire, autorité administrative). I, 485.

— (Emploi de la force publique contre la loi, les mandats de justice et tout acte émané de l'autorité légitime, agent du Gouvernement, fonctionnaire public). I, 488 s.

— (Violation du domicile, fonctionnaire public, officier de justice ou de police, commandant ou agent de la force publique). I, 484.

— (Violation du secret des lettres, fonctionnaire, agent du Gouvernement ou des postes). I, 487.

— (Violence envers les personnes, administrateur, agent ou préposé du Gouvernement ou de la police, commandant de la force publique, exécuteur des mandats de justice, fonctionnaire ou officier public). I, 486.

Abus de confiance. (Besoins, faiblesses ou passions des mineurs), I, 406.

— (Blanc seing). I, 407.

— (Détournement d'effets, deniers, marchandises, billets, quittances ou autres écrits contenant ou opérant obligation ou décharge, remis à titre de dépôt, mandat, nantissement, prêt à usage, ou pour un travail). I, 408.

— (Officier public ou ministériel, domestique, serviteur, élève, clerc, commis, ouvrier, compagnon, apprenti), *Ibid.*

Accouchement. (Déclaration). I, 346.

Acquittement. V. *Flagrant délit.*

Actes de barbar e. (Exécution de crimes). I, 303.

Administrateur. (Abus d'autorité). I, 485 s.

— (Corruption). I, 483.

— (Empiétement sur le pouvoir judiciaire). I, 130 s.

— (Soustraction d'actes ou titres). I, 173.

Adresse (Défaut d'). V. *Blessures et coups.*

Adultère de la femme. I, 336 s.

— (Complice, preuves). I, 338.

— (du mari). I, 339.

— V. *Excuse.*

Affiches. (Enlèvement, lacération), I, 479-9°.

— V. *Associations illicites, Écrits.*

Afficheur. I, 284, 475-13°, 478.

Agent d'administration publique. (Corruption). I, 477 s., II, 40 s.

Agent de la force publique. (Flagrant délit, témoins, réquisition verbale). III, 3 ; IV, 11.

—(Provocation à crimes ou délits). I, 285, 289.

—V. *Associations illicites.*

Échenillage (Défaut d'). I, 471–8°, 474.

Élections (Fraudes dans les). I, 111 s.

Empoisonnement. I, 304 s., 305.

—(de chevaux et autres animaux). I, 452.

—V. *Menaces.*

Emprisonnement. I, 9, 24, 35, 40 s., 464 s.

Enchères (Entraves à la liberté des). I, 412.

Enfant. (Remise à un hospice). I, 348.

—(Exposition, délaissement, tuteur, instituteur, mutilation, infirmité, mort, lieu solitaire, lieu non solitaire). I, 349, s.

— V. *Attentat à la pudeur, Suppression d'enfant.*

Enfant nouveau né. (Remise à l'officier de l'état civil, déclaration de s'en charger). I, 347.

Enlèvement ou détournement de mineurs. I, 354.

—(Fille au-dessous de 16 ans). I, 355 s.

—(Mariage). I, 357.

Enlèvement de pièces dans les dépôts publics. (Greffier, archiviste, notaire). I, 254 s.

Entrepreneur d'ouvrages, et ouvriers. (Amendes illégales, damnations). I, 415 s.

Escroquerie. I, 405.

— (Tentative). *Ibid.*; II, 115, s.

Étang. (Surélévation du déversoir, inondation). I, 457.

État civil (Officiers de l'). (Inscription sur feuilles volantes). I, 192.

—(Mariage, omission du consentement des père, mère et autres personnes). I, 193, 195.

— (Mariage, viduité, délai). I, 194, 195.

— V. *Enfant nouveau-né.*

Évasion de détenus. (Bris de prison). I. 245.

— (Préposés à la garde ou conduite, tiers procurant ou facilitant l'évasion). I, 237 s.; II, 58 s.

Excitation des mineurs à la débauche. V. *Attentat à la pudeur.*

Excuse. I, 64.

— (Blessures et coups, provocation, escalade, effraction). I, 324 s., 326.

—(Castration, outrage violent à la pudeur). I, 325.

— (Meurtre, époux, adultère, flagrant délit). I, 324, 326.

— (Parricide). I, 323.

Explosion de machine à vapeur. (Homicide, blessures). I. 437 ; II, 131.

Explosion de mine. V. *Destruction, Incendie.*

Extorsion de signature, remise d'écrit, acte, titre, pièce, opérant obligation, disposition ou décharge. (Force, violence, contrainte). I, 400.

— de remise de fonds ou valeurs, de signature ou de remise des écrits ci-dessus. (Menace écrite ou verbale de révélation ou d'imputations diffamatoires, chantage). *Ibid.*; II, 105 s.

F

Fabrique. V. *Secret.*

Fausse monnaie (Contrefaçon et altération). I, 132 s.; II, 8 s.

—(Coloration). I, 134, 135, 138 ; II, 8 s.

—(Dénonciation, arrestation). I, 138.

—(Émission, exposition ou introduction en France). I, 132 s.; II, 8 s.

—(Participation). I, 132 s., 135.

Fausses mesures. V. *Tromperie sur les marchandises.*

Faux (Certificat, exemption de service public). I, 165, 159 s.; II, 32.

— (Certificat, places, secours). I, 164, 165; II, 33.

— (Certificat, préjudice). I, 162, 165.

— (Écritures publiques, de commerce ou de banque). I, 145 s., 165.

—(Écriture privée). I, 150 s., 165.

—(Feuille de route). I, 156 s., 165; II, 28 s.

—(Passe-port, permis de chasse). I, 149, 153 s., 165 ; II, 22 s.

— V. *Mendicité, Vagabondage.*

Faux poids. V. *Poids et mesures prohibés, Tromperie sur les marchandises.*

Faux serment. I, 366 ; II, 98.

Faux témoignage. (Matière criminelle). I. 364 s.; II, 95 s.

— (Matière civile). I, 363 ; II, 95 s.

— (Matière correctionnelle, matière de police). I. 362 ; II, 95 s.

FIN DE LA TABLE ALPHABÉTIQUE DES MATIÈRES.

OUVRAGES DU MÊME AUTEUR :

TRAITÉ DE LA SÉPARATION DE BIENS JUDICIAIRE

dans lequel sont exposés simultanément, au point de vue de la doctrine et de la jurisprudence, les principes du droit et les règles de la procédure. 1 vol. in-8°. Prix : 7 fr.

TRAITÉ DU PARTAGE DE SUCCESSION et des formalités qui

s'y rattachent, telles que les Scellés, les Inventaires, la Vente du mobilier, la Licitation, le Retrait successoral. 1 vol. in-8°. Prix : 8 fr.50.

LE JOURNAL DU MINISTÈRE PUBLIC, Recueil périodique

et raisonné de jurisprudence, de doctrine et de documents divers, concernant les attributions tant administratives que judiciaires du ministère public, publié avec le concours de MM. F. HÉLIE, Conseiller à la Cour de cassation ; BLANCHE, Avocat général à la Cour de cassation ; BERRIAT-SAINT-PRIX, Conseiller à la Cour impériale de Paris ; DU BEUX, Procureur général près la Cour impériale de Bordeaux ; MASSABIAU, Président à la Cour impériale de Rennes ; LECLERC, premier Avocat général près la Cour impériale de Metz ; LESPINASSE, premier Avocat général près la Cour impériale de Pau ; CONNELLY, premier Avocat général près la Cour impériale de Rennes, et WATEAU, Avocat général près la Cour impériale d'Amiens ;

Recueil accompagné d'un **Résumé chronologique des Circulaires, Instructions et Décisions du Ministère de la Justice**, et servant de complément, soit au *Manuel du Ministère public*, de M. Massabiau, soit à l'*Analyse des Circulaires*, de M. Gillet, Vice-Président du tribunal de Nancy, et aux *Codes annotés des Circulaires*, de M. Addenet, Procureur impérial à Sainte-Menehould.

Prix de la Collection (années 1858 à 1862, 5 vol.), 35 fr. ⎫ A Paris, rue
Prix de l'Abonnement annuel. . . . . 10 fr. ⎰ de Seine, 51.

Chez les mêmes Éditeurs :

ANALYSE DES CIRCULAIRES, Instructions et décisions émanées du ministère de la justice (12 janvier 1791–6 octobre 1858), suivie d'une Table alphabétique, analytique et raisonnée des matières ; par M. GILLET, Vice-Président du tribunal civil de Nancy, avec le concours de M. DEMOLY, Procureur impérial à Beaune. 2e édition, complétement refondue et considérablement augmentée. 1 très-fort vol. in-8°. 11 fr.

MANUEL DU MINISTÈRE PUBLIC près les Cours d'appel, les Cours d'assises et les Tribunaux civils; correctionnels et de police; par M. MASSABIAU, Président à la Cour impériale de Rennes. 3e édition entièrement refondue. 3 forts vol. in-8°. 1857.   27 fr.

CODES ANNOTÉS DES CIRCULAIRES (Les) ; ouvrage dans lequel les décisions ministérielles et autres instructions à l'usage des parquets et des justices de paix sont résumées sous les articles de lois, décrets et ordonnances, auxquels elles se rapportent ; par Auguste ADDENET, Procureur impérial à Sainte-Menehould. 1 vol. grand in-8°. 1859.
7 fr. 50

CODE PÉNAL ANNOTÉ DE SIREY, contenant la Jurisprudence et la doctrine des auteurs ; par M. GILBERT, avec le concours de MM. FAUSTIN HÉLIE, Conseiller à la Cour de cassation, et CUZON, Avocat à la Cour impériale de Paris. 1 vol. grand in-8°. 1860.   7 fr.

Imprimerie de COSSE et J. DUMAINE, rue Christine, 2.

www.ingramcontent.com/pod-product-compliance
Lightning Source LLC
LaVergne TN
LVHW051113060726
842525LV00003B/898